伊藤塾
呉明植 基礎本シリーズ
GO AKIO BASIC SERIES

刑法各論
Criminal Law

第4版

弁護士
伊藤塾首席講師

GO AKIO

弘文堂

第4版　はしがき

　本書の第3版は、2017年11月に刊行された。

　その後、懲役・禁錮に代わる刑罰として拘禁刑が新たに導入され、また、性的自由に対する罪や逃走罪が大きく改正された。今回、これらの改正に対応するべく、第4版を上梓する運びとなった。

　引き続き、本書が、法律家を目指して日々誠実な学習を重ねている読者諸氏への、ささやかな一助となることを願う。

　2024年10月

呉　明植

初版　はしがき

　私の勤務する伊藤塾では、通常自らのことを予備校とはよばず、受験指導校とよんでいる。しかし、ここではあえて一般的な予備校という言葉を使おう。

　私は、シリーズ第1分冊である『刑法総論』のはしがきにおいて、その刊行が、予備校教育に対する無責任な批判への「ささやかな反逆の証」であると書いた。あれから1年を経た現在、無責任な予備校批判は、相も変わらず主張され続けている。だが、ほんの少しではあるが、風向きが変化しはじめていることを、最近私は感じている。

　いずれにせよ法教育に携わる全ての者にとって最も大切なことは、予備校の利益を確保することでも、大学の既得権益を守ることでも、学者の権威を維持することでもない。法律家を志す全ての人々が、よりよい環境でしっかりと法を学べるようにすることこそが、一番に目指されるべきことである。そして、そのためには、予備校と法学部・法科大学院との協力関係が不可欠である。

　近い将来、法律家を志す全ての人々のために、予備校と法学部・法科大学院とが互いを認め合い、役割を分担し合い、補い合っていくことを、私は夢見ている。本書が、それをほんの少しでも後押しする存在たりえればと願っている。

　『刑法総論』に引き続き、本書は、伊藤塾において私が行っている法科大学院・司法試験用の入門講義をベースとして、全くの初学者の方、および学習上の壁に突き当たった中級者の方を主たる読者に想定して執筆した入門書である。全般にわたって判例・通説を採用しているのも『刑法総論』と同様である。

　一言一句、魂を込めて書き込んでいったつもりである。本書を熟読吟味していただき、各自の夢を実現するきっかけとしていただければ幸いである。

＊　　　　　　　＊　　　　　　　＊

　最後に、本書は、前作『刑法総論』と同様、多くの方々の協力がなければ刊行され得なかった。

　労を厭わず本当に丁寧な校正をしてくれた吉田有佑君、前回以上に粘り強く執筆を待ってくださり、数多くの激励メールをくださった弘文堂編集部長の北川陽子さん、そして、私に法を学ぶよろこびを教え続けてくれた伊藤塾塾生の方々に、心からの感謝とともに本書を捧げたい。

　　2009 年 9 月

呉　明植

1　本書の特長

⑴　必要な論点を網羅

　本書は、法科大学院入試や司法試験をはじめとした各種資格試験対策として必要となる論点を全て網羅している。

　刑法上の論点は無数にあるが、法科大学院入試や司法試験をはじめとした各種資格試験対策としては、本書に掲載されている論点を押さえておけば必要十分である。

　逆にいえば、本書に掲載されていない論点を知識として押さえておく必要は一切ない。万一それらの論点が出題された場合には、現場思考が問われていると考えてよい。

⑵　判例・通説で一貫

　本書は、一貫して判例・通説の立場を採用している。

　実務が判例・通説で動いている以上、また、試験官の全員が共有しているのは判例・通説だけである以上、各種試験対策として重要なのは、あくまでも判例・通説である。

　もちろん、判例・通説を理解するためには他説の理解が必要となる場合もある。本書でも必要に応じて他説を紹介しているが、それはあくまでも判例・通説を理解・記憶するための手段にすぎない。また、「有効な無駄」として最新の学説を理解していくことも有用であるが、最新の学説の理解には判例・通説に対する深い理解が不可欠の前提となる。

　何事にも、刻むべきステップがある。まずは、本書を通じて判例・通説をしっかりと理解・記憶してほしい。そして、あえて繰り返せば、試験対策としてはそれで必要十分である。

⑶　コンパクトな解説とつまずきやすいポイントの詳述

　試験対策として1つの科目に割くことのできる時間は限られている。そこで、本書ではできる限りポイントを押さえたコンパクトな解説を心がけた。

　しかし、その一方で、刑法独特の言い回しやあてはめの仕方、答案上での論点の取捨選択方法など、初学者や中級者がつまずきやすいポイントについては、講義口調で詳細な解説を付した。

　また、試験対策として必要な場合には、一般的な講義では語られることのない踏み込んだ内容も適宜かみ砕いて詳述した。

　本書のメリハリを意識して、限られた時間を有効に活用してほしい。

⑷　書き下ろし論証パターンを添付

　試験は時間との戦いである。その場で一から論証を考えていたのでは、とうてい時間内にまとまった答案を仕上げることはできない。典型論点の論証を前もって準備してお

くことは、試験対策として必要不可欠である。そこで、論述式試験での出題可能性が高い論点について、「予備校教育の代名詞」ともいわれる「悪名高き」論証パターンを巻末に添付した。

ただし、理解もせず、単に論証を丸暗記するのは、試験対策として全く意味がないばかりか、余事記載を生じさせる点で有害ですらある。ベースとなるのはあくまでも本編の記述の理解であることは忘れないでいてほしい。

なお、私としては現時点で私に書ける最高の論証を書いたつもりであるが、もとよりこれらの論証だけが唯一絶対の論証であるはずもない。これらをたたき台として、各自でよりいっそうの工夫を試みてほしい。

また、論証パターンには、原則としてその論点が問題となる典型的な事例を記した。簡単なドリルとしても活用していただけると幸いである。

(5) ランク

本文中の項目や論点のまとめ、巻末の論証には、重要度に応じたランクを付した。時間の短縮に有効活用してほしい。

各ランクの意味は以下のとおりである。

A　試験に超頻出の重要事項。しっかりとした理解と記憶が必要。

B⁺　試験に超頻出とまではいえないが、Aランクに次ぐ重要事項。理解と記憶が必要。

B　最初は読んで理解できる程度でもよい。学習がある程度進んだら記憶しておくと安心。

B⁻　記憶は不要だが、1度読んでおくと安心。

C　読まなくてもよいが、余裕があれば読んでおくとよい。

(6) 詳細な項目

刑法を理解・記憶し、自分のものとするには、常に体系を意識して学習していくことがきわめて重要である。そこで本書では、詳細な項目を付した。

本文を読むときは、まず最初に必ず項目を読み、自分が学習している箇所が刑法全体の中でどの部分に位置するのかをしっかりと確認してほしい。また、復習の際には、項目だけを読み、内容の概略を思い出せるかをチェックすると時間の短縮になるであろう。

(7) 全体が答案

いくら法律の内容を理解・記憶していても、自分の手で答案を書けなければ試験対策としては何の意味もない。そして、答案を書けるようになるための1つの有効な手段は、

合格答案を繰り返し熟読することである。

　この点、本書は「刑法各論とは何か」という一行問題に対する私なりの答案でもある。接続詞の使い方や論理の運びなどから、合格答案のイメージを自ずとつかみ取っていただけるはずである。

2　本書の使い方

(1)　刑法各論の勉強方法

　刑法各論の学習の際には、各犯罪の保護法益と、重要な構成要件要素の定義を記憶していくことが必要不可欠である。これらは、論証の理由づけとなったり、事例にあてはめる前提として答案に書いていくことになる。

　そして、記憶は、一部の天才を除けば繰り返すことによってのみ定着する。記憶に王道や裏技はない。淡々と繰り返し学習していってほしい。

　また、刑法各論は、意外と論点が多い。ランクの高い重要な論点は、しっかりと理解し、論証のかたちで記憶してしまおう。

(2)　論述式試験対策として

　論述式試験は、各種資格試験における天王山であることが多い。たとえば司法試験において、いかに短答式試験の成績がよくとも、しっかりとした答案を書けなければ合格は絶対にあり得ない。

　本書は、大別して①本文、②論点のまとめ、③論証という3つのパートからなる。これらのうち、論述式試験対策としては、①本文と③論証で必要十分である。これらを繰り返し通読し、理解と記憶のブラッシュアップに努めてほしい。また、その際には、常に体系・項目を意識することが重要である。

(3)　短答式試験対策として

　短答式試験対策として、細かい学説を全て押さえようとして自滅してしまう受験生が多い。しかし、短答式試験において必要な知識は、論述式試験において必要な知識と何ら異ならない。重要なのは判例・通説と、論述式試験において紹介する反対説の理解・記憶である。まずは①本文と③論証を通じてこれらをしっかりと押さえ、それ以外の学説が聞かれた場合には現場思考で対応すればよい。

　なお、②論点のまとめではやや細かい学説にも触れておいた。学習時間に余裕がある場合には、これらもざっと目をとおしておくと、問題を解くスピードが上がるはずである。

初版　はしがき　VII

(4) 学部試験対策として

法科大学院入試においては、学部成績が重視されることが多い。

まず、学部の授業の予習として本書を熟読してほしい。そのうえで先生の講義を聞けば、先生の講義を面白く聞くことができ、自ずと学習のモチベーションが上がるはずである。

また、先生が本書の判例・通説の立場と異なる学説を採っておられる場合には、判例・通説の立場で執筆した答案に対する先生の成績評価を先輩等から聞いておいてほしい。自説以外は認めない先生だった場合には、まさに「有効な無駄」として、先生の学説を学部試験前に押さえておけばよい。

先生の学説と判例・通説との違いを意識すれば、よりいっそう判例・通説の理解が進むであろうし、学問としての刑法学の深さ・面白さを味わうことができるはずである。

(5) 本書の補足・訂正など

重要な最新判例や誤植などの情報は、適宜、拙ブログ「伊藤塾講師　呉の語り得ること。」や、弘文堂のウェブページにアップする予定である。時々チェックするようにしていただきたい。

3　今後の学習のために

(1) 演　習

いくら法律の内容面を理解し記憶したとしても、実際に自ら問題を解くことを怠っていては何の意味もない。

演習問題としては、やはり予備試験・司法試験の過去問が最良である。日本を代表する学者や実務家が議論を重ねて作成したこれらの過去問を解くことは、理解を深め、知識を血の通ったものとするうえできわめて有用といえる。

予備試験・司法試験の過去問集は、短答・論文を通じて複数の出版社から発売されているので、各1冊は入手しておいてほしい。ただし、論文試験の過去問集に載っている参考答案は、どの過去問集でも玉石混交であるから、批判的な検討も必要である。

学者の書いた演習本としては、井田良＝佐伯仁志＝橋爪隆＝安田拓人『刑事事例演習教材』（有斐閣）が群を抜いて良質であり、おすすめである。

(2) 判　例

法律を学習するうえで、判例はきわめて重要である。手頃な判例集として、別冊ジュリスト『刑法判例百選Ⅱ』（有斐閣）は必携といえよう。

なお、『刑法判例百選』に記載された判例を本文で引用した際には、たとえば**最判平**

成2年3月4日というようにゴシック文字で表記し、かつ、**百選Ⅱ1**というように百選の巻数と事件番号を付記した。ぜひ有効に活用していただきたい。

また、判例のうち重要なものについては、原文を読むと勉強になる。法学部や法科大学院でインターネット上の判例検索サービスを利用することができる場合には、大いに活用してほしい。

判例に対する解説としては、『刑法判例百選Ⅱ』の解説が役に立つ。また、必要に応じて、『最高裁判所判例解説 刑事篇』（法曹会）を図書館で参照するとよい。

(3) 注釈書・体系書

学部や法科大学院の授業で細かい学説等を調べる必要がある場合には、大塚仁ほか編『大コンメンタール刑法』（青林書院）を図書館で参照するとよい。また、逐条解説の注釈書を購入して手元に置いておきたい場合は、実務家必携の書である『条解刑法』（弘文堂）を強くおすすめする。

学者の書いた体系書としては、山口厚『刑法各論』（有斐閣）を最もおすすめする。天才の誉れ高い著者による切れ味鋭い良書であり、実は読みやすさの点でも学習者向けである。通読するにはやや分量が多いが、辞書的な使い方もできよう。

大塚裕史ほか『基本刑法Ⅱ』（日本評論社）も、最近人気のある基本書である。答案作成を意識した判例・通説による記述という執筆方針や紙面の体裁等が、本書ととてもよく似ており、本書の読者にとっても使い勝手がよいと思われる。ただし、同書の採用する見解以外は間違いであると（おそらくは著者の意図に反して）誤解している受験生が一部にいるようなので、その点は十分注意してほしい。天に唾することになるかもしれないが、刑法の世界は、そうした一部の受験生が想像するよりも遥かに多様であり、豊かである。

参考文献一覧

　本書を執筆するにあたり多くの文献を参照させていただきました。そのすべてを記すことはできませんが主なものを下に掲げておきます。なお、本文中にこれらの文献の文章表現を引用させていただいた箇所もありますが、本書はいわゆる学術書ではなく、学習用の教材ですので、その性質上、学習において必要な部分以外は引用した文献名を逐一明記することはしませんでした。

　ここに記して感謝申し上げる次第です。

井田良＝佐藤拓磨『刑法各論［第3版］』〔新・論点講義シリーズ〕（弘文堂・2017）

井田良＝佐伯仁志＝橋爪隆＝安田拓人『刑法事例演習教材［第3版］』（有斐閣・2020）

大塚　仁『刑法概説（各論）［第3版増補版］』（有斐閣・2005）

大塚仁＝河上和雄＝中山善房＝古田佑紀編『大コンメンタール刑法［第3版］』（青林書院・1999−2021）

大塚裕史＝十河太朗＝塩谷毅＝豊田兼彦『基本刑法Ⅱ　各論［第3版］』（日本評論社・2023）

大谷　實『刑法講義各論［新版第5版］』（成文堂・2019）

大谷實＝前田雅英『エキサイティング刑法　各論』（有斐閣・2000）

川端　博『刑法各論講義［第2版］』（成文堂・2010）

曽根威彦『刑法各論［第5版］』（弘文堂・2012）

団藤重光『刑法綱要各論［第3版］』（創文社・1990）

西田典之＝橋爪隆補訂『刑法各論［第7版］』（弘文堂・2018）

平野龍一『刑法概説』（東京大学出版会・1977）

平野龍一『犯罪論の諸問題　下（各論）』（有斐閣・1982）

前田雅英『刑法各論講義［第7版］』（東京大学出版会・2020）

前田雅英『最新重要判例250刑法［第13版］』（弘文堂・2023）

前田雅英編集代表『条解刑法［第4版補訂版］』（弘文堂・2023）

山口　厚『問題探究　刑法各論』（有斐閣・1999）

山口　厚『刑法各論［第3版］』（有斐閣・2024）

『最高裁判所判例解説　刑事篇』（法曹会）

『刑法判例百選Ⅱ各論［第8版］』（有斐閣・2020）

第4版　はしがき………Ⅲ

初版　はしがき…………Ⅳ

参考文献一覧…………Ⅹ

目次………ⅩⅡ

論証カード一覧…………ⅩⅧ

● 第1編 ● 個人的法益に対する罪　　1

第1章　生命・身体に対する罪――――3

1　殺人の罪………3
(1)殺人罪（普通殺人罪）　(2)自殺関与罪・同意殺人罪

2　傷害の罪………9
(1)暴行罪　(2)傷害罪　(3)傷害致死罪　(4)同時傷害の特例
(5)その他の傷害の罪

3　過失致死傷の罪…………20
(1)過失傷害罪・過失致死罪　(2)業務上過失致死傷罪
(3)重過失致死傷罪

4　自動車の運転により人を死傷させる罪…………23
(1)過失運転致死傷罪　(2)危険運転致死傷罪　(3)無免許による加重

5　遺棄の罪…………26
(1)総論　(2)単純遺棄罪　(3)保護責任者遺棄罪
(4)遺棄致死傷罪

6　堕胎の罪…………34
(1)総説　(2)自己堕胎罪　(3)同意堕胎罪・同致死傷罪
(4)業務上堕胎罪・同致死傷罪　(5)不同意堕胎罪・同致死傷罪

第2章　自由に対する罪――――39

1　逮捕および監禁の罪…………39
(1)保護法益　(2)逮捕罪・監禁罪　(3)逮捕・監禁致死傷罪

2　脅迫罪・強要罪…………43
(1)脅迫罪　(2)強要罪

3　略取・誘拐の罪および人身売買の罪…………48
(1)未成年者略取・誘拐罪　(2)営利目的等略取・誘拐罪
(3)身の代金目的略取等罪　(4)被略取者引渡し等罪

ⅩⅡ　目次

(5)その他の略取・誘拐等の罪　　(6)解放減軽　　(7)親告罪　　(8)罪数

4　性的自由に対する罪…………54
(1)不同意わいせつ罪　　(2)不同意性交等罪
(3)監護者わいせつ罪・監護者性交等罪　　(4)不同意わいせつ等致死傷罪
(5)16歳未満の者に対する面会要求等罪　　(6)非親告罪

5　住居を侵す罪…………63
(1)住居侵入等罪　　(2)不退去罪

第3章　秘密・名誉に対する罪 ─────69

1　秘密を犯す罪…………69
(1)信書開封罪　　(2)秘密漏示罪

2　名誉に対する罪…………71
(1)名誉毀損罪　　(2)230条の2 ── 真実の証明による不処罰
(3)真実性の錯誤　　(4)侮辱罪

第4章　信用・業務に対する罪 ─────83

1　信用毀損罪…………83
(1)保護法益　　(2)客体　　(3)行為

2　業務妨害罪…………85
(1)保護法益　　(2)客体　　(3)行為　　(4)危険犯

3　電子計算機損壊等業務妨害罪…………90
(1)意義　　(2)保護法益　　(3)電子計算機　　(4)加害行為
(5)動作阻害　　(6)危険犯　　(7)未遂

第5章　財産に対する罪 ─────93

1　財産犯総論…………93
(1)財産犯の客体　　(2)財産犯の分類

2　窃盗の罪…………98
(1)窃盗罪　　(2)不動産侵奪罪　　(3)親族間の特例（親族相盗例）

3　強盗の罪…………118
(1)強盗罪（1項強盗罪）　　(2)強盗利得罪（2項強盗罪）
(3)事後強盗罪　　(4)昏酔強盗罪　　(5)強盗致死傷罪
(6)強盗・不同意性交等罪および同致死罪

4　詐欺の罪…………144
(1)詐欺罪　　(2)詐欺罪をめぐる諸問題　　(3)電子計算機使用詐欺罪
(4)準詐欺罪

目次　XIII

5　恐喝罪…………173
　　(1)客体　　(2)行為　　(3)処分行為　　(4)未遂
　　(5)権利行使と恐喝　　(6)他罪との関係
6　横領の罪…………177
　　(1)単純横領罪　　(2)業務上横領罪　　(3)占有離脱物横領罪
7　背任罪…………194
　　(1)主体　　(2)行為　　(3)結果　　(4)目的　　(5)未遂
　　(6)他罪との関係
8　盗品等に関する罪…………203
　　(1)総説　　(2)客体　　(3)行為　　(4)故意　　(5)他罪との関係
　　(6)親族間の特例
9　毀棄・隠匿の罪…………210
　　(1)公用文書等毀棄罪　　(2)私用文書等毀棄罪
　　(3)建造物等損壊罪・同致死傷罪　　(4)器物損壊罪
　　(5)境界損壊罪　　(6)信書隠匿罪

●第2編● 社会的法益に対する罪　217

第1章　公共の平穏および安全に対する罪　219

1　騒乱の罪…………219
　　(1)騒乱罪　　(2)多衆不解散罪
2　放火・失火の罪…………221
　　(1)総説　　(2)現住建造物等放火罪
　　(3)非現住・非現在建造物等放火罪　　(4)建造物等以外放火罪
　　(5)延焼罪　　(6)失火罪　　(7)業務上失火罪・重失火罪
　　(8)その他の放火・失火の罪
3　往来を妨害する罪…………239
　　(1)往来妨害罪　　(2)往来妨害致死傷罪　　(3)往来危険罪
　　(4)汽車転覆等罪　　(5)汽車転覆等致死罪
　　(6)往来危険による汽車転覆等罪　　(7)過失往来危険罪等
4　公共の平穏および安全に対するその他の罪…………246

contents

第2章 取引の安全に対する罪 ——247

1 文書偽造の罪…………247
(1)総説 (2)公文書偽造等罪 (3)虚偽公文書作成等罪
(4)公正証書原本等不実記載等罪 (5)偽造公文書行使等罪
(6)私文書偽造等罪 (7)虚偽診断書作成罪
(8)偽造私文書等行使罪 (9)電磁的記録不正作出罪・同供用罪
(10)詔書偽造等罪

2 通貨偽造の罪…………280
(1)通貨偽造等罪 (2)偽造通貨行使等罪
(3)外国通貨偽造罪・偽造外国通貨行使等罪 (4)偽造通貨等収得罪
(5)収得後知情行使等罪 (6)通貨偽造等準備罪

3 有価証券偽造の罪…………286
(1)有価証券偽造等罪・有価証券虚偽記入罪
(2)偽造有価証券行使等罪

4 支払用カード電磁的記録に関する罪…………289
(1)支払用カード電磁的記録不正作出等罪
(2)不正電磁的記録カード所持罪
(3)支払用カード電磁的記録不正作出準備罪

5 印章偽造の罪…………292

6 不正指令電磁的記録に関する罪…………293

第3章 風俗に対する罪 ——294

1 わいせつおよび重婚の罪…………294
(1)公然わいせつ罪 (2)わいせつ物頒布等罪 (3)その他の罪

2 賭博および富くじの罪…………297
(1)単純賭博罪 (2)常習賭博罪 (3)賭博場開張・博徒結合罪
(4)富くじ罪

3 礼拝所および墳墓に関する罪…………299
(1)死体損壊等罪 (2)その他の罪

目次 XV

● 第 3 編 ● **国家的法益に対する罪**　301

第 1 章　国家の存立に対する罪————303

1　内乱に関する罪⋯⋯⋯303
　(1)内乱罪　　(2)内乱予備・陰謀罪　　(3)内乱幇助罪
2　外患に関する罪⋯⋯⋯305

第 2 章　国交に関する罪————306

第 3 章　国家の作用に関する罪————307

1　公務の執行を妨害する罪⋯⋯⋯307
　(1)公務執行妨害罪　　(2)職務強要罪・辞職強要罪
　(3)封印等破棄罪　　(4)談合罪
　(5)その他の強制執行の妨害に関する罪
2　逃走の罪⋯⋯⋯320
　(1)総論　　(2)単純逃走罪　　(3)加重逃走罪
　(4)被拘禁者奪取罪　　(5)逃走援助罪
　(6)看守者等による逃走援助罪
3　犯人蔵匿および証拠隠滅の罪⋯⋯⋯324
　(1)犯人蔵匿等罪　　(2)証拠隠滅等罪　　(3)親族による犯罪の特例
　(4)証人等威迫罪
4　偽証の罪⋯⋯⋯334
　(1)偽証罪　　(2)自白による刑の減免　　(3)虚偽鑑定等罪
5　虚偽告訴等罪⋯⋯⋯337
　(1)保護法益　　(2)行為　　(3)目的　　(4)自白による刑の減免
6　職権濫用の罪⋯⋯⋯338
　(1)公務員職権濫用罪　　(2)特別公務員職権濫用罪
　(3)特別公務員暴行陵虐罪　　(4)特別公務員職権濫用等致死傷罪
7　賄賂の罪⋯⋯⋯341
　(1)総説　　(2)単純収賄罪　　(3)受託収賄罪　　(4)事前収賄罪
　(5)第三者供賄罪　　(6)加重収賄罪　　(7)事後収賄罪
　(8)あっせん収賄罪　　(9)贈賄罪　　(10)没収・追徴

XVI　目次

contents

論証カード…………359
事項索引…………416
判例索引…………421

論証カード 一覧

1.	傷害罪の故意（A）	361
2.	同時傷害特例①　傷害致死罪の場合（B⁺）	361
3.	同時傷害特例②　途中で共謀が成立した場合（A）	362
4.	遺棄罪の法的性質——準抽象的危険犯説（B）	362
5.	ひき逃げと保護責任者遺棄罪（B⁺）	363
6.	被害者の認識の要否（B⁺）	364
7.	適法行為の告知と脅迫の成否（B⁺）	364
8.	一般に立入りが許容されている場所への立入り（B⁺）	365
9.	真実性の錯誤①——230条の2の法的性格（A）	366
10.	真実性の錯誤②——違法性阻却事由の錯誤の処理（A）	366
11.	信用毀損罪における「信用」の意義（B）	367
12.	公務と業務妨害罪の「業務」の関係（B⁺）	367
13.	法禁物の財物性（B⁺）	368
14.	法禁物の返還請求権と財産上の利益（B）	368
15.	奪取罪の保護法益（A）	369
16.	上下・主従関係がある場合の占有の帰属（B⁺）	370
17.	死者の占有（A）	371
18.	不法領得の意思——要否・内容（A⁺）	372
19.	親族相盗例①　適用要件（B⁺）	373
20.	親族相盗例②　錯誤の処理（B）	373
21.	強盗罪における反抗抑圧の要否（B）	374
22.	事後的奪取意思（A⁺）	375
23.	2項強盗罪と処分行為の要否①——簡略化したフレーム（B⁻）	376
24.	2項強盗罪と処分行為の要否②——厳密なフレーム（A）	377
25.	事後強盗罪の窃盗の機会（A）	378
26.	事後強盗罪の暴行・脅迫にのみ関与した者の罪責（A）	379
27.	事後強盗罪と予備（B）	380
28.	殺人・傷害の故意ある場合の240条の罪の成否（A⁺）	380
29.	240条の死傷の原因（A⁺）	381
30.	240条の罪の既遂時期（A⁺）	382
31.	被欺罔者の認識の要否①　1項詐欺の場合（A）	382
32.	被欺罔者の認識の要否②　2項詐欺の場合（A）	383

33.	詐欺罪と財産的損害(A)	384
34.	1項詐欺罪と2項詐欺罪(B⁺)	385
35.	不法原因給付と詐欺① 1項詐欺の場合(A⁺)	385
36.	不法原因給付と詐欺② 2項詐欺の場合(A⁺)	386
37.	クレジットカード詐欺(A)	386
38.	権利行使と恐喝(B⁺)	387
39.	横領罪の占有の意義(A)	388
40.	使途を定めて占有を委託された金銭と横領(B⁺)	389
41.	不法原因給付と横領①——否定説(A)	390
42.	不法原因給付と横領②——折衷説(A)	391
43.	盗品等の横領①——不法原因給付との関係(A)	392
44.	盗品等の横領②——窃盗犯人との委託信任関係(A)	392
45.	二重譲渡①——Aの横領罪の成否(B⁺)	393
46.	二重譲渡②——Aの詐欺罪の成否(B⁺)	393
47.	二重譲渡③——Cの横領罪の成否(B⁺)	393
48.	横領罪における不法領得の意思(B⁺)	394
49.	横領後の横領(B⁺)	395
50.	横領後の詐欺(B⁺)	395
51.	他人の登記等に協力する義務と背任罪(B⁺)	396
52.	背任罪と横領罪との区別(A)	396
53.	背任罪の財産上の損害の判断基準(A)	397
54.	被害者のもとへの運搬と盗品等罪(B⁺)	397
55.	保管と途中知情(B⁺)	398
56.	盗品等罪の親族間の特例の適用範囲(B⁺)	398
57.	現住性・現在性の判断（客体の一個性）①——ロング・バージョン(A)	399
58.	現住性・現在性の判断（客体の一個性）②——ショート・バージョン(A)	399
59.	放火罪における焼損の意義①——独立燃焼説(A)	400
60.	放火罪における焼損の意義②——難燃性建造物の場合(B⁺)	400
61.	公共の危険の認識の要否①——109条2項・110条2項の場合(A)	401
62.	公共の危険の認識の要否②——110条1項の場合(A)	402
63.	名義人の実在の要否(B)	403
64.	写しの作成と文書偽造①——写しの文書性(A)	404
65.	写しの作成と文書偽造②——その他の要件(A)	404
66.	156条の間接正犯の成否(B⁺)	405
67.	名義人の承諾と私文書偽造(A)	406
68.	肩書の冒用と私文書偽造(B⁺)	406

69.	代理名義の冒用と私文書偽造（B⁺）	407
70.	職務の適法性①──適法性の要否・要件（A）	408
71.	職務の適法性②──判断基準（A）	408
72.	職務の適法性③──適法性に関する錯誤の処理（事実の錯誤説）（A）	409
73.	職務の適法性④──適法性に関する錯誤の処理（二分説）（A）	409
74.	「罰金以上の刑に当たる罪を犯した者」の意義（B⁺）	410
75.	犯人による隠避・蔵匿の教唆（B⁺）	410
76.	犯人の親族による蔵匿等の教唆（B⁺）	411
77.	第三者が親族を教唆した場合（B⁺）	411
78.	犯人が親族を教唆した場合（B⁺）	412
79.	偽証罪における虚偽の意義（B⁺）	412
80.	収賄罪の職務関連性──「その職務に関し」の意義（A）	413
81.	転職前の職務に関する賄賂罪（A）	414
82.	賄賂罪と恐喝罪との関係①　公務員の罪責（B⁺）	415
83.	賄賂罪と恐喝罪との関係②　贈賄者の罪責（B⁺）	415

第 **1** 編

個人的法益に
対する罪

第1章 生命・身体に対する罪

1. 殺人の罪

　殺人の罪は、いうまでもなく重要な構成要件である。しかし、殺人の罪において問題となる重要論点は刑法総論の分野に集中しているため、刑法各論において独立に押さえるべき重要事項は少ない。
　以下、試験対策としては、ざっと確認しておけば十分である。

1　殺人罪（普通殺人罪）

> 199条　人を殺した者は、死刑又は無期若しくは5年以上の拘禁刑に処する。

ア　保護法益
　本罪の保護法益は、**人の生命**である。

イ　客体
　本罪の客体は、**人**である。胎児を客体とする場合は、堕胎罪（➡34ページ 6.）が成立する。
　胎児がいつから人になるのかが問題となるが、母体から一部でも露出すれば人になるとする**一部露出説**が通説である。一部でも母体から露出すれば、母体とは独立して攻撃の対象となりうることから、この見解が妥当であろう。

ウ　結果

本罪の結果は、人の死亡である。

人の死亡時期、すなわち人の終期をいかに解するかについては争いがあるが、①心拍の停止、②呼吸の停止、③瞳孔反射の喪失のいずれか1つの不可逆的機能停止を基準とする三徴候説（総合判定説）が従来の通説である。

エ　予備・未遂

本罪の予備は罰する（2年以下の懲役）。ただし、情状により免除されうる（201条）。

また、本罪の未遂は罰する（203条）。

2　自殺関与罪・同意殺人罪　B

202条は、その文言を見れば明らかなように、①自殺教唆、②自殺幇助、③嘱託殺人、④承諾殺人という4つの構成要件を規定している。

これらのうち、①②をあわせて自殺関与罪、③④をあわせて同意殺人罪という。以下、それぞれにつき概観していこう。

ア　自殺関与罪

> 202条前段　人を教唆し若しくは幇助して自殺させ……た者は、6月以上7年以下の拘禁刑に処する。

自殺関与罪は、主として短答式試験用の構成要件である。論述式試験で問われる可能性は低い。

（ア）自殺の違法性と本罪の処罰根拠

本罪は、自殺に関与する行為を処罰の対象としている。

では、なぜ自殺に関与する行為を処罰できるのであろうか。その答えは、自殺を違法と解するか否かにより異なる。

まず、自殺を違法と解する立場からは、これを教唆・幇助した者が処罰されることは刑法総論の制限従属性説（➡総論［第4版］195ページ**イ**）から当然ということになる。

しかし、人間の生命はその者自身に属するものである以上、その者に生命処分の自由を認め、自殺は違法ではないと解するのが妥当であろう。そうだとすれば、刑法総論における共犯理論から本罪を説明することはできない。

そこで、本罪は、自殺関与行為が、他人の存在を否定し、その生命を侵害するものであることに由来する独自の違法性を有することに基づく規定であると解し、そうした自殺関与行為自体が有する独自の違法性に本罪の処罰根拠があると解するのが妥当であろう。

そして、その結果、本罪を刑法総論の教唆・幇助（共犯）として捉えるのではなく、殺人罪や窃盗罪などと同様の独立犯罪類型（正犯）として捉えていくことになる。

Q 自殺関与罪の処罰根拠　B⁻

A説 自殺違法説
結論：正犯たる自殺者の行為は違法なのであるから、制限従属性の見地から、これに関与する者は当然に可罰的である。
批判：人間の生命は、その者自身に属するものであり、本来、その者の処分の自由を認めるべきである。

B説 自殺適法説・独立犯罪類型説
結論：自殺関与行為が、他人の存在を否定し、その生命を侵害するものであることに由来する独自の違法性を有する点に可罰性の根拠がある。

（イ）実行の着手時期

① 問題の所在

本罪は、①自殺関与行為→②他人の自殺行為→③他人の死亡という因果経過を予定している。

では、本罪の実行の着手時期は、どの時点で認められるのであろうか。つまり、①自殺関与行為を開始した時点で本罪の着手が認められるのか、それとも②他人が自殺行為を開始した時点ではじめて本罪の着手が認められるのであろうか。

試験との関係での重要性は低いが、頭の体操を兼ねて、以下簡単に検討していこう。

②　検討

　この問題は、自殺の違法性ないし本罪の処罰根拠の解釈と関連する。

(a)　自殺違法説

　まず、自殺を違法と解し、本罪を刑法総論における教唆・幇助と同じであると解する見解からは、実行従属性（➡総論［第4版］193ページ**ア**）を肯定する限り、正犯行為の開始の時点、すなわち②他人が自殺行為を開始した時点ではじめて着手を認めることになる。

(b)　自殺適法説

　これに対し、自殺を適法と解し、本罪を独立犯罪類型であると解する見解からは、①自殺関与行為を開始した時点で着手を認める見解と、②他人が自殺行為を開始した時点ではじめて着手を認める見解とが主張されている。

　この点、自殺関与罪を独立犯罪類型と解する以上、①自殺関与行為を開始した時点で着手を認めるべきとも思える。

　しかし、そもそも未遂犯の処罰根拠は、構成要件的結果発生の現実的危険性の惹起にあった（➡総論［第4版］158ページ**2**）。そして、本罪の構成要件的結果である他人の死亡結果が発生する現実的危険性は、他人による自殺行為の開始があってはじめて発生するといえる。

　また、同一の条文で規定されている同意殺人罪の実行の着手が、実際の殺害行為の開始時点ではじめて認められることとの均衡をも考えあわせる必要がある。

　そこで、②他人の自殺行為の開始を待ってはじめて着手を認める見解が妥当であろう。

🔴 自殺関与罪の実行の着手時期　**B⁻**

A説
結論：他人が自殺行為を開始した時点で本罪の着手が認められる。
理由：①（自殺違法説から）共犯の従属性。
　　　②（自殺適法説から）他人の死亡結果が発生する現実的危険性は、他人による自殺行為の開始があってはじめて発生する。

B説
結論：自殺関与行為を開始した時点で本罪の着手が認められる。

006　1編1章　生命・身体に対する罪

理由：（自殺適法説から）自殺関与罪は独立犯罪類型であるから、共犯の従属性は妥当しない。

イ　同意殺人罪

> 202条後段　人をその嘱託を受け若しくはその承諾を得て殺した者は、6月以上7年以下の拘禁刑に処する。

（ア）減軽の根拠

同意殺人罪は、普通殺人罪と比べて刑が減軽されている。

その減軽の根拠については争いがあるが、被害者の同意により違法性が減少するからであるとする見解を知っておけば試験対策としては十分である。

（イ）嘱託・承諾

本罪が成立するには、被害者から嘱託を受け、または承諾を得たことが必要である。

「嘱託」とは、被害者がその殺害を依頼することをいう。

「承諾」とは、被害者がその殺害の申込みに同意することをいう。

（ウ）故意

本罪の故意が認められるためには、行為者が被害者の嘱託・承諾を認識していることが必要である。

では、たとえばXがAに自らを殺してほしいと思っていたところ、AがそのXの思いを知らないままXを殺害した場合、Aには同意殺人罪と普通殺人罪のいずれが成立するか。

この場合、Aは普通殺人罪の故意（38条1項）で客観的には同意殺人罪を実現したのであるから、抽象的事実の錯誤（➡総論［第4版］65ページア、74ページ**4**）として処理すればよい。その結果、重なり合いの限度で同意殺人罪が成立することになろう。

ウ　普通殺人罪との区別

自殺関与罪と普通殺人罪とを区別する基準は、被害者による自殺の決意の有無による。また、同意殺人罪と普通殺人罪とを区別する基準は、殺人への同意の有無による。

1.殺人の罪　007

では、いかなる場合に自殺の決意や殺人への同意があったといえるのであろうか。それらが認められるための要件を簡単に検討しておこう。

（ア）死の意味の理解

　まず、自殺の決意や殺人への同意が認められるためには、被害者が死の意味を理解していたことが必要である。

　したがって、たとえば死の意味を理解しない幼児や精神障害者を騙して自殺させた場合には、自殺関与罪ではなく普通殺人罪が成立する（大判昭和9・8・27刑集13-1086、最決昭和27・2・21刑集6 - 2 -275）。

（イ）任意性

　また、自殺の決意・殺人への同意が認められるためには、それが任意になされたものであることが必要である。

　したがって、たとえば暴行・脅迫により自殺者の意思決定の自由を奪ったうえで自殺を強要した場合には、普通殺人罪が成立する（**最決平成16・1・20百選Ⅰ73**）。

（ウ）真意

　以上に加えて、判例は自殺の決意・殺人への同意が真意であることまで要するとしている。すなわち、決意や同意の動機に錯誤がないことが必要であるとしているわけである。

　したがって、たとえば、Aが、自分は死ぬ気がないにもかかわらず、Bの死後追死するとBに誤信させ、Bに毒物を飲ませて死亡させた場合、Bの自殺の決意には動機の錯誤があり、自殺の決意が真意であるとはいえないことから、Aには自殺関与罪ではなく、普通殺人罪が成立する（**最判昭和33・11・21百選Ⅱ1**）。

エ　未遂

　自殺関与罪・同意殺人罪の未遂は罰する（203条）。

2. 傷害の罪

1 暴行罪 　Ａ

> 208条　暴行を加えた者が人を傷害するに至らなかったときは、2年以下の拘禁刑若しくは30万円以下の罰金又は拘留若しくは科料に処する。

ア　保護法益

暴行罪の保護法益は、人の身体の安全である。

イ　行為

暴行罪の行為は「暴行」である。

本罪の「暴行」とは、人の身体に対する不法な有形力の行使をいう（狭義の暴行）。この定義はしっかりと記憶しておいてほしい。

以下、この定義の要素を個別に検討していこう。

（ア）有形力の行使

まず、暴行にあたるためには、それが有形力の行使といえなければならない。ここで問題となるのは、有形力の意義である。

この点、殴る・蹴るなどの行為が有形力にあたるのは当然であるが、音・光・熱・電気などのエネルギー作用も有形力に含まれると解されている。したがって、たとえば、被害者の耳元でブラスバンド用の大太鼓を連打する行為（最判昭和29・8・20刑集8-8-1277）や、拡声器で大声を発する行為（大阪地判昭和42・5・13下刑集9-5-681）も、有形力の行使にあたる。

これに対し、侮辱や催眠術などの心理的作用は、有形力の行使にあたらない。

なお、有形力が被害者の身体に接する必要はないとするのが判例（**最決昭和39・1・28百選Ⅱ3**等）・多数説である。たとえば、人に向かって石を投げつけたが、狙いが外れて人に当たらなかった場合も、有形力の行使があったと考

えていくわけである。

（イ）不法性

次に、有形力の行使があったとしても、それが暴行罪における「暴行」に該当するためには、「不法」であることが必要である。

これは、日常生活において認められるべき有形力の行使を犯罪から除外するための要件である。たとえば、落し物をした歩行者に追いつき、その肩に手をかけて呼び止める行為は、不法性に欠けるため「暴行」にあたらない。

（ウ）対人性

さらに、本罪の有形力の行使は「人の身体に対する」ものに限られる。これは、暴行罪の保護法益が人の身体の安全であることからくる限定である。

したがって、無人の建物を壊す行為などのように、物に対する有形力の行使は、それがたとえ不法であったとしても本罪の「暴行」にはあたらない。

このように、本罪の「暴行」は人の身体に対するものに限定されていることから、狭義の暴行とよばれている。

ウ　刑法における暴行概念

刑法上、「暴行」を手段とする犯罪には、いくつかの種類がある。

そして、各犯罪における「暴行」という用語は、各犯罪の保護法益との関連で、4つの異なる意味に解されている。便宜上、ここで暴行罪以外の犯罪における「暴行」の意義についてもまとめておこう。

①　最広義の暴行

最広義の暴行とは、およそ不法な有形力の行使をいう。人に対する不法な有形力の行使だけでなく、物に対する不法な有形力の行使をも含む趣旨である。

たとえば、騒乱罪（106条）の保護法益は公共の静謐または平穏であるところ（→ 219ページア）、公共の静謐または平穏は、人に対する不法な有形力の行使だけでなく、物に対する不法な有形力の行使によっても害されうる（無人の建物を破壊する行為を想定するとよい）。したがって、騒乱罪の「暴行」は最広義の暴行と解されている。

②　広義の暴行

広義の暴行とは、人に対する不法な有形力の行使をいう。物に対する不法な有形力の行使はこれに該当しないが、人に対する有形力の行使であれば足り、

010　1編1章　生命・身体に対する罪

必ずしも人の身体に対するものであることを要しないという趣旨である。

たとえば、公務執行妨害罪（95条）の保護法益は公務の円滑な執行であるところ（➡307ページア）、公務の円滑な執行は、公務員の身体に対して直接に有形力を行使しなくとも、公務員に対する不法な有形力の行使があれば害されうる（警察官の面前でパトカーを蹴る行為を想定するとよい）。したがって、公務執行妨害罪の「暴行」は広義の暴行と解されている。

③ 狭義の暴行

狭義の暴行とは、人の身体に対する不法な有形力の行使をいう。

暴行罪（208条）における「暴行」がこれにあたる。前述したように、同罪の保護法益は人の身体の安全だからである。

④ 最狭義の暴行

最狭義の暴行とは、人の反抗を抑圧する程度の人の身体に対する不法な有形力の行使をいう。狭義の暴行のうち、その程度が強いものをいう趣旨である。

たとえば、強盗罪（236条）における「暴行」がこれにあたると解されている。

①	最広義	不法な有形力の行使
②	広義	不法な有形力の行使＋人に対する
③	狭義	不法な有形力の行使＋人に対する＋身体に対する
④	最狭義	不法な有形力の行使＋人に対する＋身体に対する＋反抗抑圧程度

エ 傷害結果の不発生

暴行罪が成立するには、「傷害するに至らなかった」こと、すなわち傷害結果の不発生が必要である。

仮に傷害結果が生じた場合には、次の傷害罪（204条）の成否を検討することになる。

2 傷害罪 A

> 204条 人の身体を傷害した者は、15年以下の拘禁刑又は50万円以下の罰金に処する。

2. 傷害の罪 011

ア　行為

本罪の行為は、人を傷害することである。

なお、胎児を傷害した場合の傷害罪の成否（胎児性傷害）については、堕胎の罪で検討する（➡ 34 ページ 6.）。

（ア）傷害の意義

「傷害」の意義については、人の生理的機能に障害を加えることと解するのが判例（大判明治 45・6・20 刑録 18-896）・通説である。この結論はしっかりと覚えておこう。

この判例・通説からは、たとえば①長時間の失神（大判大正 8・7・31 刑録 25-899）、②病毒の感染（最判昭和 27・6・6 刑集 6-6-795）、③キスマーク（東京高判昭和 46・2・2 高刑集 24-1-75）、④外傷後ストレス障害（最決平成 24・7・24 刑集 66-8-709）などは傷害にあたる。他方で、⑤頭髪を切り取る行為は傷害にあたらない。

以上に対し、「傷害」の意義をより広く捉え、人の身体の完全性を侵害することと解する見解や、人の生理的機能を害することに加えて身体の外形に重要な変更を加えることをいうと解する見解もある。これらの見解からは、⑤の頭髪を切り取る行為も傷害にあたることになる。

しかし、「傷害」という文言の日常用語例から考えて、判例・通説が妥当であろう。

Q 「傷害」の意義──頭髪の切断が「傷害」にあたるか　**B**

A説 生理的機能障害説（判例・通説）
結論：人の生理的機能に障害を加えることをいう。
理由：傷害という文言の日常用語例。
帰結：頭髪の切断は傷害にあたらない。

B説 身体完全性侵害説
結論：人の身体の完全性を害することをいう。
帰結：頭髪の切断も傷害にあたる。

C説 折衷説
結論：人の生理的機能を害すること、および身体の外形に重要な変更を加えることをいう。
帰結：頭髪の切断も傷害にあたる。

（イ）傷害の方法

204 条は、傷害を生じさせる方法を暴行（有形力の行使）に限定していない。

012　1編1章　生命・身体に対する罪

したがって、暴行によって傷害が生じた場合はもとより、暴行によらない無形的方法で傷害が生じた場合も、やはり「傷害」にあたることになる。たとえば、いやがらせにより不安および抑うつ状態に陥れた場合も「傷害」にあたる（名古屋地判平成6・1・18判タ858-272）。

ただし、暴行によらない場合に傷害罪が成立するためには、次に述べるように傷害の故意が必要である。

イ　故意　➡論証1

本罪において必要とされる故意の内容は、傷害の方法により異なる。

（ア）無形的方法による場合

暴行によらない無形的方法により傷害を発生させた場合に本罪が成立するためには、傷害の故意を要する。

すなわち、この場合には、本罪は故意犯である。

（イ）暴行による場合

では、暴行により傷害を発生させた場合はどうか。

まず、この場合でも、傷害の故意があれば本罪が成立するのは当然である。

しかし、通説は、本罪が成立する場合をそれに限定していない。暴行により傷害を発生させた場合については、傷害の故意がある場合はもとより、暴行の故意しかなく傷害の故意に欠ける場合についても、本罪の成立を肯定していくのである。

> 暴行罪における暴行は「人の身体に対する不法な有形力の行使」ですから、その点についての故意があったとしても、必ずしも「人の生理的機能を害する」という傷害結果の故意があるとは限りません。
> そして通説は、傷害結果の故意がなくとも、傷害罪の成立を認めていくわけです。

この通説の根拠は、暴行罪を定めた208条の存在にある。

すなわち、暴行罪を定めた208条は、「暴行を加えた者が人を傷害するに至らなかったとき」に暴行罪が成立するとしている。そして、この208条を反対解釈すれば、「暴行を加えた者が人を傷害するに至ったとき」には、たとえ傷害の故意を有しなくとも、暴行の故意さえあれば傷害罪が成立すると解するべきことになる。

2. 傷害の罪　013

そこで、傷害の方法が暴行による場合には、必ずしも傷害の故意を要しない（暴行の故意があればよい）と解していくのである。

そのように解すると、本罪を定めた204条は、傷害の故意犯に加えて、暴行罪の結果的加重犯をも定めた規定であることになる。

> 以上の通説について、ここでまとめておきましょう。
> まず、傷害の故意をもって傷害結果を発生させた場合には、204条が傷害の方法を限定していない以上、暴行という有形的方法による場合であれ（下図①）、暴行以外の無形的方法による場合であれ（下図③）、故意犯としての傷害罪が成立することになります。
> 他方、傷害の故意を有さずに傷害結果を発生させた場合には、故意犯としての傷害罪は成立し得ません。したがって、暴行以外の方法により傷害結果を発生させた場合には（下図④）、故意犯としての傷害罪は成立せず、過失傷害罪（209条）が成立しうるのみです。
> しかし、傷害の故意を有しなかったとしても、暴行によって傷害を発生させた場合には（下図②）、208条の反対解釈により傷害罪が成立することになります。つまり、204条は、故意傷害罪のほかに、暴行致傷罪とでもいうべき暴行罪の結果的加重犯をも規定しているユニークな条文であると解していくわけです。

	傷害の方法	暴行の故意	傷害の故意	傷害罪の成否
①	暴行	あり	あり	○（故意犯）
②	暴行	あり	なし	○（結果的加重犯）
③	無形的方法	—	あり	○（故意犯）
④	無形的方法	—	なし	×

❓ 傷害罪の故意——傷害罪は暴行罪の結果的加重犯を含むか　A

A説　純故意犯説

結論：傷害罪は故意犯である。暴行罪の結果的加重犯は含まない。

理由：責任主義の見地。

B説　折衷説（通説）

結論：傷害罪は故意犯であるが、暴行罪との関係では結果的加重犯である。

理由：208条の反対解釈。

ウ　未遂

暴行による本罪の未遂は、暴行罪となる（208条）。

無形的方法による本罪の未遂は、不可罰である。

3 傷害致死罪 **A**

> 205条　身体を傷害し、よって人を死亡させた者は、3年以上の有期拘禁刑に処する。

　本罪は傷害罪の結果的加重犯である。

　なお、傷害罪は暴行罪の結果的加重犯でもあることから、暴行罪との関係では、本罪は「暴行罪の結果的加重犯としての傷害罪の結果的加重犯」という意味で、二重の結果的加重犯ということになる。

4 同時傷害の特例 **A**

> 207条　2人以上で暴行を加えて人を傷害した場合において、それぞれの暴行による傷害の軽重を知ることができず、又はその傷害を生じさせた者を知ることができないときは、共同して実行した者でなくても、共犯の例による。

ア　207条の意義

　たとえば、A・Bが共同してXに暴行を加え、Xに傷害結果が発生したとする。

　しかし、Xの傷害結果がAとBのいずれの暴行によるものかは不明であったとしよう。A・Bの暴行と傷害結果との間の因果関係が不明であったわけである。

（ア）共同正犯の場合

　ここで、A・Bに共同実行の意思がある場合には、A・Bは共同正犯となり、「一部実行の全部責任」の原則のもと、A・Bに傷害罪が成立する（60条）。

　この場合、207条は問題とならない。

（イ）同時犯の場合

　これに対し、A・Bに共同実行の意思がなかった場合、すなわち単なる同時犯（➡総論［第4版］203ページ（イ））であった場合はどうか。

　そもそも、刑事訴訟の鉄則である「疑わしきは被告人の利益に」の原則によれば、因果関係の存否が不明である以上、A・Bの各行為と傷害結果との間の因果関係は否定されることになる。その結果、A・Bには傷害罪は成立せず、暴行罪が成立するにとどまることになるはずである。

2. 傷害の罪　015

しかし、2人以上の者が暴行を加えた事案においては、生じた傷害の原因となった暴行を特定することが困難な場合が多い。にもかかわらず、傷害罪は成立しないとするのは妥当ではない。

そこで、207条は、傷害罪の同時犯について、「共犯の例による」としている。この207条の規定を、同時傷害の特例という。

イ　効果──「共犯の例による」の意義

では、「共犯の例による」とは、具体的にはいかなる意味であろうか。

通説は、個々の暴行と傷害結果との間の因果関係を推定することにより、因果関係についての挙証責任を被告人に転換したものであると解している。判例も、207条が適用される場合は、「各行為者は、自己の関与した暴行がその傷害を生じさせていないことを立証しない限り、傷害についての責任を免れない」としており（**最決平成28・3・24百選Ⅱ6**）、通説と同様の立場と解される。

したがって、暴行をした者は、自己の暴行と傷害結果との間に因果関係がないことを立証しない限り、傷害罪の罪責を負う。

前述のA・Bも、自らの暴行と傷害結果との間に因果関係がないことを立証しない限り、傷害罪が成立することになるわけである。

> 207条が適用される場合と、共同正犯が成立する場合とは似ていますが、両者が全く同じく扱われるわけではありません。
> 本文で述べたように、207条の効果は因果関係の推定にとどまりますから、AやBは、自らの暴行と傷害結果との間に因果関係がないことを立証さえすれば、傷害結果を帰責されないですみます。
> これに対し、A・Bに共同正犯が成立する場合には、「一部実行の全部責任」の原則が適用される結果、A・Bは自らの暴行と傷害結果との間に個別的な因果関係がないことを立証したとしても、傷害結果を帰責されてしまいます。
> このように、反証を許すか否かという点で、207条と共同正犯は異なるわけです。

ウ　207条の合憲性

以上のように、207条は、憲法上の要請である「疑わしきは被告人の利益に」の原則の例外を定めた規定である。

したがって、その合憲性が問題となるが、検察官が傷害結果を惹起した行為者を特定するのはきわめて困難であること、反対に、暴行の行為者であれば反

証をあげることも可能であること等の点から、かろうじて合憲であると解されている。

エ　要件

　同時傷害の特例が適用される要件は、上記の判例によれば、①各暴行が当該傷害を生じさせうる危険性を有するものであること、②各暴行が外形的には共同実行に等しいと評価できるような状況において行われたこと（すなわち同一の機会に行われたものであること）、の2つである（前掲**最決平成28・3・24百選Ⅱ6**）。

　これらの要件の挙証責任は、検察官が負う。

オ　傷害致死罪の場合の適用の可否　➡論証2

　以上の要件が証明された場合、前述したとおり、各人の暴行と傷害結果との間の因果関係が推定されることになる（➡前ページイ）。

　では、傷害に加えて、死亡という加重結果も生じている場合、各人はかかる死亡結果も帰責され、傷害致死罪が成立することになるのだろうか。すなわち、傷害致死罪の場合にも、207条は適用されるのだろうか。

　判例は、207条の適用を肯定する（最判昭和26・9・20刑集5-10-1937）。近時の判例も、「各行為者は、同条により、自己の関与した暴行が死因となった傷害を生じさせていないことを立証しない限り、当該傷害について責任を負い、更に同傷害を原因として発生した死亡の結果についても責任を負う」とし、傷害致死罪の成立を肯定している（前掲**最決平成28・3・24百選Ⅱ6**）。

　立証の困難の回避という207条の趣旨は傷害致死罪の場合にもあてはまる以上、判例の立場は妥当であろう。

　これに対し、学説では、207条が「傷害した場合」とのみ規定していること、および同条は「疑わしきは被告人の利益に」の原則の例外である以上その適用範囲は厳格に解するのが妥当であることから、同条は傷害罪についてのみ適用されるとする見解が有力である。

> **Q** 同時傷害の特例が傷害致死罪にも適用されるか　**B⁺**
>
> **A説**（判例）
> 結論：傷害致死罪にも適用される。
> 理由：立証の困難の回避という趣旨は傷害致死罪の場合にもあてはまる。

2. 傷害の罪　017

B説（有力説）
結論：傷害罪についてのみ適用される。
理由：①「人を傷害した場合」という文言。
②本条が「疑わしきは被告人の利益に」の原則に対する例外であることは明白であるから、その適用の要件は厳格に解すべきである。

カ　暴行の途中で共謀が成立した場合の処理　➡論証3

（ア）問題の所在

たとえば、Aが被害者に対し単独で暴行を加えていたところ、そこに偶然通りかかったBがAと意思を通じて途中から暴行に加わったとする。被害者には傷害結果が発生したが、かかる傷害結果がAの単独暴行によるものか、それともBが加担した後の暴行によるものかは不明だったとしよう。

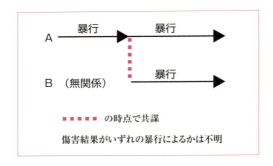

この場合、207条を適用するまでもなく、Aには傷害罪が成立する。なぜなら、傷害結果がA自身の暴行によって生じた場合はもとより、Bの暴行によって生じた場合でも、Aは共同正犯としてBの暴行によって生じた傷害結果を帰責されるからである（60条）。

では、Bにも傷害罪が成立するのだろうか。

まず、承継的共同正犯の成否が問題となるが、判例の立場を前提とすれば、BはAの先行行為およびその結果を承継せず、Bには暴行罪が成立するにとどまる。ここまでは刑法総論で学習したとおりである（➡総論［第4版］219ページア）。

しかし、実は問題はそこでは終わらない。共同正犯が成立しないとしても、別途207条を適用することにより、Bにも傷害罪が成立すると解することができないかが問題となってくるのである。

018　1編1章　生命・身体に対する罪

（イ）検討

この点、学説では、207条の適用範囲は厳格に解するべきだという観点から、207条は**誰も傷害結果について責任を負わなくなる場合についての例外規定**であるとする見解が有力である。この見解からは、上記の事例では先行行為者Aが傷害結果について責任を負う（すなわち傷害罪の罪責を負う）以上、Bとの関係で207条を適用することはできないということになろう。

これに対し、**判例**は、途中で共謀が成立し、したがって傷害結果について帰責される者がいる場合についても、207条の**適用を肯定**する（最決令和2・9・30刑集74-6-669）。仮に途中で行為者間に共謀が成立していたからという理由で同条を適用しないとすれば、**共謀関係が認められないときとの均衡**を失することになるから、というのがその理由である。判例の立場が妥当であろう。

> この判例の理由付けについて、敷衍しておきましょう。
> まず、通常の同時犯の場合、すなわちAとBが代わるがわる被害者に暴行を加えたけれども、AとBが一切共謀をしていなかったような場合は、207条が適用され、AのみならずBにも原則として傷害結果が帰責されることになります。この点については、特に争いはありません。
> 争いがあるのは、Aによる暴行の途中でAとBの間に共謀が成立した場合です。
> 有力説は、このような場合には207条は適用することができないと解していきます。暴行の途中でAを共謀したBは、傷害結果を帰責されずにすむということになるわけです。
> しかし、一切共謀していなければ原則として傷害結果を帰責されることになる一方、暴行の途中で共謀していれば傷害結果を帰責されずにすむ、というのは、明らかに不均衡であり、不合理です。
> そこで、判例は、途中で共謀が成立した場合にも、共謀が一切なかった場合と同様に207条の適用を認めていくわけです。判例の立場は妥当といっていいでしょう。

❓ 暴行の途中で共謀が成立した場合にも同時傷害の特例が適用されるか　Ａ

A説 否定説（西田・山口）

理由：①207条は誰も傷害結果について責任を負わなくなる場合についての例外規定であるのに対し、承継的共犯の場合、少なくとも先行行為者は傷害の罪責を負う。

②同条の例外規定性を考慮すれば、その適用範囲の拡張には慎重であるべきである。

B説 肯定説（判例）

理由：①207条は共犯類似の現象に対処するための規定であるから、まして共犯関係がある時は当然にその適用を認めてよい。

②207条は意思の連絡がない場合にすら適用があるのに、途中からでも意思の連絡がある場合に適用を否定するのは不自然である。

2. 傷害の罪　019

5　その他の傷害の罪 C

　以上のほか、傷害の罪として現場助勢罪（206条）・凶器準備集合罪・結集罪（208条の2）が規定されているが、試験との関係では条文を読んでおけば足りる。

（現場助勢罪）
206条　前2条の犯罪［傷害罪・傷害致死罪］が行われるに当たり、現場において勢いを助けた者は、自ら人を傷害しなくても、1年以下の拘禁刑又は10万円以下の罰金若しくは科料に処する。
（凶器準備集合罪・結集罪）
208条の2
1項　2人以上の者が他人の生命、身体又は財産に対し共同して害を加える目的で集合した場合において、凶器を準備して又はその準備があることを知って集合した者は、2年以下の拘禁刑又は30万円以下の罰金に処する。
2項　前項の場合において、凶器を準備して又はその準備があることを知って人を集合させた者は、3年以下の拘禁刑に処する。

---

3. 過失致死傷の罪

1　過失傷害罪・過失致死罪 B

209条
1項　過失により人を傷害した者は、30万円以下の罰金又は科料に処する。
2項　前項の罪は、告訴がなければ公訴を提起することができない。
210条　過失により人を死亡させた者は、50万円以下の罰金に処する。

　過失傷害罪と過失致死罪は、その法定刑が軽いことが特徴である。
　なお、過失傷害罪が親告罪であること（209条2項）は覚えておいてほしい。

2　業務上過失致死傷罪　B

> 211条前段　業務上必要な注意を怠り、よって人を死傷させた者は、5年以下の拘禁刑又は100万円以下の罰金に処する。

ア　主体

本罪の主体は、業務者である。

すなわち、本罪は業務者たることを不真正身分とした、過失傷害罪・過失致死罪の不真正身分犯である。

イ　加重の根拠

業務者につき刑を加重することの根拠については争いがあるが、業務者には通常人よりも特に重い注意義務が課せられているからであると解するのが判例（最判昭和26・6・7刑集5-7-1236）・通説である。

業務者は、一般人よりも法益侵害の結果を惹起しやすい立場にあるので、不注意による法益侵害の結果を防止するために特別に高度の注意義務が課されると解するべきである。判例・通説が妥当であろう。

ウ　業務の意義

本罪における「業務」とは、社会生活上の地位に基づき反復継続して行う行為であって、かつ、他人の生命・身体などに危害を加えるおそれのあるものをいう（最判昭和33・4・18刑集12-6-1090）。この定義はしっかりと覚えておいてほしい。

以下、この定義の各要素を簡単に検討していこう。

（ア）社会生活上の地位に基づくこと

家庭における炊事や育児等は、万人共通の自然的・日常的行為であることから、社会生活上の地位に基づく行為にはあたらない。

逆にいえば、そうした万人共通の自然的・日常的行為以外であれば、娯楽であっても社会生活上の地位に基づく行為といえる。

たとえば、娯楽のための狩猟行為も「業務」にあたる（最判昭和33・4・18刑

3. 過失致死傷の罪　021

集 12-6-1090)。

（イ）反復継続性

反復継続の意思のもとに行われる行為であれば、1回目の行為であっても反復継続して行う行為にあたると解されている（福岡高宮崎支判昭和38・3・29判タ145-199参照）。

（ウ）生命・身体への危険性

以上の2つの要件を満たせば、一般的には刑法上の業務にあたる（たとえば➡85ページア）。しかし、本罪における「業務」は、本罪の加重根拠からみて、人の生命・身体に対して危害を加えるおそれのある行為に限定されると解されている。

> たとえば狩猟行為は、人の生命・身体に対して危害を加えるおそれのある行為ですから、本罪の「業務」にあたります。
> これに対し、自転車の運転行為は、人の生命・身体に対して危害を加えるおそれのある行為ではないとされ、本罪の「業務」にあたらないと解されているようです。
> しかし、最近は暴走した自転車が通行人などをまきこんで事故を起こすことが増えています。場合によっては、自転車の運転も「業務」にあたるといってよいのではないかと思います（私見）。

なお、ホテル経営会社の代表取締役のように、人の生命・身体の危険を防止することを義務内容とする業務も本罪の「業務」に含まれる（**最決昭和60・10・21百選I 60**参照）。

（エ）自動車の運転者

自動車の運転者については、本罪ではなく、特別法によって処断される（➡次ページ4.）。

3 重過失致死傷罪

> 211条後段　重大な過失により人を死傷させた者も、[業務上過失致死傷罪と] 同様とする。

「重大な過失」とは、注意義務の違反の程度が著しいことをいう。ささいな注意を払えば結果の発生を防止できたのに、それを怠った場合をいうわけである。

4. 自動車の運転により人を死傷させる罪

　自動車の運転により人を死傷させる罪については、特別法である「自動車の運転により人を死傷させる行為等の処罰に関する法律」により処理される。試験に必要な範囲で説明しよう。
　なお、本節であげる条文番号は、この特別法の条文番号である。

1　過失運転致死傷罪

> 5条　自動車の運転上必要な注意を怠り、よって人を死傷させた者は、7年以下の拘禁刑又は100万円以下の罰金に処する。ただし、その傷害が軽いときは、情状により、その刑を免除することができる。

ア　趣旨

　本罪は、業務上過失致死傷罪のうち、自動車の運転による場合を特に重く処罰する趣旨の規定である。

イ　免除

　軽い傷害を負わせたにとどまる場合には、情状により刑が免除されうる（5条ただし書）。
　死亡結果が生じた場合や、重い傷害を負わせた場合には免除はない。

2　危険運転致死傷罪

> 2条　次に掲げる行為を行い、よって、人を負傷させた者は15年以下の拘禁刑に処し、人を死亡させた者は1年以上の有期拘禁刑に処する。
> 　1号　アルコール又は薬物の影響により正常な運転が困難な状態で自動車を走行させる行為
> 　2号　その進行を制御することが困難な高速度で自動車を走行させる行為
> 　3号　その進行を制御する技能を有しないで自動車を走行させる行為

4号　人又は車の通行を妨害する目的で、走行中の自動車の直前に進入し、その他通行中の人又は車に著しく接近し、かつ、重大な交通の危険を生じさせる速度で自動車を運転する行為

5号　車の通行を妨害する目的で、走行中の車（重大な交通の危険が生じることとなる速度で走行中のものに限る。）の前方で停止し、その他これに著しく接近することとなる方法で自動車を運転する行為

6号　高速自動車国道（高速自動車国道法（昭和32年法律第79号）第4条第1項に規定する道路をいう。）又は自動車専用道路（道路法（昭和27年法律第180号）第48条の4に規定する自動車専用道路をいう。）において、自動車の通行を妨害する目的で、走行中の自動車の前方で停止し、その他これに著しく接近することとなる方法で自動車を運転することにより、走行中の自動車に停止又は徐行（自動車が直ちに停止することができるような速度で進行することをいう。）をさせる行為

7号　赤色信号又はこれに相当する信号を殊更に無視し、かつ、重大な交通の危険を生じさせる速度で自動車を運転する行為

8号　通行禁止道路（道路標識若しくは道路標示により、又はその他法令の規定により自動車の通行が禁止されている道路又はその部分であって、これを通行することが人又は車に交通の危険を生じさせるものとして政令で定めるものをいう。）を進行し、かつ、重大な交通の危険を生じさせる速度で自動車を運転する行為

3条

1項　アルコール又は薬物の影響により、その走行中に正常な運転に支障が生じるおそれがある状態で、自動車を運転し、よって、そのアルコール又は薬物の影響により正常な運転が困難な状態に陥り、人を負傷させた者は12年以下の拘禁刑に処し、人を死亡させた者は15年以下の拘禁刑に処する。

2項　自動車の運転に支障を及ぼすおそれがある病気として政令で定めるものの影響により、その走行中に正常な運転に支障が生じるおそれがある状態で、自動車を運転し、よって、その病気の影響により正常な運転が困難な状態に陥り、人を死傷させた者も、前項と同様とする。

ア　類型

（ア）2条

2条は、酩酊運転（1号）、制御困難運転（2号）、未熟運転（3号）、妨害運転（4号ないし6号）、信号無視運転（7号）、通行禁止道路運転（8号）をなし、その結果、人を死傷させた場合についての規定である。4号、7号、8号については、速度要件もある点に注意しよう。

1号の「アルコール……の影響により正常な運転が困難な状態」とは、アルコールの影響により道路交通の状況等に応じた運転操作を行うことが困難な心

身の状態をいうが、アルコールの影響により前方を注視してそこにある危険を的確に把握して対処することができない状態も、これにあたる（最決平成23・10・31刑集65-7-1138）。

7号の「赤色信号……を殊更に無視し」とは、およそ赤色信号に従う意思がないという意味であるが、赤色信号であることの確定的な認識は必ずしも要せず、「たとえ赤色信号であったとしてもこれを無視する意思」で進行した場合はこの要件を充足する（最決平成20・10・16刑集62-9-2797）。

（イ）3条

3条は、①運転開始後の酩酊運転（1項）と②運転開始後の病気による危険運転（2項）につき、2条の場合よりも軽く処罰する趣旨の規定である。

イ　結果的加重犯

2条および3条に列挙された各運転は、道路交通法において構成要件化されている。

したがって、本罪は、これらの道路交通法上の罪を犯したうえ、さらに致死傷結果が生じた場合について定めた結果的加重犯である。

ウ　故意

本罪は結果的加重犯であるから、道路交通法において定められた基本犯についての故意がなければならない。

ただし、そうした故意があるといえるためには、基本犯の構成要件要素を基礎づける事実の認識があれば足りると解されている。

たとえば、①酩酊運転について、「正常な運転が困難な状態」であること自体の認識はなくとも、ハンドル操作がうまくいかない、足がふらつくなどの事実を認識していれば足りる。

3　無免許による加重　B⁻

以上の各罪を無免許で犯した場合は、2条3号の未熟運転を除き、刑が加重される（6条）。

5. 遺棄の罪

1　総論　B+

　刑法は、遺棄の罪として単純遺棄罪（217条）、保護責任者遺棄罪（218条）、および遺棄致死傷罪（219条）を規定している。

　以下では、まずこれらの遺棄の罪に共通する問題を検討していこう。

ア　保護法益

　遺棄の罪の保護法益については、①生命・身体の安全と解する見解と、②生命の安全に限定する見解とが対立している。このうち、①の見解が判例（大判大正4・5・21刑録21-663）・通説である。

　刑法典上、本罪は傷害罪の後に規定されている。このことからすれば、生命に加えて身体の安全をも保護法益としていると解するべきである。判例・通説が妥当であろう。

> **Q　遺棄の罪の保護法益　B**
>
> **A説**（判例・通説）
> 結論：生命・身体の安全である。
> 理由：①本罪の規定の位置が傷害罪の後に配置されている。
> 　　　②219条は遺棄致死傷罪を規定している。
> **B説**（大谷・西田など）
> 結論：生命の安全である。
> 理由：①218条が「生存に必要な保護をしなかったとき」と規定している。
> 　　　②身体の安全も含むとすれば本罪の成立範囲が無限定になる。

イ　危険犯

（ア）抽象的危険犯

　遺棄の罪が法益侵害を必要としない危険犯であることについては争いがない。

　問題は、法益侵害の具体的危険の発生を必要とする具体的危険犯と解するべ

きか、それとも法益侵害の具体的危険の発生を必要としない抽象的危険犯と解するべきかである。

遺棄の罪においては、建造物等以外放火罪（110条）等とは異なり、文言上具体的危険の発生は要求されていない。このことからすれば、抽象的危険犯と解するのが妥当であろう。

判例も、遺棄の罪を抽象的危険犯と解している（大判大正4・5・21刑録21-663）。

（イ）ある程度の具体的な危険 →論証4

ただし、遺棄の罪が抽象的危険犯であるとしても、たとえば、母親が乳児を道に捨てたものの木の陰に隠れてこれを見守り、第三者に救助されたのを見届けてから立ち去った場合や、新生児を産院のベッドに放置して逃げた場合のように、生命・身体に対するある程度の具体的な危険すら発生しなかった場合にまで、遺棄の罪の成立を肯定するのは妥当でない。

そこで、遺棄の罪は、危険の発生が擬制される通常の抽象的危険犯なのではなく、ある程度の具体的な危険の発生を必要とする特殊な抽象的危険犯であると解するのが妥当であろう。この見解は、準抽象的危険犯説とよばれている。

実務上も、ある程度の具体的な危険が発生した場合だけを処罰の対象としているようである（東京高判昭和60・12・10判時1201-148参照）。

Q 法益侵害の具体的危険の発生の要否　B

A説 準抽象的危険犯説（大谷・山口など）

結論：①遺棄の罪は抽象的危険犯であり、法益侵害の具体的危険の発生は不要である。
　　　②ただし、客体に対するある程度の具体的な危険の発生が必要である。

理由：①法文上具体的な危険の発生が明記されていない。
　　　②「遺棄」という概念には、生命・身体に対する危険の内容として、客体に対する実質的な危険の存在が要求されるというべきである。

B説 具体的危険犯説（団藤など）

結論：遺棄の罪は具体的危険犯であり、法益侵害の現実的危険の発生が必要である。

批判：生命に対する具体的危険の認識が必要となり、故意の点で殺人と区別し得なくなる。

ウ　遺棄と不保護

遺棄の罪の行為には、①217条・218条前段が規定する遺棄と、②218条後

5. 遺棄の罪　027

段が規定する不保護とがあり、それぞれの意義については争いがある。

　この問題については様々な学説が錯綜しているが、試験対策としては、まずは通説をしっかりと押さえることが必要であり、かつそれで十分である。以下、通説を概観していこう。

（ア）遺棄と不保護の区別

　まず、遺棄と不保護の区別は、場所的離隔の有無によりなされる。

　すなわち、①およそ遺棄とは、行為者と要扶助者との間に場所的離隔を伴う場合をいうのに対し、②不保護は、場所的離隔を伴わないで、要扶助者に対し生存に必要な保護をしない場合（不作為）をいうと解していく。

　たとえば、母親が乳児を山に捨てに行く行為は遺棄であり、一緒に住んでいる乳児にミルクを与えないという行為は不保護にあたる。

$$\text{場所的離隔} \begin{cases} \text{有＝遺棄　217、218 前} \\ \text{無＝不保護（不作為）　218 後} \end{cases}$$

（イ）遺棄の種類

　以上の遺棄と不保護のうち、不保護は不作為である。つまり、218条が定める不保護罪は、真正不作為犯である。

　これに対し、遺棄については、①要扶助者を場所的に移動させることにより新たな危険を創出する移置（作為）と、②保護しなければ生命・身体の危険が生じうる要扶助者を放置したまま立ち去る置き去り（不作為）とがあると解していく。

> 　たとえば、前述の山に乳児を捨てに行く行為は移置による遺棄にあたり、乳児を1人部屋に残して旅行にいってしまう行為は置き去りによる遺棄にあたります。

　そして、通説は、不作為による遺棄については、218条前段の保護責任者遺棄罪においてのみ処罰可能だと解していく。

　その理由は、不真正不作為犯における作為義務（➡総論［第4版］34ページア）と、218条における保護責任との同一性にある。

この点をもう少し敷衍しておきましょう。
　まず、刑法総論で学んだように、不真正不作為犯が成立するためには作為義務が必要です。不作為が「遺棄」たりうるためには、作為義務が必要なわけです。したがって、仮に作為義務を有しない者が不作為により遺棄を行ったとしても、その者の不作為は「遺棄」たり得ません。
　では、作為義務を有する者が行った場合はどうでしょうか。この場合には、その者の不作為は「遺棄」たりうるわけですが、217条の単純遺棄罪が成立するかというと、実は成立しません。なぜなら、作為義務を有するということは、結局218条の保護責任があるということを意味することになるからです（➡ 32ページ（イ）参照）。したがって、この場合には、結局218条の保護責任者遺棄罪が成立することになります。
　以上から、不作為による遺棄は、218条によってのみ処罰可能であるということになるわけです。

したがって、結局 217条 の「遺棄」は、移置（作為）のみを指していることになる（狭義の遺棄）。他方、218条前段 の「遺棄」は、移置（作為）だけでなく置き去り（不作為）を指していることになるわけである（広義の遺棄）。

（ウ）判例

　218条の「遺棄」には置き去りという不作為が含まれるとした判例はあるが（最判昭和34・7・24刑集13-8-1163）、不作為による単純遺棄罪を認めた判例は存在しない。このことから、判例は通説と同様の見解に立っているものと思われる。

Q 遺棄と不保護の区別　B+

A説（判例・通説）
結論：遺棄と不保護は行為者と要扶助者との間に場所的離隔を伴うか否かにより区別される。すなわち、遺棄とは要扶助者を場所的に移動させることにより新たな危険を創出する場合（移置＝作為犯）と、保護しなければ生命の危険が生じうる要扶助者を放置したまま立ち去る場合（置き去り＝不真正不作為犯）を意味し、いずれも行為者と要扶助者との間に場所的離隔を伴う。
　これに対して、不保護とは、場所的離隔を伴わないで、要扶助者に対し生存に必要な保護をしない場合である。

B説
結論：遺棄は作為による移置に限定し、その他の不作為形態のものを不保護とする。

Q 217条の「遺棄」と218条前段の「遺棄」の意義　B⁺

A説（判例・通説）
結論：217条の「遺棄」は、移置（作為）のみを意味する。218条前段の「遺棄」は、移置（作為）だけでなく置き去り（不作為）をも含む。
理由：保護責任と不真正不作為犯における作為義務との同一性。

B説（山口）
結論：217条であれ218条前段であれ、「遺棄」は作為による移置と不作為による置き去りが含まれる。
理由：①同一の文言を異なった意味に解するのは不合理である。
　　　②不作為による遺棄の処罰根拠となる作為義務と保護責任とは区別すべきである。

2　単純遺棄罪　

> 217条　老年、幼年、身体障害又は疾病のために扶助を必要とする者を遺棄した者は、1年以下の拘禁刑に処する。

ア　客体

単純遺棄罪の客体は、「老年、幼年、身体障害又は疾病のために扶助を必要とする者」である。

これらは限定列挙であるから、たとえば、道に迷っている者や、手足を縛られて行動できない者は、本罪の客体ではない。他方、高度の酩酊者は病者に含まれることから、本罪の客体となる（最決昭和43・11・7判時541-83）。

イ　行為

単純遺棄罪の行為は、遺棄である。

保護責任者遺棄罪の不保護と異なり、行為者と要扶助者との間に**場所的離隔を伴う**ことを要する。たとえば、老人や幼児を山奥に移置する行為がこれにあたる。

また、保護責任者遺棄罪の「遺棄」とは異なり、本罪の「遺棄」は**作為による移置**に限られるとするのが通説である（狭義の遺棄 ➡ 28ページ(イ)）。

3　保護責任者遺棄罪　B⁺

> **218条**　老年者、幼年者、身体障害者又は病者を保護する責任のある者がこれらの者を遺棄し、又はその生存に必要な保護をしなかったときは、3月以上5年以下の拘禁刑に処する。

ア　客体

保護責任者遺棄罪の客体は、単純遺棄罪の客体と同様、「老年者、幼年者、身体障害者又は病者」に限られる。

イ　行為

保護責任者遺棄罪の行為は、遺棄または不保護である。

（ア）遺棄

本罪の「遺棄」は、作為による移置だけでなく、不作為による置き去りも含むとするのが通説である（広義の遺棄 ➡ 28 ページ（**イ**））。

（イ）不保護

不保護とは、要扶助者の生存に必要な保護をしないという不作為をいう。すなわち、本罪は真正不作為犯である。

また、行為者と要扶助者との間に場所的離隔を伴わない点で「遺棄」と異なる。

たとえば、一緒に住んでいる乳児にミルクを与えない行為は、不作為による遺棄ではなく、不保護にあたる。

ウ　主体

（ア）身分犯

本罪の主体は、「老年者、幼年者、身体障害者又は病者を保護する責任のある者」、すなわち保護責任者に限定されている（身分犯）。

なお、遺棄の意義についての通説（➡ 28 ページ（**イ**））を前提とすれば、この保護責任者という身分は、①遺棄が移置（作為）によってなされた場合には不真正身分であるが、②遺棄が置き去り（不作為）によってなされた場合には真

正身分でもある。

また、③不保護による場合には真正身分である。

（イ）保護責任の発生原因

保護責任の発生原因は、不真正不作為犯における作為義務の発生原因（➡総論［第4版］34ページア）と同様である（判例・通説）。

すなわち、①**法令**、②**契約・事務管理**、③**慣習・条理**、④**排他的支配**を総合的に考慮して、保護責任の有無が判断されることになる。

> ただし、保護責任は作為による遺棄の場合にも必要とされますから、不真正不作為犯における作為義務そのものではありません。

（ウ）ひき逃げ事案　➡論証5

①　問題の所在

保護責任の有無は、しばしば**ひき逃げ事案**において問題となる。

たとえば、Aが不注意によりBを車でひいてしまい、Bに重傷を負わせたのであるが、事態の発覚をおそれたAはBを放置して逃げてしまった場合を考えてみよう。

この場合、Aの逃走によりAとBには場所的離隔が生じたことから、Aの行為は不保護ではなく広義の遺棄にあたる。

そして、Aの行為は不作為であるから、Aに**保護責任があれば保護責任者遺棄罪**が成立する一方、保護責任がないのであれば、保護責任者遺棄罪はもとより、単純遺棄罪も成立しないことになる。

では、Aに保護責任があるといえるのであろうか。

②　検討

この点、過失行為という先行行為に基づき保護責任が発生するとする見解や、道路交通法上の救護義務（道路交通法72条）に基づき保護責任が発生するとする見解がある。

しかし、そのように解すると、単純なひき逃げ行為について、過失運転致死傷罪（自動車の運転により人を死傷させる行為等の処罰に関する法律5条）や救護義務違反罪（道路交通法117条）に加え、常に本罪や遺棄致死傷罪（219条）が成立することになり、妥当でない。

そこで、たとえば交通事故を起こした者が被害者を病院に運ぼうとしていっ

032　1編1章　生命・身体に対する罪

たん車に乗せた場合のように、排他的支配を獲得した場合にのみ、事務管理を
根拠として保護責任が発生すると解するのが妥当であろう。

したがって、前述のAは、Bをいったん車に乗せた場合などに限って保護責
任者遺棄罪の罪責を負うことになる。

③　判例

この問題について、判例は、道路交通法上の救護義務（道路交通法72条）に
基づき保護責任が発生するとの見解に立っている（最判昭和34・7・24刑集13-8-
1163）。ただし、この判例の事案は、行為者が排他的支配を獲得した事案であ
る点に注意が必要である。

なお、実務上、単純なひき逃げの事案のほとんど全部について、本罪による
起訴はなされていない。このことから、判例の立場はあまりおすすめできない。

🅠 ひき逃げ事案で保護責任が発生するか　B⁺

A説 （団藤・大塚仁）
結論：先行行為に基づき保護責任が発生する。
批判：単純なひき逃げが常に本罪にあたることになるのは妥当でない。

B説 （判例）
結論：道路交通法上の救護義務（道路交通法72条）に基づき保護責任が発生する。
批判：①単純なひき逃げが常に本罪にあたることになるのは妥当でない。
　　　②道路交通法上の救護義務という行政目的にかかる広範な義務から、直ちに刑
　　　　法上の可罰性を基礎づける保護責任を根拠づけることはできない。

C説 （大谷・西田）
結論：交通事故を起こした者が被害者をいったん車に乗せた場合のように、排他的支
　　　配を獲得した場合にはじめて保護責任が発生する。

4　遺棄致死傷罪　B

219条　前2条の罪を犯し、よって人を死傷させた者は、傷害の罪と比較して、重い
　　　刑により処断する。

ア　結果的加重犯

遺棄致死傷罪は、単純遺棄罪ないし保護責任者遺棄罪（不保護を含む）の結
果的加重犯である。

イ　法定刑

本罪の法定刑は、「傷害の罪と比較して、重い刑」である。

この規定の意味は、単純遺棄罪（217条）または保護責任者遺棄罪（218条）の法定刑と、傷害罪（204条）または傷害致死罪（205条）の法定刑とを比較し、上限・下限ともに重い方を本罪の法定刑とするということにある。

たとえば、単純遺棄致傷罪は、単純遺棄罪の法定刑（1月以上1年以下の拘禁刑、12条参照）と傷害罪の法定刑（50万円以下の罰金・1月以上15年以下の拘禁刑）とを比較して、1月以上15年以下の拘禁刑となる。

同様に、単純遺棄致死罪は3年以上の有期拘禁刑（単純遺棄罪と傷害致死罪との比較）、保護責任者遺棄致傷罪は3月以上15年以下の拘禁刑（保護責任者遺棄罪と傷害罪との比較）、保護責任者遺棄致死罪は3年以上の有期拘禁刑（保護責任者遺棄罪と傷害致死罪との比較）となる。

6. 堕胎の罪

1　総説　B

ア　保護法益

堕胎の罪の保護法益は、第一次的には胎児の生命・身体の安全であるが、第二次的には母体の生命・身体の安全をも含むと解するのが通説である。

イ　客体

堕胎の罪の客体は、妊娠中の女子（妊婦）および胎児である。

ウ　行為

堕胎の罪の行為は、「堕胎」である。

「堕胎」とは、①胎児を母体内で殺すこと、または②自然の分娩期に先立って人工的に胎児を母体から分離・排出することをいう（大判明治44・12・8刑録17-2182）。

したがって、胎児が死亡しなくても堕胎の罪は成立しうる。

エ　堕胎後の殺害

では、自然の分娩期に先立って人工的に母体より排出されたものの、生命機能を有しており独立に呼吸している胎児を殺害した場合、いかなる犯罪が成立するか。

この問題については、適切な措置を施せば胎児を生育できる可能性があった場合と、その可能性がなかった場合とで結論が異なりうる。

（ア）胎児に生育可能性があった場合

排出された胎児に生育可能性があったにもかかわらず、これを殺害した場合には、作為・不作為を問わず殺人罪が成立する。

母体から全部露出している以上、その生命体はもはや胎児ではなく、殺人罪の客体たる「人」に他ならないからである。

（イ）胎児に生育可能性がなかった場合

では、排出された胎児に生育可能性がなかった場合はどうか。

まず、作為により胎児を殺害した場合には、殺人罪が成立する。いくら死期が切迫していても、その生命体が「人」であることに変わりはないからである。

しかし、不作為による場合には、殺人罪は成立しないというべきであろう。生育可能性がない以上、法的な作為義務がなかったというべきだからである。

オ　胎児性傷害

（ア）問題の所在

たとえば、Aが妊婦に故意または過失によって危害を加えたとする。幸いにも胎児Bが母体内で死んだり、分娩時期が早まったりすることはなかったのであるが、しかし、Aの行為により胎児Bが母体内で傷害を負い、その傷害が出生した後も残っていたとしよう。

6. 堕胎の罪　035

この場合、Aの行為は「堕胎」にあたらないため、Aに堕胎罪が成立することはない。

では、胎児の傷害結果について、傷害罪や過失傷害罪が成立するのであろうか。これが、胎児性傷害とよばれる問題である。主として短答式試験用の論点ではあるが、頭の体操を兼ねて、以下簡単に検討しておこう。

（イ）検討

傷害罪や過失傷害罪の客体は「人」である。したがって、傷害罪や過失傷害罪による処罰を肯定するためには、胎児性傷害を「人」に対する傷害であると構成しなければならない。

①　母体傷害説

この点、胎児は母体の一部であるとし、胎児性傷害を母体という「人」に対する傷害であるとする見解がある。

最高裁も以下のように述べて、この見解を採用している。

> 「胎児は、堕胎の罪において独立の行為客体として特別に規定されている場合を除き、母体の一部を構成するものと取り扱われていると解されるから、……胎児に病変を発生させることは、人である母体の一部に対するものとして、人に病変を発生させることにほかならない」（最決昭和 63・2・29 百選Ⅱ 2）

しかし、胎児を母体の一部と解することは、刑法が 212 条において自己堕胎を処罰していることと矛盾する。胎児を母体の一部と解するならば、自己堕胎は自傷行為として不可罰となるはずだからである。

②　生まれてきた「人」に対する傷害説

次に、胎児性傷害を、生まれてきた「人」に対する傷害であるとする見解がある。すなわち、胎児の段階で加えられた傷害が、生まれてきた「人」に生じた時点で、「人」に対する傷害の罪が成立すると解するわけである。

たしかに、実行行為の時点で常に客体が存在している必要はない。たとえば、妊娠のお祝いとして赤ちゃん用の毒入りミルクを送りつけ、その後、出生した赤ちゃんがこれを飲んで死亡した場合、殺人罪が成立すると解することはできる。

しかし、当然のことながら、客体は、実行行為の侵害作用が及ぶ時点で存在している必要がある（上の例では、ミルクを飲む時には赤ちゃんは存在している）。と

036　1編1章　生命・身体に対する罪

ころが、胎児性傷害では、行為の侵害作用が及んだ時点では客体は未だ「人」ではない。

　そうであるにもかかわらず、「人」に対する傷害の罪が成立すると解するということは、結局「人」のなかに「胎児」を含めて解しているということであろう。そうした解釈は、行為者に不利益な類推解釈を禁じた罪刑法定主義に反する解釈というべきである。

　③　否定説

　以上のように考えると、現行法の解釈としては、胎児性傷害について傷害罪や過失傷害罪が成立すると解することはできないであろう。

　したがってまた、傷害を負って生まれた胎児が、出生後に死亡した場合にも、傷害致死罪や過失致死罪が成立することはないと解するべきである。

🔍 胎児性傷害の処理　B

A説　母体傷害説（判例）

結論：（母親を客体とした）傷害罪または過失傷害罪が成立する。

理由：胎児は母体の一部である。

批判：212条で自己堕胎を処罰していることと矛盾する。

B説　生まれてきた「人」に対する傷害説（藤木）

結論：（生まれてきた人を客体とした）傷害罪または過失傷害罪が成立する。

批判：①「人」の中に「胎児」を含めることになり、類推解釈として罪刑法定主義に反する。

　　　②少なくとも実行行為の侵害作用が及ぶ時点では、客体が存在していなければならない。

C説　否定説（大塚仁・大谷・前田・西田など）

結論：傷害罪または過失傷害罪は成立しない。

2　自己堕胎罪　B

> 212条　妊娠中の女子が薬物を用い、又はその他の方法により、堕胎したときは、1年以下の拘禁刑に処する。

　本罪は、妊婦自身による堕胎行為を堕胎罪の中でも特に軽く処罰するものである。

3 同意堕胎罪・同致死傷罪

> 213条　女子の嘱託を受け、又はその承諾を得て堕胎させた者は、2年以下の拘禁刑に処する。よって女子を死傷させた者は、3月以上5年以下の拘禁刑に処する。

　本罪は、妊婦の同意を得て堕胎を行う行為、ないしその結果的加重犯を処罰するものである。

4 業務上堕胎罪・同致死傷罪 B⁻

> 214条　医師、助産師、薬剤師又は医薬品販売業者が女子の嘱託を受け、又はその承諾を得て堕胎させたときは、3月以上5年以下の拘禁刑に処する。よって女子を死傷させたときは、6月以上7年以下の拘禁刑に処する。

　本罪は、医師等の業務者という身分に基づく同意堕胎罪・同致死傷罪の加重類型である（不真正身分犯）。

5 不同意堕胎罪・同致死傷罪

> 215条
> 1項　女子の嘱託を受けないで、又はその承諾を得ないで堕胎させた者は、6月以上7年以下の拘禁刑に処する。
> 216条　前条の罪を犯し、よって女子を死傷させた者は、傷害の罪と比較して、重い刑により処断する。

　不同意堕胎罪は、妊婦の同意を得ないで堕胎する行為を処罰するものである。その法定刑は堕胎の罪の中で最も重く、また、未遂犯処罰規定も存する（215条2項）。

　不同意堕胎致死傷罪は、不同意堕胎罪の結果的加重犯である。「傷害の罪と比較して、重い刑により処断」されることから、致傷の場合は6月以上15年以下の拘禁刑、致死の場合は3年以上の有期拘禁刑となる（計算方法については➡34ページ上のイを参照）。

第2章 自由に対する罪

1. 逮捕および監禁の罪

1 保護法益

ア 身体活動の自由

逮捕・監禁罪の保護法益が、身体活動（移動）の自由であることについては争いがない。

したがって、法人や生まれたばかりの嬰児などは、本罪の客体にあたらない。これらの者は、およそ身体活動を観念し得ないからである。

イ 「自由」の意味

ただし、身体活動の「自由」の意味については、①可能的自由と解する見解と、②現実的自由と解する見解とが対立している。

> 可能的自由説は、もし移動しようと思えば移動することができる自由が保護法益であると解する見解です。いわば、その気になれば移動ができる状態自体が保護法益だと考えていくわけです。
> これに対し、現実的自由説は、現実に移動しようと思ったときに移動することができる自由が保護法益であると解する見解です。

この点、身体活動の可能性を有していること自体に意義があると解し、本罪の保護法益を①身体活動の可能的自由と解する見解が判例（最決昭和33・3・19刑集12-4-636）・多数説である。

🔵 逮捕・監禁罪の保護法益　**B⁺**

A説 可能的自由説（判例・多数説）

結論：可能的自由、すなわち、もし移動しようと思えば移動しうる自由が保護法益である。

理由：移動の可能性・選択肢を有していること自体に意義がある。

B説 現実的自由説（有力説）

結論：現実的自由、すなわち、現実に移動しようと思ったときに移動しうる自由が保護法益である。

理由：場所的移動の自由とは移動しようという意思の自由であり、現実に移動することを欲したときに保護すれば足りる。

ウ　被害者の認識の要否　➡論証6

　たとえば、AがBを自動車内で不同意性交等をする計画のもと、Bを「家まで送っていく」と欺いて車に乗せ、車を発進させたとする。Bは監禁された旨を認識していないのであるが、それでもなお、車を発進させた時点でBに対する監禁罪が成立するであろうか。

　この問題は、本罪の保護法益をいかに解するかにより決せられる。

　まず、①可能的自由説からは、身体活動の可能性が侵害された以上、被害者の認識がなくとも監禁罪が成立することになる。上の例でも、Aが車を発進させた時点で監禁罪が成立することになろう。

　他方、②現実的自由説からは、被害者が現実に移動しようと思ったことが必要である。したがって、被害者の認識があってはじめて監禁罪が成立することになる。上の例でも、発車の時点では監禁罪は成立せず、Bが気づいた時点ではじめて監禁罪が成立することになろう。

🔵 被害者の認識の要否　**B⁺**

A説 不要説

理由：保護法益を可能的自由と解する。

B説 必要説

理由：保護法益を現実的自由と解する。

エ　一時的に意思能力を欠いている場合

　以上と類似の問題として、被害者が一時的に意思能力を欠いている場合の本罪の成否という問題がある。

たとえば、熟睡中のAの部屋に、Bが外側から鍵をかけ、Aが部屋の外に出られない状態を作出したとする。熟睡中のAは一時的に意思能力を欠いているのであるが、この場合でも監禁罪は成立しうるであろうか。

この問題も、やはり保護法益をいかに解するかにより決せられる。

すなわち、たとえ被害者が意思能力を一時的に欠いていたとしても、なお身体活動の可能性が侵害されたことに変わりはない。したがって、①可能的自由説からは、監禁罪が成立することになる。

他方、被害者が意思能力を一時的に欠いていた場合、被害者は現実に移動しようとは思っていない。したがって、②現実的自由説からは、監禁罪は成立しないことになる。熟睡中の被害者が目を覚ました段階で、はじめて監禁罪が成立しうることになろう。

Q 被害者が一時的に意思能力を欠いている場合に逮捕・監禁罪が成立しうるか　B

A説 肯定説
理由：保護法益を可能的自由と解する。

B説 否定説
理由：保護法益を現実的自由と解する。

2 逮捕罪・監禁罪　B⁺

> 220条　不法に人を逮捕し、又は監禁した者は、3月以上7年以下の拘禁刑に処する。

ア　行為

本罪の行為は、逮捕または監禁である。

（ア）逮捕の意義

「逮捕」とは、人の身体を直接拘束して身体活動の自由を奪うことをいう。

たとえば、後ろから羽交い絞めにする行為がこれにあたる。

（イ）監禁の意義

「監禁」とは、人の身体を間接的に拘束して身体活動の自由を奪うことをいう。

たとえば、部屋に鍵をかけて閉じ込める行為がこれにあたる。

また、自動車やオートバイに乗せて走行する行為（最決昭和30・9・29刑集9-

10-2098、最決昭和38・4・18刑集17-3-248)や、脅迫などにより心理的に脱出を困難にする場合（東京高判昭和40・6・25高刑集18-3-238）も監禁にあたりうる。

（ウ）逮捕に引き続く監禁

逮捕に引き続く監禁が行われた場合には、全体として220条の罪1罪（包括一罪）が成立する（最大判昭和28・6・17刑集7-6-1289）。

イ　罪質

本罪は、逮捕・監禁行為を継続している限り実行行為の継続が認められる継続犯（➡総論［第4版］28ページ**(ウ)**）である。

したがって、公訴時効の起算点は逮捕・監禁行為を終了した時点である（刑訴253条参照）。また、犯罪の途中から関与した者も、関与後の行為について当然に共犯が成立する。

3　逮捕・監禁致死傷罪　

> **221条**　前条の罪を犯し、よって人を死傷させた者は、傷害の罪と比較して、重い刑により処断する。

本罪は逮捕・監禁罪の結果的加重犯である。致死傷の結果は、逮捕・監禁との間に刑法上の因果関係が認められることが必要である。

本罪の法定刑は、「傷害の罪と比較して、重い刑」である。具体的には、逮捕・監禁致傷罪は3月以上15年以下、同致死罪は3年以上20年以下の拘禁刑となる（計算方法については➡34ページ上の**イ**を参照）。

2. 脅迫罪・強要罪

1 脅迫罪

> 222条
> 1項 生命、身体、自由、名誉又は財産に対し害を加える旨を告知して人を脅迫した者は、2年以下の拘禁刑又は30万円以下の罰金に処する。
> 2項 親族の生命、身体、自由、名誉又は財産に対し害を加える旨を告知して人を脅迫した者も、前項と同様とする。

ア 保護法益

本罪の保護法益は、**意思決定の自由**である（通説）。

Q 脅迫罪の保護法益 B⁻

A説（団藤・大塚仁・西田など通説）
結論：意思決定の自由が保護法益である。
B説（大谷・山口など）
結論：私生活の平穏ないし安全感が保護法益である。

ただし、保護法益である意思決定の自由が現実に侵害されたことは要しない。すなわち、本罪は**抽象的危険犯**である。

イ 行為

本罪の行為は、生命・身体・自由・名誉・財産に対し**害悪を加える旨（加害）を告知**して、人を**脅迫**することである。

（ア）脅迫の意義

本罪における「脅迫」とは、**一般人を畏怖させることができる程度の害悪の告知**をいう。相手方がこの告知を認識しさえすればよく、現実に畏怖したことは必ずしも要しない（大判明治43・11・15刑録16-1937）。

一般人を畏怖させることができる程度か否かは、告知の内容だけでなく、相

手方の性別、年齢、周囲の状況などをも考慮して判断される。

　たとえば、実際には火事はないにもかかわらず、「出火お見舞い申し上げます」と記載した葉書を敵対者に対し郵送する行為は、一般人を畏怖させることができる程度の害悪の告知であるといえ、「脅迫」にあたる（**最判昭和35・3・18百選Ⅱ11**）。

（イ）告知の内容

①　加害

　告知の内容は、「害を加える」ことである。

　「害を加える」という文言から、告知される害悪は、将来の害悪であることに加えて、告知者がその発生を支配しうる害悪であることが必要であると解されている。

　したがって、たとえば天災や天罰のような告知者が支配しえない害悪の告知は、脅迫に該当しない。

②　適法行為の告知　　➡論証 7

　告知の内容に関して重要な論点となっているのが、告訴や告発などの適法行為の告知が脅迫に該当するか否かである。たとえば、万引き犯の女性に対し告訴すると脅す行為は、脅迫に該当するであろうか。

　思うに、適法行為の告知によっても人を畏怖させることは可能である。とすれば、適法行為の告知も脅迫に該当するというべきであろう。判例も、適法行為の告知が脅迫にあたるとしている（大判大正3・12・1刑録20-2303）。

　ただし、適法行為の告知が権利の行使として正当といえる場合には、正当行為（35条）として違法性が阻却され、結局犯罪は成立しないことになる点に注意が必要である。

Q **適法行為の告知が「脅迫」に該当するか**　**B⁺**

A説（判例・通説）
結論：該当する。
理由：適法行為の告知によっても人を畏怖させることは可能である。

B説（平野など有力説）
結論：該当しない。
理由：告知された加害を実際に実行しても処罰されないのに、その実行を告知すると
　　　処罰されるのは均衡を失する。

（ウ）加害の対象

本罪において告知される加害の対象は、告知の相手方の生命・身体・自由・名誉・財産（1項）、および告知の相手方の親族の生命・身体・自由・名誉・財産（2項）である。

罪刑法定主義の見地から、これらは制限列挙と解される。したがって、たとえば告知の相手方の恋人や友人、内縁の妻といった者の生命に害を加える旨を告知しても、本罪は成立しない。

【刑法上の脅迫概念】

本罪の脅迫は加害の対象が限定されていることから、狭義の脅迫といわれることがあります。強要罪（223条）における脅迫も、この狭義の脅迫です。

これに対し、加害の対象や害悪の程度を問わない脅迫は、広義の脅迫といわれます。公務執行妨害罪（95条）や騒乱罪（106条）等における脅迫は、この広義の脅迫です。

さらに、相手方の反抗を抑圧する程度の害悪の告知と解される脅迫は、最狭義の脅迫といわれます。強盗罪（236条）における脅迫は、この最狭義の脅迫です。

広義	対象等を問わない	公務執行妨害罪・騒乱罪等
狭義	相手方・相手方の親族の生命・身体等に対する加害の告知に限定	脅迫罪・強要罪
最狭義	相手方の反抗を抑圧する程度	強盗罪

（エ）行為の客体

行為の客体は「人」である。

「人」に自然人が含まれることについては争いがない。問題は、「人」の中に法人が含まれるか否かである。

この点、本罪の保護法益は意思決定の自由であると解されるところ、意思決定の自由を享受しうるのは自然人に限られるとして、「人」の中に法人は含まれないと解するのが通説である。

❓ 法人に対する脅迫罪の成否──「人」に法人が含まれるか　B

A説 否定説（通説）

結論：法人に対する脅迫罪は成立しない。「人」に法人は含まれない。
理由：①（保護法益を意思決定の自由とする立場から）意思の自由を享受しうるのは自然人に限られる。

2. 脅迫罪・強要罪　045

②（保護法益を私生活の平穏ないし安全感とする立場から）法人にはそうした
ものが認められない。

B説 肯定説(西田)

結論：法人に対する脅迫罪は成立する。「人」に法人も含まれる。

理由：（脅迫罪の保護法益を意思決定の自由とする立場から）法人も機関を媒介として
意思決定をなしうる。

（オ）告知の方法

害悪の告知の方法については、特に制限はない。文書、口頭、態度のいずれ
でもよい。

たとえば、凶器を示して「金を出せ」と言う行為は、暴行ではなく、態度に
よる脅迫にあたると解するのが妥当であろう。

ウ　故意

故意の内容としては、告知内容についての認識、および相手方の認識の予見
が必要であり、かつそれで足りる。

告知した害悪を実現する意思の有無は問わない。

2　強要罪　B

223条

1項　生命、身体、自由、名誉若しくは財産に対し害を加える旨を告知して脅迫し、又
は暴行を用いて、人に義務のないことを行わせ、又は権利の行使を妨害した者は、3
年以下の拘禁刑に処する。

2項　親族の生命、身体、自由、名誉又は財産に対し害を加える旨を告知して脅迫し、
人に義務のないことを行わせ、又は権利の行使を妨害した者も、前項と同様とする。

ア　保護法益

本罪の保護法益は意思決定の自由である。脅迫罪と異なり、保護法益につい
ての争いはほぼない。

イ　行為

本罪の行為は、脅迫または暴行である。

046　1編2章　自由に対する罪

（ア）脅迫

本罪における脅迫は、脅迫罪における脅迫（➡43ページ（ア））と同一内容である。

加害の対象が限定された狭義の脅迫（➡45ページ（ウ））である点も同様である。

（イ）暴行

相手方の身体に対して直接に有形力を行使しなくとも、相手方に対する不法な有形力の行使があれば、意思決定の自由は害されうる。

したがって、本罪の暴行は広義の暴行（➡10ページ②）である。

ウ　結果

本罪は侵害犯（➡総論［第4版］26ページ（イ））であり、既遂犯が成立するためには法益侵害の結果の発生が必要である。

本罪の結果は、「義務のないことを行わせ」たこと、または「権利の行使を妨害した」ことである。

たとえば、雇人に水入りのバケツを数時間頭上に支持させたり（大判大正8・6・30刑録25-820）、理由なく謝罪文を書かせたりした場合（大判大正15・3・24刑集5-123）は、「義務のないことを行わせ」たにあたる。

また、告訴を中止させたり（大判昭和7・7・20刑集11-1104）、競技大会への出場をやめさせたりした場合（岡山地判昭和43・4・30下刑集10-4-416）は、「権利の行使を妨害した」にあたる。

エ　因果関係

本罪の行為である脅迫・暴行と、以上の結果との間には因果関係が必要である。すなわち、脅迫・暴行によって相手方が現実に畏怖し、その結果として義務のないことを行い、または行うべき権利の行使を妨害されたことが必要である。

したがって、たとえば脅迫があったものの、相手方は恐怖心を抱かず、ただ哀れみの心情から義務のない行為をしたときは、本罪は未遂となる。

オ　未遂罪

本罪の未遂は罰する（223条3項）。

2. 脅迫罪・強要罪　047

3. 略取・誘拐の罪および人身売買の罪

　略取・誘拐の罪は、主として短答式試験用である。ただし、営利目的等略取・誘拐罪については、論述式試験においても時折言及することがある。
　人身売買の罪については、試験対策上は重要でない。

1　未成年者略取・誘拐罪　

> 224条　未成年者を略取し、又は誘拐した者は、3月以上7年以下の拘禁刑に処する。

ア　客体
　本罪の客体は「未成年者」である。
　未成年者とは、18歳未満の者をいう（民法4条）。

イ　保護法益
　本罪は、①被略取者等の自由に加え、②親権者等の監護権をも保護法益としていると解するのが通説である。
　したがって、たとえば親権者に無断で未成年者を旅行に連れて行った場合、たとえ未成年者が同意していても、親権者の監護権を侵害する以上本罪が成立することになる。
　また、共同親権者の1人である父Aが、他の共同親権者である母Bの監護下にある子を無断で連れ去った場合も、Aの行為はBの監護権を侵害する行為といえる以上、本罪の構成要件に該当する。Aが親権者の1人であることは、その行為の違法性が例外的に阻却されるかどうかの判断において考慮されるにとどまる（最決平成17・12・6 百選Ⅱ12）。

ウ　行為
　本罪の行為は、略取または誘拐である。両者を合わせて拐取という。
　略取・誘拐は、ともに、他人をその生活環境から離脱させ、自己または第三

者の事実的支配下におく行為をいうが、そのうち、略取とは暴行または脅迫を手段とする場合をいい、誘拐とは、欺罔または誘惑を手段とする場合をいう。

エ　未遂
本罪の未遂は罰する（228条）。

2　営利目的等略取・誘拐罪　

> 225条　営利、わいせつ、結婚又は生命若しくは身体に対する加害の目的で、人を略取し、又は誘拐した者は、1年以上10年以下の拘禁刑に処する。

ア　客体
本罪の客体は「人」である。未成年者と成年者の双方を含む。

イ　保護法益
未成年者を客体とする場合の本罪の保護法益は、未成年者略取・誘拐罪と同じく、被拐取者の自由および親権者等の監護権である。

成年者を客体とする場合の本罪の保護法益は、被拐取者の自由である。

ウ　目的
本罪は、一定の目的を主観的構成要件要素とする目的犯である。本罪の目的のうち、「営利の目的」と「わいせつの目的」は試験との関係でも比較的重要である。

「営利の目的」とは、自ら財産上の利益を得、または第三者に得させる目的をいう。被拐取者を働かせる目的がその典型である。

「わいせつの目的」とは、性交その他被拐取者の性的自由を侵害する目的をいう。

「結婚の目的」とは、自己または第三者と結婚させる目的をいう。事実婚をさせる目的もこれにあたる。

「生命若しくは身体に対する加害の目的」とは、被拐取者を殺害し、傷害し、または暴行を加える目的をいう。

エ　未遂

本罪の未遂は罰する（228条）。

オ　罪数

本罪の目的で未成年者を拐取した場合、未成年者拐取罪は本罪に吸収される。

また、営利等の目的で人を拐取した後、わいせつ・結婚の目的をもって人を他の場所に移したときは、同一法益を侵害するにすぎないことから包括一罪となる（大決大正13・12・12刑集3−871）。

3　身の代金目的略取等罪　　B

ア　身の代金目的略取・誘拐罪

> 225条の2
> 1項　近親者その他略取され又は誘拐された者の安否を憂慮する者の憂慮に乗じてその財物を交付させる目的で、人を略取し、又は誘拐した者は、無期又は3年以上の拘禁刑に処する。

（ア）目的

本罪は、「憂慮する者の憂慮に乗じてその財物を交付させる目的」、すなわち身の代金を交付させる目的を主観的構成要件要素とする目的犯であり、営利目的等略取・誘拐罪の加重類型である。

（イ）憂慮する者

「憂慮する者」とは、被拐取者の安否を親身になって憂慮するのが社会通念上当然とみられる特殊な関係にある者をいう（最決昭和62・3・24百選Ⅱ13）。

したがって、たとえば銀行の幹部に身の代金を要求する目的のもと、銀行の頭取を略取した場合にも本罪が成立する。

なお、本要件は「目的」の内容にすぎないことから、実際には憂慮する者が存在しなかったとしても本罪は成立する。

（ウ）未遂・予備

本罪の未遂および予備は罰する（228条、228条の3）。

ただし、予備を犯した後、実行に着手する前に自首した場合は、刑が必要的

に減免される（228条の3ただし書）。

イ 身の代金要求罪
（ア）拐取者による身の代金要求等罪

> 225条の2
> 2項　人を略取し又は誘拐した者が近親者その他略取され又は誘拐された者の安否を憂慮する者の憂慮に乗じて、その財物を交付させ、又はこれを要求する行為をしたときも、前項と同様とする。

　本罪は、当初は身の代金を目的とせずに人を略取・誘拐した者が、その後に身の代金を交付させ、または要求する行為をした場合について、身の代金目的略取・誘拐罪（225条の2第1項）と同様に処罰するものである。
　なお、要求の意思表示が相手方に到達することを要しないため、本罪には未遂犯処罰規定がない。

（イ）収受者による身の代金要求等罪

> 227条
> 4項後段　略取され又は誘拐された者を収受した者が近親者その他略取され又は誘拐された者の安否を憂慮する者の憂慮に乗じて、その財物を交付させ、又はこれを要求する行為をしたときも、同様とする。

　本罪は、被拐取者を収受した者（➡52ページウ）が身の代金を交付させ、または要求する行為をした場合について、身の代金目的略取・誘拐罪（225条の2第1項）と同様に処罰するものである。
　やはり本罪にも未遂犯処罰規定がない。

4　被略取者引渡し等罪

> 227条
> 1項　第224条［未成年者略取・誘拐］、第225条［営利目的等略取・誘拐］又は前3条［所在国外移送目的略取・誘拐、人身売買、被略取者等所在国外移送］の罪を犯した者を幇助する目的で、略取され、誘拐され、又は売買された者を引き渡し、収受し、輸送し、蔵匿し、又は隠避させた者は、3月以上5年以下の拘禁刑に処する。

3．略取・誘拐の罪および人身売買の罪　051

> 2項　第225条の2第1項［身の代金目的略取・誘拐］の罪を犯した者を幇助する目的
> で、略取され又は誘拐された者を引き渡し、収受し、輸送し、蔵匿し、又は隠避させ
> た者は、1年以上10年以下の拘禁刑に処する。
> 3項　営利、わいせつ又は生命若しくは身体に対する加害の目的で、略取され、誘拐さ
> れ、又は売買された者を引き渡し、収受し、輸送し、又は蔵匿した者は、6月以上7
> 年以下の拘禁刑に処する。
> 4項前段　第225条の2第1項［身の代金目的略取・誘拐］の目的で、略取され又は誘
> 拐された者を収受した者は、2年以上の有期拘禁刑に処する。

ア　趣旨

本罪は、各種の略取・誘拐罪を犯した者に対する事後従犯を処罰するものである。

本犯が身の代金目的略取・誘拐罪である場合（2項）や、収受者自身に身の代金目的がある場合（4項前段）、また営利等の目的がある場合（3項）には、刑が加重される。

イ　目的

「幇助する目的」（1項、2項）とは、略取・誘拐状態を継続させる目的をいう。

ウ　行為

本罪の行為は、「引き渡し」「収受」「輸送」「蔵匿」「隠避」である。

「引き渡し」（1項ないし3項）とは、被害者の支配を他人に移すことをいう。

「収受」（1項ないし4項）とは、被拐取者・被売者を受け取り、自己の支配下におくことをいう。

「輸送」（1項ないし3項）とは、被害者を特定の場所から他の場所へ移転させることをいう。

「蔵匿」（1項ないし3項）とは、被拐取者・被売者にその発見を妨げるような場所を供給することをいう（大判明治44・7・28刑録17-1477）。

「隠避」（1項ないし2項）とは、蔵匿以外の行為により被害者の発見を妨げることをいう。

052　　1編2章　自由に対する罪

エ　未遂

本罪の未遂は罰する（228条）。

5　その他の略取・誘拐等の罪 C

以上で検討した以外にも、刑法は略取・誘拐に関連する罪として、所在国外移送目的略取・誘拐罪（226条）、人身売買罪（226条の2）、被略取者等所在国外移送罪（226条の3）、およびこれらの未遂罪（228条）を規定しているが、試験対策上の重要性はきわめて低い。余裕があるときに条文を一読する程度で十二分である。

6　解放減軽 B

> 228条の2　第225条の2［身の代金目的略取・誘拐等］又は第227条第2項［身の代金目的誘拐事後幇助］若しくは第4項［身の代金目的収受等］の罪を犯した者が、公訴が提起される前に、略取され又は誘拐された者を安全な場所に解放したときは、その刑を減軽する。

ア　趣旨

身の代金目的の略取・誘拐罪、および身の代金に関連するその他の犯罪を犯した者は、その後に被拐取者を殺害する場合が少なくない。

そこで、犯人に後戻りのための道を与え、被拐取者の生命の安全を図るべく規定されたのが本条である。

イ　安全な場所

「安全な場所」とは、被拐取者が、近親者および警察当局などによって救出されるまでの間に、具体的かつ実質的な危険にさらされるおそれのない場所をいう（最決昭和54・6・26刑集33-4-364）。

ウ　効果

刑が減軽される（必要的減軽）。

7 親告罪 B

略取・誘拐の罪のうち、①未成年者略取・誘拐罪、②同罪を幇助する目的で犯した被略取者引渡し等罪、③これらの罪の未遂罪は、親告罪である（229条）。

8 罪数 B

ア　暴行罪・脅迫罪との関係

略取の手段としての暴行・脅迫は、略取罪に吸収される（➡48ページ**ウ**参照）。

イ　逮捕・監禁罪との関係

略取・誘拐罪における自由の拘束は、逮捕・監禁罪における自由の拘束ほど強度のものでなくてもよいと解されている。したがって、略取・誘拐罪が成立した場合であっても、自由の拘束が逮捕・監禁罪における自由の拘束ほど強度のものとはいえない場合には、逮捕・監禁罪は成立しない。

他方、略取の手段として逮捕・監禁した場合は、略取罪と逮捕・監禁罪がそれぞれ成立し、観念的競合となる（東京高判平成14・2・14東高刑時報53-1）。

また、誘拐した後、引き続き逮捕・監禁した場合は、誘拐罪と逮捕・監禁罪がそれぞれ成立し、併合罪となる（最決昭和58・9・27刑集37-7-1078。誘拐後7日間監禁した事案）。

4. 性的自由に対する罪

1 不同意わいせつ罪 B⁺

> **176条**
> 1項　次に掲げる行為又は事由その他これらに類する行為又は事由により、同意しない意思を形成し、表明し若しくは全うすることが困難な状態にさせ又はその状態にあることに乗じて、わいせつな行為をした者は、婚姻関係の有無にかかわらず、6月以上

054　1編2章　自由に対する罪

10 年以下の拘禁刑に処する。
1 号　暴行若しくは脅迫を用いること又はそれらを受けたこと。
2 号　心身の障害を生じさせること又はそれがあること。
3 号　アルコール若しくは薬物を摂取させること又はそれらの影響があること。
4 号　睡眠その他の意識が明瞭でない状態にさせること又はその状態にあること。
5 号　同意しない意思を形成し、表明し又は全うするいとまがないこと。
6 号　予想と異なる事態に直面させて恐怖させ、若しくは驚愕させること又はその事態に直面して恐怖し、若しくは驚愕していること。
7 号　虐待に起因する心理的反応を生じさせること又はそれがあること。
8 号　経済的又は社会的関係上の地位に基づく影響力によって受ける不利益を憂慮させること又はそれを憂慮していること。
2 項　行為がわいせつなものではないとの誤信をさせ、若しくは行為をする者について人違いをさせ、又はそれらの誤信若しくは人違いをしていることに乗じて、わいせつな行為をした者も、前項と同様とする。
3 項　16 歳未満の者に対し、わいせつな行為をした者（当該 16 歳未満の者が 13 歳以上である場合については、その者が生まれた日より 5 年以上前の日に生まれた者に限る。）も、第 1 項と同様とする。

ア　保護法益

本罪の保護法益は、性的自由である。

イ　主体・客体

本罪の主体・客体の性別は問わない。男性であれ、女性であれ、本罪の主体および客体たりうるわけである。

また、夫婦間でも本罪は成立しうる（176 条 1 項柱書）。

ウ　行為

本罪の行為は、客体の年齢により異なる。

（ア）16 歳以上の者を客体とする場合

まず、16 歳以上の者を客体とする場合は、①わいせつな行為に同意しない意思を形成・表明・全うすることが困難な状態にさせ、あるいは被害者がその状態にあることに乗じて、②わいせつな行為をすることが本罪の行為である（176 条 1 項柱書）。

行為者が自ら①の状態を生じさせた場合に加えて、既に①の状態が生じてい

4. 性的自由に対する罪　055

ることに乗じた場合にも本罪が成立しうる点に注意してほしい。

①の状態を生じさせる行為・事由としては、以下のものが列挙されている（176条1項各号）。なお、これらは例示列挙であり、これらに類似の行為・事由によって①を満たした場合も、本罪は成立しうる（「その他これらに類する行為又は事由により」・同項柱書）。

a 暴行・脅迫

b 心身の障害

c アルコール・薬物の影響

d 睡眠その他の意識不明瞭

e 意思を示すなどのいとまの不存在（不意打ち等）

f 恐怖・驚愕

g 虐待に起因する心理的反応

h 経済的・社会的関係上の地位に基づく影響力による不利益憂慮

また、上記の①にかわりに、①' 行為がわいせつなものではないとの誤信または行為をする者について人違いをさせ、あるいはそれらの誤信や人違いをしていることに乗じて、②わいせつな行為をした場合も、本罪が成立する（176条2項）。

（イ）16歳未満の者を客体とする場合

次に、16歳未満の者を客体とする場合は、わいせつな行為だけが本罪の行為である（176条3項）。

すなわち、たとえ客体がわいせつな行為に同意していた場合であっても、16歳未満の者とわいせつな行為をした以上は本罪が成立するわけである。

ただし、客体が13歳以上（かつ16歳未満）の場合は、行為者が客体よりも5歳以上年長であることが必要である（5歳差要件・176条3項かっこ書）。

したがって、たとえば13歳のAに対して、Aの同意のもとに15歳のBがわいせつな行為をした場合は、本罪は成立しない。

（ウ）わいせつな行為

本罪の保護法益が性的自由であることから、「わいせつな行為」とは、被害者の性的羞恥心を害する行為であれば足りると解されている。この点、本罪の「わいせつ」概念は、健全な性的風俗を保護法益とする公然わいせつ罪におけ

る「わいせつ」概念（➡ 294 ページ **1**）よりも広い。

　たとえば、相手の意に反してキスする行為は、公然わいせつ罪におけるわいせつ概念にはあたらないが、本罪における「わいせつな行為」には該当する（東京高判昭和 32・1・22 高刑集 10 − 1 −10）。

エ　主観的構成要件要素

　本罪の主観的構成要件要素としては、構成要件的故意（38 条 1 項）だけで足り、性的意図（わいせつの心情）は不要である（**最大判平成 29・11・29 百選Ⅱ 14**）。

　したがって、たとえばいやがらせ目的の行為であっても本罪が成立しうる。

オ　未遂

　本罪の未遂は罰する（180 条）。

2　不同意性交等罪　　**A**

> 177 条
> 1 項　前条［不同意わいせつ罪］第 1 項各号に掲げる行為又は事由その他これらに類する行為又は事由により、同意しない意思を形成し、表明し若しくは全うすることが困難な状態にさせ又はその状態にあることに乗じて、性交、肛門性交、口腔性交又は膣若しくは肛門に身体の一部（陰茎を除く。）若しくは物を挿入する行為であってわいせつなもの（以下この条及び第 179 条第 2 項において「性交等」という。）をした者は、婚姻関係の有無にかかわらず、5 年以上の有期拘禁刑に処する。
> 2 項　行為がわいせつなものではないとの誤信をさせ、若しくは行為をする者について人違いをさせ、又はそれらの誤信若しくは人違いをしていることに乗じて、性交等をした者も、前項と同様とする。
> 3 項　16 歳未満の者に対し、性交等をした者（当該 16 歳未満の者が 13 歳以上である場合については、その者が生まれた日より 5 年以上前の日に生まれた者に限る。）も、第 1 項と同様とする。

ア　保護法益

　本罪の保護法益は、性的自由である。

4. 性的自由に対する罪　　057

イ　主体・客体

　旧強姦罪は、処罰対象となる行為が「女子を姦淫」することに限られていたため、その主体となりうるのは原則として男性のみであり（真正身分犯）、客体となりうるのは女性のみだった。

　これに対し、本罪の行為は「性交等」（➡次ページ（**ウ**））であるため、性別を問わず本罪の主体や客体となりうる。

　また、夫婦間でも本罪は成立しうる（177条1項柱書）。

ウ　行為

　本罪の行為は、不同意わいせつ罪と同様に、客体の年齢により異なる。

（ア）16歳以上の者を客体とする場合

　まず、16歳以上の者を客体とする場合は、①性交等に同意しない意思を形成・表明・全うすることが困難な状態にさせ、あるいは被害者がその状態にあることに乗じて、②性交等をすることが本罪の行為である（177条1項柱書）。

　行為者が自ら①の状態を生じさせた場合に加えて、既に①の状態が生じていることに乗じた場合にも本罪が成立しうる点に注意してほしい。

　そして、①の状態を生じさせる行為・事由として、以下のものが列挙されている（177条1項・176条1項各号）。なお、これらは例示列挙であり、これらに類似の行為・事由によって①を満たした場合も、本罪は成立しうる（「その他これらに類する行為又は事由により」・177条1項・176条1項項柱書）。

- a　暴行・脅迫
- b　心身の障害
- c　アルコール・薬物の影響
- d　睡眠その他の意識不明瞭
- e　意思を示すなどのいとまの不存在（不意打ち等）
- f　恐怖・驚愕
- g　虐待に起因する心理的反応
- h　経済的・社会的関係上の地位に基づく影響力による不利益憂慮

　また、上記の①のかわりに、①'行為がわいせつなものではないとの誤信または行為をする者について人違いをさせ、あるいはそれらの誤信や人違いをし

ていることに乗じて、②性交等をした場合も、本罪が成立する（177条2項）。

（イ）16歳未満の者を客体とする場合

次に、16歳未満の者を客体とする場合は、性交等だけが本罪の行為である（177条3項）。

すなわち、たとえ客体が性交等に同意していた場合であっても、16歳未満の者と性交等をした以上は本罪が成立するわけである。

ただし、客体が13歳以上（かつ16歳未満）の場合は、行為者が客体よりも5歳以上年長であることが必要である（5歳差要件・177条3項かっこ書）。

したがって、たとえば13歳のAに対して、Aの同意のもとに15歳のBが性交等をした場合は、本罪は成立しない。

（ウ）性交等

本罪の行為である②「性交等」とは、以下の各行為をいう。

a　性交

b　肛門性交

c　口腔性交

d　膣や肛門に陰茎以外の身体の一部または物を挿入する行為であってわいせつなもの

エ　主観的構成要件要素

本罪の主観的構成要件要素としては、構成要件的故意（38条1項）だけで足り、性的意図（わいせつの心情）は不要である。

したがって、たとえばいやがらせ目的の行為であっても本罪が成立しうる。

オ　未遂

本罪の未遂は罰する（180条）。

3　監護者わいせつ罪・監護者性交等罪 　B

179条
1項　18歳未満の者に対し、その者を現に監護する者であることによる影響力があることに乗じてわいせつな行為をした者は、第176条［不同意わいせつ罪］の例による。

---

4. 性的自由に対する罪　059

> 2項　18歳未満の者に対し、その者を現に監護する者であることによる影響力があることに乗じて性交等をした者は、第177条［不同意性交等罪］の例による。

　本罪は、18歳未満の者を現に監護する者がその影響力に乗じて行ったわいせつな行為や性交等を、不同意わいせつ罪や不同意性交等罪に準じて処罰するものである。
　「現に監護する者」の典型例は、実際に18歳未満の子を監督し保護している実親または養親である。
　未遂を罰する（180条）。

4　不同意わいせつ等致死傷罪　

> 181条
> 1項　第176条［不同意わいせつ罪］若しくは179条第1項［監護者わいせつ罪］の罪又はこれらの罪の未遂罪を犯し、よって人を死傷させた者は、無期又は3年以上の拘禁刑に処する。
> 2項　第177条［不同意性交等罪］、若しくは179条第2項［監護者性交等罪］の罪又はこれらの罪の未遂罪を犯し、よって人を死傷させた者は、無期又は6年以上の拘禁刑に処する。

ア　結果的加重犯
　本罪は、不同意わいせつ罪や不同意性交等罪などの結果的加重犯である。

イ　加重結果に故意ある場合
　では、本罪の加重結果たる死傷の結果について、行為者に故意があった場合、いかに処理するべきか。
　やや細かい論点ではあるが、頭の体操としては有益である。以下、基本犯が不同意性交等罪であった場合を例にして、場合を分けつつ簡単に検討しておこう。

（ア）死亡結果について故意がある場合
　まず、死亡結果について故意がある場合については、判例は、①不同意性交等致死罪と殺人罪の観念的競合としている（最判昭和31・10・25刑集10-10-

1455)。

　しかし、そのように解しては、死亡結果を二重に評価することとなってしまう。そのため、学説では、②不同意性交等罪と殺人罪の観念的競合とする見解が有力である。

（イ）傷害結果について故意がある場合

　次に、傷害結果について故意がある場合については、①不同意性交等致傷罪と傷害罪との観念的競合とする見解、②不同意性交等罪と傷害罪の観念的競合とする見解に加え、さらに、③不同意性交等致傷罪のみが成立するとする見解も存する。

　これらのうち、①の見解に対しては、傷害結果を二重に評価することになるとの批判があり、また、②の見解に対しては、傷害の故意がある場合には刑の上限が20年の拘禁刑となるのに対し（177条）、傷害の故意がない場合には刑の上限が無期拘禁刑となり（181条2項）、刑の均衡を失することになるとの批判がある。

　筋としては、③の見解が妥当であろう。

❓ 不同意性交等罪を犯した者が、傷害結果についての故意をも有する場合の処理　B⁻

A説
結論：不同意性交等罪と傷害罪の観念的競合とする。
批判：刑の均衡を失する。

B説
結論：不同意性交等致傷罪と傷害罪との観念的競合とする。
批判：傷害結果を二重に評価することになる。

C説
結論：不同意性交等致傷罪のみが成立する。

ウ　死傷の原因

　本罪における死傷結果は、強盗致死傷罪におけるのと同様に（➡ 137ページ **ウ**）、不同意わいせつや不同意性交の手段としての暴行・脅迫などから生じたことは必ずしも要せず、不同意わいせつや不同意性交と密接に関連する行為によって生じたものであれば足りると解されている。

　たとえば、わいせつ行為の後、犯人が逃走しようとした際に被害者に暴行を

4. 性的自由に対する罪　061

加えて傷害を負わせた場合にも、本罪が成立する（**最決平成 20・1・22 百選 II 15**）。

5 16 歳未満の者に対する面会要求等罪 　**B**

182 条
1 項　わいせつの目的で、16 歳未満の者に対し、次の各号に掲げるいずれかの行為をした者（当該 16 歳未満の者が 13 歳以上である場合については、その者が生まれた日より 5 年以上前の日に生まれた者に限る。）は、1 年以下の拘禁刑又は 50 万円以下の罰金に処する。
　1 号　威迫し、偽計を用い又は誘惑して面会を要求すること。
　2 号　拒まれたにもかかわらず、反復して面会を要求すること。
　3 号　金銭その他の利益を供与し、又はその申込み若しくは約束をして面会を要求すること。
2 項　前項の罪を犯し、よってわいせつの目的で当該 16 歳未満の者と面会をした者は、2 年以下の拘禁刑又は 100 万円以下の罰金に処する。
3 項　16 歳未満の者に対し、次の各号に掲げるいずれかの行為（第 2 号に掲げる行為については、当該行為をさせることがわいせつなものであるものに限る。）を要求した者（当該 16 歳未満の者が 13 歳以上である場合については、その者が生まれた日より 5 年以上前の日に生まれた者に限る。）は、1 年以下の拘禁刑又は 50 万円以下の罰金に処する。
　1 号　性交、肛門性交又は口腔性交をする姿態をとってその映像を送信すること。
　2 号　前号に掲げるもののほか、膣又は肛門に身体の一部（陰茎を除く。）又は物を挿入し又は挿入される姿態、性的な部位（性器若しくは肛門若しくはこれらの周辺部、臀部又は胸部をいう。以下この号において同じ。）を触り又は触られる姿態、性的な部位を露出した姿態その他の姿態をとってその映像を送信すること。

本罪は、若年者の性被害を未然に防止するために令和 5 年改正で新設された構成要件である。

6 非親告罪 　**B**

平成 29 年改正前の刑法では、性的自由に対する罪の多くは、親告罪、すなわち被害者などによる告訴（刑事訴訟法 230 条以下）がなければ公訴を提起できない犯罪とされていた。

しかし、性的自由に対する罪の多くを親告罪とすることにより、被害者に多大な精神的負担を課す結果となっているとの指摘があったため、平成 29 年改正により、およそ性的自由に対する罪は非親告罪とされた。

062　1 編 2 章　自由に対する罪

5. 住居を侵す罪

刑法は、130条前段で住居侵入等罪を、後段で不退去罪を定めている。以下、それぞれについて検討していこう。

1　住居侵入等罪　

> 130条前段　正当な理由がないのに、人の住居若しくは人の看守する邸宅、建造物若しくは艦船に侵入し……た者は、3年以下の拘禁刑又は10万円以下の罰金に処する。

ア　保護法益

本罪の保護法益をいかに解するかについては激しい争いがある。この論点は、試験との関係でもきわめて重要である。

まず、判例は、住居に誰を立ち入らせるのかの自由であるとする住居権説に立脚している（最判昭和58・4・8百選Ⅱ16）。

これに対し、本罪の保護法益を住居の事実上の平穏であると解する平穏説も有力である。

しかし、「平穏」という概念は「社会の平穏」に結びつきやすく、本罪が個人的法益に対する罪であることと矛盾することになりかねない。判例の住居権説が妥当であろう。

> **Q 住居侵入等罪の保護法益　A**
> **A説** 住居権説（判例・多数説）
> 結論：誰を立ち入らせるかの自由が保護法益である。
> **B説** 平穏説（有力説）
> 結論：住居の事実上の平穏が保護法益である。
> 批判：本罪が個人的法益に対する罪であることと矛盾することになりかねない。

イ　客体

本罪の客体は、①人の住居、および②人の看守する邸宅、建造物、艦船である。

（ア）人の住居

「住居」とは、**人の起臥寝食に使用されている場所**をいう（放火罪についての大判大正2・12・24刑録19-1517参照）。この定義は覚えておこう。

ちなみに、使用は一時的でもよい。たとえばホテル・旅館の一室も住居にあたる。

また、住居に付属する**囲にょう地**（壁で囲われた庭など）も住居にあたる（最判平成20・4・11刑集62-5-1217参照）。

（イ）人の看守する邸宅、建造物、艦船

「人の看守する」とは、邸宅等を事実上管理・支配するための人的・物的設備を施すことをいう。

たとえば、守衛や管理人をおいている場合や、入口を施錠している場合などがこれにあたる。一方、単に立入禁止の表示札を立てるだけでは足りない。

> ちょっと細かい話ですが、「人の看守する」というときの「人」とは、建造物等の管理権者のことです。守衛さんや管理人さんのことではありません。
> つまり、守衛さんや管理人さんをおくこと等により、管理権者が建造物等を看守していると考えていくわけです。

「邸宅」とは、居住用の建造物で住居以外のものをいう。空き家、閉鎖中の別荘などが典型だが、**共同住宅の共用部分**も邸宅にあたる（最判平成20・4・11刑集62-5-1217）。

「建造物」とは、住居や邸宅にあたらない建造物をいう。官公庁の庁舎、学校、工場、物置などがこれにあたる。警察署の塀も建造物の一部にあたり、外部から見ることのできない敷地に駐車された捜査車両を確認する目的で警察署の塀の上部に上がった時点で本罪が成立する（最決平成21・7・13刑集63-6-590）。

「艦船」とは、軍艦および船舶をいう。

ウ　行為

本罪の行為は、「**侵入**」である。

なお、条文の冒頭にある「正当な理由がないのに」という部分は、違法性が阻却されれば本罪が成立しないという当然のことを、注意的に明記したものと解されている（通説）。

（ア）侵入の意義

本罪の行為である「侵入」の意義をいかに解するべきかについては、先に述べた本罪の保護法益をいかに解するかによって結論が異なる。

まず、住居に誰を立ち入らせるのかの自由であるとする住居権説からは、「侵入」とは住居権者の意思に反する立入りをいうことになる。この定義はしっかりと覚えておこう。

> ただし、この定義は、住居への侵入を前提としています。
> したがって、邸宅・建造物・艦船への侵入の場合には、「管理権者の意思に反する立入り」という言い回しに修正するとより正確でしょう（最判平成20・4・11刑集62-5-1217参照）。

これに対し、住居の事実上の平穏であると解する平穏説からは、「侵入」とは住居の平穏を害するような態様による立入りをいうことになる。

（イ）一般に立入りが許容されている場所への立入り　→論証8

たとえば、デパートやホテルのロビー、官公庁、展示会場などといった場所は、一般に立入りが許容されている。このような場所に立ち入ったとしても、原則として「侵入」に該当しないのは当然である。

問題は、これらの場所へ、違法な目的をもって立ち入った場合の処理である。たとえば、万引き目的で営業時間内のデパートに立ち入った場合、「侵入」にあたるであろうか。

この問題も、本罪の保護法益をいかに解するかにより結論が異なりうる。

①　住居権説

住居権説からは、違法な目的での立入りは、管理権者の意思に反する立入りに他ならないと解し、「侵入」にあたると解する見解が有力である。

ただし、同じ住居権説に立ちながら、通常の態様の立入りである限り、管理権者の包括的同意の範囲内の立入りであると解して、「侵入」にあたらないとする見解もある。

答案ではどちらの見解に立ってもよいであろう。

②　平穏説

平穏説からは、通常の形態の立入りである限り、平穏を害するような態様による立入りではないと解し、「侵入」にあたらないとする見解が一般的である。

Q 一般に公開されている建物などへの違法な目的での立入りが「侵入」にあたるか　**B⁺**

A説 肯定説
理由：（住居権説から）違法な目的での立入りは、管理権者の意思に反する立入りに他ならない。

B説 否定説
理由：① （住居権説から）一般に公開されている建物については、通常の態様の立入りである限り、管理権者の事前の包括的同意の範囲内にある。
② （平穏説から）通常の形態の立入りである限り、平穏を害するような態様による立入りではない。

（ウ）同意・承諾が錯誤に基づく場合

たとえばＡが強盗の意図を秘して「今晩は」と挨拶し、家人Ｂに「おはいり」といわれた後に住居へ立ち入ったとする。

被害者Ｂの同意・承諾は、その動機に錯誤があったわけであるが、この場合にＡの行為は「侵入」にあたるであろうか。この問題についても、保護法益をいかに解するかによって結論が異なりうる。

① 住居権説

住居権説を前提とすれば、有効な同意・承諾に基づく立入り行為は、そもそも「侵入」の定義にあたらない。したがって、上の事例における問題は、同意・承諾の有効性の問題として捉えていくことになる。

この点、同意・承諾の有効要件として、任意であることに加えて真意であること、すなわち同意・承諾の動機に錯誤がないことも必要であると解するのが判例（最判昭和23・5・20刑集2-5-489）・多数説である。この判例・多数説からは、Ａの立入りはなお「侵入」にあたることになろう。

これに対し、住居権説に立脚しつつも、住居権者に住居への立入り（法益の処分）自体についての錯誤がない以上、その承諾は有効であると解し、「侵入」にあたらないとする少数説もある。

② 平穏説

平穏説からは、平穏を害するような態様の立入りではない以上、「侵入」に該当しないことになろう。

Q 犯人が強盗の意図を秘して「今晩は」と挨拶したのに対して、家人が「おはいり」と答えた場合、その後の立入りは「侵入」に該当するか　**B**

A説（判例・多数説）

結論：該当する。

理由：（住居権説から）被害者は行為者の欺罔行為によって承諾を与えたのであり、その承諾は、真意に出たものとはいえない。

B説（平野・西田）

結論：該当しない。

理由：①（平穏説から）平穏を害するような態様の立入りではない。

②（住居権説から）住居権者に住居への立入り（法益の処分）自体についての錯誤がない以上、その承諾は有効である。

エ　未遂

本罪の未遂は罰する（132条）。

たとえば、塀を乗り越えようとして途中で逮捕された場合や、屋内に侵入しようとして鍵を破壊していたところで逮捕された場合は、本罪の未遂罪となる。

オ　罪数

本罪は、他の多くの犯罪と牽連犯の関係に立つ。

たとえば、本罪と、窃盗・強盗・強盗致死傷・傷害・殺人・放火の各罪は、牽連犯の関係に立つ。

2　不退去罪　B

> 130条後段　要求を受けたにもかかわらずこれらの場所から退去しなかった者は、3年以下の拘禁刑又は10万円以下の罰金に処する。

ア　行為

本罪の行為は、「要求を受けたにもかかわらずこれらの場所から退去しなかった」ことである。すなわち、本罪は真正不作為犯である。

要求があることを認識し、退去に必要な合理的時間が経過したにもかかわらず立ち退かないときに、本罪は既遂となる。

イ　未遂

条文上、本罪の未遂は罰するとされている（132条）。

5. 住居を侵す罪　067

しかし、要求後退去に必要な時間が経過する前の段階では、なお未遂犯としての当罰性は認められない。他方、要求後退去に必要な時間が経過すれば、本罪は既遂となる。

　したがって、本罪の未遂は観念できないと解するのが通説である。

第3章

秘密・名誉に対する罪

1. 秘密を犯す罪

　個人の秘密を保護法益とする犯罪として、刑法は信書開封罪と秘密漏示罪を定めている。これらは主として短答式試験用の構成要件であり、概略を把握しておけば足りる。

1 信書開封罪 B

> 133条　正当な理由がないのに、封をしてある信書を開けた者は、1年以下の拘禁刑又は20万円以下の罰金に処する。

ア　客体
　本罪の客体は「封をしてある信書」である。

　「封」とは、信書の内容が認識できないように、信書と一体となるような態様で信書に施す装置のことである。たとえば、封筒への糊付けがその典型である。

　「信書」とは、特定人から特定人に対し自己の意思を伝達する文書をいう（大判明治37・12・8刑録10-2381参照）。特定人には、自然人だけでなく法人も含まれる（通説）。

　自己の意思を伝達する文書であることを要する以上、単なる図面や写真、原稿などは信書にあたらない。

イ　行為

本罪の行為は、封を開けることである。

本罪の成立には、かかる開封行為があれば足り、保護法益である個人の秘密が現実に侵害されることを要しない。すなわち、本罪は抽象的危険犯である。

ウ　親告罪

本罪で訴追がなされると、発信者や受信者の秘密が公となり、かえって不利益となりかねない。

そこで、本罪は親告罪とされている（135条）。

2　秘密漏示罪　B⁻

> 134条
> 1項　医師、薬剤師、医薬品販売業者、助産師、弁護士、弁護人、公証人又はこれらの職にあった者が、正当な理由がないのに、その業務上取り扱ったことについて知り得た人の秘密を漏らしたときは、6月以下の拘禁刑又は10万円以下の罰金に処する。
> 2項　宗教、祈禱若しくは祭祀の職にある者又はこれらの職にあった者が、正当な理由がないのに、その業務上取り扱ったことについて知り得た人の秘密を漏らしたときも、前項と同様とする。

本罪の主体は、医師や弁護士などに限定されている。すなわち、本罪は真正身分犯である。

本罪の客体は秘密である。「秘密」とは、一般に知られていない事実をいう。

本罪の行為は、秘密を漏らすことである。「漏ら」すとは、秘密をまだ知らない他人に告知することをいう。

信書開封罪と同様の趣旨から、本罪も親告罪とされている（135条）。

2. 名誉に対する罪

名誉に対する罪は、短答式・論述式を通じてきわめて重要である。特に、名誉毀損罪はしっかりと押さえておこう。

1 名誉毀損罪　**A**

> 230条
> 1項　公然と事実を摘示し、人の名誉を毀損した者は、その事実の有無にかかわらず、3年以下の拘禁刑又は50万円以下の罰金に処する。
> 2項　死者の名誉を毀損した者は、虚偽の事実を摘示することによってした場合でなければ、罰しない。

ア　保護法益

名誉毀損罪の保護法益は名誉であるが、その内容については争いがある。

(ア) 問題の所在

一般に、名誉には、①自己や他人が下す評価とは無関係に客観的に存在している内部的名誉、②人に対して社会が与えるプラスの評価である外部的名誉、③本人がもっている自己に対する価値意識である名誉感情の3つがあるといわれている。

この3つの名誉のうち、①内部的名誉は個人の価値そのものであり、およそ他人により害し得ない性質のものである。したがって、これを本罪の保護法益と解する余地はない。

問題は、本罪の保護法益を、②外部的名誉と解するべきか、それとも③名誉感情も含むものと解するべきかである。

（イ）検討

この点、もし③の名誉感情が本罪の保護法益であるならば、なにも本罪の成立要件として「公然と」という要件を要求する必要はない。たとえば、AとBしかいない密室の中で、AがBの名誉を毀損する発言をした場合にも、Bの名誉感情は害されるはずである。

そこで、「公然と」という要件が要求されていることにかんがみ、②外部的名誉のみが本罪の保護法益であると解するのが判例（大判大正15・7・5刑集5－303）・通説である。

なお、後述する侮辱罪についても同様の争いがあるが、やはり外部的名誉のみが保護法益であると解するのが通説である（➡81ページ**ア**）。

Ｑ 名誉毀損罪の保護法益　B⁺

A説（判例・通説）
結論：外部的名誉である。
理由：名誉毀損罪は公然性を要求している。

B説
結論：外部的名誉のほか、名誉感情をも含む。
批判：①A説の理由。
　　　②単なる感情は法的保護に値しない。

イ　行為

本罪の行為は、公然と事実を摘示して、人の名誉を毀損することである。

（ア）公然性

「公然と」とは、不特定または多数人が認識しうる状態をいう（大判昭和3・12・13刑集7－766）。この定義はしっかりと覚えておいてほしい。

不特定とは、相手方が限定されていないという意味であり、多数人とは、相手方が特定されているがその数が多数であるという意味である。どちらか一方にさえ該当すれば「公然と」にあたりうる点に注意が必要である。

また、これらの不特定または多数人が認識しうる状態であれば、たとえ特定かつ少数人の前であっても、「公然と」にあたると解していく。

たとえば、Aが特定かつ少数の人の前でBの名誉を毀損したとしても、それが不特定または多数人に伝播する可能性がある限り「公然と」にあたるとするのが判例である（最判昭和34・5・7百選Ⅱ19）。

（イ）事実の摘示

摘示される事実は、人の社会的評価を低下させるに足る具体的なものでなければならない。たとえば、「Aは馬鹿だ」という程度の抽象的な事実の摘示では足りず、「Aは高校でオール1をとった」という程度の具体的事実の摘示が必要である。

摘示される事実は公知のものであってもよい（大判大正5・12・13刑録22-1822）。

また、事実は、真実であると虚偽であるとを問わない。ただし、死者の名誉毀損については、虚偽の事実を摘示した場合に限る（230条2項）。

> 日常生活では、事実という言葉を真実という意味で使うことがありますが、名誉毀損罪における「事実」という概念は、真実の事実に加えて虚偽の事実をも含む広い概念です。
> たとえば、「呉は実は司法試験に合格していない。あいつは経歴を詐称している」という指摘は、真実の摘示ではありませんが、なお「事実」の摘示にはあたります。
> このことは、230条が「事実の有無にかかわらず」と規定していることからもわかると思います。つまり、法は、「事実」のうち、本当に「有」る事実（存在する事実）を真実と位置づけているわけです。

（ウ）人の名誉を毀損──抽象的危険犯

人の名誉を「毀損した」という文言からは、本罪は、保護法益たる名誉が実際に侵害されたことを要する侵害犯であるようにもみえる。

しかし、被害者の社会的名誉が現実に害されたか否かの認定はきわめて困難であることから、本罪は、現実に社会的名誉が害されることを要しない抽象的危険犯であると解するのが判例（大判昭和13・2・28刑集17-141）・通説である。

ウ　親告罪

本罪で訴追されると、かえって被害者の名誉を侵害するおそれがあることから、本罪は親告罪とされている（232条）。

2　230条の2──真実の証明による不処罰　Ａ

230条の2
1項　前条第1項の行為が公共の利害に関する事実に係り、かつ、その目的が専ら公益を図ることにあったと認める場合には、事実の真否を判断し、真実であることの証明

があったときは、これを罰しない。
2項　前項の規定の適用については、公訴が提起されるに至っていない人の犯罪行為に
　　関する事実は、公共の利害に関する事実とみなす。
3項　前条第1項の行為が公務員又は公選による公務員の候補者に関する事実に係る場
　　合には、事実の真否を判断し、真実であることの証明があったときは、これを罰しない。

ア　趣旨

　前述したとおり、名誉毀損罪における「事実」は真偽を問わない。仮に摘示された事実が真実であっても、名誉毀損罪が成立するのが原則である（➡前ページ(**イ**)）。

　しかし、憲法21条1項が表現の自由や知る権利を保障している以上、真実を述べる行為を常に名誉毀損罪として処罰するのは妥当でない。

　そこで、憲法の保障する表現の自由と名誉の保護との調和の見地から規定されたのが本条である。

イ　要件

　本条が適用されるためには、原則として、①公共の利害に関する事実の摘示であったこと、②専ら公益を図る目的であったこと、③事実の真実性を証明できたこと、という3つの要件を満たすことが必要である。

　以下、それぞれについて検討していこう。

（ア）公共の利害に関する事実の摘示

　「公共の利害に関する事実」とは、市民が民主的自治を行ううえで知る必要がある事実のことである。単に一般大衆の興味や好奇心の対象となっている事実だというだけでは、これにあたらない。

　したがって、たとえば身体的障害や精神的障害、病気、血統、性生活などといった事実は、原則として「公共の利害に関する事実」にはあたらない。

　ただし、例外として、大規模な宗教団体の会長であり、かつ政治的にも大きな影響力を有する男性の女性関係について、「公共の利害に関する事実」にあたるとした判例がある（最判昭和56・4・16百選Ⅱ20）。

（イ）専ら公益を図る目的

　「専ら」とは、日常用語とは異なり、主たる動機を意味すると解するのが裁判

例（東京地判昭和 58・6・10 判時 1084-37）・通説である。唯一の動機のみによって行動することを人間に期待することは実際上困難だからである。この結論は覚えておこう。

　したがって、たとえば報道機関の報道には営利目的という側面があることは否めないものの、だからといって常に「専ら公益を図る目的」が否定されるわけではない。

（ウ）真実であることの証明

　最後に、摘示された事実が真実であることが証明されなければならない。この要件は、後に述べる真実性の錯誤との関係できわめて重要である。

　もし真実であるか否かについて裁判官に確信が生じない場合、その不利益は被告人が負う（証明責任の転換）。つまり、確信が生じない場合には、摘示された事実が真実ではないものとして扱われることになるわけである。

（エ）要件の擬制

　以上の要件のうち、起訴前の犯罪行為に関する事実については、事実の公共性という要件が擬制される（2項）。

> 　起訴前の犯罪行為に関する事実の報道等は、定型的に、捜査機関による捜査の端緒（きっかけ）となり得ますし、また、捜査に対する国民からの監視に資するという面もあります。そのため、①事実の公共性が擬制されているのです。
> 　ただし、報道等が興味本位で行われる可能性も高いため、②目的の公益性については、擬制されず立証が必要とされているのだと思います（私見）。

　また、公務員または公選による公務員の候補者に関する事実については、事実の公共性という要件に加え、目的の公益性という要件も擬制される（3項）。

　なお、これらの場合であっても、少なくとも真実であることの証明は常に必要であることに注意しよう。

	事実の公共性	目的の公益性	真実性の証明
原則（1項）	必要	必要	必要
起訴前の犯罪行為（2項）	擬制	必要	必要
公務員または公選による公務員の候補者（3項）	擬制	擬制	必要

ウ　効果──230条の2の法的性格　→論証9

以上の要件を満たすと、名誉毀損罪は不処罰となる。

では、そうした不処罰の根拠はどこにあるのであろうか。換言すれば、230条の2は何を阻却するのであろうか。この点については、学説が分かれている。

この論点は、次ページの **3** で学ぶ真実性の錯誤という超重要論点を検討するための前提となる重要論点である。以下、代表的な見解を検討していこう。

（ア）処罰阻却事由説

第1の見解は、「事実の有無にかかわらず」名誉毀損罪にあたるとする230条の文言を重視し、230条の2を、名誉毀損罪成立後の処罰阻却事由と解する見解である。

> 「事実の有無にかかわらず」という要件は、事実が真実か否かを問わず、という意味でした。
> 処罰阻却事由説は、そうした文言を重視する結果、たとえ230条の2の要件、とりわけ真実性の証明があったとしても、なお犯罪の成立自体は肯定するべきだと考えていくわけです。

しかし、230条の2の要件を満たしているにもかかわらず、名誉毀損罪が成立すると解するのは、表現の自由の保障の見地から妥当とはいいがたい。

（イ）構成要件該当性阻却事由説

第2の見解は、表現の自由の保障を重視し、230条の2を、構成要件該当性の阻却事由と解する見解である。

しかし、そもそも230条は、「事実の有無にかかわらず」名誉毀損罪にあたるとしている。にもかかわらず、真実性の証明をした場合には構成要件該当性が阻却されると解するのは、やはり無理があるというべきであろう。

（ウ）違法性阻却事由説

第3の見解は、230条の2を、違法性阻却事由と解する見解であり、これが判例（最大判昭和44・6・25百選Ⅱ21）・通説である。

表現の自由と名誉の保護との調和を図るという230条の2の趣旨から、この見解が妥当であろう。

Q 230条の2の法的性格　A

A説 処罰阻却事由説（平野・日高など）

理由：①「事実の有無にかかわらず」という230条の文言。

②230条の2が構成要件該当性阻却事由あるいは違法性阻却事由を定めたものと解するなら、構成要件に該当せずあるいは違法でないことが証明されない限り処罰されることになって、「疑わしきは被告人の利益に」の原則に反する。

批判：①230条の2が表現の自由との調和を図った規定であるという性格に適合しない。

②真実の言論がなにゆえ処罰を阻却するのかが明らかでない。

B説 構成要件該当性阻却事由説（旧団藤）

理由：表現の自由を重視。

批判：事実の有無を問わず名誉毀損罪が成立するとする230条との関係が明確でない。

C説 違法性阻却事由説（判例・通説）

理由：表現の自由と名誉の保護との調和を図るという230条の2の趣旨。

3　真実性の錯誤　A

ア　問題の所在

前述したように、摘示された事実の真実性を証明することが、230条の2を適用する要件である。したがって、仮に行為者がある事実を真実であると思っていたとしても、真実性を証明できなかった場合には、230条の2を適用する余地はない。

しかし、230条の2の要件である真実性を誤信していることが、名誉毀損罪の成立に何らかの影響をあたえるのではないか。これが、真実性の錯誤とよばれる重要基本問題である。

イ　検討

この問題については230条の2の法的性質をどのように解するかという論点とも関連して、学説が錯綜している。

しかし、試験対策としては、230条の2を違法性阻却事由と解する見解からの処理方法と、230条の2を処罰阻却事由と解する見解からの処理方法を知っておけば足りる。

以下、それぞれを検討していこう。

2. 名誉に対する罪　077

（ア）230 条の 2 を違法性阻却事由と解する見解からの処理　　➡論証 10

　230 条の 2 を違法性阻却事由と解する判例・通説からは、真実性の錯誤の問題は以下の3つのステップを踏んで考えていけばよい。

①　違法性阻却事由の錯誤

　まず、230 条の 2 を違法性阻却事由と解する以上、真実性の錯誤は、刑法総論で学んだ違法性阻却事由の錯誤の一種であるということになる。

　そして、違法性阻却事由の錯誤については、違法性を否定する事実を誤認識している限り、責任故意を阻却すると解するのが妥当であった（事実の錯誤説➡総論［第 4 版］152 ページイ）。

　したがって、真実性の錯誤があった場合にも、違法性を否定する事実を誤認識している限り、責任故意が阻却されることになる。

②　誤認識の対象

　そこで次に問題となるのが、この場合の誤認識の対象となる「違法性を否定する事実」の内容である。

　「違法性を否定する事実」とは、換言すれば違法性阻却事由の要件事実のことである。そこで 230 条の 2 の文言をみてみると、「真実であることの証明があった」とある。

　しかし、ここに真実性の錯誤特有の問題点がある。それは、行為の時点で、「真実であることの証明があった」と誤認識することはあり得ないという点である。

> 　違法性阻却事由の要件事実は、普通は行為時の事由として規定されています。たとえば、正当防衛（36 条 1 項）における「急迫不正の侵害」という要件事実は、まさに行為時の事由です。
> 　したがって、これらの事由は、当然、行為の時点で誤認識することが可能です。
> 　ところが、230 条の 2 における「真実性の証明があった」という要件事実は、裁判で証明に成功したという意味であり、裁判時の事由です。したがって、行為の時点で「真実性の証明があった」と誤認識することはあり得ません。
> 　そこで、行為者が行為の時点で何を誤認識していれば違法性を否定する事実を誤認識していたといえるのかが問題となるわけです。

　この点については、「真実性の証明があった」という裁判時の事由（訴訟法的表現）を、行為時の事由（実体法的表現）に引きなおして考えるしかない。

　そこで、「真実であることの証明があった」という訴訟法的表現を実体法的

表現に引きなおして、「事実が証明可能な程度に真実であること」が、誤認識の対象となる「違法性を否定する事実」であると解していくことになる。

③ 政策的な制限

以上のように、行為者が「事実が証明可能な程度に真実である」と誤認識していた場合には、違法性阻却事由の錯誤として責任故意が阻却されることになるはずである。ここまでが、違法性阻却事由説からの理論的帰結である。

しかし、議論はそこでは終わらない。いくら行為者が「事実が証明可能な程度に真実である」と誤認識していたとしても、常に責任故意を阻却するのは妥当とはいえないからである。

たとえば、誠実な調査もせず、ただ無責任に証明可能な程度に真実であると軽信していた場合にまで責任故意の阻却を認めるのは、名誉の保護の点から妥当とはいえないであろう。

そこで、政策的な見地から、責任故意が阻却されるための要件を加重するのが妥当である。具体的には、誤認識が確実な資料・根拠に基づいていた場合にのみ、責任故意の阻却を認めるべきであろう。

判例も、真実性の誤信が「確実な資料、根拠に照らし相当の理由があるときは、犯罪の故意がなく、名誉毀損の罪は成立しない」（**最大判昭和44・6・25百選Ⅱ21**）としている。

【230条の2を違法性阻却事由とする見解からの処理】
　①違法性阻却事由の錯誤にあたる
　　　　↓
　②証明可能な程度に真実であると誤認識していた場合には責任故意が阻却されるはず
　　　　↓
　③しかし政策的な観点から確実な資料・根拠に基づいていたことを要求

（イ）230条の2を処罰阻却事由と解する見解からの処理

以上に対し、230条の2を処罰阻却事由と解する見解からは、その要件である真実性を誤信しても、故意は阻却されないことになる。刑法総論で学んだとおり、処罰阻却事由は故意の対象ではないからである（➡総論［第4版］56ページ **2**、144ページ4.）。

では、230条の2を処罰阻却事由と解する見解からは、真実性の錯誤があっ

2. 名誉に対する罪　079

た場合を常に処罰することになるのかというと、実はそうではない。確実または相当な資料・根拠に基づく言論は、たとえ真実性の証明ができなかったとしても、35条の正当行為に該当するとして、違法性が阻却されると解していくのである。

🔍 真実性の錯誤の処理　A

A説 **故意阻却の余地を認める見解**（判例）

結論：行為者が証明可能な程度の資料・根拠をもって誤信したときには故意が阻却される。

理由：230条の2は構成要件該当性阻却事由または違法性阻却事由と解されるところ、「真実であることの証明があった」という訴訟法的表現を実体法的表現に引き直せば「事実が証明可能な程度に真実であったこと」が構成要件該当性または違法性を阻却するのであり、したがって、行為者がこれを誤信したときには故意が阻却される。

批判：証明可能な程度の資料・根拠の存在が要求される根拠が不明である。

反論：政策的観点からの要件である。

B説 **違法性阻却の余地を認める見解**（前田など）

結論：確実または相当な根拠に基づいていた場合には、35条の正当行為として違法性が阻却される。

批判：230条の2を処罰阻却事由と解するのは妥当でない。

（ウ）2つの見解の差異

　結局、以上2つの見解のいずれによっても、真実性の誤信が確実な資料・根拠に基づく場合には、名誉毀損罪は成立しないことになる。

　ただし、これらの見解は、以下の2点において異なっている。答案で展開することはあまりないが、以下、頭の体操を兼ねて簡単に検討しておこう。

①　阻却される内容

　まず、真実性の誤信が確実な資料・根拠に基づく場合に、何が阻却されるかが異なる。

　（ア）の見解からは、責任故意が阻却されることになるのに対し、（イ）の見解からは、違法性が阻却されることになるのである。

②　「確実な資料・根拠に基づく」との誤信の処理

　そして、それゆえに、「確実な資料・根拠に基づく」という誤信があった場合の処理も異なってくる。換言すれば、行為者が参照した資料・根拠が、客観的には確実な資料・根拠ではなかったにもかかわらず、行為者が確実な資料・

根拠であると誤認識していた場合の処理が異なってくるのである。

すなわち、(ア)の見解からは、「確実な資料・根拠に基づく」という要件は、責任故意阻却のための政策的要件であり、それ自体は故意の対象ではない。したがって、「確実な資料・根拠に基づく」という誤信があっても、それは犯罪の成否に何ら影響しない。

これに対し、(イ)の見解からは、「確実な資料・根拠に基づく」という要件は、違法性阻却の要件である。したがって、「確実な資料・根拠に基づく」という誤信は、違法性阻却事由の錯誤として処理されることになる。仮に、違法性阻却事由の錯誤について、事実の錯誤説に立脚するのであれば、責任故意が阻却されることになろう。

4 侮辱罪　B+

> 231条　事実を摘示しなくても、公然と人を侮辱した者は、1年以下の拘禁刑若しくは30万円以下の罰金又は拘留若しくは科料に処する。

ア　保護法益

本罪の保護法益についても、名誉毀損罪の保護法益と同様に争いがある。

この点、名誉毀損罪の保護法益を外部的名誉と解しつつも、本罪の法定刑の低さに着目して、本罪の保護法益は名誉毀損罪とは異なり名誉感情であるとする見解もある。この見解からは、名誉感情をもたない幼児や精神障害者、法人などを侮辱しても、本罪は成立しないことになる。

しかし、231条も230条と同様に「公然」性を要求している以上、外部的名誉が保護法益であると解するのが妥当であろう（通説）。したがって、幼児や精神障害者、法人などに対する侮辱罪も成立しうることになる。

判例も、法人に対する侮辱罪の成立を認めており（最決昭和58・11・1 百選Ⅱ22）、外部的名誉が保護法益であると解しているようである。

> **Q 名誉毀損罪と侮辱罪の保護法益　B+**
> **A説** 外部的名誉説（判例・通説）
> 結論：ともに外部的名誉が保護法益である。
> 理由：230条も231条も公然性を要求している。

B説 二元説（団藤・川端など有力説）

結論：名誉毀損罪は外部的名誉が、侮辱罪は名誉感情が、それぞれ保護法益である。

理由：このように考えなければ、231条の法定刑の低さを説明できない。

批判：① 230条も231条も公然性を要求している。

②単なる感情は法的保護に値しない。

C説 総合説（平野・大塚仁など）

結論：ともに外部的名誉と名誉感情が保護法益である。

批判：B説への批判と同じ。

【名誉感情をもたない者に対する名誉毀損罪・侮辱罪の成否】

	外部的名誉説	二元説	総合説
名誉毀損罪	○	○	○
侮辱罪	○	×	○

イ 行為

本罪の行為は、事実を摘示しないで、公然と人を侮辱することである。もし具体的な事実（➡73ページ（イ））を摘示した場合には、本罪ではなく名誉毀損罪として処理していくことになる。

つまり両罪は具体的な事実の摘示の有無によって区別されることになる。この区別の基準は覚えておこう。

> 私たちは、侮辱罪と名誉毀損罪の保護法益は同じであると解しました。したがって、両罪の区別は、害される保護法益の違いではなく、行為態様の違い、すなわち具体的な事実の摘示の有無に求めていくことになります。侮辱罪の「事実を摘示しなくても」という文言を、「事実を摘示しない場合には」という意味に解していくわけです。
>
> これに対し、両罪の保護法益が異なると解する二元説からは、害される法益が何かによって両罪を区別していくことになります。この見解からは、「事実を摘示しなくても」という文言は、「事実を摘示しても、しなくても」という意味であると解することになります。

ウ 親告罪

名誉毀損罪と同様の趣旨から、本罪は親告罪とされる（232条）。

第4章

信用・業務に対する罪

1. 信用毀損罪

> 233条前段　虚偽の風説を流布し、又は偽計を用いて、人の信用を毀損し……た者
> は、3年以下の拘禁刑又は50万円以下の罰金に処する。

1　保護法益　B

本罪の保護法益は、経済的な側面における人の社会的な評価である（最判平成15・3・11刑集57-3-293）。

すなわち、本罪は人に対する社会的評価のうち、特に経済的信用を保護するものである。この意味で、本罪は名誉に対する罪と財産犯との中間に位置する構成要件であるといえる。

2　客体　B　➡論証11

本罪の客体は、人の信用である。

「信用」の意義について、従来の通説は、人の支払能力や支払意思に対する社会的な信頼に限定して解してきた。

しかし、現代社会では、商品についての広告・宣伝がきわめて重要となっている。そうだとすれば、人の支払能力や支払意思に加えて、販売される商品の品質に対する社会的な信頼も「信用」に含まれると解するのが妥当であろう。

前掲判例（最判平成15・3・11刑集57-3-293）も、コンビニエンスストアで買ったオレンジジュースに異物が混入していたという虚偽の風説を流布させた事

1. 信用毀損罪　083

案において、本罪の「信用」には販売される商品の品質に対する社会的な信頼も含むとし、本罪の成立を肯定している。

Q 「信用」の意義 B

A説（従来の通説）

結論：人の支払能力や支払意思に対する社会的な信頼に限定される。

批判：経済活動が多様化してきている近年においては狭きに失する。

B説（判例）

結論：人の支払能力や支払意思に加え、販売する商品の品質に対する社会的な信頼をも含む。

理由：現代における広告・宣伝の社会経済的意義などを勘案すれば、「信用」の範囲を広く解するのが妥当である。

3 行為 B

本罪の行為は、虚偽の風説を流布し、または偽計を用いて、人の信用を毀損することである。

ア 虚偽の風説を流布

「虚偽の風説を流布」するとは、客観的真実に反する事実を不特定または多数人に伝播させることをいう。この定義は余裕があれば覚えておくとよい。

不特定または多数人に伝播する可能性があれば足り、特定かつ少数の者に虚偽のうわさを伝達する場合にも本罪が成立するとするのが判例（大判昭和12・3・17刑集16-365）・多数説である。

イ 偽計を用いる

「偽計を用い」るとは、人を欺罔・誘惑し、あるいは人の錯誤・不知を利用することをいう。

ウ 人の信用を毀損——抽象的危険犯

人の信用を「毀損した」という文言からは、本罪は侵害犯のようにもみえる。

しかし、名誉毀損罪（➡ 73ページ（ウ））と同様に、被害者の信用が現実に害されたか否かの認定はきわめて困難であることから、本罪は、現実に信用が害されることを要しない抽象的危険犯であると解するのが妥当であろう。

084　1編4章　信用・業務に対する罪

2. 業務妨害罪

233条後段　虚偽の風説を流布し、又は偽計を用いて、人の……業務を妨害した者
　は、3年以下の拘禁刑又は50万円以下の罰金に処する。
234条　威力を用いて人の業務を妨害した者も、前条の例による。

1 保護法益　B

本罪の保護法益については争いがあるが、判例は業務活動そのものが保護法
益であると解しているようである。

2 客体　B⁺

本罪の客体は、「人の業務」である。

ア　業務の意義

本罪の「業務」とは、社会生活上の地位に基づき継続して行う事務をいう
（大判大正10・10・24刑録27-643）。

過失致死傷罪の加重要件である「業務」（➡21ページウ）とは異なり、本罪の
「業務」には娯楽は含まれないと解されている。本罪の「業務」は、刑の加重
要件なのではなく、刑法上の保護の対象そのものであるところ、単なる娯楽は
刑法上の保護に値しないからである。

イ　業務と公務　➡論証12

本罪の「業務」のなかに、公務執行妨害罪（95条1項）における「職務」、す
なわち公務が含まれるかについては争いがある。

（ア）問題の所在

たとえば、警察官による捜索（刑事訴訟法218条1項）を、Aが威力や偽計に
より妨害したとしよう。ただし、Aは暴行または脅迫は行わなかったとする。

この場合、警察官による捜索は、公務執行妨害罪（95条1項）における「職

務」、すなわち公務にあたる。しかし、Aは暴行または脅迫を用いていない以上、公務執行妨害罪の構成要件に該当せず、同罪は成立しない。

では、業務妨害罪はどうか。ここで問題となるのは、公務が、業務妨害罪における「業務」に該当するか否かである。

（イ）検討

この問題についての学説は多岐にわたるが、試験対策としては判例の立場を押さえておくことが大切である。

現在の判例は、およそ公務を、①強制力を行使する権力的公務と、②それ以外の公務とに分けて考えている（最決昭和62・3・12刑集41-2-140参照）。

すなわち、まず、①強制力を行使する権力的公務は、通常それにふさわしい打たれ強さを備えている。とすれば、そうした公務を、威力や偽計からあえて本罪によって保護するまでもない。あくまでも暴行や脅迫があった場合に限って保護すれば十分であろう。

他方、②それ以外の公務は、そうした打たれ強さを備えておらず、威力や偽計から本罪によって保護する必要がある。

したがって、①強制力を行使する権力的公務は「業務」に含まれないが、②それ以外の公務は「業務」に含まれると解していくわけである。

公務	強制力を行使する権力的公務……「業務」に含まれない
	それ以外の公務………………「業務」に含まれる

上の例の「警察官による捜索」は、強制力を行使する権力的公務といえる。
よって、Aに業務妨害罪は成立しないことになろう。

　判例の考え方は、強制力を行使する権力的公務の「打たれ強さ」に着目しています。そして、確かに「威力」による妨害に対しては、強制力を行使する権力的公務には相応の「打たれ強さ」、いいかえれば自力排除力があるといっていいでしょう。
　しかし、「虚偽の風説」の流布や「偽計」による妨害の場合はどうでしょうか。これらの場合には、いかに強制力を行使する権力的公務といえども、その強制力を行使することすらできない可能性があります。つまり、「虚偽の風説」の流布や「偽計」に対しては、以上の判例の考え方が妥当しないのではないかという疑問が生じてくるわけです。
　そこで、威力業務妨害罪（234条）との関係では判例の考え方に賛成しつつも、偽計業務妨害罪（233条後段）との関係ではおよそ公務は「業務」にあたるとする見解も有力です。

086　1編4章　信用・業務に対する罪

🔍 業務妨害罪の「業務」に公務が含まれるか　**B⁺**

A説　消極説

結論：公務は含まれない。

理由：業務妨害罪と公務執行妨害罪の罪質からすると、刑法上公務と業務は峻別されていると考えられる。

批判：公務であるというだけで偽計・威力から保護されないとするのは妥当ではない。

B説　積極説

結論：公務も含まれる。

理由：①公務も「業務」の定義（人がその社会生活上の地位に基づいて継続して行う事務）に該当する。

②公務が「業務」に含まれないとすると、威力・偽計等による公務の妨害に対して刑法上の処罰の途が失われることになる。

批判：逮捕行為や強制執行行為のように、自力で抵抗を排除しうる権能を付与されている場合まで威力に対する保護を認めるのは妥当ではない。

C説　限定積極説（判例）

結論：強制力を行使する権力的公務は「業務」に含まれないが、それ以外の公務は含まれる。

理由：A説、B説に対する批判と同じ。

D説　修正積極説（山口）

結論：強制力を行使する権力的公務は、威力業務妨害罪の「業務」に含まれないが、偽計業務妨害罪の「業務」には含まれる。

理由：強制力は虚偽の風説の流布や偽計に対しては無力である。

（ウ）具体例

　強制力を行使する権力的公務という場合の「強制力」とは、物理的な実力のことである。

　したがって、強制力を行使する権力的公務に該当する具体例としては、①刑事法関係では、逮捕、勾留、捜索、差押えなど、②民事法関係では、執行官による現実的執行処分など、③行政法関係では、即時強制（警察官職務執行法3条から6条など）や、争いがあるものの行政代執行などがあげられよう。

　他方、強制力を行使する権力的公務に該当しない具体例としては、県議会委員会の条例案採決（最決昭和62・3・12刑集41-2-140）や、国立大学における講義、行政代執行の手続をとらずに行われた地方公共団体による路上生活者の段ボール住居の撤去作業（**最決平成14・9・30百選Ⅱ24**）などがあげられよう。

ウ 公務執行妨害罪における「職務」

なお、業務と公務に関する以上の論点と関連して、公務執行妨害罪における「職務」についても何らかの限定を加えるべきなのではないかという論点がある。これは公務執行妨害罪における論点であるが、便宜上ここで検討しておこう。

この点、業務妨害罪における「業務」にあたる公務、すなわち強制力を行使する権力的公務以外の公務については、業務妨害罪で保護される以上、公務執行妨害罪における「職務」には該当しないと解する見解もある。

しかし、公務は、公共の福祉に奉仕するものとして厚く保護されてしかるべきといえる。そこで、およそ全ての公務は公務執行妨害罪における「職務」に該当すると解するのが妥当であろう。判例も、そのように解している（最判昭和53・6・29刑集32-4-816）。

> **Q 公務執行妨害罪における「職務」の範囲 B**
>
> **A説（判例）**
> 結論：およそ全ての公務は公務執行妨害罪における「職務」に該当する。
> 理由：公務は、公共の福祉に奉仕するものとして厚く保護されてしかるべきである。
>
> **B説**
> 結論：業務妨害罪における「業務」にあたる公務（強制力を行使する権力的公務以外の公務）は公務執行妨害罪における「職務」には該当しない。
> 理由：業務妨害罪で保護される公務を公務執行妨害罪で二重に保護する必要はない。

3 行為 B⁺

本罪の行為は、①虚偽の風説を流布し、または②偽計を用い（以上、233条後段）、または③威力を用いて（244条）、人の業務を妨害することである。

このうち、①または②の場合を偽計業務妨害といい、③の場合を威力業務妨害という。

ア 虚偽の風説を流布

「虚偽の風説を流布」するとは、信用毀損罪における概念と同義であり、客観的真実に反する事実を不特定または多数人に伝播させることをいう。

不特定または多数人に伝播する可能性があれば足りると解されることも、信用毀損罪と同様である。

イ　偽計を用いる

「偽計を用い」るとは、やはり信用毀損罪における概念と同義であり、人を欺もう・誘惑し、あるいは人の錯誤・不知を利用することをいう。

判例上、偽計にあたるとされた代表的な例としては、以下のものがある。

- ・虚偽の電話注文により配達をさせる行為（大阪高判昭和39・10・5下刑集 6－9＝10－988）
- ・障害物を海底に沈めてひそかに漁網を破損させる行為（大判大正3・12・3 刑録20－2322）
- ・有線放送の送信線をひそかに切断して放送を妨害する行為（大阪高判昭和49・2・14判時752－111）

ウ　威力を用いる

「威力を用い」るとは、人の意思を制圧するに足りる勢力を示すことをいう。この定義は覚えておくと安心である。

暴行・脅迫を用いる場合だけでなく、社会的地位や経済的優越による権勢を利用する場合、集団的勢力を示す場合を含む（最判昭和28・1・30刑集7－1－128参照）。

判例上、威力にあたるとされた代表的な例としては、以下のものがある。

- ・総会屋が株主総会の議場で怒号する行為（東京地判昭和50・12・26判タ 333－357）
- ・猫の死骸を事務机の引出しの中に入れておき被害者に発見させる行為（最決平成4・11・27刑集46－8－623）
- ・イルカを収容中の網のロープを切断する行為（長崎地佐世保支判昭和55・5・30判時999－131）

> 【威力と偽計の区別】
> 　威力にあたるか、それとも偽計にあたるかの判断が難しい事例もありますが、そのときは、妨害行為が被害者の目に見えるかたちでなされた場合が威力、そうでない場合が偽計と判断していきます。
> 　たとえば、障害物を海底に沈めて漁網を破損させる行為（大判大正3・12・3刑録20－2322）は、漁師さんの目に見えないところで漁網をひそかに破損させていることから、偽計にあたると判断するわけです。

2. 業務妨害罪　　089

仮に、漁師さんの目に見える部分の網を破損させた場合には、偽計業務妨害罪ではなく、威力業務妨害罪が成立することになります。

4　危険犯 Ｂ

　人の「業務を妨害した」という文言からは、本罪は侵害犯のようにもみえる。

　しかし、業務が現実に妨害されたか否かの認定はきわめて困難であることから、本罪は、現実に業務が害されることを要しない抽象的危険犯であると解するのが妥当であろう。

　判例も、本罪を危険犯としている（大判昭和 11・5・7 刑集 15-573）。

3. 電子計算機損壊等業務妨害罪

234 条の 2
1 項　人の業務に使用する電子計算機若しくはその用に供する電磁的記録を損壊し、若しくは人の業務に使用する電子計算機に虚偽の情報若しくは不正な指令を与え、又はその他の方法により、電子計算機に使用目的に沿うべき動作をさせず、又は使用目的に反する動作をさせて、人の業務を妨害した者は、5 年以下の拘禁刑又は 100 万円以下の罰金に処する。

1　意義 Ｂ

　従来まで人の手によって行われていた業務の多くは、今日では電子計算機（コンピュータ）によって代替されている。その結果、電子計算機の損壊等がなされた場合に業務の遂行が阻害される程度は、きわめて深刻・重大となっている。

　そこで、電子計算機に対する加害行為を手段とする業務妨害を、偽計・威力業務妨害罪よりも重く処罰するべく定められたのが本罪である。

090　1 編 4 章　信用・業務に対する罪

2 保護法益 B

本罪の保護法益は、電子計算機による業務の円滑な遂行である。

なお、業務の意義については業務妨害罪を参照してほしい（➡ 85 ページ **2**）。

3 電子計算機 B

「人の業務に使用する電子計算機」とは、上で述べた本罪の意義にかんがみ、人の代替となるものに限定されると解するのが妥当である。

具体的には、「それ自体が情報を集積してこれを処理し、あるいは、外部からの情報を採り入れながらこれに対応してある程度複雑、高度もしくは広範な業務を制御するような機能を備えたもの」に限定されると解するべきであろう（福岡高判平成 12・9・21 判タ 1064-229）。

したがって、いわゆるパソコンはこれにあたるが、家電製品や自動販売機などに組み込まれているマイクロコンピュータはこれにあたらないことになる。そうしたマイクロコンピュータは、新たな情報が入力され、それが集積されるなどして情報の処理がされるという機能を有しておらず、あらかじめ定められた一定の条件が発生した場合に、ロムに読み込まれているとおりの動作をさせるという制御機能が与えられているだけだからである。

前掲高裁判例も、パチンコ台に組み込まれているマイクロコンピュータはこれにあたらないとしている。

4 加害行為 B

本罪の行為は、加害行為である。

加害行為には、①電子計算機もしくはその用に供する電磁的記録の損壊、②虚偽の情報もしくは不正の指令の入力、③その他の方法、の 3 つがある。

③としては、電源の切断、温度・湿度などの動作環境の破壊、通信回線の切断などがある。

なお、コンピュータ・ウイルスを投与する行為は、通常は②にあたるが、電磁的記録の消去などを伴う場合には①にあたる。

3. 電子計算機損壊等業務妨害罪　091

5 動作阻害 B

本罪が成立するには、加害行為により「電子計算機に使用目的に沿うべき動作をさせ」ないこと、すなわち電子計算機の動作阻害が必要である。

電子計算機の動作阻害とは、電子計算機の設置者が当該電子計算機により実現しようとした目的に適合した動作をさせないことをいう。

6 危険犯 B

業務妨害罪と同様に、本罪は危険犯と解するのが妥当であろう（➡ 90 ページ **4** 参照）。

7 未遂 B

本罪の未遂は罰する（234 条の 2 第 2 項）。

第5章 財産に対する罪

本章では、財産犯について検討していく。
　財産犯は、数ある犯罪の中で最重要の犯罪類型である。気合を入れて学習していこう。

1. 財産犯総論

1　財産犯の客体　

　財産犯の客体は、①財物（たとえば235条）と②財産上の利益（たとえば246条2項）である。

ア　財物

　財物は、背任罪以外の全ての財産犯において客体とされている。
　条文上は単に「物」と規定されていることもあるが（252条、261条）、これも財物と同義と解するのが通説である。
　なお、電気は、窃盗罪・強盗罪・詐欺罪・恐喝罪との関係では「財物とみなす」とされている（245条、251条）。この規定の意味は、財物の意義をいかに解するかによって異なる。

（ア）財物の意義

　通説は、財物を有体物（固体・液体・気体）に限定する（有体性説）。
　この見解によれば、冷気や熱気は、気体である以上財物にあたるが、電気などのエネルギーや、熱そのもの、冷たさそのものなどは、財物にあたらない。

よって、「電気は、財物とみなす」と定める245条は、本来財物にあたらない電気を特別に財物として扱うという趣旨の例外規定と解していくことになる。

　これに対し、財物をより広く解し、有体物以外でも、管理可能性があれば財物にあたるとする見解もある（管理可能性説）。

　この見解によれば、電気などのエネルギーや、熱そのもの、冷たさそのものなども、管理が可能である以上、財物にあたる。したがって、245条は当然のことを定めた注意規定ということになろう。

　しかし、245条の「電気は、財物とみなす」という文言は、電気は本来は財物ではないことを前提としていると解される。通説の有体性説が妥当であろう。

🔍 財物の意義　B

A説 有体性説（通説）
結論：財物は有体物に限る。
理由：245条の「電気は、財物とみなす」という文言は、電気が財物でないことを前提としている。

B説 管理可能性説（牧野）
結論：有体物のほか、物理的または事務的に管理可能である限り、無体物も財物に含まれる。
理由：エネルギーや情報のような無体物に対する侵害にも財産的侵害としての刑法的保護が必要である（目的論的解釈）。
批判：①245条の「電気は、財物とみなす」という文言は、電気が財物でないことを前提としている。
　　　②管理可能性という要件は限界がきわめて不明確であり、罪刑法定主義に反する。
　　　③債権や情報も財物に含まれることになり、刑法が財物と財産上の利益を区別していることと矛盾する。

C説 物理的管理可能性説（小野）
結論：有体物のほか、物理的に管理可能な無体物も財物に含まれる。
理由：刑法は財物と財産上の利益を区別している以上、事務的な管理可能性は除外するべきである。
批判：B説への批判①②と同じ。

	有体性説	管理可能性説	物理的管理可能性説
有体物	○	○	○
電気	本来×だが、例外的に※245条、251条により○	当然○（245条は注意規定）	当然○（245条は注意規定）
電気以外のエネルギー	×	○	○
債権・情報	×	○	×

※窃盗罪・強盗罪・詐欺罪・恐喝罪のみ

（イ）法禁物（禁制品）　→論証 13

たとえば覚醒剤や麻薬、ピストル、わいせつ物などのような、**法令上私人による所持・占有が禁止された物**を法禁物という。これらの法禁物が財物にあたるかについては争いがある。この論点は論述式試験でも重要である。

思うに、法禁物であっても、その**没収には一定の手続が必要**とされている（たとえば刑法 19 条、刑事訴訟法 490 条以下参照）。そうした没収制度の存在は、法禁物も**財物たりうることを前提**としているといえる。

したがって、法禁物も財物にあたると解するのが妥当であろう。

判例も、法禁物が財物にあたることを当然の前提としているようである（最判昭和 24・2・15 刑集 3－2－175、最判昭和 26・8・9 集刑 51-363）。

（ウ）不動産

不動産が財物に含まれるかについては、各財産犯により異なる。

詐欺罪・恐喝罪・横領罪・盗品等罪および器物損壊罪の財物には不動産が含まれるのに対し、窃盗罪・強盗罪の財物には不動産は含まれないと解するのが通説である。

（エ）財産的価値

財物といえるためには、刑法的保護に値する財産的価値を有することが必要である。

ただし、客観的な交換価値を有しなくとも、占有者・所有者にとっての**主観的な価値**を有すれば、財産的価値が認められ、財物にあたると解するのが通説である。

したがって、古いラブレターや、旅行先で拾った小石なども、主観的な価値が認められる限り財物にあたる。

イ　財産上の利益

（ア）意義

財産上の利益とは、**財物以外の財産的利益の一切**をいう。

たとえば、債権や担保権の取得、役務（サービス）の取得、債務の免除や支払の猶予などがこれにあたる。

（イ）2 項犯罪

財物が背任罪以外の全ての財産犯で客体とされているのに対し、財産上の利

益は、強盗罪・詐欺罪・恐喝罪および背任罪においてのみ客体とされている。

　これらの犯罪のうち、強盗罪・詐欺罪・恐喝罪は、財産上の利益を客体とする場合をそれぞれの条文の第2項に規定していることから、2項犯罪とよばれることがある。

（ウ）法禁物（禁制品）の返還請求権　➡論証14

　法禁物が財物にあたるかが問題となったのと同様に、法禁物の返還請求権を免れることが財産上の利益にあたるかが問題となっている。

　この点、法禁物が財物にあたると解する以上、法禁物の返還請求権を免れることも財産上の利益にあたると解するのが妥当であろう。

　判例も、騙し取った覚醒剤の返還を免れるために覚醒剤の所有者を拳銃で撃ち重傷を負わせた事案において、2項強盗罪（236条2項）を基礎とした強盗殺人未遂罪（243条・240条）の成立を認めている（**最決昭和61・11・18百選Ⅱ40**）。

2　財産犯の分類　Ａ

　財産犯は、以下の3つの視点から分類されている。これらの分類は、各財産犯の共通点・相違点を理解するうえで有益である。

　以下、概観していこう。

ア　財物罪と利得罪

　財産犯は、その客体により、財物を客体とする財物罪と、財産上の利益を客体とする利得罪（利益罪）に分類される。

　窃盗罪・不動産侵奪罪・横領罪・盗品等罪・毀棄隠匿罪は、財物のみを客体とする財物罪である。窃盗罪と横領罪が財物罪であることは覚えておこう。

　これに対し、強盗罪・詐欺罪・恐喝罪は、財物と財産上の利益の双方を客体としており、財物罪かつ利得罪である。それぞれの利得罪は2項に規定されていることは前述したとおりである。

　背任罪は、財産上の利益を客体とする利得罪である。

イ　領得罪と毀棄・隠匿罪

　財産犯は、不法領得の意思の要否により、これを要する領得罪と、これを要

しない毀棄・隠匿罪とに分類される。

> 不法領得の意思については窃盗罪で詳しく学びますが、今の段階では、「私腹を肥やす目的」程度にイメージしておいてください。たとえば窃盗は、私腹を肥やす目的で、他人の物を盗む犯罪です。
> これに対し、毀棄・隠匿罪は、単に人の物を壊したり隠したりする犯罪です。私腹を肥やす目的がないことから、比較的軽い法定刑が定められています。

　領得罪は、さらに占有移転の有無により、占有移転を伴う奪取罪と、これを伴わない横領罪とに分類される。
　そして、奪取罪はさらに、占有移転が相手方の意思に反する盗取罪（窃盗罪、不動産侵奪罪、強盗罪）と、相手方の意思に基づく交付罪（詐欺罪・恐喝罪）とに分類される。

> 領得罪のうち、横領罪は、たとえば人から預かっている物を自分の物にしてしまう犯罪です。物は既に預かっていますから、犯罪の成立に占有の移転が伴わないわけです。
> これに対し、奪取罪は、人の占有している物を自分の占有に移してしまう犯罪です。
> そして、奪取罪のこの占有移転を、たとえばこっそりであれ（窃盗罪、不動産侵奪罪）、無理やりであれ（強盗罪）、占有者の意思に反して行う犯罪が盗取罪です。
> 一方、騙したり（詐欺罪）、脅したりすることによって（恐喝罪）、占有者の意思に基づいて占有を取得する犯罪を交付罪といいます。

　以上の分類はきわめて重要である。下図と本文とを照らし合わせながら、しっかりと記憶しておこう。

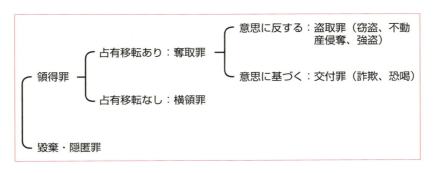

ウ　全体財産に対する罪と個別財産に対する罪

　財産犯は、犯罪の成立に全体財産の減少を必要とするか否かにより、これを要する全体財産に対する罪と、これを要しない個別財産に対する罪とに分類さ

れる。

　背任罪だけが**全体財産に対する罪**であり、**それ以外**の財産犯はすべて**個別財産に対する罪**である。この点も早めに覚えておいてほしい。

> 　全体財産に対する罪か個別財産に対する罪かの違いは、財産が総合的に減少したことを要するのか、それとも個別的な財産がなくなればよいのかの違いです。
> 　たとえば、AがBに「フェルメールの作だ」と騙されて、10万円で絵を買ったとします。実はこの絵はフェルメールの作ではなかったのですが、不幸中の幸いというべきか、その絵には10万円相当の市場価値が確かにあったとしましょう。
> 　この場合、Aの財産の中から、10万円の現金はなくなっています。この、なくなった10万円の現金というのが、個別財産です。Aには個別財産の減少が認められます。
> 　しかし、その代わりに、Aは10万円相当の絵を新たに取得しています。現金10万円が消えた代わりに10万円相当の絵を新たに取得したわけですから、財産全体を見れば差引きゼロであり、減少していません。つまり、全体財産の減少は認められないわけです。
> 　そして、個別財産が減少しさえすれば足り、全体財産が減少することは必ずしも要しないとされる財産犯が、個別財産に対する罪です。詐欺罪は個別財産に対する罪ですから、上のBには詐欺罪が成立し得ます。
> 　これに対し、背任罪は個別財産の減少では足りず、全体財産の減少（財産の総合的な減少）が必要とされる犯罪なわけです。

2. 窃盗の罪

1　窃盗罪　

> 235条　他人の財物を窃取した者は、窃盗の罪とし、10年以下の拘禁刑又は50万円以下の罰金に処する。

ア　保護法益　→論証15

　窃盗罪の保護法益については、学説上争いがある。
　この争いは、**窃盗罪以外の奪取罪**（強盗罪・詐欺罪・恐喝罪）においても妥当する重要基本論点である。しっかりと学習しておこう。

（ア）問題の所在

　たとえば、Aが時計をBに盗まれたとする。その後、Bの住居を発見したAは、Bの住居に忍び込み、盗まれた自分の時計を取り返してきたとしよう。

　この場合、Aの行為が住居侵入罪に該当するのは当然として、さらに、窃盗罪に該当するであろうか。その答えは、窃盗罪の保護法益をいかに解するかにより異なる。

　すなわち、Aが時計を取り返した行為は、所有権などの本権を侵害する行為ではないが、Bの占有を侵害する行為ではある。

　したがって、窃盗罪の保護法益は所有権に代表される本権であると考えれば、Aの行為は窃盗罪に該当しないことになるのに対し、占有が保護法益であると考えれば、Aの行為は窃盗罪に該当することになるのである。

（イ）学説と検討

　では、窃盗罪の保護法益をいかに解するべきか。

　この点については、①本権説、②占有説、および③平穏占有説が対立している。

①　本権説

　本権説は、窃盗罪の保護法益を所有権その他の本権（賃借権・質権など）であるとする。

　この見解からは、自己物の取戻し行為は窃盗罪に該当しないことになる。

②　占有説

　しかし、そうした本権説からの帰結は、自力救済の禁止（民法202条2項参照）という近代法における原則と合致しない。

　自力救済の禁止の原則は、たとえば占有訴権に関する民法197条以下の規定（特に202条2項）に表れています。ここで少し説明しておきましょう。

　民法上、占有者には占有訴権が認められています。たとえば、占有者が物を奪われた場合には、物の返還を請求することができます（占有回収の訴え・民法200条）。このことは、たとえ占有者が泥棒であった場合も同様です。

　したがって、たとえば物を泥棒に奪われた所有者が、自己の物を泥棒から奪い返した場合には、泥棒は所有者に対して占有回収の訴えを提起することができるわけです。

　そして、民法202条2項は、「占有の訴えについては、本権に関する理由に基づいて裁判をすることができない」と定めています。泥棒による占有回収の訴えに対して、所有者が「自分が所有者だから、この訴えはおかしい」と主張しても、その主張はとおらないわけです。結局、所有者は占有回収の訴えにおいて泥棒に敗訴してしまいます。

　では、占有回収の訴えにより占有を回収した泥棒が、その後も物の占有を続けられるかと

いうと、もちろんそうではありません。所有者は、たとえば敗訴後に、所有権に基づいて物の返還を請求することができます（所有権に基づく返還請求権）。

結局、本権者が泥棒から取り返した物は、いったん本権者から泥棒へ戻され（民法200条、202条2項）、その後に泥棒から本権者に戻されます（所有権に基づく返還請求）。一見すると、これは無駄といえそうです。

では、なぜ民法はそのような無駄を規定しているのでしょうか。それは、本権者が、所有権に基づく返還請求権の行使という法的な手続によらずに、自力救済を図ることを防止するためです。自力で自己の物を回収する行為を占有回収の訴えにより無意味化することによって、自力救済を防止しようとしているわけです。

そして、こうした民法の規定に現れている自力救済の禁止の原則は、近代法における重要な原則のひとつとされています。

　思うに、自力救済を禁止するということは、それが正当な権利に基づくものか否かを問わず、とりあえずは今ある事実としての財産状態を尊重するということである。

　そこで、事実としての財産状態である占有それ自体が窃盗罪の保護法益であると解するのが妥当であろう。

　したがって、自己物の取戻しも窃盗罪の構成要件に該当し、後は自救行為の理論（➡総論［第4版］129ページ4.）による違法性阻却の可能性が残るにとどまることになる。

　判例も、この占有説に立脚し、自己物の取戻し行為について窃盗罪の成立を肯定している（最判昭和35・4・26刑集14-6-748）。

本文では自力救済の禁止から占有説を導きましたが、答案では、これの代わりに「複雑化した現代社会においては、現に財物が占有されているという財産的秩序の保護を図る必要がある」という理由で占有説を導くこともあります。この理由も覚えておくとベストです。

③　平穏占有説

　以上に対し、保護される占有の範囲を限定し、処罰範囲を適正化するべく、平穏な占有を保護法益と解する見解も有力である。

たとえば、泥棒の占有は、盗んできてからあまり時間が経っていない段階では、未だ平穏な占有とはいえません。したがって、その段階で所有者が取り戻す行為は、窃盗罪に該当しません。

ただし、泥棒の占有も、時間が経つにつれて平穏な占有となっていきます。したがって、時間の経過により泥棒の占有が平穏な占有になった段階で所有者が取り戻した場合には、その行為は窃盗罪に該当することになります。

しかし、平穏な占有か否かの判断は行為時においては困難であること、および占有説からでも処罰範囲の適正化は違法性阻却により実現しうることから、この見解には賛成しがたいというべきであろう。

● 窃盗罪の保護法益　A

A説 **本権説**

結論：所有権その他の本権である。

理由：235条は「他人の財物」としている。

批判：自己物の取戻しは窃盗罪に該当しないことになるが、それでは自力救済が多発し、財産秩序が著しく混乱することになる。

B説 **占有説**（判例）

結論：事実上の占有（＝所持）それ自体である。

理由：①民法の規定する占有訴権の制度は、本権に基づく自力救済を禁止し、権利の実現には国家の民事訴訟制度を利用すべきことを予定している。それは、事実としての財産状態の尊重を要求するものである。

②複雑化した社会においては、現に財物が占有されているという財産的秩序の保護を図る必要がある。

批判：処罰範囲が広がりすぎる。

反論：処罰範囲の適正化は違法性阻却により実現しうる。

C説 **平穏占有説**（平野・西田など有力説）

結論：平穏な占有である。

理由：所有者が窃盗犯人から取り戻すのまで窃盗だとするのは妥当でない。

批判：平穏な占有か否かの判断は行為時においては困難である。

（ウ）242条の解釈

奪取罪の保護法益をめぐる以上の対立は、242条の解釈に影響を及ぼす。

242条は、自己の財物であっても、それを「他人が占有」している場合には、他人の財物とみなすと定めている。

この「他人が占有」しているという文言の意味について、本権説は、「他人が本権に基づいて占有」しているという意味だと解することになる。たとえば、他人が賃借権や質権に基づいて占有している場合を指すことになろう。

一方、占有説は、本権の有無を問わず、文字どおり「他人が占有」しているという意味だと解することになる。

また、平穏占有説は、「本権の有無は問わないが、他人が平穏に占有」しているという意味だと解することになろう。

2. 窃盗の罪　101

イ　客体

本罪の客体は、「他人の財物」である。電気は財物とみなされる（245 条）。

他の奪取罪とは異なり、本罪では財産上の利益は客体とはならない。したがって、情報窃盗は不可罰である。このことは覚えておこう。

なお、不動産が本罪の「財物」にあたるかについて、かつては争いがあった。しかし、その後に不動産侵奪罪（235 条の 2 ）が新設されたことから、現在では本罪の「財物」に不動産が含まれないことにつき争いはない。

ウ　行為

本罪の行為は、他人の財物の窃取である。

（ア）窃取の意義

「窃取」とは、他人の占有する財物を、その占有者の意思に反して自己または第三者の占有に移転することをいう（判例・通説）。この定義はしっかりと覚えておこう。

（イ）他人の占有

この「窃取」という概念から、窃盗罪が成立するには他人の占有が必要であることが導かれる。

他人の占有が認められない物の領得行為は、本罪の「窃取」には該当せず、横領罪における「横領」（252 条、253 条、254 条）に該当することになる。

すなわち、他人の占有は、窃盗罪と横領罪を区別する基準となる重要な要素である。このことは、論述式試験対策としてしっかりと覚えておこう。

> なお、横領罪は、委託物横領罪と占有離脱物横領罪に大別されます。
> そして、もし財物が誰の占有にも属していなければ、その財物の領得は占有離脱物横領罪に問擬されるにとどまります。
> また、領得者の占有に属している場合には、その占有が所有者との委託関係に基づくのであれば委託物横領罪、委託関係に基づかないのであれば占有離脱物横領罪に問擬されることになります。
> 横領罪を勉強した後に、もう 1 度確認しておいてください。

①　占有の有無

では、いかなる場合に占有が認められるのであろうか。

この点、刑法における占有が認められるためには、客観的な要件として財物に対する事実上の支配が、主観的な要件として財物を支配する意思が必要と解

されている。

そして、占有の有無は、これらの客観的要件と主観的要件を総合的に考慮し、社会通念にしたがって判断していく。

いくつかの判例をあげておくので、おおまかなイメージをもっておいてほしい。

(a) 占有が肯定された例

・自宅内にあるが、その所在を失念した財物（大判大正 15・10・8 刑集 5−440）

・自宅前の公道に放置された自転車（福岡高判昭和 30・4・25 高刑集 8−3−418）

・公園のベンチに置き忘れたが、約 200 メートル離れた時点で忘れてきたことに気付いたポシェット（最決平成 16・8・25 百選Ⅱ28。なお、犯人がポシェットを持ち去ったのは被害者が 27 メートル離れた時点だった）

・宿泊客が旅館内のトイレに忘れていった財布（旅館の主人の占有・大判大正 8・4・4 刑録 25−382）

・ゴルフ場内の人工池の底にあるロストボールで、ゴルフ場の管理者がその回収・再利用を予定していた場合（ゴルフ場の管理者の占有・最決昭和 62・4・10 刑集 41−3−221）

１つめの事案では、財物が自宅内にある以上、強い客観的な支配が認められます。また、自宅内にある以上、たとえその所在を忘れていても、物を支配する抽象的な意思は肯定できます。したがって、総合的な考慮によって占有が認められます。

２つめの事案では、公道にあるという点では客観的な支配が弱いかもしれませんが、自宅前にあるという点で、ある程度の客観的な支配は肯定しえます。また、支配する意思は問題なく認められるでしょうから、総合的な考慮によって占有を肯定してよいわけです。

３つめの事案では、誰でも立ち入ることのできる公園のベンチの上にある点で、ポシェットに対する客観的な支配はきわめて弱いといわざるを得ません。しかも１度はそこにあることを忘れていたわけですから、占有が否定されてもおかしくない事案です。しかし、約 200 メートル離れた段階で思い出していることや、持ち去られたのが 27 メートルだけ離れた時点だったことを重視すれば、なお占有を肯定できるでしょう。

４つめの事案はやや応用です。この場合、宿泊客による支配の事実は認められませんが、旅館のトイレは誰もが自由に立ち入ることのできる場所というわけではありませんから、トイレ内の財布に対する旅館の主人による客観的な支配を肯定できます。そして、旅館の主人にはおよそ忘れ物を支配する抽象的な意思があるでしょうから、旅館の主人の占有を肯定できるわけです。

５つめの事案も、ゴルフ場は誰もが自由に立ち入ることのできる場所ではないこと、ゴルフ場の管理者がロストボールの回収・再利用を行う意思を有していたことから、ゴルフ場の

2. 窃盗の罪　103

管理者の占有を肯定できるでしょう。

(b) 占有が否定された例
　　・村役場の事務室に置き忘れられた紙幣（大判大正 2・8・19 刑録 19-817）
　　・列車内の網棚に置き忘れられた荷物（大判大正 15・11・2 刑集 5-491）

　　　1つめの判例における「事務室」は、誰でも立ち入ることができる場所でした。今の役所でいうならば、カウンターの外側のイメージです。万人に開かれた空間である以上、そこに忘れられた紙幣には、もともとの占有者による事実上の支配が認められないだけでなく、村長や事務係員による事実上の支配も認めることができません。
　　　2つめの判例も、列車は誰もが立ち入ることのできる場所ですから、車掌による事実上の支配を認めることはできません。
　　　したがって、これらの物を領得した場合には、窃盗罪ではなく占有離脱物横領罪として問擬されることになります。
　　　なお、列車が車庫に入った場合には、ちょうど旅館内のトイレに忘れていった財布と同様に、車掌や鉄道会社の占有を肯定してよいでしょう。

② 占有の帰属
　物の保管に、行為者を含めた複数の人が関与している場合には、その物の占有が誰に帰属しているかが問題となる。
　以下、いくつかの場合に分けて検討していこう。

(a) 対等者間の場合
　まず、複数の保管者の間に対等な関係が認められる場合には、それぞれの保管者に占有が認められる。
　そして、そのうちの1人が物を領得した場合には、他の者との関係で窃盗罪が成立するとするのが判例である（大判大正 8・4・5 刑録 25-489、最判昭和 25・6・6 刑集 4-6-928）。

(b) 上下・主従関係がある場合　➡論証 16
　以上と異なり、複数の保管者の間に上下・主従関係がある場合には、占有は上位者に属し、下位者は占有補助者にすぎないと解するのが判例・通説である。この結論はしっかりと覚えておこう。
　この判例・通説によれば、たとえば商店内の商品の占有は、雇われて働いている店員にではなく、商店主に属する。したがって、店員が商店内の商品を領得した場合には、商店主という他人の占有を侵害したものとして、横領罪ではなく窃盗罪が成立することになる（大判大正 7・2・6 刑録 24-32）。

104　1編 5章　財産に対する罪

ただし、たとえば支店の支配人（支店長）のように、上位者との間に**高度の信頼関係**が
あり、財物について**ある程度の処分権**が委ねられている下位者については、例外的に商店内
の商品に対する占有が認められる余地があります。
　　また、下位者が**商店外**で商品を所持するような場合にも、下位者の占有を肯定すること
ができます。
　　したがって、そのような下位者が財物を領得した場合には、窃盗罪ではなく横領罪が成立
することになります。

(c)　寄託された封緘物の場合

　容器中に物を収め、封を施した物を封緘物という。

　かかる封緘物を、AがBに寄託したとする。この場合、封緘物やその内容物
の占有は、寄託者Aと受託者Bとのいずれにあると解するべきであろうか。

　まず、封緘物自体を現実に支配しているのは受託者である以上、封緘物それ
自体の占有は受託者にあるというべきである。

　一方、内容物を披見すること（封を開けて内容物を見ること）が封緘により禁じ
られている以上、内容物に対する支配はなお寄託者に留保されているというべ
きであろう。

　したがって、①封緘物自体についての占有は受託者にあるが、②内容物につ
いての占有はなお寄託者にあると解するのが妥当である。判例も、同様の立場
に立っている（大判明治44・12・15刑録17-2190、最決昭和32・4・25刑集11-4-
1427）。

　この立場からは、たとえばBがAから預かっていた封緘物の内容物を質に
入れるつもりで勝手に封緘物の封を開け、内容物を取り出した場合、封を開け
た時点で横領罪が、内容物を取り出した時点で窃盗罪が成立し、前者の横領罪
は後者の窃盗罪に吸収されることになろう。

Q 寄託された封緘物の占有　B

A説（判例、大谷・前田など）

結論：封緘物自体の占有は受託者に属する、内容物についての占有は寄託者に属する。

理由：封緘物自体を現実に支配しているのは受託者であるが、封緘により内容物を披
　　　見することが禁じられている以上、内容物に対する支配はなお寄託者に留保さ
　　　れている。

批判：全体を領得すれば軽い横領罪となるのに、内容物だけを抜き取れば重い窃盗罪
　　　となるのは、奇妙な結論である。

反論：10年以下の拘禁刑を科しうる業務上横領罪（253条）が広く適用されることか

2. 窃盗の罪　　105

ら、具体的に不合理な結論を導くものとはいえない。

B説（中森など）
結論：封緘物自体も、内容物も、その占有は受託者に属する。
理由：A説への批判と同じ。

C説（団藤・大塚仁など）
結論：封緘物自体も、内容物も、その占有は寄託者に属する。
理由：A説への批判と同じ。

③　死者の占有　➡論証17

「他人の占有」という要件に関連して、人の死亡後に、その**死者が生前占有していた財物を領得**する行為の罪責をいかに解するべきかが問題となっている。この論点は、試験との関係できわめて重要である。

以下、場合を分けて検討していこう。

（a）　最初から領得の意思で人を殺害し、財物を領得した場合

まず、**最初から領得の意思で人を殺害し、財物を領得した場合**は、**強盗殺人罪**（240条）が成立することになる（➡136ページイ参照）。この点について争いはない。

（b）　殺害後に領得の意思を生じ、財物を領得した場合

問題は、**殺害後にはじめて**領得の意思を生じ、財物を領得した場合についてである。以下、詳しく検討していこう。

（i）　問題の所在

たとえば、AがBを単純な憎悪からBを殺害したところ、殺害後に、AはBが高級な腕時計をはめていたことにはじめて気付き、これを領得する意思を生じて領得したとする。この場合、Aに殺人罪（199条）以外のいかなる犯罪が成立するのであろうか。

まず、Aに**強盗殺人罪が成立する余地**はない。強盗殺人罪は財物を領得する意思で人を殺害する犯罪であるところ（➡119ページ①参照）、Aには殺害の時点では財物を領得する意思がなかったからである。

では、**窃盗罪**が成立しないか。

ここで問題となってくるのは、被害者Bが**既に死亡**している以上、被害者Bの財物に対する**占有が認められず**、「他人の占有」という窃取ないし窃盗罪の要件が満たされないのではないかという点である。

106　　1編5章　財産に対する罪

（ii）　占有離脱物横領罪説

この点、被害者が死亡している以上、財物に対する占有が否定されると解し、窃盗罪の成立を否定する見解がある。

この見解からは、財物を領得した者には占有離脱物横領罪（254条）が成立するにとどまることになる。

（iii）　判例・多数説

しかし、判例（**最判昭和41・4・8百選Ⅱ29**）・多数説は、一定の要件のもと、窃盗罪の成立を肯定する。その思考の道筋は以下のとおりである。

まず、確かに死者には財物に対する事実上の支配もその意思も認められない以上、死者の占有自体は否定するべきである。

しかし、被害者が生前に有した占有は、①被害者を死亡させた犯人に対する関係では、②被害者の死亡と時間的・場所的に近接した範囲内にある限り、なお刑法的保護に値するというべきである。

そこで、かかる①②の要件を満たす場合には、犯人が被害者を死亡させたことを利用してその財物を奪取したという一連の行為を全体的に観察して、被害者が生前有していた占有を侵害したと解し、窃盗罪が成立すると解していくのである。

法益保護の観点から、この判例・多数説が妥当であろう。

> 占有離脱物横領罪説も判例・多数説も、死者の占有自体を否定する点では異なりません。両説の違いは、死者がかつて有していた生前の占有の残存を肯定するか否かにあります。
>
> たとえば、Bが生きている間は、腕時計に対する占有は100％認められます。そして、死亡したら、その瞬間にいきなり0％になってしまうと考えるのが占有離脱物横領罪説の発想です。
>
> これに対し、判例・多数説は、殺人犯人であるAとの関係では、Bが生前に有していた100％の占有は、Bが死亡しても突然0％になるわけではないと考えていきます。まるでBの残り香のように、しばらくはBの生前の占有が残っていると考えていくわけです。
>
> ただし、そうしたBの生前の占有は、死亡との時間的・場所的な隔たりにより、やはり最終的には消えてしまいます。あくまでも、死亡と時間的・場所的に近接した範囲内でのみ、残り香としての生前の占有が残っていると考えるわけです。
>
> したがって、たとえばBの死亡後1か月経った段階でAが死体から腕時計を領得した場合には、Bの生前の占有はもうすっかり消えてなくなっていますから、占有侵害を肯定できず、占有離脱物横領罪が成立するにとどまることになります。

（c）　無関係の第三者が死者から財物を領得する場合

では、無関係の第三者が死者から財物を領得する場合はどうか。たとえば、

2. 窃盗の罪　107

AがBを殺害するのを物陰から偶然見ていたCが、Bの死亡後、死体から腕時計を領得した場合である。

この場合には、Cは被害者を死亡させた犯人ではない。したがって、上記①の要件を満たさないことから、上記の判例・多数説からも、Cには占有離脱物横領罪が成立するにとどまることになる。

> **Q 死者の占有──死亡後に領得の意思を生じ、死者が生前占有していた財物を領得した者の罪責 A**
>
> **A説 死者の占有否定説**
> 理由：死者には占有の意思・財物に対する現実的な支配の事実を認めることができない。
>
> **A1説**（平野・西田など有力説）
> 結論：占有離脱物横領罪が成立する。
> 理由：死者には占有がない。
>
> **A2説**（判例・多数説）
> 結論：領得行為が被害者を死亡させた犯人によるものであり、かつ被害者の死亡と時間的・場所的に近接したものである場合には、被害者の生前の占有を侵害するものとして、窃盗罪が成立する。
> 理由：被害者が生前に有した占有は、被害者を死亡させた犯人に対する関係では、被害者の死亡と時間的・場所的に近接した範囲内にある限り、なお刑法的保護に値するので、犯人が被害者を死亡させたことを利用してその財物を領得したという一連の行為を全体的に評価すべきである。
>
> **B説 死者の占有肯定説**（小野）
> 結論：窃盗罪が成立する。
> 批判：A説の理由と同じ。

（ウ）意思に反する占有移転

「窃取」にあたるには、占有の移転が占有者の意思に反することが必要であり、かつそれで足りる。

たとえば、パチンコ店において、体感器と称する機械を使用して不正にメダルを獲得する行為は、管理者の意思に反してメダルの占有を取得する行為といえ、「窃取」にあたる。この場合、体感器の使用との因果関係を問うことなく、取得されたメダル全てにつき窃盗罪が成立する（最判平成19・4・13刑集61-3-340）。

これに対し、パチンコ店において、Aが、他の共犯者Bによる不正行為を隠ぺいする目的で通常の方法により遊戯していた場合、Aが自ら取得したメダル

については、被害店舗が容認している通常の遊戯方法により取得したものであるから、窃盗罪は成立しない（**最決平成21・6・29百選Ⅱ30**）。

また、振り込め詐欺により被害者が振り込んだ金員を、金融機関のATM機から引き出す行為は、預貯金を払い戻す正当な権限を有さない者の行為であるから、金融機関の意思に反して金員の占有を取得する行為といえ、「窃取」にあたる（東京高判平成17・12・15東高刑時報56-107参照）。

エ　未遂──着手時期

本罪の未遂は罰する（243条）。

未遂犯の成立要件である実行の着手（43条）は、構成要件的結果発生の現実的危険性を生じさせた時点で認められる（実質的客観説 ➡ 総論［第4版］162ページ（イ））。

以下、判例が本罪の実行の着手を認めた時点をあげておこう。

- 被害者宅に侵入後、財物を物色した時点（最判昭和23・4・17刑集2-4-399）
- 窃盗の目的で土蔵に侵入しようとして、土蔵の外扉の錠を破壊してこれを開いた時点（名古屋高判昭和25・11・14高刑集3-4-748）
- 深夜、電気器具商の店舗内に侵入し、なるべく現金を盗りたいと思い、レジスターのある煙草売場のほうへ行きかけた時点（**最決昭和40・3・9百選Ⅰ61**）
- 窃取の意思で他人のズボンのポケットの外側に触れた時点（最決昭和29・5・6刑集8-5-634）
- 警察官になりすましたAが、過去にも詐欺被害にあっている79歳の被害者Vに電話をかけ、これからV宅に行く金融庁職員にキャッシュカードを渡すようVに指示した後、金融庁職員になりすましたBがV宅付近路上まで赴いた時点（最決令和4・2・14刑集76-2-101）

刑法総論の復習として、これらの事案を実質的客観説から検討してみましょう。
1つめの判例については、被告人が「財物を物色」している以上、窃盗罪の着手が認められることについて特に問題はありません。ただし、住居への侵入行為の時点では、未だ窃盗罪の着手は認められない点に注意しておきましょう。
これと異なり、2つめの判例は、土蔵に侵入しようとした時点で窃盗罪の着手を認めてい

ます。この事案のポイントは、「土蔵」の中にある財物を窃取しようとしている点です。住居と異なり、「土蔵」の中には通常誰も人がいませんから、未だ物色はしていなくとも、外扉の錠を破壊した時点で、既に土蔵内の財物が窃取される現実的危険性が発生したといえるわけです。

3つめの判例も、「深夜」の店舗内での事案ですから、レジスターに行きかけた時点で、レジスター内の財物が窃取される現実的危険性が発生したといえます。

4つめの判例では、行為者が「窃取の意思」を有していたことがポイントです。仮に財物の存否を確かめる意思しか有していなかった場合には、本罪の着手は認められません。判例は、行為者の主観（計画）をも考慮して、構成要件的結果発生の現実的危険性の有無の判断していることに注意しておきましょう（➡総論［第4版］164ページイ参照）。

5つ目の判例は、随分早い時期に実行の着手を認めていますが、Vが過去にも詐欺被害にあったことのある高齢者であることや、AがVに電話をかけて欺罔し、V宅を訪問する金融庁職員にキャッシュカードを渡すようVに指示していることに照らせば、金融庁職員を装ったBがV宅付近の路上まで赴いた時点で、Vのキャッシュカードが窃取される現実的危険性が発生したといっていいでしょう。

オ　既遂時期

本罪の既遂時期は、他人の占有を侵害して財物を自己または第三者の占有に移したときである（取得説、判例・通説）。

そして、占有を移したといえるか否かは、財物の大小、搬出の容易性、他の者の支配領域内か否か等の要素を総合的に考慮して決定される。

たとえば、判例は以下の各時点で窃盗罪の既遂を認めている。

・店頭で品物である靴下1足をポケットに入れた時点（大判大正12・4・9刑集2-330）

・他人の家の風呂場で発見した指輪を、領得の意思で風呂場内の容易に発見できない場所に隠匿した時点（大判大正12・7・3刑集2-624）

・他人の自動車のエンジンを始動させ、発進可能な状態にした時点（広島高判昭和45・5・28判タ255-275）

1つめの判例では、目的物がポケットに入る小さい品物だった点がポイントです。そのくらいの小さな品物であれば、行為者がまだ店内にいたとしても、ポケットに入れた段階で行為者の占有に移ったといっていいでしょう。したがって、たとえその直後に発見され、商品を店主に奪い返されたとしても、窃盗罪は既遂となります。

2つめの判例では、指輪を他人には容易に発見できない場所に隠匿しています。この行為を実質的にみれば、指輪をポケットの中に入れるのと同じ行為だといえるでしょう。そうしたイメージでこの事案をみれば、未だ指輪は他人の家の中にあるものの、既に窃盗罪は既遂となることが理解できると思います。

3つめの判例では、自動車の車内に入っただけでは自動車の占有の取得は認められませ

110　1編5章　財産に対する罪

ん。しかし、エンジンを掛けた段階で、行為者は自由に自動車を動かせるようになったことから、その時点で行為者が占有を取得したといえ、既遂となるわけです。

　以上に対し、たとえば電気店の店内で、窃盗目的で大きなテレビを持ち上げた時点では、未だ占有を取得したとはいえない。少なくとも店外へ持ち出したことが必要であろう。

　裁判例においても、周囲を障壁に囲まれ、守衛がおかれた敷地内の資材小屋から重量物を運び出し、これを敷地内の障壁の近くに置いておいた時点で逮捕された事案につき、行為者には窃盗の未遂が成立するにとどまるとしたものがある（大阪高判昭和29・5・4高刑集7-4-591）。

カ　主観的要件──不法領得の意思　➡論証18

　本罪の主観的要件として、故意が必要であるのは当然である（38条1項）。

　問題は、故意に加え、故意とは別個の明文なき主観的構成要件要素として「不法領得の意思」を要求するべきか、また、要求するとしてその内容をいかに解するべきかである。以下、検討していこう。

（ア）使用窃盗との区別

　ここでまず検討すべきは、通常の窃盗と、不可罰的な使用窃盗との区別の必要性である。

　使用窃盗とは、他人の財物の無断一時使用のことである。たとえば、他人のサンダルを無断で一時使用し、すぐに返却する行為がこれにあたる。

　そうした使用窃盗は、被害者の被る損害が軽微であることから不可罰と解されている。

　そして、そうした不可罰的な使用窃盗と通常の窃盗とを区別するためには、窃盗罪の主観的構成要件要素として、①権利者を排除して、他人の物を自己の所有物として振る舞う意思を要求するのが妥当であろう。

　以下では、便宜上、この意思を「振る舞う意思」とよぶことにする。

（イ）毀棄・隠匿罪との区別

　次に検討すべきは、窃盗罪と毀棄・隠匿罪との区別の必要性である。

　毀棄・隠匿罪も、窃盗罪も、ともに財産犯であることにかわりはない。しかも、物を損壊すると法益の回復が不可能になることから、窃盗罪よりも毀棄罪

2. 窃盗の罪　　111

の方が法益侵害の程度は大きいとすらいえる。

それにもかかわらず、法定刑は毀棄・隠匿罪よりも窃盗罪の方が重い（たとえば235条と261条を対照せよ）。これは、窃盗罪が利欲犯的性格を有する点で、毀棄・隠匿罪よりも強い非難に値するからである。

そこで、窃盗罪と毀棄・隠匿罪とを区別するために、窃盗罪の主観的構成要件要素として、利益を欲する意思が必要であると解するのが妥当である。すなわち、窃盗罪の主観的構成要件要素として、②財物の経済的用法に従い利用・処分する意思が必要であると解するべきであろう。

以下では、便宜上、この意思を「利用・処分意思」とよぶことにする。

（ウ）まとめ

以上から、窃盗罪の主観的構成要件要素としては、故意に加えて、①権利者を排除して、他人の物を自己の所有物として振る舞う意思、および②財物の経済的用法に従い利用・処分する意思の双方からなる不法領得の意思が必要であると解するのが通説である。

判例も、結論において通説と同様の見解に立っている（大判大正4・5・21刑録21-663）。

```
不法領得の意思 ┌ ①振る舞う意思  ←不可罰的な使用窃盗との区別のため
              └ ②利用・処分意思  ←毀棄・隠匿罪との区別のため
```

🔍 窃盗罪における不法領得の意思の要否・内容　A⁺

A説 必要説

A1説 振る舞う意思説

結論：権利者を排除して、他人の物を自己の所有物として振る舞う意思が必要である。

理由：①通常の窃盗と、不可罰的な使用窃盗とを区別する必要がある。
　　　②窃盗罪の究極的な保護法益は本権にある以上、単に占有侵害の意思だけではなく、本権者として振る舞う意思が必要である。

A2説 利用・処分意思説

結論：経済的用法に従い利用・処分する意思が必要である。

理由：①窃盗罪と毀棄・隠匿罪とを区別する必要がある。
　　　②窃盗罪が毀棄・隠匿罪よりも重く処罰されるのは、利欲犯的性格ゆえに強い非難が可能だからである。

112　1編5章　財産に対する罪

A3説 双方必要説（判例・通説）
　結論：振る舞う意思と利用・処分意思の双方が必要である。
　理由：Ａ１説の理由およびＡ２説の理由と同じ。
B説 不要説
　結論：不法領得の意思は不要である。
　理由：窃盗罪の保護法益は占有自体であるから、占有の侵害を認識して行為した以
　　　　上、窃盗罪を認めなければならない。
　批判：Ａ１説の理由およびＡ２説の理由と同じ。

（エ）あてはめ方

　以上の判例・通説に立脚した場合、次に問題となるのが、実際の事案へのあて
はめ方である。

①　振る舞う意思の有無

　振る舞う意思の有無は、社会通念上、使用貸借または賃貸借によらなければ
使用できないような形態において財物を利用する意思の有無（または、一般に権
利者が許容しないであろう程度・態様の利用をする意思の有無）により判断していく
ことになる。

　たとえば、他人の自転車を短時間だけ使用し、その後に元の場所に戻してお
く意思で、他人の自転車を無断使用した場合には、振る舞う意思を否定するの
が一般的である。

> 　自転車は比較的安価であることから、短時間これを使用し元の場所に戻す程度の行為は、
> 社会通念上使用貸借または賃貸借によらなくてもよいといえると考えていくわけです。
> 　ただし、最近は高価な自転車も多いです。そうした高価な自転車については、たとえ短時
> 間だけ使用した後に元に戻すつもりであったとしても、社会通念上、使用貸借または賃貸借
> によらなければならないといえると思います。したがって、この場合には振る舞う意思を肯
> 定していいでしょう（私見）。

　これに対し、同じく自転車の無断使用であっても、乗り捨てる意思であった
場合には、たとえ短時間の使用にとどまる場合でも、振る舞う意思が認められ
るであろう。乗り捨てる行為は、自己の所有物にしか認められない行為だから
である。

　では、自動車の無断使用の場合はどうか。

　この点、4時間程度使用する意思があった場合には、たとえ元に戻す意思が
あっても振る舞う意思が認められるとした判例がある（最決昭和55・10・30
百選Ⅱ32）。

2. 窃盗の罪　113

この判例は 4 時間程度使用する意思があった事案であるが、そもそも、自動車は財産的な価値が高いことから、たとえ短時間だけ使用し、その後に元に戻す意思で使用する場合であっても、社会通念上、使用貸借または賃貸借によらなければならないといえる。したがって、そうした場合でも通常は振る舞う意思が認められるであろう。

　②　利用・処分意思の有無

　利用・処分意思は、もっぱら毀棄・隠匿目的である場合以外は肯定してしまってよい。利用・処分意思は、窃盗罪と毀棄・隠匿罪とを区別するための要件だからである。

　したがって、たとえば性的目的で女性の下着を盗むいわゆる下着泥棒の場合であっても、もっぱら毀棄・隠匿目的で行っているわけではない以上、利用・処分意思を認めてよい（最決昭和 37・6・26 集刑 143-201）。コピー目的で機密資料を持ち出した場合についても同様である（東京地判昭和 59・6・15 判時 1126-3）。

2　不動産侵奪罪　**B**

> 235 条の 2　他人の不動産を侵奪した者は、10 年以下の拘禁刑に処する。

ア　客体

　本罪の客体は、他人の占有する不動産である。

　すなわち、本罪は不動産の窃盗を処罰するものといえる。

イ　行為

　本罪の行為は、侵奪である。

　「侵奪」とは、窃盗罪における窃取と同義であり、占有者の意思に反して他人の不動産の占有を排除し、その不動産に自己または第三者の占有を設定することをいう。

　たとえば、他人の土地に不法に住宅を建てる行為のほか、他人の農地を無断で耕し種をまく行為（新潟地相川支判昭和 39・1・10 下刑集 6-1=2-25）、土地の無断転借人が土地上の簡易施設を改造して本格的店舗を構築する行為（**最決平**

成 12・12・15 百選Ⅱ 37）などがこれにあたる。

ウ　主観的要件

本罪の成立には、故意のほか、不法領得の意思が必要である。

エ　未遂

本罪の未遂は罰する（243 条）。

3　親族間の特例（親族相盗例）

> 244 条
> 1 項　配偶者、直系血族又は同居の親族との間で第 235 条の罪、第 235 条の 2 の罪又はこれらの罪の未遂罪を犯した者は、その刑を免除する。
> 2 項　前項に規定する親族以外の親族との間で犯した同項に規定する罪は、告訴がなければ公訴を提起することができない。
> 3 項　前 2 項の規定は、親族でない共犯については、適用しない。

ア　意義

244 条は、親族間における窃盗の罪の特例（親族相盗例）を定める。

すなわち、配偶者、直系血族または同居の親族との間で窃盗の罪を犯した者の刑は免除され（1 項）、また、その他の親族との間で窃盗の罪を犯した場合は親告罪とされている（2 項）。

この親族間の特例の趣旨は、「法は家庭に入らず」という法政策にあると解されている。本条は、家庭内のもめごとは家庭内で処理するのが妥当であるという発想から規定されたのだと考えていくわけである。

なお、本条は詐欺罪、恐喝罪、横領罪、背任罪にも準用される（251 条、255 条）。

> これらの犯罪と異なり、強盗罪には本条は準用されていません。いくら親族間だといっても、さすがに強盗をした場合には法の介入を認めるのが妥当だからです。
> また、本条は盗品等罪にも準用されていませんが、盗品等罪については 257 条で独自の特例が定められています（➡ 209 ページ **6**）。

イ　免除の法的性質

244条1項が定める刑の免除の法的性質については争いがあるが、「法は家庭に入らず」という法政策に基づく一身的処罰阻却事由であると解するのが判例（最判昭和25・12・12刑集4-12-2543）・通説である。

ウ　適用の要件

（ア）配偶者・直系血族・親族

「配偶者」には、内縁関係の者は含まれない。本条を内縁関係の者へ直接適用することができないのはもちろん、本条の準用も否定するのが判例である（最決平成18・8・30刑集60-6-479）。

「親族」とは、直系血族を除く6親等内の血族（傍系血族）と3親等内の姻族を指す。

> 親族とは、通常は、6親等内の血族、配偶者、3親等内の姻族を指します（民725条）。しかし、本条は「親族」とは別に配偶者と直系血族をあげていることから、結局本条の「親族」は、これらの者を除いた親族、つまり直系血族を除く6親等内の血族（傍系血族）と3親等内の姻族を指すことになるわけです。

本条の「親族」にあたる場合、同居しているか否かにより効果が異なる点に注意が必要である（1項と2項を対比せよ）。

（イ）親族関係の必要な人的範囲　→論証19

たとえば、Aが父親であるBの占有している時計を盗んだとする。しかし、その時計の所有者は、実は父Bの友人Cであったとしよう。Aと占有者とは親族関係にあるが、Aと所有者とは親族関係になかったわけである。

このように、窃取の目的物の占有者と所有者とが異なる場合、窃盗犯人と誰との間に親族関係が必要なのであろうか。

親族間の特例の趣旨は、「法は家庭に入らず」という点にある。そして、この趣旨が妥当するためには、所有者を含めた全ての関与者が家庭内にあることが必要であろう。

したがって、窃盗犯人と占有者、および窃盗犯人と所有者の間に親族関係が必要であると解するのが妥当である。判例もそのように解している（最決平成6・7・19刑集48-5-190）。

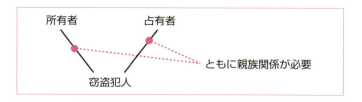

　上記のAは、占有者Bとは親族関係にあるものの、所有者Cとは親族関係にない。よって、Aの刑が免除されることはない。

> **Q 親族関係の必要な人的範囲　B+**
>
> **A説**（判例・通説）
> 結論：所有者・占有者双方との間に親族関係が必要である。
> 理由：所有者を含めた全関与者が家庭内にない場合には、「法は家庭に入らず」という244条の趣旨が妥当しない。
>
> **B説**
> 結論：所有者との間に親族関係があればよい。
> 理由：窃盗罪の保護法益につき本権説に立脚。
>
> **C説**
> 結論：占有者との間に親族関係があればよい。
> 理由：窃盗罪の保護法益につき占有説に立脚。

（ウ）錯誤　➡論証20

　では、上記のAが、父親Bが所有者であると誤信していた場合は、いかに解するべきであろうか。親族関係の錯誤の処理が問題となる。
　この点、244条1項の免除は、「法は家庭に入らず」という法政策に基づく一身的処罰阻却事由であると解するのが判例・通説であった。そして、処罰阻却事由は故意の対象ではない。
　したがって、親族関係の錯誤があったとしても、罪責には何ら影響しないことになる。

エ　未成年後見人でもある場合

　たとえば、未成年者Aの祖母Bが、Aの未成年後見人（民法839条以下）でもあったところ、そのBがAの財物を窃取したとする。この場合、親族間の特例は適用されるか。
　確かに、窃盗犯人であるBは被害者Aの祖母であるから、「直系血族」にあ

2. 窃盗の罪　117

たる。

しかし、親族間の特例の趣旨は、「法は家庭に入らず」という点にある。ところが、未成年後見人の後見の事務は公的性格を有することから（民法869条・644条、863条、846条参照）、かかる趣旨が妥当しないというべきである。

したがって、親族間の特例は適用されないと解するのが妥当であろう。

判例も、適用を否定している（横領の事案。**最決平成20・2・18百選Ⅱ35**）。

オ 共犯

親族でない共犯者については、本条は適用されない（3項）。

このことは、本条が「法は家庭に入らず」という法政策に基づく一身的処罰阻却事由であることから当然といえる。

3. 強盗の罪

強盗の罪は、全体的に重要である財産犯の中でも最重要の構成要件である。論点も多いが、そのほとんどが超頻出論点であるので、しっかりと押さえておこう。

1 強盗罪（1項強盗罪）

> 236条
> 1項　暴行又は脅迫を用いて他人の財物を強取した者は、強盗の罪とし、5年以上の有期拘禁刑に処する。

ア 客体

本罪の客体は、「他人の財物」である。財物については前述した（➡93ページア）。

財物ではなく、債務の免除等の財産上の利益を客体とする場合には、2項の

強盗利得罪として処理することになる。

イ　行為

本罪の行為は、暴行または脅迫を用いて、他人の財物を強取することである。

（ア）暴行・脅迫

まず、本罪の暴行・脅迫について説明する。

本罪の暴行・脅迫とは、①財物奪取に向けられた、②相手方の反抗を抑圧するに足りる程度の暴行・脅迫をいうと解されている。この定義は強盗罪の最重要ポイントのひとつであるから、しっかりと覚えておいてほしい。

以下、①と②について、もう少し詳しく説明しよう。

①　手段性

まず、本罪の暴行・脅迫は、財物奪取に向けられたものであることが必要である。換言すれば、財物を奪取するための手段としての暴行・脅迫でなければならないわけである。

したがって、たとえばもっぱら性交をする意思で行われる暴行・脅迫は、たとえそれが相手方の反抗を抑圧するに足りる程度のものであったとしても、本罪の暴行・脅迫にはあたらない。

なお、いわゆる居直り強盗については、事後強盗罪の箇所で説明する（➡129ページ（イ））。

②　暴行・脅迫の程度

次に、本罪の暴行・脅迫は、相手方の反抗を抑圧する程度のものでなければならない（最狭義の暴行➡11ページ④）。

その程度に至らない暴行・脅迫は、恐喝罪における恐喝行為を構成するにとどまる（➡174ページ**2**）。

（a）判断基準

では、客観的には反抗を抑圧するには至らない程度の暴行・脅迫がなされたにすぎないにもかかわらず、被害者が特に臆病であったため、実際には被害者の反抗が抑圧された場合、本罪の暴行・脅迫があったといえるであろうか。

この問題は、刑法総論で学んだ不能犯の問題（➡総論［第4版］179ページ5.）の具体例に他ならない。多数説である具体的危険説からは、犯人が、「被

3. 強盗の罪　119

害者の臆病な性格」という特殊事情を知っていた場合（または一般人が知りえた場合）には、本罪の暴行・脅迫にあたると解することになろう。

(b) 不意打ち・ひったくり

では、いわゆる不意打ちやひったくり行為についてはどうか。この問題については、いくつかのケースに分けて検討すると理解しやすい。

まず、①スリが、ぶつかりざまに財物を窃取するべく通行人に軽くぶつかったとしても、それは相手方の反抗を抑圧する程度の暴行とはいえず、本罪の暴行に該当しない。また、相手方を畏怖させる程度の暴行ともいえず、恐喝罪も構成しない。したがって、その後に財物をすりとった場合には、単に窃盗罪が成立することになろう。

他方、②財物を奪取するべく、不意に通行人を後方から突き倒す行為は、相手方の反抗を抑圧する程度の暴行といえ、本罪の暴行に該当することになる。

では、③ひったくり目的で自動車の窓から通行人のハンドバックのさげ紐をつかんで引っ張った行為はどうか。

この場合、単にさげ紐をつかんで引っ張った段階では、本罪の暴行とはいいがたい。しかし、たとえば被害者がハンドバックを離さなかったために、さげ紐をつかんだまま自動車を進行させたような場合には、本罪の暴行に該当することになろう。

最高裁も、同様の事案において、「被害者の女性がハンドバックを手離さなければ、自動車に引きずられたり、転倒したりなどして、その生命、身体に重大な危険をもたらすおそれのある暴行であるから相手方女性の抵抗を抑圧するに足るものであった」と判示した原審を「正当」としている（最決昭和45・12・22刑集24-13-1882）。

（イ）強取

① 意義

強取とは、暴行・脅迫により、被害者の反抗を抑圧して財物を奪取することをいう。

すなわち、強盗罪においては、①暴行・脅迫→②被害者の反抗抑圧→③財物の奪取という因果経過が予定されているといえる。

② 反抗抑圧の要否 →論証21

ここで、まず問題となるのが、現実に被害者が反抗を抑圧されたことが必要

120　1編5章　財産に対する罪

か否かである。

たとえば、A が客観的には反抗抑圧程度の暴行・脅迫を加えたが、実際には被害者の反抗が抑圧されるには至らなかったとする。ただし、被害者を畏怖させることには成功し、被害者が恐怖心から財物を A に交付したとしよう。

この場合、A に強盗罪が成立するのであろうか。

> 畏怖・恐怖と反抗抑圧とは、程度問題ではありますが一応別物です。
> 反抗はできるけれども怖いというのが畏怖、もはや抵抗できない状態に至ったのが反抗抑圧です。

この点、判例は強盗罪の成立を肯定する（最判昭和 24・2・8 刑集 3 − 2 −75）。現実に被害者が反抗を抑圧されたことは不要と解しているわけである。

これに対し、通説は、強盗罪においては①暴行・脅迫→②被害者の反抗抑圧→③財物の奪取という因果経過が予定されている以上、その成立には被害者が反抗を抑圧されたことが必要であると解し、現実に被害者の反抗が抑圧されなかった場合は強盗罪は未遂にとどまるとする。

答案では、通説のほうが書きやすいであろう。

③ 事後的奪取意思　→論証 22

次に問題となるのが、暴行・脅迫の後にはじめて財物奪取の意思を生じた場合に強盗罪が成立するか否かである。この問題は、事後的奪取意思の問題とよばれる超重要頻出論点である。

たとえば、A がもっぱら性交をする意思で（すなわち財物奪取の意思を有さずに）B に対し暴行を加え、被害者の反抗抑圧状態を作出し、B に対して性交をしたとしよう。その後、B が高価な腕時計をしているのにはじめて気づいた A が、その時計をほしいと思い、B の腕からその時計を奪ったとする。

この場合、強盗罪（さらにはそれを基礎として強盗・不同意性交等罪）が成立するであろうか。以下、通説の考え方を概観していこう。

（a）原則

通説は、原則として強盗罪の成立を否定する。

そもそも、強盗罪は、暴行・脅迫を手段として財物を奪取する犯罪類型である。したがって、強盗罪における暴行・脅迫は、あくまでも財物奪取に向けられたものでなければならない。

3. 強盗の罪　121

ところが、事後的奪取意思の事案において、当初なされた暴行・脅迫は、財物奪取に向けられた暴行・脅迫ではない。

したがって、強盗罪は成立しないのが原則ということになるわけである。

(b) 新たな暴行・脅迫

ただし、そうした通説の立場を前提としても、事後的奪取意思の事案において、常に強盗罪の成立が否定されるわけではない。財物奪取の意思を生じた後に、財物奪取に向けられた新たな暴行・脅迫があったといえる場合には、当然強盗罪の成立を肯定できるからである。

そして、その新たな暴行・脅迫は、自己の先行行為によりつくられた反抗抑圧状態を継続させるに足りるものであればよいと解されている。

(c) あてはめ

このように解していくと、新たな暴行・脅迫の認定がきわめて重要なポイントとなってくる。では、具体的にいかなる場合に新たな暴行・脅迫があったといえるのであろうか。

まず、上の事例では、新たな暴行があったといってよい。A は被害者 B から腕時計を奪う際に、B の腕を持ち上げる等の有形力の行使をしたはずであるが、不同意性交等罪の犯人である A によるそうした有形力の行使は、不同意性交等罪の被害者である B の反抗抑圧状態を継続するに足りるといえるからである。

次に、有形力の行使が認められない場合でも、たとえば A が B に「この時計はもらっておくぞ」などといった場合には、新たな脅迫があったといってよい。

これに対し、たとえば被害者 B が気絶していた場合や、死亡していた場合には、財物奪取に向けられた新たな暴行・脅迫は認定できない。この場合には、不同意性交等罪のほかは窃盗罪が成立するにとどまることになろう（なお、死亡していた場合には、窃盗罪の成否において死者の占有〔➡ 106 ページ③〕が問題となる点に注意しておくこと）。

ウ　予備・未遂

本罪の予備は罰する（2 年以下の懲役・237 条）。

殺人予備罪等と異なり、強盗予備罪には情状による免除が規定されていない。そこで、予備行為は行ったものの実行に着手しなかった場合の処理（予備

罪の中止 ➡総論［第4版］176ページ**3**）を論じる実益がある。

また、本罪の未遂は罰する（243条）。

エ 既遂

本罪の既遂時期は、被害者の財物に対する占有を排除し、行為者または第三者が占有を取得したときである（最判昭和24・6・14刑集3−7−1066）。

被害者の反抗が抑圧されなかった場合は、本罪が予定している因果経過を満たさないことから、たとえ財物を取得したとしても本罪は未遂にとどまるとするのが通説である（➡120ページ②）。

オ 主観的要件

本罪も奪取罪であるから、構成要件的故意に加え、不法領得の意思（➡111ページ**カ**）が必要である。

ただし、実際の試験において、強盗罪で不法領得の意思が問われることはあまりない。

2 強盗利得罪（2項強盗罪） A⁺

> 236条
> 2項　前項の方法［暴行・脅迫］により、財産上不法の利益を得、又は他人にこれを得させた者も、同項と同様とする。

ア 客体

本罪の客体は、財産上の利益である。財産上の利益の意義については前述したとおりである（➡95ページ**イ**）。

236条2項の文言上は「財産上不法の利益」とあるが、ここでいう「不法の」とは、利益自体の不法性を意味しているのではなく、利益を得る方法の不法性を意味している。つまり、当然のことを意味する文言といってよい。

なお、覚醒剤などのような法禁物の返還請求権や法禁物の代金請求権を免れることも、本罪の客体たる財産上の利益にあたるとするのが判例である（最判昭和35・8・30刑集14-10-1418、**最決昭和61・11・18百選Ⅱ40**➡96ページ**（ウ）**）。

3. 強盗の罪　123

イ　行為

本罪の行為は、暴行または脅迫を用いて、財産上の利益を取得することである。

（ア）暴行・脅迫

暴行・脅迫の意義については、1項強盗罪と基本的に同様である。

すなわち、本罪の暴行・脅迫は、①被害者の反抗を抑圧するに足りる程度のものであることを要し、かつ、②財産上の利益の取得に向けられたものでなければならない。

（イ）財産上の利益の取得　➡論証 23、24

2項強盗罪における最も重要な問題は、財産上の利益の取得を肯定するための要件である。

①　処分行為の要否

まず、財産上の利益の取得（移転）が認められるためには被害者の処分行為が必要か、という点について争いがある。以下、検討していこう。

(a)　問題の所在

2項強盗罪で問題となる処分行為とは、被害者の意思に基づいて財産上の利益を相手方に移転させる被害者の行為のことであり、債務免除の意思表示がその典型である。

たとえば、債務者 A が、債務を免れようとして債権者 B を殺害したとする。この場合、強盗利得罪（さらにそれを基礎とした強盗殺人罪）の成否を検討することになるが、この事案では、被害者 B による処分行為（債務免除の意思表示）が存在していない。このような場合であっても、2項強盗罪を成立させることができるのであろうか。

(b)　検討

処分行為は、被害者の意思に基づく占有移転ないし財産上の利益の移転を特徴とする交付罪（詐欺・恐喝）においては不可欠の構成要件要素である。

しかし、そうした交付罪と異なり、2項強盗罪は被害者の反抗を抑圧して財産上の利益を取得する犯罪である。そうだとすれば、被害者による任意の処分行為は予定されていないというべきであろう。

判例も、処分行為を不要としている（最判昭和 32・9・13 百選Ⅱ 39）。

124　1編5章　財産に対する罪

② 利益移転の具体性・確実性

このように処分行為は不要であるとして、前述の債務者 A に、常に 2 項強盗罪（さらにそれを基礎とした強盗殺人罪）が成立すると解してよいのであろうか。

（a）検討

たとえば、債権者である B に相続人がいないのであれば、A に 2 項強盗罪が成立すると解しても問題はない。

しかし、債権者 B に相続人がいる場合はどうか。この場合には、A は、なお B の相続人から債務の支払を請求される可能性がある。そうであるにもかかわらず、財産上の利益を取得したとして、常に強盗利得罪を成立させるのは妥当とはいえまい。

そこで、2 項強盗罪の処罰範囲を限定するべく、2 項強盗罪が成立するためには、財産的利益の移転の具体性および確実性が必要であると解するべきであろう。

（b）あてはめ

では、いかなる場合に財産的利益の移転の具体性・確実性が認められるのであろうか。場合を分けて検討していこう。

まず、①債権者に相続人がいない場合には、利益移転の具体性・確実性は肯定される。

また、②債権者に相続人がいる場合でも、㋐債権者のもとに債権に関する物的証拠がなく、したがって、債権者を殺害することによって債務者が事実上債務を免れたといえる場合には、利益の移転の具体性・確実性を肯定してよい。

> また、殺害した事例でなくとも、たとえばふと立ち寄った飲食店で、代金債務を免れるべく店員を殴って逃げたような場合には、やはり事実上債務を免れたといえ、利益移転の具体性・確実性を肯定してよいでしょう。

では、㋑債権者のもとに債権に関する多数の物的証拠が残っており、債権者の相続人により債権の行使が確実に行われうる場合はどうか。

この場合、確かに債務者は支払の一時猶予の利益は取得したといえる。しかし、結局債権の行使が行われることになる以上、2 項強盗罪の成立を認めるのは妥当ではない。この場合には、利益の移転の具体性・確実性に欠けるというべきであろう。

相続人	債権の物的証拠	利益移転の具体性・確実性
なし	なし	○
あり	あり	×
	なし	○

以上で検討した①処分行為の要否や②利益移転の具体性・確実性の論点は、第1次的には、行為者が行った暴行・脅迫が2項強盗罪の**暴行・脅迫**にあたるか否かというレベルで問題となる論点です。

たとえば、私たちは「2項強盗罪の成立には利益移転の具体性・確実性が必要である」と解するわけですが、その結果、「そもそも2項強盗罪の暴行・脅迫は具体的かつ確実な利益移転に向けられたものでなければならない」という結論が導かれることになります。

したがって、利益移転の具体性・確実性が認められない場合には、たとえ反抗抑圧程度の暴行・脅迫があったとしても、2項強盗罪は**未遂すら成立しない**ことになるのです。

時折、「暴行・脅迫はあるが、利益移転の具体性・確実性がないので、2項強盗罪は未遂にとどまる」としている答案を見かけますが、それは誤りですから注意しましょう。

③　キャッシュカードの暗証番号を聞き出す行為

以上の利益移転の具体性・確実性の問題は、銀行等のキャッシュカードを窃取した者が、被害者に対し反抗抑圧程度の暴行・脅迫を加えてそのキャッシュカードの暗証番号を聞き出した場合にも問題となる。

この点、キャッシュカードを所持する者が暗証番号を聞き出せば、通常は、直ちにかつ容易にATM機から現金を引き出すことが可能となる。そうだとすれば、「事実上、ATM機を通して預貯金の払戻しを受けうる地位」という財産上の利益を、具体的かつ確実に取得したといえよう。

裁判例も、同様の事案で2項強盗罪の成立を認めている（**東京高判平成21・11・16百選Ⅱ41**）。

ウ　1項詐欺罪との関係

本罪は、1項詐欺罪との関係がしばしば問題となる。

たとえば、Aが無銭飲食の意図を秘して料理の提供を受けたとする。その時点で、Aは「料理」という財物を詐取したことになるから、Aに1項詐欺罪が成立することにつき問題はない。

では、その後、Aが反抗抑圧程度の暴行・脅迫によってその代金請求を免れた場合、さらに本罪が成立するのであろうか。

この場合、素直に考えれば1項詐欺罪と2項強盗罪が成立し、両者は併合罪

126　1編5章　財産に対する罪

の関係に立つことになりそうである。

しかし、①両罪は時間的・場所的に接着しているし、また、②その法益は「料理」と「料理の代金債権」であり、実質的に同一といえる。

そこで、この場合には、重い2項強盗罪の混合包括一罪（➡総論［第4版］282ページ**イ**）となると解するのが妥当であろう。判例もそのように解している（最決昭和61・11・18百選Ⅱ40）。

3 事後強盗罪

> 238条 窃盗が、財物を得てこれを取り返されることを防ぎ、逮捕を免れ、又は罪跡を隠滅するために、暴行又は脅迫をしたときは、強盗として論ずる。

ア 意義

本罪における暴行・脅迫は、財物の奪取に向けられたものではない。この点からは、本罪は強盗罪の一種とはいえないことになる。

しかし、窃盗犯人が現場を離れる際に暴行・脅迫を加えることが多いという犯罪学上の実態に着目し、人身の保護を図るべく「強盗として論ずる」とされたのだと解するのが多数説である。

イ 行為

本罪の行為は、暴行または脅迫である。

（ア）程度

本罪も強盗として処理される以上、他の強盗罪と同様に、暴行・脅迫は相手方の反抗を抑圧するに足りる程度であることを要する。

（イ）相手方

本罪における暴行・脅迫の相手方は、本罪の目的（逮捕を免れる目的など）を遂げるのに障害となりうる者であればよい。

したがって、暴行・脅迫の相手方には、窃盗の被害者のほか、窃盗犯人を追跡して逮捕しようとする者なども含まれる。たとえば、追いかけてきた警察官に対する暴行・脅迫も、本罪の暴行・脅迫に該当するわけである。

（ウ）窃盗の機会の継続中 ➡論証 25

　本罪が財産犯である以上、本罪の暴行・脅迫は、窃盗の機会の継続中に行われたことを要すると解されている。この要件は、本罪の目的（➡次ページ**ウ**）とならんで、本罪における最重要の要件といえる。

　窃盗の機会の継続中といえるか否かについて、判例は、窃盗犯人が「被害者等から容易に発見されて、財物を取り返され、あるいは逮捕され得る状況」であったか否かで判断しているようである（最判平成 16・12・10 百選Ⅱ 43）。

　そして、かかる状況にあったか否かについては、①窃盗行為と暴行・脅迫との間の時間的・場所的接着性、②被害者側による追跡の有無などにより判断していくことになる。この 2 つの判断要素はしっかりと覚えておいてほしい。

> 窃盗の機会の判断要素 { ①時間的・場所的接着性
> ②被害者側による追跡の有無

　以下、具体的なあてはめ方を、判例に現れた事案を通じて検討していこう。

①　肯定事例

　まず、A が被害者宅において指輪を窃取した後、天井裏に潜んでいたところ、帰宅した被害者によばれた警察官により約 3 時間後に発見され、逮捕を免れようとして被害者宅内で暴行を加えたという事案を検討しよう。

　確かに、窃取から約 3 時間も経過していることからすれば、A の暴行は窃盗の機会における暴行とはいえないようにも思える。しかし、A が窃盗の犯行現場にとどまり続けていたこと、およびその場で暴行を加えていることからすれば、場所的接着性がきわめて強いといえる。この点に着目すれば、「被害者等から容易に発見されて、財物を取り返され、あるいは逮捕され得る状況」、すなわち窃盗の機会の継続中であったといってよいであろう。

　最高裁も、同様の事案において、被告人の暴行は窃盗の機会の継続中になされたものと認定している（最決平成 14・2・14 刑集 56-2-86）。

②　否定事例

　次に、被害者宅において財布などを窃取した B が、いったん被害者宅から約 1 キロメートル離れた場所まで移動した後（被害者側からの追跡はなかった）、財布内の現金が思ったよりも少なかったこともあり、再度窃盗をする目的で被害

128　1 編 5 章　財産に対する罪

者宅に戻ったところ、被害者に発見されたため、逮捕を免れるために被害者宅前の駐車場で被害者を脅迫したという事案を検討しよう。なお、被害者宅に戻った後の新たな窃盗の着手はなかったものとする。

このケースでは、被害者側からの追跡がなかった以上、いったん約1キロメートル離れた場所まで移動した時点で、Bは被害者側の支配領域から完全に離脱し、いわば安全圏に入ったといえる。そうだとすれば、その時点で窃盗の機会は終了したというのが妥当であろう。

そして、被害者宅に戻った後の新たな窃盗の着手はなかった以上、Bの脅迫は窃盗の機会の脅迫とはいえず、本罪を構成しないことになる。

最高裁も、同様の事案において、被告人の脅迫は窃盗の機会の継続中になされたものとはいえないと認定している（**最判平成16・12・10百選Ⅱ43**）。

> 以上に対し、たとえば、被害者や警察官から追いかけられ、走って逃げていた窃盗犯人が、窃盗の現場から3キロメートル離れた場所で、走って逃げることをあきらめ、被害者や警察官を殴った場合はどうでしょうか。
>
> この場合、①場所的にはかなりの隔たりがあるといえますが、②被害者側による追跡が継続していた以上、なお「被害者等から容易に発見されて、財物を取り返され、あるいは逮捕され得る状況」が継続していたというべきでしょう。したがって、この窃盗犯人の暴行は、窃盗の機会になされた暴行といえることになります。
>
> このように、窃盗の機会といえるかどうかは、①場所的・時間的接着性や、②被害者側による追跡の有無を総合的に判断して決していきます。論述式試験対策として、あてはめ方をしっかりとイメージしておきましょう。

ウ　目的

（ア）目的犯

本罪は、①財物が取り返されることを防ぐ目的、②逮捕を免れる目的、③罪跡を隠滅する目的のいずれかを要する**目的犯**である。

ただし、本罪の成立には、これらの**目的を達することは必要でない**。たとえば、窃盗既遂犯が②逮捕を免れる目的で暴行・脅迫を加えたが、結局逮捕されたとしても、本罪の構成要件を満たす以上、本罪は既遂となる。

（イ）居直り強盗との区別

被害者に発見された窃盗犯人が、本罪の目的以外の目的、たとえば新たな財物を奪取する目的で暴行・脅迫を加えた場合には、本罪は成立しない。その場合には、単に強盗罪（236条1項）として問擬することになる。

3. 強盗の罪　　129

このような場合を、居直り強盗という。

> 　Aが留守中の被害者宅に忍び込み、窃盗が既遂に達した後、被害者が帰宅したとします。そして、Aがその被害者に反抗抑圧程度の暴行を加えたとしましょう。
> 　この場合、Aの目的により、事後強盗罪か、それとも強盗罪（居直り強盗）かが決まります。
> 　たとえば、逮捕を免れる目的であったのなら、当然事後強盗罪が成立します。また、既に窃取した財物を取り返されるのを防ぐ目的であった場合にも、事後強盗罪が成立します。
> 　これに対し、たとえば、まだ被害者宅に残っているはずの新たな財物を奪取するために被害者に暴行を加えたのであるならば、強盗罪（居直り強盗）に問擬していくわけです。
> 　このように、「窃盗犯人による暴行・脅迫」という客観的には同一の行為であっても、その目的によって問擬するべき構成要件が変わってくることを、しっかりと理解しておきましょう。

（ウ）居直り強盗と窃盗罪との関係

　居直り強盗が既遂に達する場合について、それにより成立する強盗罪と、それ以前に成立したはずの窃盗罪との関係をいかに解するかについては争いがあるが、強盗罪の混合包括一罪（➡総論［第4版］282ページイ）となると解するのが裁判例（高松高判昭和28・7・27高刑集6-11-1442）・通説である。

　形式的に考えると、窃盗罪と強盗罪の併合罪となりそうであるが、被害者ないし保護法益が実質的に同一であること、および両罪が時間的・場所的に接着していることから、やはり強盗罪の混合包括一罪と解するのが妥当であろう。

> 　本文では強盗が既遂に達した場合を前提としましたが、では、窃盗は既遂に達したものの、強盗は未遂にとどまった場合（つまり新たな財物の奪取には失敗した場合）はどうでしょうか。
> 　この場合に、強盗未遂罪の混合包括一罪が成立すると解してしまうと、事後強盗罪の目的で暴行・脅迫を行った場合に直ちに事後強盗既遂罪が成立すること（➡前ページ（ア））との均衡を失してしまいます。したがって、この場合には、行為を全体として観察し、事後強盗既遂罪が成立すると解するのが妥当でしょう（広島高判昭和32・9・25高刑集10-9-701）。

エ　事後強盗罪の暴行・脅迫から関与した者の罪責　➡論証26

（ア）問題の所在

　たとえば、窃盗犯人であるAが、Xから財物を得て逃走中、偶然にも友人Bと会ったとする。そこで、AがBに事情を話し、Bと共同して、追跡してきたXに対して238条所定の目的で暴行を加えたとしよう。

　この場合、Aに事後強盗罪が成立するのは当然であるが、では、暴行にのみ

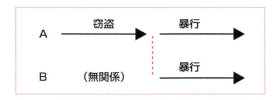

関与したBにも事後強盗罪が成立するのであろうか。

(イ) 検討

この問題では、事後強盗罪を①結合犯と解するか、それとも②身分犯と解するかにより、大きく法律構成が異なってくる。

以下、それぞれの見解を検討していくが、この論点を理解するには総論の理解が必要不可欠である。必要に応じて、総論のテキストを参照することを怠らないようにしよう。

① 結合犯説

第一の見解は、事後強盗罪を、窃盗罪と暴行罪・脅迫罪との結合犯と捉える見解である。結合犯とは、それぞれ独立して罪となる行為を結合して1個の犯罪を構成する場合のことであり、強盗罪がその典型例である。

この見解からは、事後強盗罪において暴行・脅迫から関与した者の罪責は、強盗罪において財物の奪取行為にのみ関与した者の罪責の処理と同様に、承継的共同正犯の成否の問題（➡総論［第4版］212ページ4.）として処理していくことになる。

結論としては、多くの場合に事後強盗罪の共犯の成立を肯定することになろう。

② 身分犯説

しかし、事後強盗罪を結合犯と解してしまうと、事後強盗の目的をもって窃盗に着手した場合には、それだけで事後強盗罪の未遂犯が成立することになりかねないという難点がある。

> たとえば強盗罪は、暴行罪・脅迫罪と窃盗罪との結合犯です。この強盗罪の未遂は、暴行・脅迫の時点で成立します。
> それと同様に、もし事後強盗罪を窃盗罪と暴行罪・脅迫罪との結合犯であると解したのならば、主観的構成要件を満たす限り、窃盗行為の時点で事後強盗罪の未遂が成立することになりかねません。しかし、それはいくらなんでも早すぎるという難点が結合犯説にはあ

るわけです。

　そこで、事後強盗罪は結合犯ではなく、窃盗犯人であることを身分とする身分犯であると解し、身分がない者にも身分犯の共犯が成立しうるのかという共犯と身分の問題（➡総論［第4版］232ページ10.）として処理するのが妥当であろう。

　　　たとえば、単純収賄罪（197条1項）は公務員にのみ成立しうる身分犯ですが、公務員になったからといって単純収賄罪の未遂犯が成立するわけではありません。また、平成29年改正前の強姦罪（旧177条）は男性にのみ成立しうる身分犯でしたが、男性として生まれてきたからといって強姦罪の未遂犯が成立したわけでもありません。これらの点から明らかなように、身分犯の身分を取得したとしても、それは身分犯の実行の着手ではもちろんありません。
　　　それと同様に、事後強盗罪を身分犯と解するならば、窃盗行為の時点では事後強盗罪の未遂は成立しないことになります。窃盗行為は、事後強盗罪との関係では単なる身分の取得行為にすぎないことになるからです。

　ただし、問題はここでは終わらない。事後強盗罪が身分犯であると解したとしても、さらに不真正身分犯なのか、それとも真正身分犯なのかをめぐって、なお対立があるのである。

　(a)　不真正身分犯説

　まず、事後強盗罪を、暴行罪・脅迫罪が窃盗犯人という身分者によって行われた場合の加重類型と解し、不真正身分犯であると解する見解がある。

　この見解からは、暴行・脅迫にのみ関与した者には、65条2項により、通常の刑、すなわち暴行罪・脅迫罪が成立するにとどまることになる。

　(b)　真正身分犯説

　しかし、暴行罪・脅迫罪はそれぞれ身体の安全や意思決定の自由を保護法益とする非財産犯であるのに対し、事後強盗罪はあくまでも財産犯である。こうした罪質の異なる犯罪類型の間に、加重類型という性質を見出すことは困難といわざるを得ない。

　そこで、事後強盗罪は、窃盗犯人にしか実現し得ない真正身分犯であると解するのが妥当であろう。

　この見解からは、65条1項により、暴行・脅迫から関与した者にも事後強盗罪の共犯が成立することになる。

132　　1編5章　財産に対する罪

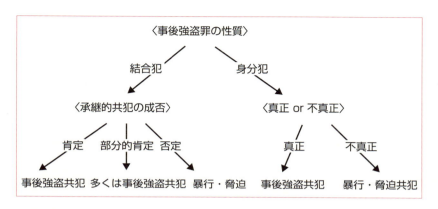

🅠 事後強盗罪の暴行・脅迫にのみ関与した者の罪責　Ａ

A説 結合犯説（中森）

結論：承継的共犯としての問題として処理される。

批判：本罪を結合犯とすると、窃盗に着手した段階で事後強盗罪の未遂犯が成立することになりかねない。

B説 身分犯説

B1説 不真正身分犯説（大谷）

結論：65条2項により暴行罪・脅迫罪の共犯が成立する。

理由：本罪は何人でも犯しうる暴行罪・脅迫罪に窃盗犯人たる身分が加わって刑が加重された罪であるから不真正身分犯と解すべきである。

批判：①（身分犯と解することに対して）事後強盗罪の既遂・未遂が、窃盗の既遂・未遂によって決まることと整合しない。
　　　②（不真正身分犯と解することに対して）財産犯である事後強盗罪を非財産犯である暴行罪・脅迫罪の加重類型とするのはおかしい。

反論：（批判②に対して）本罪は窃盗の機会に行われる暴行・脅迫を抑止する趣旨で設けられたのであり、人身犯罪としての性質を有する。

B2説 真正身分犯説（前田）

結論：65条1項により事後強盗罪の共犯が成立する。

理由：事後強盗罪は窃盗行為を行っているという特殊な地位たる身分をもっている者だけが行いうる犯罪であり、真正身分犯と解すべきである。

批判：B1説に対する批判①と同じ。

オ　未遂・予備

（ア）未遂

本罪の未遂は罰する（243条）。

なお、本罪の既遂・未遂は、先行する窃盗の既遂・未遂によって決定される

とするのが判例（最判昭和24・7・9刑集3−8−1188）・通説である。このことはしっかりと覚えておこう。

たとえば、窃盗既遂犯が本罪の目的で暴行・脅迫をなせば本罪の既遂犯が成立し、窃盗未遂犯が本罪の目的で暴行・脅迫をなせば本罪の未遂犯が成立するわけである。

> 　逮捕を免れる目的で暴行をなしたものの、結局逮捕されたという場合であっても、窃盗罪が既遂に達しているのであれば、本罪は既遂となります。
> 　逆に、首尾よく逮捕を免れたとしても、窃盗罪が未遂にとどまっていたのであれば、本罪は未遂にとどまります。
> 　このように、本罪の**目的の達成の有無**は、本罪の既遂・未遂とは**無関係**ですから、注意しておきましょう。

（イ）予備　➡論証27

本罪の予備罪が成立するかについては争いがある。

この点、まず237条で強盗予備罪を定め、その後に238条で事後強盗罪を定めているという条文の位置に着目して、237条の「強盗の罪を犯す目的」の「強盗」は、237条に先行する236条の強盗のみを意味し、事後強盗はこれに含まれないとする見解がある。

しかし、事後強盗罪についても「強盗として論ずる」（238条）とされている以上、237条にいう「強盗」には事後強盗も含まれると解するのが素直であろう。

判例も、事後強盗罪の予備罪の成立を認めている（最決昭和54・11・19刑集33−7−710）。

Q　事後強盗の予備罪の成否　B

A説 肯定説（判例）
理由：「強盗として論ずる」という238条の文言。

B説 否定説（大塚仁・西田など）
理由：条文の位置として、予備罪（237条）より後に事後強盗罪の規定があるから、237条にいう「強盗の罪を犯す目的」には事後強盗の目的は含まれない。
批判：昏睡強盗（239条）の目的で睡眠薬を準備するのも237条にあたるといわざるを得ないから、条文の位置は決定的な論拠とはいえない。

4　昏酔強盗罪　B

> 239条　人を昏酔させてその財物を盗取した者は、強盗として論ずる。

ア　行為

「昏酔させ」るとは、睡眠薬、麻酔薬、アルコール等によって、意識作用に一時的または継続的な障害を生じさせることをいう。

すでに被害者が昏酔状態にあることを利用する場合は、「昏酔させ」たとはいえないことから、本罪は成立しない。この点で、被害者がわいせつな行為や性交等に同意しない意思を形成・表明・全うすることが困難な状態にあることに「乗じ」た場合にも成立する不同意わいせつ罪（176条）や不同意性交等罪（177条）とは異なる。

イ　未遂・予備

本罪の未遂は罰する（243条）。

予備（237条）については、事後強盗予備罪と同様の争い（➡前ページ（イ）参照）があるが、本罪が「強盗として論ずる」（239条）とされている以上、本罪の予備罪も成立すると解するのが妥当である。

5　強盗致死傷罪　

> 240条　強盗が、人を負傷させたときは無期又は6年以上の拘禁刑に処し、死亡させたときは死刑又は無期拘禁刑に処する。

ア　主体

本罪の主体は「強盗」である。

本罪の「強盗」については、既遂・未遂を問わないとするのが判例（最判昭和23・6・12刑集2-7-676）・通説である。たとえば、強盗未遂犯が被害者を死亡させた場合にも、本罪が成立しうるわけである。

3. 強盗の罪

答案で本罪を検討する際には、強盗罪の成否も論じなければいけません。
そして、本罪との関係で強盗罪を論じるには、2つの書き方があります。
1つめは、強盗罪の未遂なり既遂なりが成立するということを先に論じたうえで、「では、さらに強盗致死罪が成立するか」と流していく書き方。
2つめは、冒頭で「強盗致死罪が成立しないか」と問題提起し、「まず、240条の『強盗』といえるか」として、240条の成立要件という枠の中で強盗罪の成否を論じていく書き方です。
どちらの書き方が書きやすいかは、一概にはいえません。適宜選択できるように、この2つの書き方を押さえておくといいでしょう。

イ　傷害・殺人の故意ある場合　➡論証28

（ア）問題の所在

本罪が強盗罪の結果的加重犯たる側面を有することについては争いがない。すなわち、被害者に傷害や死亡という結果が生じた場合であって、かつ、強盗犯人にそうした加重結果についての故意がない場合に、本罪が成立するのは当然である。

問題は、犯人が傷害・殺人の故意がある場合についても、本罪が成立するのかについてである。この問題も超頻出の重要論点である。

（イ）検討

かつての判例は、本罪を純粋な結果的加重犯の規定であると解し、傷害・殺人の故意ある場合を含まないとしていた（大判明治43・10・27刑録16-1764）。

しかし、そもそも本罪は、犯罪学的にみて強盗の機会に犯人が死傷の結果を生じさせる場合が多いことに着目して規定された犯罪類型である。

そして、犯人が傷害・殺人の故意を有するケースは、まさに犯罪学的にみてきわめて多い事態であるといえる。そうであるにもかかわらず、本罪がそうした典型的な事態を排除していると解するのは妥当ではない。

また、結果的加重犯について通常用いられる「よって」という文言（たとえば205条参照）が用いられていないのも、本罪が単なる結果的加重犯のみの規定ではないことを示唆しているといえる。

そこで、本罪は、傷害・殺人の故意がある場合をも含む規定であると解するのが現在の判例（大連判大正11・12・22刑集1-815）・通説である。

その結果、本罪は、①結果的加重犯としての強盗致傷、②同じく結果的加重犯としての強盗致死のほか、③故意犯としての強盗傷害（強盗傷人）、④同じく

136　1編5章　財産に対する罪

故意犯としての強盗殺人という4つの犯罪を規定したものと解することになる。

Q 240条の罪は、傷害・殺人につき故意がある場合をも含むか　A+

A説 肯定説(現判例・通説)
結論：①本罪は結果的加重犯に加えて、傷害・殺人につき故意ある場合を含む。
　　　②傷害・殺人につき故意ある場合も、本罪一罪が成立する。
理由：①犯罪学的に顕著な事例である傷害・殺人につき故意がある場合を本罪の適用外とするのは、本罪の趣旨に反する。
　　　②結果的加重犯について通常用いられる「よって」という文言が用いられていないことに現れているとおり、本罪は単なる結果的加重犯の規定ではない。

B説 否定説(旧判例)
結論：①本罪は純粋な結果的加重犯の規定である。
　　　②傷害・殺人につき故意ある場合は、本罪と傷害罪・殺人罪との観念的競合となる。
批判：傷害や死亡の結果を二重に評価することになる。

ウ　死傷の原因　➡論証29

（ア）問題の所在

本罪における死傷結果が、強盗の手段としての暴行・脅迫から生じたものである場合に、本罪が成立するのは当然である。

問題は、強盗の手段としての暴行・脅迫から生じたのではなく、その他の原因から死傷結果が生じた場合にも、本罪が成立すると解するべきか否かである。

たとえば、強盗の被害者Aが現場から逃げ出したところ、その直後に強盗とは無関係の自動車にひかれて死亡したとする。被害者Aの死亡結果は、強盗の手段としての暴行・脅迫を直接の原因とするものではないわけであるが、このような場合にも、果たして本罪が成立するのであろうか。これが、死傷の原因とよばれる超重要問題である。

（イ）検討

この点、本罪が成立するのは、死傷結果が強盗の手段としての暴行・脅迫か

ら生じた場合に限るとする見解がある（手段説）。

しかし、前述したように、本罪は犯罪学的にみて強盗の機会に犯人が死傷結果を生じさせる場合が多いことに着目して規定された犯罪類型である。

そうだとすれば、死傷の結果は、強盗の手段としての暴行・脅迫から生じたことは必ずしも要せず、強盗の実行に着手後、その強盗の機会に行われた行為によって生じたものであれば足りるというべきであろう（機会説、最判昭和24・5・28刑集3−6−873・通説）。

ただし、ここで「強盗の機会」とは、およそ強盗行為を契機として生じた死傷のすべて（たとえば、強盗で興奮した犯人が帰り道で無関係の通行人を殺した場合）を含むという趣旨ではない。

あくまでも、死傷の結果が強盗行為と密接な関連性を有する行為により生じた場合（たとえば、強盗成立後、追跡者による逮捕を免れるためこれに暴行を加え死亡させた場合）であればよいという趣旨であるから、注意しておこう。

> 強盗の機会の死傷結果であればよいと解する理由は、強盗致死傷罪が犯罪学的にみて強盗の機会に犯人が死傷結果を生じさせる場合が「多い」という事実に着目して規定された犯罪類型であるという点にあります。
> したがって、犯罪学的に「多い」死傷結果であるといえること、つまり強盗行為と密接な関連性を有する行為により生じた場合であるといえることが、機会説においても最低限必要になってくるわけです。
> そして、たとえば、財物の奪取・確保・維持・犯行後の逃走などの障害となる者に死傷の結果が発生した場合には、その死傷の結果は強盗行為と密接な関連性を有する行為によって生じたと認定していいでしょう。

Q 死傷の結果の原因　A⁺

A説 手段説

結論：強盗の手段としての暴行・脅迫から生じた場合に限る。

批判：本条のいう「強盗」が事後強盗を含む以上、手段説は妥当でない。すなわち、手段説からは、窃盗犯人が逮捕を免れるため追跡者に暴行を加え、死傷の結果を生ずれば238条に基づき240条が適用されるのに対し、強盗犯人の場合は、同じ行為をしても、窃盗でないという理由で240条が適用されないことになり、不合理である。

B説 機会説（判例・通説）

結論：強盗の機会に行われた行為によって生じたものであれば足りる。具体的には、死傷の結果が、強盗行為と密接な関連性を有する行為により生じた場合であればよい。

理由：①本罪は犯罪学的にみて強盗の機会に犯人が死傷結果を生じさせる場合が多い

138　1編5章　財産に対する罪

ことに着目して規定された犯罪類型である。

② A説への批判と同じ。

（ウ）あてはめ

ここまでの議論を、もう一度確認しておこう。

強盗の際に被害者に死傷結果が生じる原因は、次の3つに分類できる。

① 強盗の手段である暴行・脅迫が原因の場合

② 強盗行為と密接な関連性を有する行為が原因の場合

③ 強盗行為と密接な関連性を有しない行為が原因の場合

これらのうち、本罪の成立を①に限定するのが手段説、②まで広げるのが機会説である。繰り返しになるが、いくら機会説といっても③にまで広げるわけではない。

したがって、論述式試験において重要となってくるのは、②と③の具体的な線引きである。以下、いくつかの具体例をあげておくので、この線引きのイメージをつけておいてほしい。

① 肯定されるべき例

・金品奪取の目的で母親を殺害したうえ、そばで寝ていた3歳と1歳の幼児を殺害した場合（最判昭和25・12・14刑集4-12-2548）

・強盗犯人が、追跡してきた家人を日本刀で突き刺し殺害した場合（最判昭和24・5・28刑集3-6-873）

・被害者の運転するタクシー内で、拳銃を突きつけて金を要求した犯人が、その場から約6キロメートル離れた地点まで走らせた後、逃走するため被害者の頭部を殴打して負傷させた場合（最判昭和34・5・22刑集13-5-801）

・被害者が逃げ出したところ、第三者が運転する走行中の自動車にひかれて死亡した場合

② 否定されるべき例

・強盗の過程で誤って乳児を踏みつけて死なせた場合

・強盗殺人後、犯人らが、犯人らの顔と犯行を知っている者の殺害を共謀し、犯行から約5時間後にその者を誘い出して殺害した場合（最判昭和23・3・9刑集2-3-140）

- 日頃の私怨をはらすために強盗の機会を利用して被害者を殺した場合
- 強盗の共犯者が強盗の際に仲間割れをして他の共犯者を殺害した場合

エ 既遂時期 ➡論証30

本罪の既遂時期については争いがあるが、死傷の結果が生じれば、たとえ強盗自体は未遂であったとしても、本罪は既遂となると解するのが判例（大連判大正11・12・22刑集1-815、最判昭和23・6・12刑集2-7-676等）・通説である。

本罪の刑がきわめて重いのは、生命・身体を第一次的な保護法益としているからであると解される。そうだとすれば、未遂・既遂について死傷を基準とする判例・通説が妥当であろう。

この判例・通説からは、たとえば被害者を殺した場合には、その後財物を奪取したかどうかは問わず、強盗殺人罪一罪の既遂が成立します。そして、その後財物を奪取しても、それは本罪の不可罰的事後行為となります。

ただし、それはあくまでも犯人が「強盗」（240条）にあたることが前提です。つまり、殺害行為が、財物奪取に向けられたものであることが必要なわけです。

では、Aが奪取意思をもたずに被害者を殺害した後、はじめて奪取意思を生じ、被害者の財物を奪った場合はどうでしょうか。

この場合は、いわば事後的奪取意思（➡121ページ③）の事案の殺人バージョンです。そして、Aの殺害行為は強盗罪の暴行とはいえず、かつ、被害者が死亡している以上新たな暴行は認められませんから（➡122ページ(c)）、強盗罪ないし強盗殺人罪は成立し得ません。

ただし、Aは被害者を死亡させた犯人ですから、死亡と時間的・場所的に近接した奪取行為であった限り、窃盗罪は成立します（➡106ページ③）。その結果、Aには殺人罪と窃盗罪が成立し、両者は併合罪となります。

このように、被害者を殺害してその財物を奪った場合でも、行為者の主観（暴行の目的）により、成立する犯罪が変わってきます。しっかりと理解しておきましょう。

🅠 強盗致死傷罪の既遂時期 A⁺

A説（判例・通説）

結論：死傷の結果が生じた場合に強盗致死傷罪は既遂となる。

理由：本罪は、人身の保護を重視するものである。

以上で学んだ①故意ある場合、②死傷の原因（機会の論点）、③既遂時期という3つの論点は、いずれも超頻出の重要論点です。240条を見た瞬間に、脊髄反射のようにこの3つの論点をセットで抽出できるようにしておきましょう。

そして、この3つの論点を抽出した後に、その問題で本当に書く必要があるかないかを判断するようにすると、論点落としがなくなるはずです。

このような「脊髄反射で論点抽出→その後に取捨選択」というプロセスを、私は「芋づる

式論点抽出」とよんでいます。これは論述式試験用のきわめて有効なテクニックの1つですから、この機会にイメージをもっておきましょう。

オ　未遂

本罪の未遂は罰する（243条）。

ただし、死傷の結果が生じれば本罪は既遂となると解する判例・通説を前提とする限り、本罪の未遂が成立しうるのは、強盗殺人罪で殺人が未遂にとどまった場合に限られることになる（大連判大正11・12・22刑集1−815）。

ここのロジックはパズル的な面白さがあるところです。少し丁寧に解説しておきましょう。

まず、死傷の結果が生じれば本罪は既遂になってしまいますから、本罪の未遂が成立する場合とは、死傷の結果が生じるに至らなかった場合に限られます。しかし、その全てについて本罪の未遂となるわけではありません。

まず、①強盗致傷罪で致傷結果が生じなかった場合について考えると、それは単なる強盗罪とイコールです。したがって、強盗致傷罪の未遂は観念できません。

また、②強盗傷害罪で傷害結果が生じなかった場合についても、単なる強盗罪とイコールですから、強盗傷害罪の未遂は観念できません。

では、③強盗致死罪についてはどうでしょうか。強盗致死罪で、致死結果が生じなかった場合について考えると、それは単なる強盗罪または強盗致傷罪とイコールです。したがって、やはり強盗致死罪の未遂も観念できません。

以上から、本罪の未遂は、④強盗殺人罪で殺人が未遂にとどまった場合にのみ成立することになるわけです。

カ　脅迫による死傷の結果

やや細かい論点であるが、強盗の手段が暴行ではなく脅迫であった場合に、本罪が成立しうるかについては争いがある。

この点、脅迫をなしたところ、被害者が畏怖し、その結果危険な行動に出て死傷の結果を招くことは経験上十分にありうる以上、脅迫による場合でも本罪が成立すると解してよいであろう。

大阪高判昭和60・2・6判時1149−165も、同様の結論に立っている。

キ　傷害の程度

これもやや細かい論点であるが、強盗致傷罪や強盗傷害罪における傷害の意義・程度については争いがある。

3. 強盗の罪　141

従来の通説は、強盗致傷罪や強盗傷害罪における傷害とは、傷害罪における傷害よりも強度の傷害、具体的には医師の加療を要する程度の傷害を意味すると解し、その程度に至らない傷害は強盗罪が成立するにとどまると解していた。その理由は、強盗致傷罪・強盗傷害罪の有期刑の下限が7年であったため、酌量減軽（66条）をしても下限は3年6か月になり、執行猶予を付し得ないことにあった（25条参照）。

　しかし、平成16年の法改正により、強盗致傷罪・強盗傷害罪の有期刑の下限が6年に下げられ、その結果、酌量減軽をほどこせば執行猶予の付与が可能となった。このことから、現在では、傷害罪における傷害と同様の意義に解してよいとする見解が有力となってきている。

ク　併発事例の処理

　最後に、本罪における併発事例の処理について、簡単に検討する。

　たとえば、AがBから財物を強取するため、Bに向かって殺意をもって拳銃の弾丸を発射したところ、弾丸はBの胸部を貫通したうえ、通行人Cの腹部も貫通し、BおよびCが傷害を負ったとする。

　この場合、Bに対する強盗殺人未遂罪が成立するだけでなく、Cに対する強盗殺人未遂罪も成立し、両者は観念的競合（54条1項前段）となる（**最判昭和53・7・28百選I 42**）。総論で学んだ錯誤論をしっかりと復習しておこう（➡総論［第4版］65ページ4.）。

6　強盗・不同意性交等罪および同致死罪　Ｂ

241条
1項　強盗の罪若しくはその未遂罪を犯した者が第177条［不同意性交等］の罪若しくはその未遂罪をも犯したとき、又は同条の罪若しくはその未遂罪を犯した者が強盗の罪若しくはその未遂罪をも犯したときは、無期又は7年以上の拘禁刑に処する。
2項　前項の場合のうち、その犯した罪がいずれも未遂罪であるときは、人を死傷させたときを除き、その刑を減軽することができる。ただし、自己の意思によりいずれかの犯罪を中止したときは、その刑を減軽し、又は免除する。
3項　第1項の罪に当たる行為により人を死亡させた者は、死刑又は無期拘禁刑に処する。

ア　強盗・不同意性交等罪（241条1項）

本罪は、強盗罪と不同意性交等罪の結合犯である。

条文上明らかなとおり、強盗と不同意性交等の前後関係は問わない（241条1項）。強盗の後に不同意性交等を行った場合（同項前段）も、不同意性交等の後に強盗を行った場合（同項後段）も、ともに本罪が成立するわけである。

また、やはり条文上明らかなとおり、強盗と不同意性交等の既遂・未遂は問わない（241条1項）。たとえば、強盗と不同意性交等がともに未遂であっても、本罪が成立するわけである。

ただし、強盗と不同意性交等がともに未遂であった場合は、人を死傷させた場合を除き、①原則として任意的減軽の対象となり（241条2項本文）、また、②自己の意思によりいずれかの犯罪を中止したときは、必要的減免の対象となる（同項ただし書）。

なお、監護者性交等と強盗行為が同一の機会に行われることは想定しがたいため、監護者性交等罪は本罪から除外されている（241条1項かっこ書）。

イ　強盗・不同意性交等致死罪（241条3項）

本罪は、強盗・不同意性交等罪を犯し、さらに人を死亡させた場合につき、これを重く処罰するものである。

行為者に殺人の故意があった場合の処理が問題となるが、241条3項が「よって」との文言を用いていないことに照らし、本罪は殺人の故意がある場合も含むと解するべきである。

なお、本罪は致傷の場合を含まない。致傷の場合は、強盗・不同意性交等罪（241条1項）と強盗致傷罪（240条前段）または不同意性交等致傷罪の観念的競合とする見解が有力である。

本罪の未遂は罪する（243条）。

4. 詐欺の罪

1　詐欺罪　

> 246条
> 1項　人を欺いて財物を交付させた者は、10年以下の拘禁刑に処する。
> 2項　前項の方法により、財産上不法の利益を得、又は他人にこれを得させた者も、同項と同様とする。

詐欺罪は、人を欺いて錯誤を生じさせ、その錯誤による瑕疵ある意思に基づいて財物や財産上の利益を交付させる犯罪である。

今まで学んできた窃盗罪や強盗罪は、被害者の意思に反して財物・財産上の利益を取得する盗取罪であった。これに対し、詐欺罪は、瑕疵はあるものの被害者の意思に基づく処分行為（交付行為ともいう）によって、財物・財産上の利益を取得する交付罪である。この点が、詐欺罪の最大の特徴といえよう（➡ 96ページ**イ**参照）。

まずはこのことをしっかりと記憶したうえで、以下の個別的な検討に入っていこう。

ア　保護法益──公共的利益の詐取

詐欺罪の保護法益は財産である（通説）。

保護法益と関連して、国家・地方公共団体などに対する詐欺的行為がなされた場合に詐欺罪が成立しうるかが論点となっている。

この点、詐欺罪が個人的法益としての財産的利益に対する罪であることを理由として、詐欺罪の成立を否定する見解もあるが、国家や地方公共団体も財産権の主体たりうる以上、詐欺罪は成立しうると解するのが通説である。

判例も、詐欺的手段によって封鎖預金の払戻しを受けた行為（最判昭和25・3・23刑集4-3-382）や、営農意思があると偽って国有地を買い受けた行為（最決昭和51・4・1百選Ⅱ47）などにつき、詐欺罪の成立を認めている。

Q 国や地方公共団体などを被害者とする詐欺罪の成否　**B**

A説 否定説

理由：詐欺罪は個人的法益としての財産的利益に対する罪であるから、公共的法益に向けられた詐欺的行為は詐欺罪の定型性を欠く。

B説 肯定説（判例・通説）

理由：国家や地方公共団体も財産権の主体たりうる以上、詐欺罪の成立を認めるのが妥当である。

イ　客体

本罪の客体は、**財物**（1項）と**財産上の利益**（2項）である（➡93ページ **1**）。

窃盗罪・強盗罪における「財物」は動産に限られるが、本罪の「財物」には動産のほか、不動産も含まれる（大判大正 12・11・12 刑集 2 -784）。

ウ　欺罔行為

（ア）錯誤・処分行為に向けられた行為

本罪は、①欺罔行為（詐欺行為、欺く行為）→②錯誤→③相手方の処分行為（交付行為）→④財物または財産上の利益の取得、という因果経過を予定している。

したがって、①の欺罔行為は、少なくとも、**錯誤を起こさせる行為**であり、かつ**処分行為に向けられた行為**でなければならない。

つまり、仮に欺罔的な行為がなされたとしても、それが錯誤を起こさせる行為ではない場合、または処分行為に向けられた行為ではない場合には、そもそも**欺罔行為の存在が否定**され、その結果、詐欺罪は**未遂すら成立しない**ことになる。

このことはきわめて重要である。しっかりと記憶しておこう。

---

①欺罔行為 ──→ ②錯誤 ──→ ③処分行為 ──→ ④財物・財産上の利益の取得

➡欺罔行為は②錯誤を惹起させ、かつ③処分行為に向けられたものであることが必要

　たとえば、Aが通貨類似の金属片を自動販売機に入れ、ジュースを不正に取得したとします。この場合、Aに詐欺罪が成立する余地はありません。**機械は錯誤に陥らない**以上（➡148ページエ）、金属片を自動販売機に入れる行為は、欺罔行為とはいえないからです。A

4. 詐欺の罪　145

は窃盗罪に問擬していくことになります。

また、たとえばBが買い物客のふりをして店員に洋服の試着を申し入れ、試着中に逃走したとしても、やはり詐欺罪は成立し得ません。後述するように店員が**試着を許可するという行為は処分行為とはいえず**（➡ 149 ページ（イ））、したがって試着の許可に向けられたBの欺罔的な行為は欺罔行為にはあたらないからです。Bは、やはり窃盗罪に問擬していくことになります。

（イ）程度

欺罔行為といえるためには、取引の相手方が真実を知っていれば処分行為を行わないような、重要な事実を偽ることが必要である。

取引に多少の誇張や隠蔽が伴ったとしても、それが社会的に相当といえる場合には、欺罔行為にあたらない。その場合には不可罰となるか、せいぜい虚偽広告の罪（軽犯罪法1条34号）が成立しうるにとどまる。

（ウ）不作為による欺罔行為

不作為も、欺罔行為にあたりうる。

そして、不作為が実行行為にあたるための最も重要な要件である法的な作為義務（告知義務）については、信義則（民法1条2項）に基づきゆるやかに認めていくのが判例・通説である。

たとえば、自分の銀行口座に何人かが誤って金銭を振り込んだことを知った被告人が、その事実を銀行に告げずに、銀行の窓口で払戻しを受けた行為について、最高裁は「自己の口座に誤った振込みがあることを知った場合には……誤った振込みがあった旨を銀行に告知すべき信義則上の義務がある」と判示し、詐欺罪の成立を認めている（**最決平成15・3・12百選Ⅱ52**）。

この判例の事案では、被告人は窓口で払戻しを受けていることに注意してください。
もし ATM 機で払戻しを受けたのであれば、錯誤に向けられた欺罔行為があったとはいえないことから、詐欺罪は成立し得ないことになります。

また、たとえば店員からつり銭を多く渡されたことにその場で気付いた者は、それを店員に告知する信義則上の作為義務を負うと考えてよい。したがって、その場で気付きながらそれを告げなかった場合には、不作為による欺罔行為にあたる。

146　1編5章　財産に対する罪

これとは異なり、つり銭が多いことにその場では気付かず、自宅に着いてから気付いたものの、店員に返すことなく領得した場合には、店員に対する不作為による欺罔行為があったとはいえず、詐欺罪は成立しません。この場合には、占有離脱物横領罪（➡ 192 ページ **3**）として処理することになります。

（エ）挙動による欺罔行為

　不作為による欺罔行為と区別されるべき行為として、挙動による欺罔行為がある。

①　飲食店での注文行為

　たとえば、Aが最初から支払の意思がないにもかかわらず食堂でラーメンを注文したとする。このAの行為について、支払の意思がないことを店員に告知しなかったと評価すれば、不作為による欺罔行為（不告知）ということになる。

　しかし、通常ラーメンを注文する者には支払の意思があるということを前提として考えれば、Aがラーメンを注文した行為は、現実には存在しない支払の意思がある旨を告知する行為、すなわち作為による欺罔行為（告知）であると評価するのが妥当であろう。

　判例も、飲食店での注文を作為による欺罔行為と認定している（**最決昭和30・7・7百選Ⅱ53**）。

②　預金口座の開設

　また、第三者に譲渡する意図を秘して自己名義の預金口座を開設し、預金通帳およびキャッシュカードの交付を受けた行為につき、判例は、「銀行支店の行員に対し預金口座の開設等を申し込むこと自体、申し込んだ本人がこれを自分自身で利用する意思であることを表しているというべきである」とし、開設等を申し込む行為は詐欺罪の欺罔行為にあたるとしている（最決平成19・7・17刑集61-5-521）。

　不作為による欺罔行為なのか、挙動による欺罔行為なのかの区別は、感覚的には、信義則上告知すべきだったといえるかどうかで判断できます。
　たとえば誤振込みの事案では、誤振込みがあった旨を告知すべきだったといえますが、無銭飲食の事案については、注文に際して「私は支払うつもりはありません」と告知すべきだったとは到底いえません。このような場合に不作為による欺罔行為と評価すると、作為義務（告知義務）に欠け、欺罔行為がなかったことになってしまいます。そこで、挙動による欺罔行為と評価し、詐欺罪の成立を肯定していくわけです。

4. 詐欺の罪　　147

エ　錯誤

　詐欺罪が成立するためには、欺罔行為により相手方が錯誤に陥らなければならない。錯誤を起こさせるような行為でなければ、そもそも欺罔行為とはいえないことは前述したとおりである。

　この錯誤という要件に関して重要なのは、機械は錯誤に陥らないという点である。すなわち、機械の誤作動は錯誤とは評価されない。このことはしっかりと記憶しておこう。

　したがって、たとえば金属片を用いて自動販売機から商品を取り出す行為（最判昭和29・10・12刑集8-10-1591参照）や、他人のキャッシュカードを拾得した者がこれを用いて自動現金支払機から現金を引き出す行為（東京高判昭和55・3・3判時975-132）については、欺罔行為とはいえず、詐欺罪は未遂すら成立しない。これらの行為については、窃盗罪に問擬することになる。

> 本文の事例とは異なり、人の錯誤を起こさせるような行為はあったものの、相手が錯誤に陥らなかった場合には、欺罔行為の存在は肯定されますから詐欺未遂罪が成立します。

オ　処分行為

　処分行為は、詐欺罪において最も重要な、そして最も受験生が混乱しがちな要件である。試験でも頻出であるので、以下、気合を入れて押さえていこう。

（ア）意義

　処分行為とは、錯誤による瑕疵ある意思に基づいて財物または財産上の利益を終局的に相手方に移転させる行為をいう。この定義は覚えておくとよい。

　たとえば、無銭飲食の意図を黙秘してラーメンを注文した客に対し、店員がラーメンを提供する行為が、処分行為の典型である。

　前述したように、欺罔行為はこの処分行為に向けられたものでなければならない。仮に欺罔的な行為がなされたとしても、それが処分行為に向けられた行為でなければ、詐欺罪は未遂すら成立せず、窃盗罪に問擬しうるにとどまる。

　すなわち、処分行為の有無は、窃盗罪と詐欺罪を区別する基準となる。

> なお、処分行為に向けられた欺罔行為はあったものの、相手方が錯誤による処分行為をするに至らなかった場合には、詐欺未遂罪が成立することになります。

148　1編5章　財産に対する罪

また、財産上の利益の詐取は可罰的であるのに対し、財産上の利益の窃取（利益窃盗）は不可罰であることから、処分行為の有無は財産上の利益の取得行為についての可罰性の限界を画する概念でもあるといえる。

（イ）終局的な移転

では、いかなる場合に処分行為があるといえるのであろうか。

まず、処分行為は、被欺罔者の瑕疵ある意思に基づいて財物の占有（または財産上の利益の準占有 ➡ 152 ページ(c)参照）を終局的に移転させる行為でなければならない。この点はしっかりと記憶しておこう。

たとえば、自動車販売店の店員が、客を装った A に単独での試乗を許可してしまう行為は、自動車の移動能力の高さにかんがみれば、自動車の占有を終局的に移転させる行為といえ、処分行為にあたる（東京地八王子支判平成 3・8・28 判タ 768-249）。したがって、A には詐欺罪が成立する。

これに対し、たとえば洋服店の店員が、客を装った B に洋服の試着を許可してしまう行為は、店内での試着の許可にすぎない以上、洋服の占有を終局的に移転させる行為とはいえず、処分行為にはあたらない。したがって、B のなした試着の許可に向けられた欺罔的行為はそもそも欺罔行為とはいえず、詐欺罪は成立し得ない（広島高判昭和 30・9・6 高刑集 8-8-1021）。

> 試着の後、B が店員の隙を見て逃走した場合、洋服という財物の占有は終局的に B に移転したといえますが、その終局的な占有移転は、被欺罔者の意思に基づくものとはいえません。
> したがって、B には詐欺罪ではなく窃盗罪が成立することになります。

（ウ）被欺罔者の認識の要否

次に、処分行為に関連してもっとも議論が錯綜しているのが、被欺罔者の認識の要否という問題である。この問題は、処分意思の要否とよばれることもある。

以下、1 項詐欺と 2 項詐欺に分けて検討していこう。

① 1 項詐欺の場合　➡論証 31

（a）問題の所在

たとえば、A が X の本に 1 万円札がはさまっていることに気付きながら、その本を X から 100 円で買い受けたとしよう。X は 1 万円札がはさまっていることに気付いていなかったとして、A に詐欺罪が成立するであろうか。

4. 詐欺の罪　149

まず、Aのなした行為は1万円札がはさまっていることをXに告げないという不作為であるが、Aには信義則上の告知義務が認められるから、不作為である点は特に問題とならない。

問題は、被欺罔者であるXが、1万円札がAに移転することを認識していなかった点である。このようなXの行為も、処分行為といえるのであろうか。これが、被欺罔者の認識の要否（処分意思の要否）とよばれる問題である。

(b) 意識的処分行為説

第1の見解は、処分行為があるといえるためには、ある特定の財物を相手方に移転させるという認識まで必要とする見解である（意識的処分行為説）。

この見解からは、Xが「1万円札」という特定の財物の移転を認識していない以上、Xの行為は処分行為とはいえないことになる。したがって、Aには詐欺罪は成立せず（Aの行為は欺罔行為にあたらないので未遂にすらならない）、窃盗罪が成立することになる。

(c) 無意識的処分行為説

第2の見解は、処分行為があるといえるためには、個々の財物の移転についてまで認識している必要はないとする見解である（無意識的処分行為説）。

この見解からは、Xは「本」という財物の移転は認識している以上、Xの行為は処分行為にあたり、したがってAに詐欺罪が成立することになる。

(d) 検討

確かに、詐欺罪は、被欺罔者の意思に基づく占有移転という構造を有している。そうである以上、被欺罔者が占有移転を認識していることは必要である。この点では、意識的処分行為説にも正当性がある。

しかし、被欺罔者に移転する客体を認識させないというのは詐欺における最も典型的な類型である。そうであるにもかかわらず、そうした典型的な類型を詐欺罪から除外する意識的処分行為説は、やはり妥当とはいいがたい。

そこで、個々の財物の移転についてまで認識している必要はないとする無意識的処分行為説が妥当であろう。

> 無意識的処分行為説は、「本」という何らかの財物の移転について認識していれば足り、「1万円札」という個々の財物の移転の認識までは不要と解する見解です。
> 「無意識的」という言葉の語感から誤解してしまう人が多いのですが、この見解も、決して一切の認識を不要と解しているわけではありません。あくまでも、何らかの財物の移転の認

識は必要と解していきます。たとえば、Xが「本」の移転についてすら認識していなかった場合には、無意識的処分行為説によっても処分行為性が否定されることになります。

　争われているのは、「1万円札」という個々の物物の移転についての認識の有無だけだということを、しっかりと意識しておきましょう。

【1項詐欺と被欺罔者の認識の要否】

①何らかの財物の移転の認識‥‥‥‥‥‥‥‥‥‥必要（争いなし）
　　eg.本の移転の認識

②個々の財物の移転の認識‥‥‥‥‥‥‥‥‥‥要否につき争いあり
　　eg.本の中の1万円札の移転の認識

Q 被欺罔者の認識の要否（処分意思の要否）　**A**

A説 意識的処分行為説

結論：処分行為があるというためには、ある特定の財物を相手方に移転させるという認識まで必要である。

理由：詐欺罪は、被欺罔者の意思に基づく占有移転という構造を有している。

批判：相手方に、移転する客体を認識させないという最も典型的な類型を詐欺罪から除外するのは妥当でない。

B説 無意識的処分行為説

結論：処分行為があるというためには、個々の財物の移転についてまで認識している必要はない。

理由：A説への批判と同じ。

---

② 　2項詐欺の場合　➡論証32

(a)　問題の所在

以上を前提として、次に2項詐欺罪における相手方の認識の要否を検討していこう。

たとえば、旅館に宿泊したAが、翌朝になって急に宿泊代金を支払うのが惜しくなり、旅館主であるXに「ちょっと映画を観てくる。宿泊代金はその後に払う」といって外出を許可され、そのまま逃走したとする。

被欺罔者であるXは、Aの債務を免除することになるという認識を有していなかったとして、Aに詐欺罪が成立するであろうか。

(b)　意識的処分行為説

意識的処分行為説からは、2項詐欺における処分行為といえるためには、債務免除の認識が必要となる。

4. 詐欺の罪　151

判例も「債権者を欺罔して債務免除の意思表示をなさしめることを要する」とし、意識的処分行為説に立っている（**最決昭和30・7・7百選Ⅱ53**）。

この立場を上の事例にあてはめれば、Xが債務免除の認識を有していない以上、Xの行為は処分行為とはいえず、Aに詐欺罪は成立しないことになる。しかも、この場合は利益窃盗であるから、結局Aは不可罰ということになろう。

ただし、意識的処分行為説に立ちつつ、2項詐欺罪の成立を認める見解（大塚仁）もあり、学説は錯綜している。

(c) 無意識的処分行為説

以上に対し、本書が採用する無意識的処分行為説からは、2項詐欺における処分行為といえるためには、債務免除の認識までは必要ではなく、代金債権の準占有（事実上弁済を求め、促しうる状態）が終局的に移転することの認識があれば足りると考えることになる。

上の事例にあてはめれば、XはAが外出することの認識を有する以上、代金債権の準占有がAに終局的に移転することの認識があるといえ、Xの行為は処分行為といえることになる。したがって、Aには2項詐欺罪が成立する。

　1項詐欺罪の事例においては、①何らかの財物（たとえば本）の移転の認識は必要だが、②個々の財物（たとえば1万円札）の移転の認識までは不要と考えていきました。

　そして、2項詐欺罪においてもこれとパラレルに考えて、①代金債権の準占有が終局的に移転すること（たとえば外出すること）の認識は必要だが、②債務免除の認識までは不要と考えていくわけです。

> 【2項詐欺と被欺罔者の認識の要否】
> ①代金債権の準占有が終局的に移転
> 　　すること（eg.外出すること）の認識………………必要（争いなし）
> ②債務免除の認識………………………………………… 争いあり

　なお、同じ店内のトイレに行くことを認識しているだけの場合（福岡地小倉支判昭和34・10・29下刑集1-10-2295）や、店先まで知人を見送りに行くことを認識しているだけの場合（**最決昭和30・7・7百選Ⅱ53**）は、被欺罔者は未だ事実上弁済を求めることができる状態にあると思っているはずです。

　つまり、この場合には①の代金債権の準占有が相手方に終局的に移転することの認識すら有していないことになり、被欺罔者の行為は処分行為とはいえないことになります。

（エ）キセル乗車

処分行為に関連する論点として、いわゆるキセル乗車の問題がある。

キセル乗車とは、たとえばA駅からD駅まで乗車する際に、C—D駅間の定期券を有することを奇貨として、乗車券はA—B駅間のみを購入し、D駅の改札ではC—D駅間の定期券を呈示して、B—C駅間の支払を免れる行為のことである。

そうしたキセル乗車がなされた場合、鉄道営業法29条の無賃乗車の罪だけでなく、さらに詐欺罪が成立するかについて、見解が分かれている。以下、代表的な見解を簡単に検討しておこう。

> なお、機械は錯誤に陥らない以上（➡148ページエ）、詐欺罪の成否が問題となるのは、改札が有人改札だった場合だけです。改札が自動改札だった場合には、詐欺罪は当然不成立となります。
> その意味で時代遅れ気味の論点ではあるのですが、今でも詐欺罪の理解には有用です。理解度チェックをかねて、議論のプロセスを追ってみてほしいと思います。

① 乗車駅基準説

キセル乗車において、欺罔的な行為はA駅とD駅でのみ行われていることから、詐欺罪の成立を認めるには、そのうちのいずれかの行為を欺罔行為として構成する必要がある。

この点、**乗車駅**における行為を欺罔行為とする見解を乗車駅基準説という。

この見解は、キセル乗車目的で購入した**A—B駅間の乗車券は無効**であると解し、乗車駅における行為を無効な乗車券をA駅の改札係員に呈示した以上、それは欺罔行為といえると解するわけである。

そして、欺罔行為者を**運搬するという役務の提供**が処分行為であるとし、電車がA駅を出発した時点で既遂になるとする（**大阪高判昭和44・8・7百選Ⅱ54**）。

② 　下車駅基準説

しかし、いくらキセル乗車目的だったとはいえ、正規の乗車券である以上、A─B 駅間の乗車券を無効と解するのは無理がある。

そこで、詐欺罪の成立を肯定するのであれば、やはり下車駅における行為を欺罔行為とするのが妥当であろう。つまり、下車駅である D 駅の改札係員に対し、C─D 駅間しか乗車していないかのように欺き、差額運賃の支払を免れた行為を欺罔行為と構成するわけである。この見解は下車駅基準説とよばれる。

ただし、この下車駅基準説からは、問題が 1 つ生じる。それは、D 駅の改札係員の行為が処分行為といえるか否かである。

この点、意識的処分行為説からは、係員が運賃債権の存在を認識していない以上、処分行為とはいえないと解するのが素直である。ただし、意識的処分行為説に立ちつつ処分行為性を認める見解（➡下記 Ｑ B 2 説の理由②）もあり、議論は錯綜している。

これに対し、本書が採用する無意識的処分行為説からは、係員には当該乗客が改札から外に出ることの認識はある以上、処分行為ということができるであろう。

Ｑ キセル乗車に詐欺罪は成立するか　B

A 説 否定説
理由：① A─B 駅間の乗車間は有効であり、かつ、行為者に乗越しの申告義務はないから、乗車駅においては欺罔行為が認められない。
　　　②下車駅の集札係の職員は、B─C 駅間の運賃債権の存在すら認識していないから、処分行為は認められない（意識的処分行為説を前提）。

B 説 肯定説

B1 説 乗車駅基準説（大阪高判昭和 44・8・7 百選 II 54）
理由：①犯罪遂行の手段として用いられる乗車券は無効であり、正常な乗客と装った行為は挙動による欺罔行為にあたる。
　　　②欺罔行為に基づいて輸送という役務を取得したといえる。
批判：たとえキセル乗車目的であっても、正規の乗車券を無効と解するのには無理がある。

B2 説 下車駅基準説（平野・福田・西田など）
結論：C─D 駅間しか乗車していないかのように係員を欺いて B─C 間の差額運賃の請求をさせずに、その支払を免れた点を捉えて 2 項詐欺罪の成立を認める。
理由：①（無意識的処分行為説から）係員には当該乗客が改札から外に出る認識がある以上、問題なく処分行為を認めうる。

154　1 編 5 章　財産に対する罪

②（意識的処分行為説から）被欺罔者に債権の価値について決済する意思が
あるから処分意思を認めうる。

批判：（理由②に対して）下車駅の係員は債権の存在すら認識していないので、意識
的処分行為説からは処分行為とはいえないはずである。

（オ）無銭飲食

処分行為の最後に、無銭飲食における詐欺罪の成否について、場合を分けて
検討しておこう。

①　当初から支払意思がなかった場合

当初から支払意思がないにもかかわらず飲食した場合には、料理を注文した
時点で1項詐欺の未遂が成立し、飲食した時点で1項詐欺の既遂となる。料理
という財物についての詐欺罪が成立するわけである。

なお、無銭飲食の意図で料理を注文する行為は、不作為による欺罔行為では
なく、現実には存在しない支払の意思がある旨を告知する行為であると評価し、
作為による欺罔行為と解するのが通説である（挙動による欺罔行為 ➡ 147 ページ
（エ））。

1項詐欺が既遂となった後、新たな欺罔行為により料理の代金の支払を免れ
た場合の処理については、162 ページ（ア）を参照。

②　当初は支払意思があった場合

次に、当初は支払意思があったものの、飲食した後に気が変わり、欺罔的手
段を用いて支払を免れた場合はどうか。

まず、注文をした当初は支払意思があった以上、注文し飲食した行為につい
て1項詐欺罪が成立する余地はない。

では、欺罔的手段を用いて支払を免れた行為についてはどうか。

この点、意識的処分行為説からは、店員による債務免除の意思表示がない限
り2項詐欺罪は成立しないことになる。

これに対し、無意識的処分行為説からは、外出することを認めたといえる場
合でさえあれば、2項詐欺罪が成立することになろう。

> では、同じく当初は支払意思があったものの、飲食をした後に気が変わり、店員の隙を見
> て逃走した場合はどうでしょうか。
> まず、注文して飲食した行為について1項詐欺罪が成立する余地はありません。
> 問題は店員の隙を見て逃走した行為についてですが、隙を見て逃走する行為は欺罔行為

4. 詐欺の罪　　155

ではありませんから、2項詐欺罪も成立しません。しかも、逃走により得たのは、財物ではなく代金債務を免れるという財産上の利益ですから、利益窃盗となり窃盗罪も成立しません。

したがって、この場合には刑法上の犯罪は何も成立しないことになります。

カ　財産的損害

（ア）財産的損害の内容

詐欺罪が財産犯である以上、その成立のためには、何らかの財産的損害の発生が必要である（大決昭和3・12・21刑集7-772）。

この財産的損害の発生という要件は、詐欺罪の既遂時期を決する概念であるのと同時に、そもそも欺罔行為といえるか否かを決する要件でもあります。つまり、財産的損害を発生させるような行為でなければ、それは欺罔行為とはいえなくなってしまい、詐欺罪は未遂すら成立しないことになるわけです。このことはしっかりと覚えておきましょう。他方、財産的損害を発生させるような行為であれば、その行為の時点で詐欺未遂が成立し、実際に財産的損害が発生した時点をもって既遂となります。

なお、この財産的損害の発生という要件の構成要件的な位置付け（➡ 145ページ（ア）参照）については、①第4の客観的構成要件要素である**財物・財産上の利益の取得とイコール**である（つまり財物・財産上の利益の取得のいいかえである）とする見解と、②財物・財産上の利益の取得の次に要求される**第5の客観的構成要件要素**とする見解とがあります。答案では、いずれの見解に立ってもOKです。

では、何をもって財産的損害というべきか。

①　形式的個別財産説（かつての通説）

かつての通説は、詐欺罪は全体財産に対する罪ではなく個別財産に対する罪（➡ 97ページ**ウ**）であることをその根拠として、1項詐欺については財物の交付（喪失）自体、2項詐欺については財産上の利益の交付（喪失）自体が、それぞれ財産的損害であると解していた。この見解は、形式的個別財産説とよばれる。

この見解からは、たとえば売主が価格相当の商品を提供して代金を受領した場合でも、売主が詐欺的手段を用いて売買契約を締結していた場合には、買主に代金の喪失という財産的損害が発生したことになり、売主に詐欺罪が成立しうることになる。

②　実質的個別財産説（現在の通説）

しかし、以上のように解しては、結局、財産的損害という要件を不要とする

156　1編5章　財産に対する罪

立場と実質的に異ならないことになってしまう。

そこで、今日では、より実質的な財産的損害の発生が必要であるとする見解が通説となっている。この見解は、実質的個別財産説とよばれる。

③　判例

判例も、実質的個別財産説に立っていると解される。

たとえば、**最判平成13・7・19百選Ⅱ49**は、請負代金の受領権限を有する請負人が、詐欺的手段によって弁済期よりも早く請負代金を受領したという事案において、「本来受領する権利を有する請負代金を不当に早く受領したことをもって詐欺罪が成立するというためには、欺罔手段を用いなかった場合に得られたであろう請負代金の支払とは社会通念上別個の支払にあたるといい得る程度の期間支払時期を早めたものであることを要する」とした。

また、**最判昭和30・4・8百選Ⅱ57**は、買主から売買契約の履行を督促された売主が、目的物のリンゴを既に貨車に積み込んであるように見せかけ、買主を安心させて帰宅させた事案において、「すでに履行遅滞の状態にある債務者が、欺罔手段によって、一時債権者の督促を免れたからといって、ただそれだけのことでは、刑法246条2項にいう財産上の利益を得たものということはできない」と判示し、2項詐欺の成立を否定した。

これらの判例は、詐欺罪の成立要件として、実質的な意味での財産的損害の発生を要求したものといえよう。

> ● **詐欺罪における財産的損害の内容　A**
>
> **A説　形式的個別財産説**
> 結論：財物や財産上の利益の交付（喪失）自体が損害である。
> 理由：刑法は、全体財産の損害を詐欺罪の要件としていない。
> 批判：財産上の損害を不要とする立場と実質的に異ならない。
> **B説　実質的個別財産説**
> 結論：実質的な意味での損害が必要である。
> 理由：A説への批判と同じ。

（イ）価格相当の商品の給付　➡論証33

ここから、実質的個別財産説を前提として、いくつかの類型に分けて財産的損害の有無を検討しよう。

まず、欺罔者が、被欺罔者に対して価格相当の商品を給付した場合、被欺罔

4. 詐欺の罪　157

者において財産的損害は認められるか。

　この場合については、①被欺罔者が当該取引において獲得しようとしたもの（被欺罔者が意図した取引）と、②欺罔者が給付したもの（実際になされた取引）との間に、経済的に重要な離齬がある場合に財産的損害が認められると解される。

　たとえば、Aの欺罔によりAを医師と誤信したBが、Aからある薬を相当価格で購入したとする（大決昭和3・12・21刑集7-772の事案）。この場合、その薬がBが期待したとおりの効能を有しており、Bがまさしくその薬を獲得しようとしていたといえるのならば、①Bが獲得しようとしたものと②Aが給付したものとの間に経済的に重要な離齬があるとはいえない。したがって、Bに財産的損害は認められないことになる。

　他方、市価2100円の電気アンマ器を、中風や小児麻痺に効果がある高価な特殊治療器であると偽られて2200円で購入したとする（**最決昭和34・9・28百選II 48**の事案）。この場合、①被害者が獲得しようとしたのは「購入価格以上の価値を有する物」であるところ、②実際に給付されたのは「購入価格相当の物」にすぎないため、両者の間に経済的に重要な離齬があるといえる。したがって、財産的損害が認められることになる。

（ウ）公的証明書の詐取

　次に、公務所に対する虚偽の申立てによって各種の公的証明書を交付させた場合、財産的損害は認められるか。

　判例は、印鑑証明書（大判大正12・7・14刑集2-650）や旅券（最判昭和27・12・25刑集6-12-1387）の不正受交付について、詐欺罪の成立を否定している。

　これらの文書は、単に事実を証明する文書にすぎない。公務所は、これらの文書を交付したとしても、文書の所持人に対して何らかの給付（サービス）をする必要はもともとない。したがって、これらの文書を詐取されたとしても、公務所において財産的損害の発生は認められないというべきである。判例の結論は妥当であろう。

　他方、判例は、国民健康保険証（最決平成18・8・21判タ1227-184）や簡易生命保険証書（最決平成12・3・27刑集54-3-402。郵政民営化前の事案）の不正受交付につき、詐欺罪の成立を肯定している。

　これらの文書を交付した公務所は、これらの文書の所持人に対して、保険金

の交付等をしなければならなくなる現実的な危険性を負担することになるが、かかる負担は財産的損害といえる。判例の結論は妥当であろう。

> ちなみに、この論点の前提論点として、国家的法益に対する詐欺罪の成否（➡ 144 ページア）が問題となります。書き落とさないように注意しましょう。

（エ）預金通帳の詐取

次に、預金通帳が詐取された場合、銀行に財産的損害は認められるか。

判例は、①他人名義で銀行口座を開設し預金通帳の交付を受けた事案において、「預金通帳は、……これを利用して預金の預入れ、払戻しを受けられるなどの財産的な価値を有するものと認められるから、……246 条 1 項の財物に当たる」とし、詐欺罪の成立を肯定した（最決平成 14・10・21 刑集 56−8−670）。

この判例は、もっぱら預金通帳が財物にあたるか否かを問題とし、財産的損害の発生については言及していない。しかし、当該預金通帳が振り込め詐欺等に利用された場合、銀行は、被害者から不当利得返還請求や不法行為に基づく損害賠償請求を受ける可能性がある。このようなリスクを負う点で、銀行の財産的損害が認められる。したがって、判例の結論は、財産的損害という要件との関係でも妥当であろう。

また、別の判例は、②第三者に譲渡する意図を秘して自己名義の預金口座を開設し預金通帳等の交付を受けた事案において、「銀行支店の行員に対し預金口座の開設等を申し込むこと自体、申し込んだ本人がこれを自分自身で利用する意思であることを表しているというべきであるから、預金通帳及びキャッシュカードを第三者に譲渡する意図であるのにこれを秘して上記申込みを行う行為は、詐欺罪にいう人を欺く行為にほかならず、これにより預金通帳及びキャッシュカードの交付を受けた行為が刑法 246 条 1 項の詐欺罪を構成することは明らかである」とし、やはり詐欺罪の成立を肯定した（最決平成 19・7・17 刑集 61−5−521）。

この判例は、第三者に譲渡する意図を秘した申込み行為が挙動による欺罔行為（➡ 147 ページ（エ））にあたることについてしか言及していない。しかし、①の場合と同様に、当該預金通帳が振り込め詐欺等に利用された場合、銀行は被害者から不当利得返還請求や不法行為に基づく損害賠償請求を受ける可能性がある。このようなリスクを負う点で、銀行の財産的損害が認められる。した

4. 詐欺の罪　159

がって、判例の結論は、財産的損害という要件との関係でも妥当であろう。

> 本文では、西田教授の見解にならって、銀行が被害者から不当利得返還請求や不法行為の損害賠償請求を受けるリスクを負うという点に財産的損害の内実を求めました。
> その他の見解としては、たとえば、銀行は預金通帳の所持人に対し**「預金の預け入れ、払戻し」**などの給付をしなければならないという危険を負担することになる、という点に、銀行の財産的損害の内実を求める見解もあります。答案では、いずれの見解で書いても OK です。

（オ）搭乗券の詐取

次に、他の者を搭乗させる意図で、航空会社の搭乗業務を担当する係員に外国行きの自己に対する搭乗券の交付を請求してその交付を受けた行為につき、財産的損害が認められ、詐欺罪が成立するか。

判例は、「当該乗客以外の者を航空機に搭乗させないことが本件航空会社の航空運送事業の経営上重要性を有していた」とし、したがって「本件係員らは、搭乗券の交付を請求する者がこれを更に他の者に渡して当該乗客以外の者を搭乗させる意図を有していることが分かっていれば、その交付に応じることはなかった」として、航空券の請求行為は欺罔行為に該当し、交付を受けた行為は詐欺罪を構成するとした（**最決平成 22・7・29 百選Ⅱ 50**）。

この判例は、財産的損害については言及していない。しかし、航空会社にとって、搭乗券および搭乗者の適切な管理は航空機の運航の安全上重要であり、その不適切な管理は、当該航空会社の業務に対する信頼を失わせ、ひいては航空会社の経済的運営にも重大な影響を及ぼすものといえる。その点で、財産的損害の発生が認められる。したがって、判例の結論は、財産的損害という要件との関係でも妥当であろう。

キ　故意

本罪の成立には、主観的構成要件要素として、構成要件的故意（38 条 1 項）が必要である。

実務では、詳しい事情を聞かされることなく金品の受け取りのみ担当する特殊詐欺の受け子に、本罪の構成要件的故意（および共謀）を認めることができるかがしばしば問題となる。

この点につき、最高裁は、被告人の A が、他人の郵便受けの投入口から手

を突っ込んで宅配便の不在連絡票を取り出し、そこに記載された暗証番号を用いて宅配ボックスから荷物を取り出し、それを回収役に渡したという事案において、「他人の郵便受けの投入口から不在連絡票を取り出すという**著しく不自然な手法**」で荷物を取り出したうえ、これを回収役に引き渡していることなどからすれば、「自己が受け取る荷物が**詐欺に基づいて送付されたものである可能性を認識していたと推認できる**」として、Aの詐欺罪の故意および共謀を認めている（最判令和元・9・27刑集73-4-47）。

ク 不法領得の意思

本罪の成立には、以上の構成要件的故意に加えて、**不法領得の意思が必要**である（大判昭和8・6・26刑集12-963、**最決平成16・11・30百選Ⅱ31**）。

不法領得の意思の内容は、窃盗罪における不法領得の意思の内容（➡ 111ページ**カ**）と同様である。

ケ 未遂

本罪の未遂は罰する（250条）。

本罪の実行の着手時期について、判例は、既に100万円の詐欺被害に遭っていた被害者に現金を交付させるための計画の一環として、Aが被害者に対して「預金を下ろして現金化する必要がある」、「間もなく警察官が被害者宅を訪問する」などの嘘を述べた時点で、実行の着手を認めている（**最判平成30・3・22百選Ⅰ63**）。

このAは、未だ現金の交付を求める文言自体は述べていない。しかし、上記のような嘘を述べれば、被害者が現金を交付してしまう危険性が著しく高まるものといえる以上、その時点で詐欺罪の実行の着手が認められるわけである。

なお、それぞれの箇所で述べたとおり、本罪の欺罔行為といえるためには、①錯誤を生じさせるものであり、②処分行為に向けられたものであり、③財産的損害を発生させるものでなければならない。そうでない場合には、そもそも欺罔行為が存在せず、したがって本罪は未遂すら成立しないことに注意しよう。

コ　罪数・他罪との関係

（ア）1項詐欺罪と2項詐欺罪　　➡論証 34

　たとえば、①AがBを欺いて商品を詐取した後、②新たな欺罔行為により
その商品についての代金債務も免れたとする。

　この場合、①について1項詐欺が、②について2項詐欺がそれぞれ成立し、
両者は併合罪となるとも思える。しかし、両罪の保護法益は実質的には同一で
あり、また、両行為は時間的・場所的に接着していることから、包括して1個
の詐欺罪が成立すると解するのが通説である。

（イ）1項詐欺罪と2項強盗罪

　たとえば、①XがYを欺いて商品を詐取した後、②反抗抑圧程度の暴行・
脅迫によりその商品についての代金債務も免れたとする。

　この場合、①について1項詐欺が、②について2項強盗がそれぞれ成立し、
両者は併合罪となるとも思える。しかし、保護法益が実質的に同一であり、両
行為が時間的・場所的に接着している場合には、強盗罪の混合包括一罪が成立
することになる（➡126ページウ、総論［第4版］282ページイ）。

（ウ）窃取・詐取した財物を欺罔行為に利用した場合

　たとえば、郵便貯金通帳を窃取した後、これを利用して窓口で払戻しを受け
た場合には、新たな法益侵害を伴う以上、窃盗罪と詐欺罪が成立し、両者は併
合罪となる（最判昭和25・2・24刑集4-2-255）。

　詐取した郵便貯金通帳を利用して払戻しを受けた場合にも、詐欺罪が二罪成
立し、両者は併合罪となると解してよい。

> 　（ア）の場合には、侵害された法益は①商品の占有と②その商品の代金債権であり、両者
> は実質的に同一といえます。
> 　これに対し、（ウ）の場合には、侵害された法益は①郵便貯金通帳の占有と②払戻し債権
> ないし現金の占有であり、両者は実質的にも同一とはいえません。したがって、それぞれに
> つき犯罪が成立すると解していくわけです。

（エ）偽造罪等との関係

　文書偽造・同行使罪と詐欺罪は、牽連犯となる（大判明治42・1・22刑録15-
27）。有価証券偽造・同行使罪と詐欺罪もやはり牽連犯である（大判昭和8・10・
2刑集12-1721）。

　他方、通貨偽造・同行使罪と詐欺罪については、牽連犯とはならない。詐欺

162　1編5章　財産に対する罪

罪は偽造通貨行使罪に吸収されると解するのが判例（大判明治43・6・30刑録16-1314）・通説である。この論点は後述する（➡ 283ページ下の（イ））。

2 詐欺罪をめぐる諸問題 🅰

ア 欺罔行為後の受領行為にのみ関与した者の罪責——承継的共同正犯

判例は、欺罔行為に関与せず、財物の受領行為のみに関与した者につき、「本件詐欺を完遂する上で本件欺罔行為と一体のものとして予定されていた本件受領行為に関与している」ことを理由として、詐欺罪の承継的共同正犯の成立を肯定している（**最判平成29・12・11百選Ⅰ82** ➡ 総論［第4版］220ページイ）。

イ 不法原因給付と詐欺

詐欺罪をめぐる論点の中で、最も重要・頻出であり、かつ、受験生が混乱しがちなのが、不法原因給付と詐欺とよばれる問題である。

この論点を混乱せずに理解するためのポイントは、1項詐欺と2項詐欺とをしっかりと分けることにある。以下、それぞれについて検討していこう。

（ア）1項詐欺の場合 ➡論証35

a 問題の所在

まず、1項詐欺の場合である。

たとえば、AがBに「麻薬を売ってやる」と偽り、Bから代金を騙し取ったとする。

この場合、Aには1項詐欺罪が成立しそうであるが、事はそう単純ではない。民法708条により、Bの財産的損害が否定されるのではないかが問題となるのである。

すなわち、民法708条は、本文において「不法な原因のために給付をした者は、その給付したものの返還を請求することができない」と規定し、不法原因給付をした者による不当利得返還請求権を否定している。したがって、Bにこの規定が適用されるのであれば、民法上BはAに対して代金の返還を請求できないことになる。

とすれば、結局Bには財産的損害が発生せず、したがってまた、Aの行為は財産的損害を発生させるような行為ではなかった（すなわち欺罔行為ではなかっ

た）ということになるのではないかが問題となるのである。

なお、判例に現れた事例としては、通貨偽造の資金と欺いて金銭を詐取したもの（大判明治 43・5・23 刑録 16-906）、ヤミ米を買ってきてやると欺いて金銭を詐取したもの（最判昭和 25・12・5 刑集 4-12-2475）、売春をすると偽って前借金を詐取したもの（最決昭和 33・9・1 刑集 12-13-2833）などがある。

b　検討

この問題につき、ごく少数の見解（後掲 A 説）を除けば、詐欺罪の成立を肯定することについて争いはない。ただし、その理由づけについては見解が分かれている。

判例は、「欺罔手段によって相手方の財物に対する支配権を侵害した以上、……詐欺罪の成立をさまたげるものではない」としている（最判昭和 25・7・4 百選Ⅱ 46）。

学説では、①被害者は欺かれなければ財物を交付しなかったはずである以上、財産的損害を肯定できるとする見解と、②もっぱら行為者が不法の原因をつくり出した場合にあたるとして、民法 708 条ただし書により財産的損害が肯定できるとする見解とがある。

以上のいずれの見解でもよいが、自分の立場をしっかりと決めておいてほしい。

Q 不法原因給付と 1 項詐欺　A

A説 否定説
理由：民法 708 条本文により返還請求が認められない以上、財産的損害がない。

B説 肯定説（判例・通説）
理由：①（判例）欺罔手段によって相手方の財物に対する支配権を侵害している以上、財産的損害を肯定できる。
②（大塚仁・大谷など）被害者は欺かれなければ財物を交付しなかったはずである以上、財産的損害を肯定できる。
③（平野・西田など）交付する財物そのものは交付するまで不法性はなかったのであり、不法の原因は受益者についてのみ存するから、民法 708 条ただし書が適用される。その結果、財産的損害を肯定できる。

（イ）2 項詐欺の場合　➡論証 36

a　問題の所在

次に、2 項詐欺の場合を検討しよう。

164　　1 編 5 章　財産に対する罪

まず、①ＸがＹに「代金を支払う」と偽り、売春行為や犯罪行為を行わせた場合についてである。

この場合、売春行為や犯罪行為という役務を詐取したとして、Ｘには２項詐欺が成立するようにも思える。しかし、そもそもそれらの役務は公序良俗違反（民法90条）の役務であるから、２項詐欺の客体である財産上の利益にあたらず、したがってまた、Ｙに財産的損害が認められない。この点について争いはない。

問題は、②ＸがＹに売春行為や犯罪行為をさせた後、Ｙを欺いて対価の支払を免れた場合についてである。

---

①だまして売春行為や犯罪行為をさせた……………不成立（争いなし）

②だまして対価の支払を免れた…………………………成否につき争いあり

---

b　検討

この点、詐欺罪の成立を認める見解も有力であるが、売春行為や犯罪行為が公序良俗に違反し、民法上対価請求権が認められない（民法90条）以上、被欺罔者に財産的損害があったとはいえないと解し、詐欺罪の成立を否定する見解が多数説である。

１項詐欺の場合とは異なり、被害者は自ら違法行為を行っている以上、保護に値しないというべきである。詐欺罪の成立を否定する多数説が妥当であろう。

> 　２項詐欺が問題となる事案では、被害者が**自ら売春行為や犯罪行為**を行っているというのがポイントです。自ら売春行為や犯罪行為を行った者は、実質的にいって刑法的な保護に値しないというべきであるため、多数説は詐欺罪の成立を否定するわけです（これに対し、１項詐欺が問題となる事案では、被害者は、不法の目的に基づきはするものの、自ら不法な行為をしているわけではなく、ただお金や財物を交付しただけですから、刑法的保護に値するといえ、詐欺罪の成立を肯定することができます）。
> 　なお、同じ２項犯罪でも、たとえば覚せい剤の売買代金の支払を反抗抑圧程度の暴行によって免れた場合のように、**２項強盗**が問題となる事案では、その**成立を肯定**する見解が有力です。判例も、成立を肯定しています（最判昭和35・8・30刑集14-10-1418、**最決昭和61・11・18百選Ⅱ40**）。暴行・脅迫を手段として財産上の利益を強取するという行為の高度の違法性からして、成立を肯定する見解は妥当でしょう。

🅠 不法原因給付と２項詐欺　Ａ

Ａ説 肯定説（団藤・大谷など）

4.詐欺の罪　165

理由：社会秩序を乱す行為である以上、成立を肯定するべきである。
B説 否定説（多数説）
理由：公序良俗に反する契約は無効であって、債務を負担することはない。

ウ　三角詐欺
（ア）意義
　三角詐欺とは、被欺罔者と被害者とが異なる場合をいう。
　たとえば、AがX銀行の融資係であるBをだまして融資を受けたとする。この場合、被欺罔者は融資係のBであるのに対し、財産的損害を被る被害者はX銀行であるから、三角詐欺にあたる。

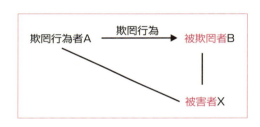

　三角詐欺の事案で詐欺罪が成立するためには、以下の2点を満たす必要がある。
　まず、①被欺罔者と処分行為者とは一致していなければならない。両者が異なる場合には、錯誤に基づく処分行為が欠けることになってしまうからである。
　次に、②被欺罔者に被害者の財産を処分する権限があることが必要である。たとえば、財物を処分する権限を有しない者をだまして、その者に被害者の財物をもってこさせた場合、それは窃盗罪の間接正犯となるにすぎない。
　上の事例では、①被欺罔者と処分行為者はともに融資係のBであり、かつ、②BにはX銀行の金銭を融資する権限があることから、Aには詐欺罪が成立することになる。

（イ）訴訟詐欺
　三角詐欺として問題となるものに、訴訟詐欺がある。
　訴訟詐欺とは、裁判所を欺いて勝訴の判決を得、敗訴者から財物・財産上の利益を交付させる場合をいう。
　この場合について、敗訴者による財物等の交付は、敗訴者の意思に反してい

る以上処分行為とはいえないとして、詐欺罪は成立しないとする見解もある。

しかし、被欺罔者と処分行為者はともに裁判所であり、**敗訴者は被害者にすぎない**と構成すれば、訴訟詐欺は**三角詐欺の一類型**といえる。したがって、裁判所に被害者の財産についての処分権限が認められる限り、詐欺罪の**成立を肯定**するのが妥当であろう（大判明治44・11・27刑録17-2041等・通説）。

> なお、登記官吏をだまして不動産の登記を取得したとしても、**登記官吏には当該不動産を処分する権限がない**ことから、当該不動産に関する詐欺罪は成立しません（最決昭和42・12・21刑集21-10-1453）。登記官吏に不動産の処分権限がないということは重要な基礎知識ですから、しっかりと記憶しておきましょう。

Q 訴訟詐欺における詐欺罪の成否　B

A説 否定説（団藤）

理由：①敗訴者による財物等の交付は、敗訴者の意思に反しており、意思に基づく処分行為とはいえない。

②民事訴訟においては形式的真実主義ないし弁論主義が妥当することから、裁判所には錯誤が欠けることになる。

批判：①（理由①に対して）被欺罔者および処分行為者は裁判所であり、敗訴者は被害者にすぎない。

②（理由②に対して）自由心証主義により、民事訴訟においても証拠の評価は裁判所の自由な心証によるのであるから、裁判所に錯誤がある。

B説 肯定説（判例・通説）

理由：A説への批判と同じ。

（ウ）その他の三角詐欺

以上の訴訟詐欺のほか、三角詐欺の一類型とされることのある事案として、クレジットカード詐欺や二重抵当がある。

クレジットカード詐欺については次項で、また二重抵当については背任罪の中で（➡ 195ページ**イ**）、それぞれ検討しよう。

エ　クレジットカード詐欺

クレジットカードの不正使用行為について、詐欺罪が成立するか否かという問題がある。

この問題は、大きく、自己名義のクレジットカードを不正使用した場合と、他人名義のクレジットカードを不正使用した場合とに分けて検討する必要があ

4.詐欺の罪　167

る。

(ア) 自己名義のクレジットカードを不正使用した場合

まず、自己名義のクレジットカードを不正使用した場合についてである。

たとえば、Aが、支払の意思も能力もないにもかかわらず、自己名義のクレジットカード（B社発行のもの）を使用して、店舗を営むCから商品を購入したとする。このような場合に、Aに詐欺罪が成立するか、また、成立するとしてその理論構成をいかに解するかについて、見解が分かれている。

では、なぜ見解が分かれているのであろうか。その主たる原因は、クレジットカードの以下のような仕組みにある。

すなわち、①信販会社（クレジットカード会社）と会員契約を締結した者は、信販会社と加盟店契約を締結した加盟店から、クレジットカードにより商品を購入することができる。そしてその代金については、②まず加盟店が信販会社から立替払いを受け、③その後に信販会社が会員から代金を徴収する。

そして、仮に③の徴収に失敗したとしても、加盟店はその責任を負わず、信販会社が負担することになる。つまり、加盟店は、信販会社に立替払いを受けた金員を返還する必要はないわけである。

このことから、加盟店には錯誤や財産的損害がなく、したがってまた、Aの行為は欺罔行為とはいえないのではないかが問題となるのである。

では、支払の意思も能力もないにもかかわらず自己名義のクレジットカードを使用して商品を取得したAの行為について、詐欺罪が成立するか。

この点、詐欺罪の成立を否定する見解もあるが、多数説は詐欺罪の成立を肯定する。問題は、その理論構成である。代表的な2つの見解を検討してみよう。

① 加盟店を被欺罔者・処分行為者・被害者とする1項詐欺説

第1の見解は、支払の意思・能力がないことを知っていれば、加盟店は信義則上取引を拒否したはずであるとし、このことから、加盟店の錯誤を肯定し、錯誤に基づく商品の交付という処分行為も肯定する。

すなわち、加盟店を被欺罔者・処分行為者・被害者とする1項詐欺罪が成立すると解するのである。

下級審裁判例の多くは、この見解によっている（福岡高判昭和56・9・21判タ464-178、東京高判昭和59・11・19判タ544-251等）。

> この見解は、単純明快な点でとても魅力的です。答案でも、基本的にはこの見解で十分です。
> ただし、加盟店は信販会社から立替払いを受けられるため、加盟店には**実質的な財産的損害が全くない**のではないかという疑問が否めません。そのため、この1項詐欺説で答案を書くのであれば、財産的損害については形式的個別財産説で書くのが安全です。実質的個別財産説で書きたいのであれば、次に述べる2項詐欺説で書く方がいいでしょう。

② 加盟店を被欺罔者・処分行為者、信販会社を被害者とする2項詐欺説

第2の見解は、被欺罔者・処分行為者は第1の見解と同様に加盟店であるが、加盟店は立替払いを受けられる以上、実質的な財産的損害を被る被害者は信販会社であるとする。つまり、クレジットカード詐欺を三角詐欺の一類型と捉えるわけである。

この見解の内部でも、財産的損害の内容等についてさらなる対立があるが、加盟店による商品の販売により、信販会社が加盟店に対する立替払いの債務を負担したことが実質的な財産的損害であり、また、欺罔者は信販会社による債務引受けによって加盟店に対する代金債務を免れるという財産上の利益を得たと解し、商品の交付の時点で2項詐欺罪が成立するとする見解が有力である。

> この見解に立つ場合の、具体的な書き方を補足しておきます。
> まず、支払の意思・能力がないことを知っていれば、**加盟店は信義則上取引を拒否した**はずですから、加盟店の錯誤を肯定します。
> 次に、加盟店が商品を販売すると、一方で欺罔者は加盟店に対する代金債務を免れ、他方で信販会社は立替払いの債務を負担することになります。
> よって、**商品の販売**という加盟店による処分行為によって、欺罔者は**加盟店に対する債務を免れる**という財産上の利益を取得し、**信販会社は立替払いの債務を負担する**という実質的な財産的損害を負うといえます。
> 以上から、欺罔者の行為は、加盟店の錯誤・処分行為および信販会社からの財産上の利

益の取得に向けられた、しかも信販会社に財産的損害が発生される行為といえ、欺罔行為といえます。よって、商品の交付の時点で、2項詐欺罪が成立すると解していくわけです。

（イ）他人名義のクレジットカードを不正使用した場合　➡論証37

次に、他人名義のクレジットカードを不正使用した場合はどうか。

①　名義人の承諾がない場合

まず、たとえばXから窃取してきたクレジットカードをAが不正使用した場合などのように、使用についての名義人の承諾がない不正使用の場合について検討する。

この場合、加盟店は、他人名義のクレジットカードであることを知っていれば、当然に取引を拒否したはずである。よって、加盟店に錯誤が認められ、錯誤に基づく商品の交付という処分行為も認められる。

そして、信販会社からの立替払いを受けられない可能性がある以上、財産的損害に関する実質的個別財産説を前提とした場合にも、加盟店に実質的な財産的損害があるといえる。

以上から、1項詐欺罪が成立すると解するのが妥当である。

信販会社との契約上、加盟店は、クレジットカードの利用者が名義人本人であるかを確認する義務があります。そのため、他人名義のクレジットカードの不正使用の場合には、加盟店がその義務を果たさなかったとして、信販会社が立替払いを拒否する可能性があります。そのため、形式的個別財産説からはもとより、実質的個別財産説からでも、加盟店に財産的損害を認めることができるのです。

②　名義人の承諾がある場合

では、名義人の承諾のもと、他人名義のクレジットカードを使用した場合はどうか。

この場合も、加盟店は、他人名義のクレジットカードであることを知っていれば取引を拒否したはずである。

よって、名義人の承諾がある場合であっても、承諾がない場合と同様に、1項詐欺罪が成立すると解するのが妥当である。

判例も、「仮に、被告人が、本件クレジットカードの名義人から同カードの使用を許されており、かつ、自らの使用に係る同カードの利用代金が会員規約に従い名義人において決済されるものと誤信していたという事情があったとして

170　1編5章　財産に対する罪

も、本件詐欺罪の成立は左右されない」としている（**最決平成 16・2・9 百選Ⅱ 55**）。

> なお、クレジットカードを使用する際には、売上票にサインをすることがあります。その場合は、クレジットカード詐欺に加えて、**私文書偽造罪や同行使罪**が成立し得ます。セットで抽出するクセをつけておきましょう。
> また、AがBからクレジットカードを借りて使用した事案で、約束の額を超えてAが同カードを使用した場合は、クレジットカード詐欺や私文書偽造・同行使に加え、Bとの関係で**背任罪**が成立し得ます。この点もあわせて押さえておきましょう。

3 電子計算機使用詐欺罪

> 246条の2　前条〔詐欺罪〕に規定するもののほか、人の事務処理に使用する電子計算機に虚偽の情報若しくは不正な指令を与えて財産権の得喪若しくは変更に係る不実の電磁的記録を作り、又は財産権の得喪若しくは変更に係る虚偽の電磁的記録を人の事務処理の用に供して、財産上不法の利益を得、又は他人にこれを得させた者は、10年以下の拘禁刑に処する。

　電子計算機使用詐欺罪は、試験との関係での重要性はやや低い。以下概説していくが、余裕があるときにざっと目をとおしておけば足りる。

ア　意義

　すでに学んだように、機械は錯誤に陥らない以上、**機械を不正に操作**したとしても詐欺罪が成立する余地はない。その場合、通常は窃盗罪に問擬していくことになる。
　しかし、常に窃盗罪が成立するわけではない。たとえば、XがATM機を不正に操作して、他人の預金を自己の口座に振替送金させたとする。その後、現金化される前に、自動振替によってXの口座から電気料金が引き落とされたとしよう。この場合、Xに詐欺罪が成立しないのはもとより、Xは現金を一切手にしていないことから、財物を取得したとはいえず、窃盗罪が成立すると解することもできないのである。
　そこで、このような**詐欺罪によっても窃盗罪によっても捉えることのできない行為**を処罰すべく規定されたのが本罪である。

4. 詐欺の罪　171

イ　行為

（ア）不実の電磁的記録の作出

「人の事務処理に使用する電子計算機」に、「虚偽の情報」もしくは「不正な指令」を与えて、「財産権の得喪若しくは変更に係る不実の電磁的記録」を作ることである。

たとえば、銀行が業務上使用している電子計算機に、実際には入金がないにもかかわらず入金があったように入力する行為がこれにあたる。

（イ）虚偽の電磁的記録の供用

「虚偽の電磁的記録」を「人の事務処理の用」に供することである。

たとえば、内容虚偽のプリペイドカードを機器に挿入する場合がこれにあたる。

ウ　不法の利得

本罪の成立には、以上の（ア）または（イ）の行為に加え、「財産上不法の利益」を得ることが必要である。

上の例に即していえば、預金の引出し・振替を行うことができる地位を取得することや、プリペイドカードによって一定の債務の提供を受けることがこれにあたる。

エ　未遂

本罪の未遂は罰する（250条）。

4　準詐欺罪

> 248条　未成年者の知慮浅薄又は人の心神耗弱に乗じて、その財物を交付させ、又は財産上不法の利益を得、若しくは他人にこれを得させた者は、10年以下の拘禁刑に処する。

この構成要件も、試験との関係での重要性は低い。ざっと目をとおしておけば足りる。

ア 行為

本罪の行為は、未成年者の知慮浅薄に乗じること、または人の心神耗弱に乗じることである。

「未成年者」とは、20歳未満の者をいう（民4条）。

「知慮浅薄」とは、知識が乏しく思慮の足りないことをいう。

「心神耗弱」とは、精神の障害により通常の判断能力を備えていない状態をいう（大判明治45・7・16刑録18-1087）。

「乗じて」とは、誘惑にかかりやすい状態を利用することをいう。

イ 未遂

本罪の未遂は罰する（250条）。

5. 恐喝罪

> **249条**
> **1項　人を恐喝して財物を交付させた者は、10年以下の拘禁刑に処する。**
> **2項　前項の方法により、財産上不法の利益を得、又は他人にこれを得させた者も、同項と同様とする。**

恐喝罪は、暴行・脅迫を用いて相手方を畏怖させ、瑕疵ある意思に基づいて財物や財産上の利益を交付させる犯罪である。

恐喝罪は、強盗罪と同じく暴行・脅迫を手段とするが、恐喝罪における暴行・脅迫は、その程度が弱いもの、すなわち相手方の反抗を抑圧しない程度のものを予定している。したがって、恐喝罪は、詐欺罪と同じく被害者の瑕疵ある意思に基づく処分行為（交付行為ともいう）によって財物・財産上の利益を取得する交付罪である。

以上を前提として、以下、個別的な検討に入っていこう。

5. 恐喝罪　173

1 客体 B⁺

本罪の客体は、財物（1項）と財産上の利益（2項）である。それぞれの意義については93ページ**1**を参照してほしい。

窃盗罪・強盗罪における「財物」は動産に限られるが、本罪の「財物」には動産のほか、不動産も含まれる（大判明治44・12・4刑録17-2095）。

2 行為 B⁺

本罪の行為は、恐喝である。

「恐喝」とは、①財物または財産上の利益を交付させる手段として行われる暴行・脅迫であって、②相手方の反抗を抑圧するに至らない程度のものをいう。この定義はしっかりと記憶しておこう。

本罪の暴行は、相手方を畏怖させる性質を有すれば足りることから、広義の暴行（➡ 10ページ②）に分類される。

本罪の脅迫とは、相手方を畏怖させるに足る害悪の告知のことである。この点では脅迫罪における脅迫と同じであるが、加害の対象が限定されない広義の脅迫である点で、脅迫罪における脅迫とは異なる。被害者の友人や縁故者等に対する加害の告知であっても、本罪の脅迫にあたるわけである（大判大正11・11・22刑集1-681）。

適法行為の告知が本罪の脅迫にあたるかがしばしば問題となるが、脅迫罪の場合（➡ 44ページ②）と同様に、あたると解するのが判例（最判昭和29・4・6刑集8-4-407）・通説である。

3 処分行為 B⁺

本罪は、詐欺罪と同じ交付罪である。したがって、本罪が成立するためには、処分行為が必要である。

処分行為の意義は、詐欺罪の場合とほぼ同様である。すなわち、本罪における処分行為とは、畏怖した結果としてなされた、瑕疵ある意思に基づき財物または財産上の利益を終局的に相手方に移転させる行為のことをいう。

4 未遂 B

本罪の未遂は罰する（250条）。

本罪は、①恐喝→②畏怖→③処分行為→④喝取という因果経過を予定している。したがって、処分行為に向けられた、相手方を畏怖させるに足りる暴行・脅迫がなされた場合であっても、相手方が畏怖しなかった場合や、処分行為がなかった場合には、本罪は未遂にとどまる。

他方、暴行・脅迫が畏怖させるに足りる程度に至らないものだった場合や、処分行為に向けられたものではなかった場合には、そもそも①の恐喝があったとはいえず、本罪は未遂すら成立しない。

5 権利行使と恐喝 B⁺ →論証 38

ア 問題の所在

たとえば、消費貸借の貸主Aが、暴行・脅迫を用いて借主Bから貸金を取り立てたとする。この場合のように、正当な債権を有する者が、恐喝手段によって弁済を受けた場合に、恐喝罪が成立するであろうか。

この問題は、権利行使と恐喝とよばれる重要論点である。

> 同様の問題は、欺罔行為によって弁済を受けた場合にも生じます（権利行使と詐欺）。その場合も、処理の仕方は以下で学ぶ「権利行使と恐喝」と全く同じです。

イ 検討

（ア）構成要件該当性──保護法益論

権利行使と恐喝においてまず問題となるのが、恐喝罪の構成要件に該当するのか否かである。この問題は、恐喝罪の保護法益をいかに解するかの問題といえる。

すなわち、恐喝罪の保護法益を所有権その他の本権であると解すると、貸金につき正当な権利を有するAの取立て行為は、およそ恐喝罪の構成要件に該当しないことになる。

しかし、自力救済が禁じられている現代社会にあっては、恐喝罪の保護法益は、本権ではなく占有そのものであると解するのが妥当であった（→98ページ

5. 恐喝罪 175

ア)。

　したがって、Aの取立て行為がBの占有を侵害するものである以上、恐喝罪の構成要件該当性は肯定されることになる。

（イ）違法性阻却

　構成要件該当性が肯定された後に問題となるのが、違法性阻却の有無である。

　この点、①権利の行使という正当な目的があり、②権利の範囲内であって、③その手段が社会的相当性の範囲内にあると認められるときは、正当行為（35条）として違法性が阻却されると解するのが通説である。

> 　たとえば、返済期限がきたにもかかわらず、「金なら返さん。貸したほうが間抜けなのだ」などと言って開き直った債務者に対し、債権者がやむを得ずに軽い恐喝的手段を用いて貸金を回収したような場合には、違法性が阻却されると考えていいでしょう。

　判例も、権利の実行が「その権利の範囲内であり且つその方法が社会通念上一般に忍容すべきものと認められる程度を超えない限り、何等違法の問題を生じない」とし、権利行使と恐喝について違法性阻却の可能性を認めている（**最判昭和30・10・14百選Ⅱ61**）。

6　他罪との関係　B

　恐喝罪が成立する場合、その手段たる暴行・脅迫は恐喝罪に吸収され、別罪を構成しない。

　恐喝によって被害者に傷害結果が生じた場合には、恐喝罪に加えて傷害罪が成立し、両者は観念的競合となる（最判昭和23・7・29刑集2−9−1062）。

　公務員が恐喝的手段により賄賂を収受した場合、公務員に恐喝罪のほか収賄罪が成立するか、また、賄賂を贈った者に贈賄罪が成立するかについては争いがあるが、この論点については賄賂罪の箇所で検討しよう（➡351ページ**エ**、356ページ**9**）。

6. 横領の罪

今まで学んできた財産犯は、相手方の占有を侵害する奪取罪であった。

これに対し、本節で学ぶ横領の罪は、自己の占有する他人の物を領得する場合を典型例とする犯罪であり、占有侵害を伴わない犯罪類型である。

したがって、本罪の保護法益は占有ではあり得ない。本罪の保護法益は、所有権その他の本権であると解するのが通説である。

まずはこの点をしっかりと確認したうえで、各構成要件を検討していこう。

1　単純横領罪　

> 252条
> 1項　自己の占有する他人の物を横領した者は、5年以下の拘禁刑に処する。
> 2項　自己の物であっても、公務所から保管を命ぜられた場合において、これを横領した者も、前項と同様とする。

ア　総説

本罪は252条の1項と2項に規定されているが、このうち2項は短答式試験対策用の構成要件にすぎない。そこで、以下では特に断らない限り、1項の場合を念頭において検討していくことにする。

1項の単純横領罪が成立するには、条文の文言に解釈を加え、「自己が委託に基づいて占有する他人の物を横領」することが必要と解されている。詳細は後述するが、学習効率上、最初にこの要件をしっかりと記憶しておいてほしい。

イ　主体

本罪の主体は、他人の物の占有者に限られる。

すなわち、本罪は占有者であることを構成的身分とする真正身分犯である。

ウ　客体

本罪の客体は、「自己の占有する他人の物」である。以下、各要素について検討していこう。

（ア）物

本罪の「物」とは、財物のことである。動産のほか、不動産も含まれる。

財産上の利益は、本罪の客体とされていない。しかも電気を財物とみなす245条が準用されていないことから、財物についての有体性説（➡93ページ（ア））を前提とする限り、電気の横領は利益横領として不可罰となる。

（イ）占有

本罪の客体は、自己の「占有する」他人の物である。

①　占有の意義　➡論証39

通常、占有とは事実的支配を意味するが、本罪の「占有」はこれとは異なり、広く法律的支配をも含むと解されている（大判大正4・4・9刑録21-457）。

すなわち、本罪の「占有」という要件は、行為者に他人の物の処分可能性があるということを要求するものであるが、そうした他人の物の処分可能性は、何も他人の物を事実的に支配している場合にだけ認められるわけではない。

たとえば、他人所有の不動産について、それを現実に支配していなくとも、その不動産の登記名義人となっている者は、その登記を悪用することによって当該不動産を処分することが可能である。つまり、他人の物を現実的に支配している場合だけではなく、法律的に支配している場合にも、他人の物の処分可能性は認められるのである。

そこで、本罪の「占有」は、事実的支配だけでなく、法律的支配も含むと解していくわけである。この結論はしっかりと覚えておこう。

なお、不動産の登記名義人のほか、銀行預金の預金名義人も、預金された金銭の占有者にあたる（大判大正元・10・8刑録18-1231）。

> 　銀行預金の預金名義人は、消費寄託契約（民法666条）に基づく払戻請求権（預金債権）を通じて、預金された金銭を法律的に支配しているといえます。このことから、本罪の「占有」を有していると考えていくわけです。
> 　では、他の犯罪、たとえば詐欺罪や窃盗罪との関係では、預金された金銭は誰が占有していると解するべきでしょうか。
> 　この点、横領罪以外の他の犯罪では、預金名義人は銀行に対する預金債権を有しているにすぎず、預金された金銭を占有しているのはあくまでも銀行であると解するのが従来の通

178　1編5章　財産に対する罪

説です。したがって、たとえばBが誤ってAの口座に振り込んでしまった金銭をAが引き出した場合は、Aは銀行の占有を侵害したことになり、窓口で引き出した場合には1項詐欺罪が、ATM機などで引き出した場合には窃盗罪が、それぞれ成立しうることになります。

ただし、預金名義人や、キャッシュカードを所持しておりかつその暗証番号を知っている者等は、ATM機が整備された現代社会においては、ほぼいつでも預金された金銭を引き出すことができます。このことを重視して、預金名義人等が預金された金銭を占有している、と解する余地もあると思われます。

たとえば、AがBをだまして金員をAの口座に振り込ませたという振り込め詐欺の事案では、通説からは、Aは欺罔行為によって銀行に対する債権を取得したことになるため、2項詐欺に問擬するべきことになるはずですが、実務の多くは、1項詐欺に問擬しています。この実務の処理は、振込みが完了した時点で、預金された金銭に対するAの占有が認められるという見解を前提としているものと思われます。

基本的には通説をおすすめしておきますが、口座に振り込ませる類型の犯罪については、例外的に犯人の占有を認める見解に立ってもいいでしょう。

② 委託信任関係

「自己の占有する他人の物を横領」した場合でも、その物の占有が委託に基づかない場合には、占有離脱物横領罪（254条）として処理される。

この占有離脱物横領罪との関係から、本罪の占有は、委託信任関係に基づくものであることが必要と解されている。

この書かれざる構成要件要素は、後述する論点の理解に不可欠の重要知識である。結論をしっかりと記憶しておこう。

（ウ）物の他人性

本罪の客体は、自己の占有する「他人の物」である。

この「他人の物」という要件をめぐっては、いくつかの重要な論点がある。以下、検討していこう。

① 金銭

たとえば、AがBから預かった金銭を費消したとしよう。この場合、Aに単純横領罪が成立するためには、当該金銭が「他人の物」にあたることが必要である。

そして、「他人の物」にあたるか否かを検討するに際しては、以下の3つの類型に分けて考えることが必要である。

（a）封金の場合

まず、金銭が封金であった場合には、金銭の所有権は当然寄託者のもとにあり、「他人の物」にあたる。

よって、封も含めて全体を領得した時点で、「自己の占有する他人の物を横領」したといえ、横領罪が成立します。

そして、その後に封の中の現金を取り出して領得した場合は、その現金は「他人の物」ではあるけれども、「自己の占有」している物とはいえないことから（➡105ページ(c)）、窃盗罪が成立することになります。

（b）消費寄託による場合

次に、金銭が消費寄託契約（民法666条）に基づき預けられていた場合には、所有権は受寄者のもとに移ることから、金銭は「他人の物」にあたらない。

したがって、Aがこれを費消しても横領罪は成立せず、背任罪（➡194ページ7.）として処理していくことになる。

（c）使途が定められていた場合　➡論証40

見解が対立しているのは、委託された買物用の代金としてBから預かっていた場合などのように、費消した金銭が、使途を定めて占有を委託された金銭であった場合についてである。

この点、民法上、金銭は所有と占有が一致すると解されていることを理由として、金銭は「他人の物」にあたらないと解する見解もある。

しかし、民法上、金銭の所有と占有が一致すると解されているのは、金銭の流通に関する動的安全を保護するためである。ところが、横領罪は、逆に所有者の内部的な所有権保護を目的としている。

そうだとすれば、金銭についての民法上の解釈は、横領罪の規定の解釈には妥当しないというべきであろう。

したがって、委託された金銭も「他人の物」にあたると解するのが通説である。判例も、使途を定めて占有を委託された金銭が「他人の物」にあたるとしている（**最判昭和26・5・25百選Ⅱ64**）。

ただし、結局Aの行為が「横領」に該当せず、本罪が成立しない場合がありえます。このことについては、「横領」の箇所で検討しましょう（➡188ページ(ウ)）。

Q **使途を定めて占有を委託された金銭が「他人の物」にあたるか**　**B⁺**

A説 否定説
理由：民事法の理論では、金銭の所有と占有は一致する。

B説 肯定説（判例・通説）

180　1編5章　財産に対する罪

理由：所有者の内部的な所有権保護を目的として規定された横領罪に、金銭の流通に関する動的安全の保護を目的とする金銭の所有と占有の一致という民事法の理論は妥当しない。

② 不法原因給付と横領

(a) 問題の所在

民法 708 条本文は、「不法な原因のために給付をした者は、その給付したものの返還を請求することができない」と定める。不法原因給付物については、給付者に不当利得返還請求権は認められなくなるわけである。

そして、そのことの反射的効果として、当該給付物の所有権は給付を受けた者に移ると解するのが民法上の判例（最大判昭和 45・10・21 民集 24-11-1560）・通説である。

そこで、不法原因給付を受けた者が、当該不法原因給付物を横領したとしても、それは「他人の物」の横領とはいえず、横領罪は成立しないことになるのではないか。これが、不法原因給付と横領とよばれる問題である。

> 　詐欺罪においては、**財産的損害**という要件との関係で不法原因給付が問題となったのに対し、横領罪においては、通常は**「他人の物」**という要件との関係で不法原因給付が問題となります。
> 　それぞれ、どの要件との関係で問題となるのかについて、しっかりと押さえておいてください。

なお、不法原因給付と横領が問題となる典型的な事案として、以下の 2 つをイメージしておいてほしい。

・A が B に C の殺害を依頼し、その報酬の前払金として 100 万円を交付したところ、交付を受けた B が、C の殺害に着手せずに 100 万円を費消した事案

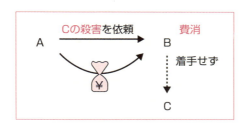

・X が Y に Z への贈賄を依頼し、賄賂用の金銭として Y に 100 万円を預けた

ところ、Yがこの100万円を費消した事案

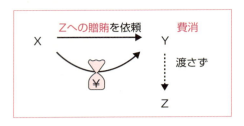

　これらの事案では、金銭の交付を受けた時点ではBやYにCを殺害する意思・Zに賄賂を渡す意思があったことを前提としています。
　BやYにそれらの意思がなく、最初から領得するつもりだったにもかかわらず、そのことを秘して100万円の交付を受けたような事案では、「不法原因給付と横領」ではなく、「不法原因給付と詐欺」（➡163ページイ）が問題となります。

(b) 検討

　この問題については、大別して、①横領罪の成立を肯定する見解、②横領罪の成立を否定する見解、③不法原因給付と不法原因寄託とに分ける見解が対立している。

(i) 成立肯定説

　横領罪の成立を肯定する見解は、給付した者は返還請求権を失うものの、所有権はなお失っていないとして、給付物が「他人の物」にあたるとする。

　古い判例も、贈賄用に預かった金銭を費消した事案において、「横領罪の目的物は単に犯人の占有する他人の物であることを要件としているのであって必ずしも物の給付者において民法上その返還を請求し得べきものであることを要件としていない」とし、横領罪の成立を認めている（最判昭和23・6・5百選Ⅱ63）。

(ii) 成立否定説　➡論証41

　しかし、横領罪の成立を肯定した判例は、上記の民事判例以前に出された判例であることに注意が必要である。前述したように、現在では給付を受けた者に所有権があると解するのが民法上の判例・通説である以上、横領罪の成立を肯定する見解は、民法上保護されない所有権を刑法においては保護する立場といえる。

　しかし、民法上保護されない所有権を刑法において保護するのは、法秩序の

統一という見地から妥当性を欠くというべきであろう。

そこで、不法原因給付物は「他人の物」にあたらないと解し、横領罪の成立を否定する見解が有力である。

（iii）　折衷説　➡論証42

さらに、今日では、民法708条本文の「給付」の解釈に着目して横領罪の成否を決する見解も有力である。

この見解は、民法708条の「給付」とは、終局的な利益の移転をいうと解するのが民法上の通説であることから出発する。そして、終局的な利益の移転があれば民法708条により「他人の物」とはいえなくなるが、物が寄託されたにすぎない場合には、終局的な利益の移転がないため「給付」にあたらず、民法708条本文が適用されないとし、横領罪が成立すると解していくのである。

この見解からは、AがBにCの殺害を依頼し、その報酬の前払金として100万円を交付したところ、交付を受けたBが、Cの殺害に着手せずに100万円を費消したという事案の場合、Aの交付は終局的な利益の移転といえ、「給付」にあたる。したがって、100万円は「他人の物」とはいえず、横領罪の成立は否定される。

一方、XがYにZへの贈賄を依頼し、賄賂用の金銭としてYに100万円を預けたところ、Yがこの100万円を費消してしまったという事案の場合、100万円はYに寄託されたにすぎず、終局的な利益の移転があったとはいえない。したがって、「給付」にあたらず、民法708条は適用されないことから、なおYは「他人の物」を横領したとして、横領罪が成立することになる。

> この論点が単発で出題された場合には、否定説で十分です。
> ただし、次に検討する「盗品等の横領」という論点とセットで出題された場合には、答案の書きやすさの点で折衷説がおすすめです。
> 試験対策としては、どちらの立場でも書けるようにしておくとよいでしょう。

🔴 不法原因給付と横領——不法原因給付物が「他人の物」といえるか　A

A説 肯定説（藤木・前田など）
理由：①給付した者は返還請求権を失うものの、所有権はなお失っていない。
　　　②民法上の所有権を失ったとしても、私人間の利益調整を主眼とする民法解釈と、横領罪の処罰の可否のメルクマールとしての他人性解釈とは異なりうる。

B説 否定説（団藤・大塚仁など）
理由：法秩序の統一。

6. 横領の罪　183

C説 折衷説（林・西田など）

結論：終局的な利益の移転があれば「他人の物」とはいえないが、物が寄託されたにすぎない場合は、終局的な利益の移転はなく「他人の物」といえる。

理由：法秩序の統一性から民法708条の適用を肯定するべきであるが、同条の「給付」は終局的な利益移転の意味を意味する。

③ 盗品等の横領 ➡論証43、44

(a) 問題の所在

たとえば、窃盗犯人であるXが、盗品の保管をAに依頼し、盗品をAに預けたとする。ところが、Aが預かった盗品を領得してしまったとしよう。

この場合、Aに横領罪が成立するであろうか。

まず、Xのなした交付は、広義での不法原因給付にあたるが、不法原因給付と横領における折衷説からは、民法708条本文の「給付」にあたらず、横領罪が成立するとも思える。

---

　②で学んだ不法原因給付と横領の論点では、民法708条は「他人の物」という要件の中で問題となりました。では、③の盗品等の横領という論点では、民法708条はどの要件の中で問題となるのでしょうか。

　この点を明示した文献は見あたらないので私見を述べると、盗品等はあくまでも被害者の所有物ですから、「他人の物」にあたることに問題はないはずです。とすれば、民法708条は、「他人の物」という要件の中での問題ではないことになります。

　おそらく、盗品等の横領という論点においては、民法708条は、窃盗犯人がもっているとも思える一応の返還請求権が、不法原因給付の規定により否定され、その結果およそ横領罪は成立し得ないのではないかというレベルで問題となるのではないでしょうか。具体的には、横領罪においても必要と解されるところの「損害の発生」という要件のなかで問題となるのだろうと思います。

しかし、問題はそこでは終わらない。横領罪の成立要件である「占有」は、委託信任関係に基づくものであることが必要だった（➡179ページ②）。ところが、この事案における寄託者Xは窃盗犯人であり、Aが破壊したのは、窃盗犯人との委託信任関係にすぎない。

そこで、そうした窃盗犯人との委託信任関係が横領罪において保護に値するのか否かをめぐって、なお見解が分かれているのである。

なお、この問題は、上記のように①保管を依頼された盗品を領得した場合のほか、②売却を依頼された盗品を売却し、その売却代金を領得した場合にも問題となる。

(b) 検討

第1の見解は、窃盗犯人の占有も保護されると解する以上（➡98ページア）、窃盗犯人との委託信任関係も保護に値するとして、横領罪の成立を認める。

これに対し、第2の見解は、横領罪の保護法益は、委託信任関係ではなく所有権である以上、所有者ではない窃盗犯人との間の委託信任関係は保護に値しないとして、横領罪の成立を否定する。

試験では、いずれの見解で書いてもよいであろう。

> **Q 預かった盗品等を領得した場合に横領罪が成立するか　A**
> **A説** 肯定説（前田・大谷など）
> 理由：窃盗罪等において占有そのものが保護されると解する以上、占有者である窃盗犯人との委託信任関係も保護に値する。
> **B説** 否定説（西田・大塚仁など）
> 理由：横領罪は所有権に対する罪であり、委託者である本犯者に所有権がない以上、横領罪は成立しない。

④　二重譲渡

たとえば、Aが自らが所有するX土地を①Bに売却した後、所有権移転登記が備わらないうちに、②Cにも売却し、③Cが所有権移転登記を備えたとする。

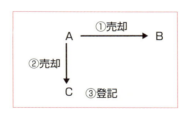

民法でよく問われる二重譲渡の事案であるが、刑法では、②のCへの売却につき、Bを被害者とするAの横領罪の成否、Cが善意の場合にCを被害者とするAの詐欺罪の成否、Cが悪意の場合にBを被害者とするCの横領罪の成否が問題となる。以下、検討していこう。

(a)　Aの横領罪の成否　➡論証45

まず、Cへの売却行為（②）により、AにBを被害者とした横領罪が成立するであろうか。

問題となるのは、売買の目的である X 土地が「他人の物」にあたるかであるが、売買契約の時点で所有権が移転するとする民法の判例・通説を前提とすれば、B への売却（①）の時点で X 土地は B の所有地となっており、A にとって X 土地は「他人の物」にあたることになる。

したがって、C への売却行為は、自己の占有する他人の物の横領行為といえ、A に横領罪が成立することになる（最判昭和 30・12・26 刑集 9-14-3053・通説）。

ただし、横領罪が既遂となるのは、C への移転登記が完了した時点（③の時点）と解する見解が有力である。この点は後述する（➡ 188 ページオ）。

(b)　A の詐欺罪の成否　➡論証 46

次に、C が善意である場合、A に C を被害者とした詐欺罪が成立するかが問題となる。

この点、詐欺罪の成立には財産的損害の発生が必要であるところ（➡ 156 ページカ）、所有権移転登記を備えれば C は所有権を取得できるのであるから、C には何らの財産的損害も発生しない。

そこで、詐欺罪の成立を否定するのが通説である。

(c)　C の横領罪の成否　➡論証 47

最後に、C が悪意である場合、C が A の横領罪の共同正犯になるかが問題となる。

この点、民法 177 条の「第三者」には、自由競争の範囲を逸脱する背信的悪意者は含まれないが、単純悪意者は含まれると解するのが民法上の判例・通説であった。

そこで、この民法上の判例・通説との整合性の観点から、C が単純悪意者である場合には、横領罪の共同正犯は成立しないと解するべきであろう。

一方、C が背信的悪意者である場合には、横領罪の共同正犯が成立すると解してよいであろう（福岡高判昭和 47・11・22 百選 II 65 参照）。

⑤　公務所から保管を命じられた自己の物

自己の所有物であっても、公務所から保管を命じられた物については、なお横領罪の客体となる（252 条 2 項）。

たとえば、強制執行として差し押さえられた物がこれにあたる。

エ　行為

本罪の行為は、横領である。

（ア）横領の意義

「横領」とは、不法領得の意思を実現する一切の行為（いいかえれば、不法領得の意思の発現行為）のことであると解するのが通説である（領得行為説）。この定義はしっかりと覚えておこう。

たとえば、他人の物の売却や質入れ、抵当権の設定などがその典型である。

（イ）不法領得の意思　➡論証48

では、他人の物を毀棄・隠匿する行為は、「横領」にあたるであろうか。その答えは、本罪における「不法領得の意思」の内容をいかに解するかによる。

この点、窃盗罪等の奪取罪における不法領得の意思とは、①権利者を排除して、他人の物を自己の所有物として、②その経済的用法に従い利用・処分する意思のことであった（➡111ページ力）。つまり、不法領得の意思があるというためには、①振る舞う意思のほか、毀棄・隠匿罪との区別のために、②利用処分意思も必要と解したわけである。

しかし、横領罪においては、②利用処分意思は不要と解するのが妥当であろう。利用処分意思がないケース、すなわちもっぱら毀棄・隠匿目的で領得したケースでも、それはなお委託信任関係を破壊する行為といえるからである。

判例も、本罪の不法領得の意思とは、「他人の物の占有者が委託の任務に背いて、その物につき権限がないのに所有者でなければできないような処分をする意思」のことであるとしており（最判昭和24・3・8百選Ⅱ66）、利用処分意思を不要とする見解に立っているものと思われる。

したがって、他人の物を毀棄・隠匿する行為も、不法領得の意思の発現行為といえ、「横領」にあたることになる。

🅠 横領罪における不法領得の意思の内容　B⁺

A説（判例、団藤など）

結論：他人の物の占有者が委託の任務に背いて、その物につき権限がないのに所有者でなければできないような処分をする意思をいう。

理由：もっぱら毀棄・隠匿目的で領得した場合でも、委託信任関係を破壊する行為といえる。

B説（西田など）

結論：奪取罪における不法領得の意思と同様に解する。

理由：横領罪が利欲犯である以上、利用処分意思も必要である。

（ウ）一時流用の場合

たとえば、委託された買物用の代金としてBから預かっていた金銭を、Aが費消したとする。

この場合、まず当該金銭が「他人の物」にあたるかが問題となるが、これを肯定すべきことは前述した（➡180ページ(c)）。

では、常にAに横領罪が成立するのかというと、実はそうではない。費消した時点において、Aに確実な填補の意思と能力があった場合には、費消行為は不法領得の意思を実現する行為とはいえず、「横領」にあたらないというべきだからである。

したがって、たとえば自宅に帰れば現金があるものの、それを取りに行く時間を惜しんで、自宅にある現金で填補する意思のもとBから預かった金銭を費消したような場合には、横領罪は成立しない。

> 「横領」にあたらないといえるためには、填補の意思だけではなく、填補の能力までなければなりません。しかも、それらは費消の時点で存在していたことが必要です。
> たとえば、預かったお金で馬券を買ったという事案で、馬券が当たったら（または給料日になったら）お金を返そうと思っていたとしても、馬券を買う時点で自宅や自分の預金口座にお金がなかった場合には、填補の能力に欠ける以上なお「横領」にあたることになります。

オ　既遂時期

本罪は、不法領得の意思の発現行為が行われれば、その行為の完成を待たずに直ちに既遂となる（最判昭和27・10・17集刑68-361）。本罪に未遂犯の処罰規定がないのも、本罪には未遂犯を観念する余地がないからであると解するのが通説である。

ただし、不動産の二重譲渡や、債務の担保のための抵当権設定などの場合については、売買や抵当権設定契約がなされたにとどまる時点では所有権を失わせる危険性が具体化したとはいえないと解し、登記の完了をもって既遂と解する見解が有力である。

他方、不動産の所有者から原状回復のための解決金（仮登記の抹消のための解決金）を得る目的で不実の抵当権設定仮登記をした場合は、かかる仮登記をし

た時点で既遂となる（最決平成21・3・26刑集63-3-291）。

カ　罪数・他罪との関係

(ア) 横領後の横領　➡論証49

① 問題の所在

たとえば、X所有の不動産の登記名義人であるAが、その地位を利用して、Aの債権者であるBのために当該不動産を目的とする抵当権を設定し、登記を了したとする。しかも、その後にAが当該不動産をCに売却し、登記を了したとしよう。

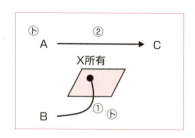

この場合、①抵当権の設定行為について横領罪が成立するのは当然である。では、さらに②その後の不動産の売却行為についても横領罪が成立するのであろうか。

この問題は、横領後の横領とよばれる重要論点である。

② 検討

まず、不動産の売却行為は、抵当権の設定行為により成立した横領罪の不可罰的事後行為（共罰的事後行為）（➡総論［第4版］282ページ(イ)）であると解する見解がある。かつての判例もこの見解を採用していた。

しかし、抵当権の設定と売却とでは、横領罪の保護法益である所有権に対する侵害の程度が異なる（当然後者のほうが侵害の程度が強い）。そうだとすれば、抵当権の設定行為により所有権侵害がすべて評価しつくされていると解することはできず、その後の売却行為は新たな所有権侵害行為であるというべきであろう。

したがって、不動産の売却行為についても、新たな横領罪が成立すると解するのが妥当である。

現在の判例も、「先行の抵当権設定行為が存在することは、後行の所有権移転行為について犯罪の成立自体を妨げる事情にはならない」とし、新たな横領罪の成立を肯定している（**最大判平成 15・4・23 百選Ⅱ 69**）。

Q 横領後の横領の成否　**B⁺**

eg. Xの不動産の登記名義人であるAが、その地位を利用して不法にBのために抵当権を設定・登記した（第1行為）後に、当該不動産をCに売却し移転登記した（第2行為）。第1行為には当然横領罪が成立するが、第2行為にも横領罪が成立するか。

A説 否定説（旧判例）

理由：同一の物を2回横領することはできない。

B説 肯定説（現判例）

理由：抵当権の設定と売却とでは、所有権に対する侵害の程度が異なるので、第2行為は新たな所有権侵害行為である。

（イ）横領後の詐欺　➡論証 50

たとえば、AがBから預かった物を売却して横領した後、事情を知らないBから物の返還請求を受けたAが、泥棒に盗まれたと欺いてBからの請求を免れたとする。

このように、横領罪の客体の返還を詐欺的手段によって免れた場合、横領罪に加えて詐欺罪が成立するかについて争いがある。

この点、2項詐欺罪の成立を肯定する見解もあるが、横領罪の法定刑の軽さに着目して、詐欺罪の成立を否定するのが通説である。

すなわち、刑法は、「自己の占有する他人の物の横領」という行為のもつ誘惑的要素に基づく責任（非難可能性）の減少にかんがみ、窃盗罪や詐欺罪の法定刑よりも横領罪の法定刑を軽くしたものと解される。そうであるにもかかわらず、重い詐欺罪の成立を肯定してしまっては、横領罪の法定刑を軽くした法の趣旨を没却してしまう。

そこで、横領罪と同一の被害者に対し横領物を確保するために行われた欺罔行為は、横領罪の不可罰的事後行為であると解していくわけである。

この論点も論述式試験でよく出題されるので、しっかりと押さえておいてほしい。

Q 横領罪の客体の返還を詐欺的手段によって免れた場合の詐欺罪の成否　**B⁺**

A説 肯定説

190　1編5章　財産に対する罪

結論：2項詐欺罪が成立する。
理由：2項詐欺罪の要件を充足する。
B説 否定説（通説）
結論：不可罰的事後行為にあたり、詐欺罪は別途成立しない。
理由：単純横領罪の法定刑が窃盗罪や詐欺罪よりも軽いのは、その誘惑的要素に基づく責任の減少を考慮したものである。その趣旨を没却しないためには、横領罪と同一の被害者に対し横領物を確保するために行われた欺罔行為は不可罰的事後行為と解するべきである。

2　業務上横領罪　

> 253条　業務上自己の占有する他人の物を横領した者は、10年以下の拘禁刑に処する。

ア　主体

本罪の主体は、業務上他人の物を占有する者である。すなわち、本罪は**単純横領罪の加重類型**である。

なお、**他人の物の占有者**という身分は**真正身分**であるが、**業務者**という身分は**不真正身分**である。

イ　業務の意義

業務とは、一般には社会生活上の地位に基づき反復・継続して行われる事務をいうが、本罪の「業務」は、金銭その他の財物を委託を受けて保管することを内容とする職業もしくは職務をいうと解されている。

たとえば、質屋や倉庫業者、運送業者などが業務者の典型であるが、職務上公金を保管する公務員や、会社の金銭を保管する会社員、交渉相手から示談金を預かった弁護士なども業務者にあたる。

ウ　共犯関係

業務上の占有者であるAと、業務上の占有者ではないBとが、共同して他人の物を領得した場合などのように、身分なき者が本罪に関与した場合、その身分なき者に本罪の共犯が成立するかについては争いがあるが、業務者という身分については65条2項を、占有者という身分については65条1項を適用す

れば足りるであろう。

　詳しくは刑法総論で検討したとおりである（➡総論［第4版］238ページ**エ**）。

3　占有離脱物横領罪　**B**

> 254条　遺失物、漂流物その他占有を離れた他人の物を横領した者は、1年以下の拘
> 禁刑又は10万円以下の罰金若しくは科料に処する。

ア　客体──占有離脱物

　本罪の客体は、「占有を離れた他人の物」（占有離脱物）である。「遺失物」や「漂流物」はその例示である。

> 　本罪を「遺失物横領罪」という名前で覚えている人がいますが、遺失物は占有離脱物の一例にすぎません。混乱を回避するためにも、覚えるならば「占有離脱物横領罪」という名前で覚えておきましょう。

　「占有を離れた他人の物」とは、占有者の意思に基づかずにその占有を離れた物であって、誰の占有にも属していないもの、および委託関係に基づかないで行為者の占有に帰属したものをいう。この定義は覚えておくとよい。

> 占有者の意思に基づかずにその占有を離脱　＋
> - 誰の占有にも属していない
>   or
> - 委託関係なく行為者の占有に帰属

　以下、それぞれの要素を検討していこう。

（ア）意思に基づかない占有の離脱

　本罪の客体となるためには、占有の離脱が占有者の意思に基づいていないことが必要である。

　占有の離脱の肯否については、窃盗罪のところで述べたように（➡102ページ①）、客観的な要件としての財物に対する事実上の支配と、主観的な要件としての財物を支配する意思とを総合的に考慮し、社会通念に従って判断していく。

192　1編5章　財産に対する罪

（イ）誰の占有にも属していない

意思に基づかない占有の離脱があり、その物が**まだ誰の占有にも属していない**場合には、占有離脱物にあたる。

逆にいえば、ある物が占有者の意思に基づかないでその占有を離脱したとしても、それがなお**行為者以外の者の占有**に属しているといえる場合には、本罪の客体とはならない。

たとえば、宿泊客 A が旅館内のトイレに忘れていった財布は、宿泊者 A の意思に基づかずにその占有を離脱しているが、なお**旅館の主人 B の占有**に属することから（大判大正 8・4・4 刑録 25-382）、C がこれを領得すれば窃盗罪となる。

（ウ）委託信任関係なく行為者の占有に帰属

意思に基づかない占有の離脱があり、その物が**委託信任関係によらずに行為者の占有に属している**場合にも、その物は占有離脱物にあたる。

たとえば、つり銭を多くもらったことにその場では気づかず、自宅に着いてから気付いた場合のつり銭は、委託信任関係なく行為者の占有に帰属した物として、占有離脱物にあたる（➡ 146 ページ（ウ）と対照）。

イ　行為

本罪の行為も「横領」である。

本罪は、占有離脱物を不法領得の意思をもって自己の事実上の支配内においた時点で既遂となる。

また、当初は不法領得の意思なく取得した占有離脱物については、たとえばこれを隠匿した場合などのように、不法領得の意思を実現する行為があった時点で既遂となる。

ウ　他罪との関係

本罪の法定刑の軽さにかんがみ、領得した財物の利用・処分行為や損壊行為は、不可罰的事後行為とされる。

7. 背任罪

> **247条** 他人のためにその事務を処理する者が、自己若しくは第三者の利益を図り又は本人に損害を加える目的で、その任務に背く行為をし、本人に財産上の損害を加えたときは、5年以下の拘禁刑又は50万円以下の罰金に処する。

背任罪は、刑法典上「第37章 詐欺及び恐喝の罪」のなかに規定されている。六法の目次からは探しづらい箇所に規定されているので、その位置を意識的に押さえておこう。

また、今まで学んできた財産犯とは異なり、背任罪が全体財産に対する罪（➡ 97ページ**ウ**）であることも思い出しておいてほしい。

1 主体 B⁺

本罪の主体は、「他人のためにその事務を処理する者」である。すなわち、本罪は真正身分犯である。

以下、各要素を検討していこう。

ア 事務

本罪が財産犯であることから、本罪の「事務」は財産上の事務に限定されると解するのが通説である。したがって、たとえば治療を委託された医師がその任務を懈怠したとしても、本罪は成立しない。

また、本罪の「事務」はある程度包括的・裁量的であることを要し、物の監視などの機械的事務を含まないとする見解が有力であるが、判例は、質物の管理や登記協力義務のような裁量の余地のない事務も本罪の「事務」にあたるとしている（最決平成15・3・18刑集57-3-356、**最判昭和31・12・7百選Ⅱ70**）。

さらに、事実上の収入役代理のような事実行為も「事務」にあたる（大判大正3・9・22刑録20-1620）。

194 1編5章 財産に対する罪

イ 他人のため　➡論証51

本罪の事務は、「他人のため」の事務でなければならない。

この要件との関係で重要な論点となっているのが、他人の登記等に協力する義務が「他人のため」の事務にあたるか否かである。

（ア）問題の所在

この論点は、しばしば二重抵当の事案で問題となる。

たとえば、Aが債権者Xのために自己所有の甲土地に抵当権を設定する契約を締結したとする。ところがその後、Xの抵当権設定登記がなされる前に、Aが他の債権者Yのためにも甲土地に抵当権を設定する契約を締結し、しかもXの抵当権設定登記に先立ってYの抵当権設定登記がなされたとしよう。

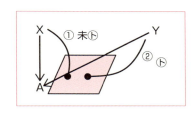

民法で学んだように、抵当権の優劣は、抵当権設定契約の先後ではなく、抵当権設定登記の先後で決せられる（民法177条）。したがって、Xはその後に抵当権設定登記の設定を受けたとしても、Yに劣後する2番抵当権しか取得できなくなる。

この場合、Aに背任罪が成立しないかを検討していくことになるが、その際にまず問題となるのは、Aが抵当権設定契約上負っていたXの登記に協力する義務が、果たしてAにとって「他人のため」の事務といえるか否かである。

（イ）検討

この点、Aの義務は抵当権設定契約上の自己の義務であり、「他人のため」の事務とはいえないとする見解がある。

しかし、Aの義務は、主として相手方であるXの財産権保全のための事務であるといえる。したがって、「他人のため」の事務にあたると解するのが妥当であろう。

判例も、二重根抵当の事案において背任罪の成立を認めている（**最判昭和31・12・7百選Ⅱ70**）。

Q 他人の登記に協力する義務が、「他人のため」の事務にあたるか　**B⁺**

A説 否定説
理由：他人の登記に協力する義務は、売買契約や抵当権設定契約上の自己の義務である。

B説 肯定説（判例）
理由：他人の登記に協力する義務は、主として相手方の財産権保全のための事務である。

2 行為 　**B⁺**

本罪の行為は、「**任務に背く行為**」（任務違背行為・背任行為）である。

ア 背任行為の意義

背任行為の意義については、横領罪との区別（➡次ページ**ウ**）とも関連して、多数の見解が主張されている。しかし、試験との関係では、以下の3つの学説を知っておけば足りる。

（ア）権限濫用説

背任行為の意義に関する第1の見解は、背任行為を、**法的処分権限（代理権）の濫用**と解する見解である。この見解は、権限濫用説とよばれる。

しかし、この見解からは、本罪の主体が法的代理権を有する者に限られることになってしまう点で、処罰範囲が**狭きに失する**というべきであろう。

たとえば、財物の保管を委託された者による財物の毀損行為は、事実行為にすぎず、法的代理権の濫用とはいえない。したがって、この見解からは、かかる行為は背任行為にあたらないことになってしまうのである。

（イ）背信的権限濫用説

そこで、近時では、権限濫用説をベースとしつつも、そこでの「権限」を法的代理権に限定せず、広く事実上の事務処理権限と解し、背任行為を**事実上の事務処理権限の濫用**と解する見解が有力となっている。この見解は、背信的権限濫用説とよばれる。

論述式試験でもこの見解に立ってよいが、しかしこの見解には、後述する「横領罪との区別」のための妥当な基準を導きがたいという難点がある。

（ウ）背信説

以上の2つの見解とは異なり、通説は、権限の濫用という発想をとらず、背

任行為を信任関係の違背であると解していく。この見解は、背信説とよばれる。判例もこの背信説を採用しているといってよい（大判明治44・10・13刑録17-1698、大判大正3・6・20刑録20-1313等）。

後述する「横領罪との区別」という論点との関連をも考え合わせれば、やはりこの判例・通説がもっとも妥当であろう。

🔴 背任の意義　A

A説 権限濫用説

結論：背任とは、法的処分権限（代理権）の濫用による財産侵害のことである。

批判：委託者本人との対内的関係での背任行為や事実行為などが含まれないことになり、かなり広い範囲で当罰的な行為が捕捉されないことになる。

B説 背信的権限濫用説（前田など）

結論：背任とは、他人の財産の管理権限あるいは事実上の事務処理権限の濫用である。

批判：権限の逸脱は背任ではなく横領ということになるが、明らかな権限逸脱である二重抵当も、その侵害客体が財物でないため、これを背任として可罰的とする以上、背任罪の理解としての一般的妥当性をもち得ない。

C説 背信説（判例・通説）

結論：背任とは、信任関係に違背した財産侵害のことである。

イ　背任行為の具体例

では、具体的にいかなる行為が背任行為にあたるのであろうか。

まず、背任行為の典型として覚えておくとよいのが、不良貸付である。たとえば、銀行の融資課長が、回収する見込みがないにもかかわらず友人に金銭を貸し付ける行為がこれにあたる。

また、粉飾決済や債務負担行為、取締役による会社との自己取引（会社法356条参照）も背任行為にあたる。

さらに、背任行為の意義についての背信的権限濫用説や背信説を前提とすれば、保管物の毀損や秘密の漏示のような事実行為も、背任行為に含まれることになる。

ウ　横領罪との区別　➡論証52

背任行為の意義と関連して、背任罪と横領罪の区別の基準をいかに解するべきかが、重要な論点となっている。以下、検討していこう。

7. 背任罪　197

（ア）問題の所在

たとえば、銀行の支店長であるAが、明らかに回収不能であることがわかっていながら、担保もとらずに銀行名義でBに金銭を貸し付けたとする。

この場合、Aは、銀行という他人のためにその事務を処理する者であるから、背任罪の主体たりえる。しかし、同時にAは、銀行の金銭を業務上占有する者でもあるから、業務上横領罪の主体にもあたる。

では、Aを背任罪に問擬すべきか、それとも業務上横領罪に問擬すべきか。ここで問題となるのが、背任と横領の区別の基準である。

このように、背任罪と横領罪の区別という論点は、他人のための事務処理者が他人の財物の占有者でもある場合に問題となる。まずはこの点をしっかりと押さえておこう。

（イ）検討

では、いかなる基準により区別をするべきであろうか。その答えは、背任行為の意義をいかに解するべきか（➡196ページ**ア**）という問題と密接に関連する。

① 背信的権限濫用説からの帰結

背任行為の意義についての背信的権限濫用説からは、背任と横領は、権限の濫用か逸脱かで区別されることになる。

すなわち、事実上の事務処理権限の濫用にとどまる場合が背任であり、事実上の事務処理権限を逸脱した場合が横領であると解することになるのである。

前述したように（➡196ページ（**イ**））、論述式試験においてもこの見解に立ってよい。ただし、この見解には、たとえば二重抵当の事案（➡195ページ（**ア**））を適切に処理できないという難点がある。

すなわち、二重に抵当権を設定した者の行為は、権限の濫用にとどまるものではなく、明らかに権限の逸脱にあたることから、横領罪に問擬すべきことになるところ、抵当権を設定した不動産は自己の所有物であり「他人の物」にあたらない以上、二重に抵当権を設定した者を処罰できなくなってしまいかねないのである。

② 背信説からの帰結

これに対し、背任行為の意義についての背信説、および横領行為についての領得行為説（➡187ページ（**ア**））からは、横領と背任は、財物についての領得行為か、その他の背信行為かで区別されることになる。

198　1編5章　財産に対する罪

すなわち、横領行為も背信行為の一種であると解したうえで、財物についての領得行為が横領罪であり、その他の背信行為が背任罪であると解していくわけである。

二重抵当の事案なども考え合わせれば、この見解が妥当であろう。

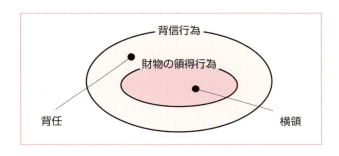

③ 判例

この問題についての判例の立場は明確でないが、不良貸付などの場合には、**本人の名義かつ計算**で行われた場合のみ**背任罪**とし、**自己の名義または計算**で行われた場合には**横領罪**としているようである。

たとえば、村長が自己の保管する公金を村の計算で第三者に貸し付けた事案では、判例は背任罪として処理している（**大判昭和9・7・19百選Ⅱ68**）。これに対し、村の収入役が自己の保管する公金を村の名義ではなく自己の名義で第三者に貸し付けた事案では、業務上横領罪の成立を認めているのである（大判昭和10・7・3刑集14-745）。

これらの判例は、上記②の基準からも説明が可能であろう。すなわち、貸付が本人（村）の名義かつ計算で行われた場合には、その経済的な効果（返還請求権の取得）が本人に帰属する以上、領得行為とは認められず、その他の背信行為として背任にあたる。これに対し、自己（村の収入役）の名義または計算で行われた場合には、いったん自己が領得した物を第三者に交付したと評価でき、横領にあたるというべきことになるのである。

Q 横領と背任の区別　A

A説

結論：権限濫用にとどまる場合は背任罪、権限逸脱のときは横領罪となる。
理由：背任行為についての権限濫用説または背信的権限濫用説。

7. 背任罪　199

B説
結論：財物についての領得行為の場合は横領罪、その他の背信行為のときは背任罪となる。
理由：背任行為についての背信説および横領行為についての領得説。

3 結果

本罪は、背任行為により本人に**財産上の損害**が発生したことを要する結果犯である。

ア 財産上の損害の意義

「財産上の損害」には、既存財産の減少（積極的損害）のほか、将来取得しうる利益の喪失（消極的損害）も含まれる（大判大正11・9・27刑集1-483、**最決昭和58・5・24百選Ⅱ72**）。

ただし、本罪は、他の財産犯とは異なり、全体財産に対する罪である。

したがって、単に個別財産の減少があっただけでは足りず、**全体財産の減少**があってはじめて「財産上の損害」の発生が認められる。

イ 判断基準　➡論証53

では、具体的に**いかなる場合**に「財産上の損害」が認められるのであろうか。

（ア）問題の所在

たとえば、銀行の支店長Aが、回収の見込みも担保もないにもかかわらず、Bに1000万円を貸し付けたとする。この場合、銀行は1000万円の現金を失うが、その一方で、**1000万円の債権を取得**している。

このような場合について、「財産上の損害」ないし全体財産の減少があったのか否かが問題となるのである。

（イ）検討

第1の見解は、**法的見地**から全体財産の減少の有無を判断する。

この見解からは、銀行は現金を失うかわりに同額の債権を取得している以上、法的には全体財産の変動は差し引きゼロということになり、「財産上の損害」が否定されることになる。

第2の見解は、経済的見地から全体財産の減少の有無を判断する。

この見解からは、1000万円の現金と1000万円の回収の見込みのない債権とでは経済的な評価は全く異なる（当然後者のほうが価値が低い）以上、貸付の時点で「財産上の損害」が肯定されることになる。

この第2の見解が判例（**最決昭和58・5・24百選Ⅱ72**）・通説である。結論とあてはめをしっかりと押さえておこう。

Q 財産上の損害ないし全体財産の減少の判断基準 **B⁺**
A説 **法的損害概念説**
結論：法的見地から全体財産の有無を判断する。
B説 **経済的損害概念説（判例・通説）**
結論：経済的見地から本人の財産状態を評価して行う。

4 目的 B⁺

本罪は目的犯であり、故意に加え、①自己の利益を図る目的（自己図利目的）、②第三者の利益を図る目的（第三者図利目的）、③本人に損害を加える目的（本人加害目的）のいずれかが必要である。これらをあわせて、図利・加害目的という。

たとえば、銀行の支店長AがBに対する不良貸付を行った事案において、①Bから謝礼金をもらう目的だった場合には自己図利目的が、②友人Bの利益を図る目的だった場合には第三者図利目的が、また、③銀行に損害を加える目的があった場合には本人加害目的が、それぞれ認められる。

以下、やや細かめではあるが、これらの目的に関する問題点を簡単に検討しておこう。

ア　利益の意義

自己図利目的や第三者図利目的における「利益」の意義については争いがある。

この点、本罪が財産犯であることから、財産上の利益に限定すべきとする見解も有力であるが、判例はそうした限定をせず、自己の地位の保全や、信用・面目の維持などといった身分上の利益（保身の利益）をも含むと解している（大判大正3・10・16刑録20-1867、最決昭和63・11・21刑集42-9-1251）。

図利目的は犯罪の動機にすぎないことから、「利益」を財産上の利益に限定する必然性はない。判例の見解が妥当であろう。

イ　自己・第三者図利目的と本人図利目的とが併存する場合

自己・第三者図利目的があるのと同時に、本人の利益を図る目的（本人図利目的）が併存している場合には、主たる目的がいずれであるかで本罪の成否が決せられる（最決平成10・11・25百選Ⅱ73）。

たとえば、銀行の支店長Aが、資金状態の悪化した会社Bに貸付を継続した事案で、①過去において自己が行ったBへの不適切な貸付が発覚するのを防ぐ目的（自己図利目的）と、②Bの倒産を防ぎそれまで投入した資金の回収を図る目的（本人図利目的）とがAに併存していたとする。この場合には、①と②のいずれが主たる目的であったのかにより、Aに背任罪が成立するか否かが決せられるわけである。

ウ　確定的認識ないし意欲の有無

図利目的や加害目的があるといえるためには、図利や加害についての未必的認識があれば足り、確定的認識ないし意欲があることまでは不要であるとするのが判例である（最決昭和63・11・21刑集42−9−1251）。

5　未遂　Ｂ

本罪の未遂は罰する（250条）。
本罪の未遂と既遂とは、財産上の損害の発生の有無により判断される。

6　他罪との関係　Ｂ

ア　詐欺罪との関係

任務違背行為が本人に対する欺罔行為を含み、これによって本人に財物・財産上の利益を交付させた場合には、詐欺罪のみが成立するとするのが判例である（大判昭和7・6・29刑集11−974、最判昭和28・5・8刑集7−5−965）。

たとえば、会社AとBとの立木の売買契約において、会社Aの係員XがBと共謀して立木の数を過大に報告して会社Aに購入させ、損害を与えた場合、Xには詐欺罪のみが成立する。

202　1編5章　財産に対する罪

イ　横領罪との関係

横領罪と背任罪との区別が重要な論点となるという点は、前述したとおりである（➡ 197 ページ**ウ**）。

---

8. 盗品等に関する罪

> **256 条**
> 1 項　盗品その他財産に対する罪に当たる行為によって領得された物を無償で譲り受けた者は、3 年以下の拘禁刑に処する。
> 2 項　前項に規定する物を運搬し、保管し、若しくは有償で譲り受け、又はその有償の処分のあっせんをした者は、10 年以下の拘禁刑及び 50 万円以下の罰金に処する。

本罪は、今までの犯罪と異なり、関係者が少なくとも 3 人登場する。

すなわち、①被害者、②財産犯を犯した者（これを**本犯者**という）、そして③**盗品等に関与した者**である。このうち、③を処罰するのが本罪である。

本罪は財産犯の終盤にあることから、手薄となりがちな構成要件であるが、試験での重要性は短答・論述を通じて高い。しっかりと学習しておこう。

1　総説　B⁺

ア　保護法益

本罪の保護法益は、財産犯罪の被害者が被害財物に対して有する回復請求権、すなわち**追求権**であると解するのが判例（大判大正 11・7・12 刑集 1 –393、最決昭和 34・2・9 刑集 13– 1 –76）・通説である。

イ　事後従犯的性格

本罪の行為は、本犯者による盗品等の保持や換金行為を事後的に援助するという性質を有する。

本罪のこうした性質を、**事後従犯的性格**という。

8. 盗品等に関する罪　203

本罪が問題となる場面では、本犯者の実行行為は終了しています。したがって、本罪は刑法総論で学んだ従犯そのものではありません（➡総論［第4版］252ページウ参照）。
　しかし、本犯者を事後的にではあれ援助していることから、本罪には事後従犯的性格があるといわれているわけです。

2 客体　B⁺

ア　盗品等

　本罪の客体は、「盗品その他財産に対する罪に当たる行為によって領得された物」である。講学上、これらの物は盗品等とよばれる。

　本罪の客体は、盗品に限定されません。「その他財産に対する罪に当たる行為によって領得された物」、たとえば詐欺により領得された物も客体に含まれます。
　それゆえに、本罪の客体は「盗品」ではなく「盗品等」とよばれているわけです。

　なお、本犯である「財産に対する罪」（財産犯）は、構成要件に該当し違法であればよく、有責であることを要しない（大判明治44・12・18刑録17-2208）。

イ　被害者の追求権

　本罪の保護法益は被害者の追求権である。したがって、被害者が追求権を喪失した場合や、被害者に追求権がない場合には、盗品等にあたらないことになる。

　以下、いくつかの類型を検討していこう。

（ア）同一性を失った場合

　盗品等がその同一性を失った場合には、本罪の保護法益である被害者の追求権も同時に失われる。したがって、その物は本罪の客体ではないことになる。

　たとえば、本犯者が窃取してきた金銭は本罪の客体であるが、その窃取した金銭で購入した物は、金銭との同一性を欠き、本罪の客体にあたらない。

（イ）即時取得された場合

　第三者が盗品等を即時取得（民法192条）した場合には、被害者は追求権を喪失する。したがって、その物は本罪の客体ではないことになる。

　たとえば、Aが被害者Xから絵画を詐取し、これを善意無過失のBに売却すると、民法192条によりBが所有権を取得し、Xは追求権を喪失する。した

がって、その後悪意のCがBから当該絵画を譲り受けたとしても、Cには本罪は成立しない。

```
           詐取      民192     悪意
        X ──→ A ──→ B ──→ C
```

　ただし、その物が盗品または遺失物である場合には、被害者は盗難または遺失の時から2年間追求権を失わない（民法193条）。したがって、盗品または遺失物については、盗難または遺失の時から2年間はなお本罪の客体であり続ける。

> 　ちなみに、本犯者Aから盗品等を譲り受けたBが悪意・有過失の場合は、Bには即時取得は成立せず、Aの追求権は存続します。そして、本罪の行為は、必ずしも本犯者からの直接的移転である必要はないと解されています。したがって、悪意・有過失のBからさらに盗品等を譲り受けた悪意の転得者Cには、本罪が成立することになります。

（ウ）不法原因給付の場合

　本犯における物の給付が不法原因給付となり、本犯の構成要件該当性が否定される場合には、その物は本罪の客体ではない。

　不法原因給付により本犯の構成要件該当性が否定されるか否かについては、前述したとおりである（➡ 163ページ**イ**、181ページ②）。

3　行為　B

　本罪の行為は、①無償譲受け（256条1項）、②運搬、③保管、④有償譲受け、⑤有償の処分のあっせん（同条2項）である。

ア　意義

　無償譲受けとは、無償で交付を受け取得することをいう。

　運搬とは、委託を受けて盗品等を場所的に移転させることをいう。有償・無償を問わない。

　保管とは、委託を受けて盗品等の保管をすることをいう。有償・無償を問わない。

　有償譲受けとは、有償で取得することをいう。

8. 盗品等に関する罪　205

有償の処分のあっせんとは、売買や質入れなどといった盗品等の有償処分を仲介することをいう。盗品等の処分は有償であることを要するが、あっせん行為は有償・無償を問わない。

> たとえば、盗品をタダでもらってくれる人を本犯者に紹介する行為は、有償の処分のあっせんに該当しません。
> 一方、盗品を買ってくれる人を紹介した場合には、紹介料を取っても取らなくても、有償の処分のあっせんに該当します。

イ　被害者のもとへの運搬　➡論証54

盗品等を**被害者のもとへ運搬**した場合、盗品等運搬罪が成立するかについては争いがある。

学説では、本罪の保護法益が被害者の追求権にあるところ、被害者のもとへの運搬は被害者の**追求権の侵害という要素に欠ける**ことから、運搬罪は成立しないとする見解が有力である。

これに対し、判例は、盗品の返還を条件に**被害者から金員を得る目的**のもと、被害者宅へ盗品等を運搬し、金員を得た事案において、盗品等の**正常な回復を困難にした**として運搬罪の成立を認めている（最決昭和 27・7・10 刑集 6 − 7 − 876）。

試験では、いずれの見解でもよい。

🔍 被害者のもとへ盗品等を運搬した場合の盗品等運搬罪の成否　B

A説（判例）
結論：盗品等の返還を条件に被害者から金員を得る目的等がある場合には成立する。
理由：盗品等の返還を条件に被害者から金員を得る目的等がある場合には、盗品等の正常な回復を困難にしたといえる。

B説（大塚仁・大谷など）
結論：成立しない。
理由：被害者の被害財物に対する追求権を困難にしたとはいえない。

ウ　有償処分あっせん罪の成立時期

有償処分あっせん罪は、①あっせん行為→②契約の成立→③本犯者等からあっせんの相手方への盗品等の移転、という時系列で進行していくが、このうち、どの時点で有償処分あっせん罪が成立するかについては争いがある。

206　1編5章　財産に対する罪

判例は、有償処分あっせん罪の事後従犯的性格を強調して、①あっせん行為がなされた時点で成立し、②契約の成立や③盗品等の移転は必要でないとする（最判昭和 26・1・30 刑集 5 - 1 -117）。

しかし、有償処分あっせん罪の保護法益が追求権であることから筋をとおすならば、追求権が侵害された時点、すなわち③盗品等が移転した時点ではじめて本罪が成立すると解するべきことになろう。

Q 有償処分あっせん罪の成立時期　B

A 説 （判例）
結論：あっせん行為がなされた時点で成立する。
理由：本罪の事後従犯的性格。
批判：あっせん行為が存在するだけでは追求権を侵害するに至っていない。

B 説 （西田・曽根）
結論：盗品等が移転した時点で成立する。
理由：盗品等が移転した時点ではじめて追求権の侵害が認められる。
批判：契約が成立した以後は財物の引渡しに行為者は関与しないのが一般であるから、物の授受がない限り本罪が成立しないとするのは合理性を欠く。

C 説 （内藤・大塚仁・大谷など）
結論：契約が成立した時点で成立する。
理由：A 説への批判および B 説への批判と同じ。

4 故意 　B⁺

ア　故意の程度

本罪は故意犯である。したがって、盗品等であることの認識が必要であるが、その認識は未必的なもので足りる（最判昭和 23・3・16 百選Ⅰ 41）。

イ　保管と途中知情　➡論証 55

委託を受けて盗品の保管を開始した時点では盗品であることを知らなかったが、途中から盗品であることを知ったとする。にもかかわらず盗品の保管を継続した者に、盗品等保管罪が成立するかについては争いがある。

この点、委託により盗品等の占有を移転する行為こそが追求権を侵害する行為であると解し、したがって、本罪の成立には占有の移転の時点で故意が必要であるとする見解も有力である。

8. 盗品等に関する罪　207

この見解は、盗品等保管罪の本質は保管行為そのものにあるのではなく、その前提としての物の占有の移転にあると考えていきます。その結果、占有の移転の時点で、関与者に盗品等であることについての故意が必要であると解していくことになるわけです。

　しかし、移転後の保管行為も、盗品等の発覚を防止し、また本犯者による処分を容易にする行為であるといえ、追求権を侵害する行為であるといいうる。そうだとすれば、事情を知った以後には盗品等保管罪が成立すると解するのが妥当であろう。

　判例も、事情を知った以後の盗品等保管罪の成立を認めている（**最決昭和50・6・12百選Ⅱ76**）。

❓ 途中から盗品等であることを知った者に盗品等保管罪が成立するか　B⁺

A説 否定説

結論：成立しない。盗品性の認識は占有が移転する段階で存在しなければならない。
理由：①他の盗品等に関する罪では、盗品等の移転のときに盗品性の認識を必要としている。
　　　②委託を受けることによって盗品等の占有が移転することこそが追求を困難にする。

B説 肯定説（判例、大谷・西田など）

結論：成立する。
理由：①委託による盗品等の移転のみでなく、移転後の保管行為も、盗品等の発覚を防止し、本犯者による盗品等の処分を容易にするなどの点で追求権を困難にする面をもつ。
　　　②保管行為のもつ事後従犯的性格を考慮すべきである。

5　他罪との関係　B

ア　詐欺罪との関係

　盗品等の有償の処分のあっせんをなした者が、情を知らない相手方から盗品等の代金を受け取ったとする。

　この場合、盗品等有償処分あっせん罪に加えて詐欺罪が成立するかについては争いがあるが、情を知らない相手方から盗品等の代金を受け取るのはあっせんの当然の結果であると解し、詐欺罪の成立を否定するのが判例（大判大正8・11・19刑録25-1133）である。

208　1編5章　財産に対する罪

イ　恐喝罪との関係

盗品であることを知りながら、これを所持する者を恐喝して盗品の交付を受けた場合には、盗品譲受罪と恐喝罪が成立し、両者は観念的競合となる（大判昭和 6・3・18 刑集 10-109）。

ウ　本犯との関係

本犯者が、盗品の保管など、本罪に規定する行為をなしたとしても、それは本犯の不可罰的事後行為であり、本罪は成立しない。

エ　本犯の共犯との関係

本犯の教唆犯・幇助犯と本罪とは併合罪となる（最判昭和 24・7・30 刑集 3-8-1418、最判昭和 25・11・10 集刑 35-461 等）。この結論はしっかりと覚えておこう。

たとえば、盗品を買い受ける目的で A に窃盗を教唆した B が、後日 A から盗品を買い受けた場合でも、B には窃盗罪の教唆犯と盗品等有償譲受罪が成立し、両者は牽連犯ではなく併合罪となる。

6　親族間の特例　

> 257 条
> 1 項　配偶者との間又は直系血族、同居の親族若しくはこれらの者の配偶者との間で前条の罪を犯した者は、その刑を免除する。
> 2 項　前項の規定は、親族でない共犯については、適用しない。

ア　意義

盗品等に関する罪は、事後従犯的性格（本犯庇護的性格）を有する。したがって、本犯者と一定の親族関係にある者が、親族の情から盗品等に関する罪を犯してしまった場合には、期待可能性の減少、すなわち責任の減少が認められるといえる。

そこで、一定の親族について刑の免除を定めたのが本条である。

イ　親族関係の必要な人的範囲　➡論証 56

　そうした本条の意義から、本条が適用されるためには、**本犯者と盗品等に関する罪の犯人との間**に親族関係があることが必要であり、かつそれで足りると解するのが判例（最決昭和 38・11・8 刑集 17-11-2357）・通説である。

> 　244 条の親族相盗例は、「法は家庭に入らず」という観点から定められた処罰阻却事由でした。したがって、窃盗犯人と被害者（占有者・本権者）との間の親族関係が必要と解しました（➡ 112 ページ（イ））。
> 　これに対し、本条は、たとえば息子が窃取してきた指輪をその母親が買ってやる行為には、親族の情にかんがみて期待可能性の減少が認められるということを根拠にしています。
> 　そして、本犯の被害者が赤の他人であっても、本犯者との間にさえ親族関係があれば、盗品等に関する罪の犯人には期待可能性の減少が認められます。
> 　したがって、親族関係が必要なのは、あくまでも本犯者と盗品等に関する罪の犯人との間だけであり、本犯の被害者との間の親族関係は不要であると解していくわけです。

9. 毀棄・隠匿の罪

　今まで学んできた財産犯（領得罪）と異なり、毀棄・隠匿の罪は、**不法領得の意思を欠く**粗暴犯である。このことから、その法定刑は他の財産犯と比べて軽いものが規定されている。

　以下、試験対策として必要な内容に絞って検討していこう。

1　公用文書等毀棄罪　B

> 258 条　公務所の用に供する文書又は電磁的記録を毀棄した者は、3 月以上 7 年以下の拘禁刑に処する。

ア　客体

　本罪の客体は、「公務所の用に供する文書」（**公用文書**）または「公務所の用に供する……電磁的記録」である。

　公務所がその事務処理上保管している文書は、公文書であれ、私文書であ

210　1 編 5 章　財産に対する罪

れ、全て本罪の客体となる。文書偽造の罪における公文書（➡ 258 ページ（ア））と混同しないように注意しておこう。

イ　行為

本罪の行為は、毀棄である。

「毀棄」とは、物理的損壊に限らず、効用を害する一切の行為をいう（効用侵害説）。したがって、隠匿も「毀棄」に含まれる。

2　私用文書等毀棄罪　B

> 259条　権利又は義務に関する他人の文書又は電磁的記録を毀棄した者は、5年以下の拘禁刑に処する。

ア　客体

本罪の客体は、「権利又は義務に関する他人の文書」（私用文書）または「権利又は義務に関する他人の電磁的記録」である。私文書偽造罪（159 条）とは異なり、単なる事実証明に関する文書は本罪の客体に含まれない。

「権利又は義務に関する」とは、権利・義務の存否、得喪変更を証明するという意味である。

「他人の文書」とは、他人の所有に属するという意味である。ただし、自己の所有物でも、差押えを受け、物権を負担し、または賃貸したものは本罪の客体となる（262 条）。

イ　行為

本罪の行為は毀棄である。その意義については公用文書毀棄罪の「毀棄」を参照のこと（➡上記イ）。

ウ　親告罪

本罪は親告罪である（264 条）。

9. 毀棄・隠匿の罪　211

3　建造物等損壊罪・同致死傷罪　B

> 260条　他人の建造物又は艦船を損壊した者は、5年以下の拘禁刑に処する。よって人を死傷させた者は、傷害の罪と比較して、重い刑により処断する。

ア　客体

本罪の客体は、他人の建造物および他人の艦船である。

「他人の」とは、他人の所有に属するという意味である。ただし、自己の所有物でも、差押えを受け、物権を負担し、または賃貸したものは本罪の客体となる（262条）。

「建造物」とは、家屋その他これに類似する建築物をいう。玄関ドアも建造物にあたる（**最決平成19・3・20百選Ⅱ79**）。

「艦船」とは、軍艦と船舶のことである。

イ　行為

本罪の行為は、損壊である。

「損壊」とは、毀棄と同じ意味である。すなわち、物理的損壊に限らず、物の効用を害する一切の行為をいう（効用侵害説）。

判例は、建造物の壁や窓ガラスなどに1回500枚ないし2500枚のビラを3回にわたり貼付した行為（最決昭和41・6・10刑集20-5-374）や、公園の公衆便所の外壁にラッカースプレーで「反戦」と大書した行為（**最決平成18・1・17百選Ⅱ80**）について、本罪の「損壊」にあたるとしている。

> 　後者の行為について、最高裁は「本件建物の外観ないし美観を著しく汚損し、原状回復に相当の困難を生じさせたものであって、その効用を消滅させたものというべきである」として、「損壊」にあたると述べています。
> 　しかし、本件建物は、文化財ではなく単なる公園のトイレですから、果たして本件落書きがトイレの効用を害したといえるのかは疑問です。「損壊」にあたらないとする余地は十分にあったのではないかと思います。

ウ　致死傷

他人の建造物等を損壊し、その結果人を死傷させた場合には、結果的加重犯

212　1編5章　財産に対する罪

として建造物等損壊致死傷罪が成立する。

その法定刑は、「傷害の罪と比較して、重い刑」である。具体的には、致傷の場合は1月以上15年以下、致死の場合は3年以上20年以下である（計算方法については➡34ページ上の**イ**を参照）。

4　器物損壊罪　B⁺

> 261条　前3条に規定するもののほか、他人の物を損壊し、又は傷害した者は、3年以下の拘禁刑又は30万円以下の罰金若しくは科料に処する。

ア　客体

本罪の客体は、公用文書等毀棄罪（258条）・私用文書等毀棄罪（259条）・建造物等損壊罪（260条）の客体とならない他人の物の全てである。すなわち、本罪は毀棄・隠匿罪の原則的規定であり、毀棄・隠匿罪の中では試験対策上最も重要な構成要件である。

「他人の」とは、他人の所有に属するという意味である。ただし、自己の所有物でも、差押えを受け、物権を負担し、または賃貸したものは本罪の客体となる（262条）。

イ　行為

本罪の行為は、損壊または傷害である。

「損壊」とは、物の効用を害する一切の行為をいう（効用侵害説）。この定義はしっかりと覚えておいてほしい。

したがって、物理的損壊以外にも、①食器に放尿する行為（大判明治42・4・16刑録15-452）のように、物を心理的に使用不能にする行為や、②養殖用の池の水門を開け、他人が飼育中の鯉を池の外へ流出させる行為（大判明治44・2・27刑録17-197）、③物を隠匿する行為（大判昭和9・12・22刑集13-1789）なども、物の効用を害する行為といえる以上、「損壊」にあたる。

「傷害」とは、動物を殺傷して、その効用を害することをいう。この場合は、器物損壊罪ではなく動物傷害罪とよぶことがある。

9. 毀棄・隠匿の罪　213

ウ　親告罪

本罪は親告罪である（264条）。

5　境界損壊罪　

> 262条の2　境界標を損壊し、移動し、若しくは除去し、又はその他の方法により、土地の境界を認識することができないようにした者は、5年以下の拘禁刑又は50万円以下の罰金に処する。

試験との関係では、本罪の重要性は低い。

本罪は毀棄罪の一種として規定されているが、その保護法益は土地の権利関係の明確性にあると解されている。

本罪の行為は、土地の境界を不明にする一切の行為である。

6　信書隠匿罪　

> 263条　他人の信書を隠匿した者は、6月以下の拘禁刑又は10万円以下の罰金若しくは科料に処する。

ア　客体

本罪の客体は、「他人の信書」である。

「他人の信書」とは、特定人から特定人にあてられた意思を伝達する文書で、他人の所有に属するものをいう。

イ　行為

本罪の行為は、隠匿である。

上でみたように、器物損壊罪における「損壊」には、隠匿が含まれる。とすれば、本罪の定める他人の信書の隠匿行為も、本来は器物損壊罪に該当することになるはずである。

したがって、本罪は、信書の隠匿を器物損壊罪よりも軽く処罰する趣旨から定められたものと解することになる。

これに対し、器物損壊罪における「損壊」は物理的損壊に限り、隠匿は含まないとする見解もあります。

この見解からは、本罪は、本来不可罰の行為を信書に限って処罰する趣旨の規定であると理解することになります。

ウ　親告罪

本罪は親告罪である（264条）。

第 **2** 編

社会的法益に
対する罪

ここからは、社会的法益に対する罪に入る。手
が回りづらい箇所ではあるが、放火罪と文書偽造
罪は試験でも頻出の重要犯罪であるから、しっか
りと押さえておこう。

第1章 公共の平穏および安全に対する罪

　公共の平穏や安全を保護法益とする犯罪のうち、試験との関係で突出して重要なのは放火の罪（→ 221 ページ 2.）である。その他の犯罪については、原則として時間があるときにざっとみておく程度で足りる。

1. 騒乱の罪

1　騒乱罪　

> 106条　多衆で集合して暴行又は脅迫をした者は、騒乱の罪とし、次の区別に従って処断する。
> 1号　首謀者は、1年以上10年以下の拘禁刑に処する。
> 2号　他人を指揮し、又は他人に率先して勢いを助けた者は、6月以上7年以下の拘禁刑に処する。
> 3号　付和随行した者は、10万円以下の罰金に処する。

ア　保護法益
　騒乱罪の保護法益は、**公共の静謐または平穏**であると解するのが判例（最判昭和 35・12・8 刑集 14-13-1818）・通説である。
　ただし、公共の静謐または平穏が実際に害されることは必要でなく、さらに公共の静謐または平穏が害される具体的危険の発生も要件とされていない。すなわち、本罪は**抽象的危険犯**である。

1. 騒乱の罪　219

イ　主体

本罪の主体は「多衆」である（必要的共犯）。

「多衆」とは、一地方における公共の静謐を害するに足る暴行・脅迫をなすに適当な多数人のことである（大判大正 2・10・3 刑録 19-910、最判昭和 35・12・8 刑集 14-13-1818）。

ウ　行為

本罪の行為は、集団による暴行または脅迫である。

「暴行」は最広義の暴行であり、人に対する有形力の行使のほか、物に対する有形力の行使も含まれる（最判昭和 35・12・8 刑集 14-13-1818）。物に対する有形力の行使によっても、本罪の保護法益である公共の静謐または平穏を害しうるからである。

「脅迫」も広義の脅迫であり、加害の対象等を問わない。

「暴行」・「脅迫」の程度としては、保護法益を害しうる程度、すなわち一地方の平穏を害するに足りる程度のものであることを要する（大判大正 2・10・3 刑録 19-910、最判昭和 35・12・8 刑集 14-13-1818）。

エ　共同意思

本罪の主観的要件として、集団による暴行・脅迫と自己の果たした役割についての故意に加えて、共同意思を必要とするのが判例（大判明治 43・4・19 刑録 16-657、大判大正 2・10・3 刑録 19-910、最判昭和 35・12・8 刑集 14-13-1818）・通説である。

オ　他罪との関係

暴行罪・脅迫罪は、本罪に吸収される。

建造物侵入罪、建造物損壊罪、公務執行妨害罪は本罪とは別に成立し、本罪とは観念的競合となる（最判昭和 35・12・8 刑集 14-13-1818）。

2　多衆不解散罪　C

> 107条　暴行又は脅迫をするため多衆が集合した場合において、権限のある公務員か

220　2編1章　公共の平穏および安全に対する罪

ら解散の命令を 3 回以上受けたにもかかわらず、なお解散しなかったときは、首謀者
は 3 年以下の拘禁刑に処し、その他の者は 10 万円以下の罰金に処する。

　本罪は、騒乱罪の予備段階を処罰するものであり、解散しないという不作為
を対象とする真正不作為犯である。
　ただし、試験との関係での重要性は低い。

2. 放火・失火の罪

1　総説　A

ア　保護法益

　放火罪・失火罪の保護法益は、**不特定または多数人の生命・身体・財産**であ
る。このことはしっかりと覚えておこう。

イ　公共危険罪

　もっとも、放火罪・失火罪の成立には、保護法益である不特定または多数人
の生命・身体・財産が実際に侵害されることは必要ではない。そうした保護法
益が侵害される危険が発生すれば足りる。すなわち、放火罪・失火罪は侵害犯
ではなく**危険犯**である。
　また、ここでの危険とは、不特定または多数人の生命・身体・財産の危険、
すなわち公共の危険を意味している。このことから、放火罪・失火罪は**公共危
険罪**とよばれている。

ウ　抽象的危険犯と具体的危険犯

　放火罪・失火罪は危険犯であるが、①危険の発生が擬制される抽象的危険
犯と、②具体的危険の発生が認められることが必要とされる具体的危険犯に分
かれる。

2. 放火・失火の罪　221

すなわち、①現住建造物等放火罪（108条）、および他人所有の非現住・非現在建造物等放火罪（109条1項）は、条文上具体的な危険の発生が要求されていないことから、抽象的危険犯であると解されている。

これに対し、②自己所有の非現住・非現在建造物等放火罪（109条2項）、および建造物等以外放火罪（110条）などは、条文上「公共の危険」の発生が要求されていることから、具体的危険犯であると解されている。

この分類も、早めに覚えておくとよい。

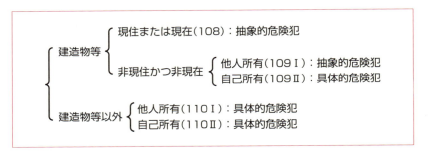

2　現住建造物等放火罪　A+

> 108条　放火して、現に人が住居に使用し又は現に人がいる建造物、汽車、電車、艦船又は鉱坑を焼損した者は、死刑又は無期若しくは5年以上の拘禁刑に処する。

ア　客体

本罪の客体は、「現に人が住居に使用し又は現に人がいる建造物、汽車、電車、艦船又は鉱坑」である。このうち群を抜いて重要なのは、建造物である。

（ア）建造物

本罪の建造物とは、家屋その他これに類似した工作物で、土地に定着し、人の起居出入りに適する構造を有するものをいう（大判大正13・5・31刑集3-459参照）。

この建造物は、①現に人が住居に使用している建造物と、②現に人がいる建造物に分かれる。前者を現住建造物、後者を現在建造物という。

この両者の区別をしっかりと意識することが、本罪を理解する重要なポイン

トの1つとなる。

① 現住建造物

「現に人が住居に使用している建造物」すなわち現住建造物とは、現に人の起臥寝食の場所として日常使用される建造物をいう（大判大正2・12・24刑録19-1517）。この定義は覚えておこう。

実際に人が住んでいる家屋がその典型だが、学校の宿直室のように夜間や休日だけ使用される場所も現住建造物にあたる。

放火行為の時点において建造物の中にたまたま中に人がいなくても、現に人の起臥寝食の場所として日常使用されているのであれば、なお現住建造物にあたる。現住建造物といえるためには、放火行為の時点で中に人がいる必要は必ずしもないわけである。この点で、後述する現在建造物とは異なる。しっかりと押さえておこう。

以上に対し、たとえ住居用に建てられた建物であっても、現に人の起臥寝食の場所として日常使用されていない建物（いわゆる空き家）は、現住建造物にはあたらない。

「人が住居に使用」という場合の「人」とは、犯人（共犯者を含む）以外の者をいう。したがって、犯人のみが単独で居住している建造物は、現住建造物にあたらない。また、居住者全員が殺害された建造物も、「人が住居に使用」しているとはいえず、現住建造物にあたらない（大判昭和4・6・13刑集8-338、大判大正6・4・13刑録23-312）。

② 現在建造物

放火の客体が以上の現住建造物にあたらなくとも、その建造物の中に現に人

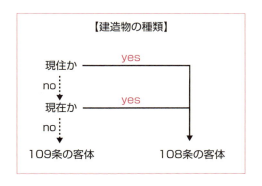

がいる場合には、現在建造物としてなお本罪の客体となる。

たとえば、空き家や離れにある物置小屋は現住建造物にはあたらないが、その中に現に人がいる場合には、現在建造物として本罪の客体となるわけである。

③　現住性・現在性の判断——客体の一個性　➡論証57、58

(a)　問題の所在

以上の現住性や現在性の判断において重要な問題となるのが、複合的建造物の処理である。

たとえば、2階建ての校舎があるとする。深夜のため、現在その校舎内に人はいないが、1階の1室が宿直室となっている。

ここで、その校舎の2階部分にAが放火したとしよう。この場合、Aの行為は、本罪の客体である現住建造物に対する放火というべきか、それとも109条の罪の客体である非現住・非現在建造物に対する放火というべきであろうか。

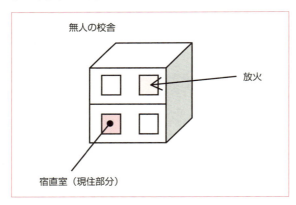

この問題は、宿直室という現住部分と、その他の部分という非現住・非現在部分とを、一体として捉えるべきか、それともバラして捉えるべきかの問題であるといえる。すなわち、全体を一体として捉えれば、Aの行為は本罪の客体である現住建造物に対する放火ということになるのに対し、バラして捉えれば、Aの行為は109条の客体である非現住・非現在建造物に対する放火ということになるのである。

このように、現住（または現在）部分と非現住・非現在部分とからなる複合的建築物については、全体を一体として捉え現住（または現在）建造物とするべきか、バラして捉え非現住・非現在建造物とするべきかを判断するための基準が

問題となる。これが、複合的建物の現住性・現在性、または客体の一個性とよばれる問題である。

（b）物理的一体性からみた延焼可能性

この問題を検討するには、本罪と他の放火罪との法定刑を比較することから始める必要がある。

すなわち、現住建造物や現在建造物に対する放火は、他の放火に比べても特に重く処罰されている。それは、現住建造物や現在建造物に対する放火行為が、他の放火罪と同じく不特定多数の生命・身体・財産を脅かす危険（公共の危険）を有するものであるのと同時に、やはり直接放火の客体となった建造物内の人に対する危険をもあわせもつものだからであると解される。

> 　現在建造物については、まさに建物の中に人がいますから、その人に対する危険があるといえます。
> 　他方、現住建造物については、確かに中に人がいるとは限りません。しかし、起臥寝食の場所として日常使用されている建造物である以上、中に人がいる可能性は高いといえます。したがって、現住建造物についても、やはり建造物内の人に対する危険は存し、それゆえに重く処罰されているといっていいでしょう。

そうだとすれば、現住性や現在性の有無は、建造物内の人に対する危険の有無から判断するのが妥当といえる。

具体的には、物理的一体性からみて、現住または現在部分への類型的な延焼可能性があるか否かで判断するべきであろう。

以上の立場を上の事例にあてはめると、無人の校舎の2階という非現住・非現在部分と、宿直室という現住部分とは物理的一体性が認められ、したがって宿直室への類型的な延焼可能性も認められる。よって、全体を一個の建造物として捉え、現住建造物への放火として処理するべきことになる。判例も、同様の事案において現住性を肯定している（大判大正2・12・24刑録19-1517）。

また、判例は、社務所や守衛詰所といった現住部分と回廊でつながった神社の社殿（非現住・非現在部分）に放火した事案においても、現住性を肯定している（最決平成元・7・14百選Ⅱ83）。建物どうしが回廊でつながっている以上、物理的一体性があり、現住部分への類型的な延焼可能性が認められることから、妥当な結論といえよう。

2. 放火・失火の罪　225

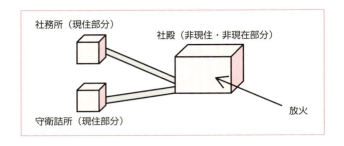

　(c)　難燃性建造物の場合

　では、難燃性建造物の非現住・非現在部分に放火した場合はどうか。たとえば、難燃性建造物であるマンションの空き部屋に放火した場合にも、現住建造物への放火といえるのであろうか。

　この場合でも、放火した空き部屋と現住部分との物理的一体性は認められる。しかし、難燃性建造物であることを強調すれば、結局現住部分への延焼可能性が否定され、空き部屋とそれ以外の現住部分とをバラして捉えるべきことになる。

　しかし、いかに難燃性建造物といっても、状況によっては、火勢が他の部屋へ及ぶおそれが絶対にないとはいえない。したがって、多くの場合にはなお延焼可能性を肯定でき、現住建造物への放火と解してよいであろう。

　裁判例でも、同様の観点から現住性を肯定したものがある（東京高判昭和58・6・20東高刑時報34-4=6-30）。

　(d)　物理的一体性が弱い場合──機能的一体性

　では、物理的一体性が弱い場合は、常にバラして考えるべきなのであろうか。

　たとえば、Bが、マンションの共用部分であるエレベーターに放火したとする。この場合、エレベーターはワイヤーで吊るされているだけの物であることから、マンションの住宅部分（現住部分）との物理的一体性はきわめて弱い。したがって、延焼可能性も否定され、Bの行為は現住建造物への放火とは評価できないようにもみえる。マンションやエレベーターが難燃性の素材で作られている場合はなおさらそうであろう。

　しかし、たとえ物理的一体性に欠ける場合であっても、現住または現在部分との機能的一体性が認められる場合には、なお現住または現在建造物であると

解するのが妥当といえる。なぜなら、この場合にも建造物内の人に対する危険が認められるからである。

マンションのエレベーターは、いわば玄関の延長として機能しており、現住部分との機能的一体性が認められる。したがって、なお現住建造物への放火と評価するべきことになろう。

判例も、現住部分への延焼可能性がほとんどない不燃性集合住宅の共用部分であるエレベーターへの放火を、現住建造物放火としている（**最決平成元・7・7百選Ⅱ82**）。

（e）　まとめ

やや長くなったので、ここで要点をまとめておこう。

現住または現在部分と、非現住・非現在部分（または建造物以外の部分）からなる建造物について、現住性や現在性を肯定するか否かは、まず、①物理的一体性からみて、現住または現在部分への類型的な延焼可能性があるか否かで判断する。仮に難燃性建造物であったとしても、多くの場合には延焼可能性を肯定してよい。

また、物理的一体性が弱い場合であっても、②現住または現在部分との機能的一体性が認められる場合には、なお現住性や現在性を肯定していくことになる。マンション内のエレベーターは、いわば玄関の延長であるから、現住部分との機能的一体性があるといってよい。

以上は、放火罪の中でも特に重要な論点である。しっかりと押さえておこう。

> これらの論点は、現住性や現在性を肯定して108条に問擬していくのか、それとも109条や110条に問擬していくのかの問題です。いいかえれば、検討すべき構成要件をセレクトするための論点ですから、通常は答案の冒頭で検討することになります。
> このことも知っておくと、答案構成が楽になるはずです。

（イ）その他の客体

建造物以外にも、「汽車、電車、艦船又は鉱坑」は本罪の客体となるが、これらは試験との関係では重要でない。

イ　行為

本罪の行為は「放火」である。

「放火」とは、目的物の焼損を惹起させる行為をいう。

2. 放火・失火の罪　227

目的物への点火行為がその典型であるが、必ずしも目的物への直接的な点火行為は必要でなく、媒介物への点火行為も「放火」にあたる。たとえば、現住建造物を燃やすべく、その建造物の軒先に積んであった古新聞へ点火する行為も、本罪の放火行為といえる。

消火する法的作為義務がある者がこれを放置した場合には、不作為の放火にあたる。

なお、実行の着手時期については、未遂の項で述べる（➡230ページエ）。

ウ　既遂時期

本罪は、現住建造物等の本罪の客体が「焼損」した時点で既遂となる。

（ア）焼損の意義

「焼損」の意義については、学説が激しく対立している。以下、検討していこう。

①　独立燃焼説　➡論証59

そもそも放火罪は、不特定または多数人の生命・身体・財産を保護法益とする公共危険罪である。したがって、そうした公共の危険が発生した時点で既遂となると解するのが妥当といえる。

そして、火が媒介物を離れて目的物に移り、目的物が独立に燃焼を継続する状態に達すれば、その時点で、少なくとも抽象的には公共の危険が発生したといえる。

そこで、そうした独立燃焼の状態が「焼損」であると解するのが妥当であろう。

この見解は独立燃焼説とよばれており、判例もこの見解を採用している（大判大正7・3・15刑録24-219）。

> 独立燃焼説で「焼損」といえるためには、まず、火が媒介物を離れて目的物に燃え移ることが必要です。媒介物が独立に燃焼していても、それだけではまだ「焼損」とはいえません。
> たとえば、現住建造物を燃やそうとして、その室内においてあった古新聞（これが媒介物です）にライターで火をつけ、古新聞が独立に燃焼するに至った、つまりライターを離しても古新聞が燃え続ける状態になったとしても、それだけでは媒介物が燃えているにすぎません。したがって、この段階ではまだ本罪の「焼損」とはいえません。
> また、古新聞から室内の畳に燃え移り、畳やふすまが独立に燃焼するに至ったとしても、やはり本罪の「焼損」とはいえません。畳やふすまは現住建造物から独立した従物にすぎ

228　2編1章　公共の平穏および安全に対する罪

ず、本罪の目的物である現住建造物の一部とはいえないからです。その後、現住建造物の一部、たとえば建物の柱に燃え移り、柱が独立に燃焼する状態になった段階で、はじめて本罪の「焼損」にあたることになります。

なお、建物から独立した従物にすぎないのか、それとも建物の一部なのかについては、**毀損しなければ取り外せない物か否か**で判断していきます（最判昭和25・12・14刑集4−12−2548）。この判断は未遂と既遂を決する重要ポイントですから、しっかりと押さえておきましょう。

② 他の学説

以上の独立燃焼説に対しては、木造家屋が多いわが国の現状に合わないとの批判がある。コンクリートやレンガ造りの建造物とは異なり、木造の建造物は容易に独立燃焼を開始する。そのため、未だ建物としての効用が害されるに至らない段階においても既遂となってしまい、妥当でないという批判である。

そこで、独立燃焼説よりも既遂時期を遅らせるべく、①火力により目的物の重要部分が焼失し、その本来の効用を失う程度に毀損された状態をもって「焼損」とする見解（効用喪失説）や、②火力によって目的物が毀棄罪における損壊の程度に達した状態をもって「焼損」とする見解（毀棄説）などが主張されている。

> この2つの見解は似ていますが、①の効用喪失説は重要部分の焼失を必要とするのに対し、②の毀棄説は要件を緩和し、一部損壊の程度で足りるとする点に違いがあります。

しかし、これらの見解は、放火罪の財産犯的側面を重視しすぎているきらいがある。放火罪の保護法益には、財産だけでなく生命・身体も含まれる以上、やはり独立燃焼説が妥当であろう。

Q 「焼損」の意義 A⁺

A説 独立燃焼説（判例）

結論：火が媒介物を離れて目的物に移り、目的物が独立に燃焼を継続する状態のことである。

理由：火が媒介物を離れて目的物に移り、目的物が独立に燃焼を継続する状態に達した時点で、少なくとも抽象的には公共の危険が発生したといえる。

批判：木造家屋の多いわが国においては、既遂時期が早すぎる。

B説 効用喪失説

結論：火力により目的物の重要部分が焼失し、その本来の効用を失う程度に毀損された状態のことである。

2. 放火・失火の罪　229

批判：放火罪の財産犯的側面を重視しすぎている。

C説 毀棄説

結論：火力によって目的物が毀棄罪における損壊の程度に達した状態のことである。

批判：B説への批判と同じ。

（イ）難燃性建造物の場合 ➡論証60

以上の伝統的な論点に加え、近時増加した難燃性建造物に関して、「焼損」の意義を捉え直すべきなのではないかという問題が新たに生じている。

すなわち、難燃性の素材を用いた建造物は、媒介物の火力によって建材やコンクリート壁が剥落することや、有毒ガスが発生することはあっても、建造物自体は独立燃焼に至らない場合が多い。そのため、いくら建物として使い物にならなくなっても、また有毒ガスによる公共の危険が発生しても、独立燃焼説からは「焼損」とはいえず、既遂に至らなくなってしまうという問題があるのである。

そこで、原則として独立燃焼説に立脚しつつも、媒介物の火力によって建造物が効用を失うに至った場合には既遂を認めるべきであるとする見解も主張されている。

しかし、そのような解釈は、「焼損（燃焼）」という根本的な文理上の制約を無視する解釈だといわざるを得ない。現行法を前提とする限り、独立燃焼がない場合には未遂にとどまると解さざるを得ないであろう。

Q 難燃性建造物で、媒介物の火力により建材・コンクリート壁が剥落し、または有毒ガスが発生するなどに至った場合、「燃焼」といえるか **B⁺**

A説 新効用喪失説・併用説（河上・団藤など）

結論：独立燃焼説と効用喪失説を併用し、焼損にあたるというべきである。

批判：「焼損」という根本的な文理上の制約を無視している。

B説 否定説（西田・山口など）

結論：焼損にあたらない。

理由：A説への批判と同じ。

エ 未遂・予備

本罪の未遂は罰する（112条）。

本罪の実行の着手が認められるためには、必ずしも目的物や媒介物への点火行為は必要でない。たとえば、ガソリンのように引火性の高い物質を散布した

場合には、その段階で実行の着手が認められる（広島地判昭和49・4・3判タ316−289）。

本罪の予備は罰する。ただし、情状により刑を免除することができる（113条）。

オ　罪数・他罪との関係
（ア）成立する犯罪の個数
本罪は公共危険罪であるから、生じた公共の危険の個数によって成立する犯罪の個数が決定される。

したがって、たとえば複数の現住建造物等を放火・焼損した場合でも、生じた公共の危険が1個と判断される場合には、包括して本罪一罪が成立する。

また、現住建造物等のほか、109条物件や110条物件を焼損しても、やはり生じた公共の危険が1個と判断される場合には、包括して本罪一罪のみが成立する（大判昭和8・4・25刑集12−482）。

（イ）109条物件や110条物件を媒介物とした場合
本罪の故意で、本罪の目的物に隣接する109条物件や110条物件に放火した場合、①その結果本罪の目的物が焼損すれば包括して本罪一罪が成立する。生じた公共の危険は1個といえるからである。

これに対し、②本罪の目的物が焼損に至らなければ、たとえ109条物件や110条物件が焼損した場合であっても、包括して本罪の未遂一罪が成立する。

> 上の事例では、行為者が本罪の故意を有していること、すなわち、109条物件や110条物件が108条物件を焼損するための媒介物にすぎないということがポイントです。
> たとえば、108条物件を焼損する目的で新聞紙に放火した場合、108条物件が焼損しなければ、いくら新聞紙が燃え上がろうと本罪は未遂にとどまります。「新聞紙は燃えたのだから、108条は既遂だ」とはしませんし、「新聞紙は燃えたのだから110条の既遂も成立する」ともしません。
> また、新聞紙すら焼損（独立燃焼）しなかったとしても、本罪の着手はありますから、やはり本罪の未遂は成立します。
> そして、このことは、109条物件や110条物件を媒介物とした場合にも同様にあてはまります。それゆえ、108条物件が焼損に至らなかった場合には、109条物件や110条物件の焼損の有無を問わず、本罪の未遂として処理するわけです。

2. 放火・失火の罪　　231

3 非現住・非現在建造物等放火罪 **A⁺**

> 109条
> 1項　放火して、現に人が住居に使用せず、かつ、現に人がいない建造物、艦船又は鉱坑を焼損した者は、2年以上の有期拘禁刑に処する。
> 2項　前項の物が自己の所有に係るときは、6月以上7年以下の拘禁刑に処する。ただし、公共の危険を生じなかったときは、罰しない。

ア　客体

（ア）非現住・非現在建造物等

本罪の客体は、「現に人が住居に使用せず、かつ、現に人がいない建造物、艦船、又は鉱坑」である。

本罪は「非現住建造物等放火罪」とよばれることが多いが、現住性と現在性の両方が否定される場合にのみ本罪の客体となることに注意が必要である。誤解を避けるため、本書では本罪を非現住・非現在建造物等放火罪とよぶことにする。

（イ）他人所有・自己所有

本罪は、客体である非現住・非現在建造物等が、他人所有か（1項）、自己所有か（2項）によりその性質を異にしている。

まず、客体が他人所有の場合は、文言上「公共の危険」の発生が要求されておらず、108条と同じく抽象的危険犯である。

これに対し、客体が自己所有の場合は、文言上「公共の危険」の発生が要求されており、具体的危険犯である。このことはしっかりと覚えておこう。

非現住かつ非現在 {
　他人所有…………抽象的危険犯（1項）
　自己所有…………具体的危険犯（2項）
}

なお、自己所有であっても、それが差押えを受け、物権を負担し、賃貸し、または保険に付したものである場合は、1項により処罰される（115条）。

また、他人所有であっても、その所有者の同意がある場合には、自己所有と

232　2編1章　公共の平穏および安全に対する罪

して扱ってよいと解されている。無主物についても自己所有として扱ってよい
であろう。

イ　公共の危険

　1項の他人所有・非現住・非現在建造物等放火罪は、108条と同じく、「焼
損」によって既遂となる。

　これに対し、**2項**の自己所有・非現住・非現在建造物等放火罪は、「焼損」
だけでは足りず、具体的な「**公共の危険**」の発生が認められてはじめて処罰可
能となる。

（ア）公共の危険の意義

　ここで公共の危険とは、**不特定または多数人の生命・身体・財産に対する危
険**のことである（通説）。

（イ）公共の危険の判断基準

　では、いかなる場合にそうした公共の危険を認定できるのであろうか。

　この点については、一般人の蓋然性の判断を基準とし、**一般人の印象からみ
て危険を感じるような状態**であれば、たとえ物理的には危険がなかったとして
も公共の危険があるとするのが多数説である。

> 　答案では、以上の意義と判断基準をまとめてしまい、「公共の危険とは、**一般人の印象か
> らみて、不特定または多数人の生命・身体・財産に対する危険を感じさせる状態をいう**」
> と書いてしまうのが通常です。このかたちでしっかりと覚えておきましょう。

ウ　公共の危険の認識　➡論証61

　以上の公共の危険に関しては、行為者が**公共の危険の認識**を有していたこと
が必要かをめぐって、重要な争いがある。

（ア）検討

　この点、2項の「ただし、公共の危険を生じなかったときは、罰しない」と
いう文言から、公共の危険を**処罰条件**であると解し、したがってその認識は不
要とする見解がある。

　しかし、そもそも2項が規定する**自己所有の非現住・非現在建造物等への放
火・焼損**自体は、**本来違法行為ではない**はずである。にもかかわらずそれが犯

2. 放火・失火の罪　233

罪となるのは、ひとえに公共の危険を発生させたからに他ならない。

そうだとすれば、公共の危険の認識は必要であると解するべきであろう（通説）。

（イ）批判

公共の危険の認識を必要とする通説に対しては、109条2項の罪が成立する余地がなくなるとの批判が加えられることがある。

すなわち、公共の危険の認識を有しているということは、108条物件や109条1項物件への延焼の認識、すなわち108条や109条1項の故意を有していることを意味し、したがって、109条2項が予定しているような事案でも、全て108条や109条1項の未遂になってしまうとの批判がなされているのである。

（ウ）反論

しかし、そもそも公共の危険とは、一般人の印象からみて、不特定または多数人の生命・身体・財産に対する危険を感じさせる状態をいうのであり、客観的な延焼の危険とイコールではない。

そうだとすれば、公共の危険は認識しつつも、108条物件や109条1項物件への延焼の危険は認識していない状態もあるといえる。上記の批判は失当といえよう。

> たとえば、Aが住宅街にある自己所有の空き家に放火したとします。
> この時、Aが「一般人がみたら他の家に延焼すると思うだろうが、今日の天気や風向きだと、他の家への延焼は絶対にあり得ない」と考えていた場合、Aは公共の危険を認識しながらも、108条物件や109条1項物件への延焼については認識していないといえるでしょう。

Q 109条2項における公共の危険の認識の要否　A

A説 認識不要説（少数説）
理由：「罰しない」との文言から、公共の危険は処罰条件である。

B説 認識必要説（通説）
理由：自己所有物の焼損は本来違法行為ではなく、公共の危険によってはじめて犯罪となるのであるから、その認識を必要と解すべきである。
批判：108条や109条1項の故意を要求することにならざるを得ない。
反論：①公共の危険の認識とは、「延焼の危険はないが、なおその幻影におびえるのが一般的であるということの認識」であり、108条や109条1項との故意とは異なる（中、中森）。
　　　②公共の危険の認識とは、「公共の危険の発生についての予見はあるが延焼を容

234　2編1章　公共の平穏および安全に対する罪

認することのない心理状態」であり、108 条や 109 条 1 項との故意とは異なる（植松、山口など）。

エ　未遂・予備

109 条 1 項の罪の未遂は罰する（112 条）。

本罪の予備については、他人所有の場合にのみ罰する（113 条）。

4　建造物等以外放火罪　

> 110 条
> 1 項　放火して、前 2 条に規定する物以外の物を焼損し、よって公共の危険を生じさせた者は、1 年以上 10 年以下の拘禁刑に処する。
> 2 項　前項の物が自己の所有に係るときは、1 年以下の拘禁刑又は 10 万円以下の罰金に処する。

ア　客体

本罪の客体は、108 条・109 条に規定されている物以外の物である。たとえば、オートバイがこれにあたる。

客体が自己所有の場合は、法定刑が軽減されている。所有者の同意がある場合や無主物の場合も、自己所有物と同様に扱ってよい。

ただし、自己所有物であっても、それが差押えを受け、物権を負担し、賃貸し、または保険に付したものである場合は、1 項により処罰される（115 条）。

イ　公共の危険

本罪においては、他人所有物であれ、自己所有物であれ、「公共の危険」が要件とされている。すなわち、本罪はおよそ具体的危険犯である。

公共の危険の定義ないし判断基準は、109 条 2 項と同様である（なお、最決平成 15・4・14 百選Ⅱ 85 参照）。

ウ　公共の危険の認識の要否　➡論証 62

公共の危険の認識の要否についても、109 条 2 項と同様に争いがあるが、理由づけが異なる部分があるので注意が必要である。

以下、検討していこう。

（ア）認識不要説

認識を不要とする見解は、「よって」という文言に着目し、本罪を器物損壊罪の結果的加重犯であると解し、公共の危険は加重結果であるから、その認識は不要であるとする。

判例も、その理論的な理由は不明であるが、結論として認識を不要としている（大判昭和6・7・2刑集10-303）。

しかし、個人的法益に対する罪である器物損壊罪と、公共危険罪である本罪との間に、加重類型という関係を見出すのは無理があるというべきであろう。

（イ）認識必要説

以上に対し、認識を必要とするのが通説であるが、その理由づけは1項の場合と2項の場合とで異なる。

まず、1項について、他人所有物の焼損が器物損壊よりも重い公共危険罪を構成するのは、公共の危険の発生にその理由があると解される。そのことを理由として、公共の危険の認識が必要と解していく。

他方、2項については、109条2項と同様の理由付けでよい。すなわち、自己所有物の焼損は本来違法行為ではなく、公共の危険によってはじめて犯罪となると解される。そのことを理由として、公共の危険の認識を必要と解していくのである。

なお、この通説に対する批判およびそれに対する通説からの反論は、109条2項の場合と同様である。

　以上のように、問題となっている構成要件によって、他説や自説の理由付けは異なります。また、109条2項についての判例はありませんが、110条については判例が存在します。
　混乱しないように、しっかりと整理しておきましょう。

Q 110条1項2項における公共の危険の認識の要否　A

A説 認識不要説

理由：「よって」とあることから、本罪は結果的加重犯である。

批判：個人的法益に対する罪である器物損壊罪と、公共危険罪である本罪との間に加重類型を見出すのは無理がある。

236　2編1章　公共の平穏および安全に対する罪

B説 認識必要説（通説）
理由：①（1項について）器物損壊よりも重い公共危険罪を構成する理由は、具体的な公共の危険の発生にあるのであるから、その認識を必要と解するべきである。
②（2項について）自己所有物の焼損は本来違法行為ではなく、公共の危険によってはじめて犯罪となるのであるから、その認識を必要と解すべきである。
批判：108条や109条1項の故意を要求することにならざるを得ない。
反論：①公共の危険の認識とは、「延焼の危険はないが、なおその幻影におびえるのが一般的であるということの認識」であり、108条や109条1項との故意とは異なる（中、中森）。
②公共の危険の認識とは、「公共の危険の発生についての予見はあるが延焼を容認することのない心理状態」であり、108条や109条1項との故意とは異なる（植松、山口など）。

5　延焼罪　

> 111条
> 1項　第109条第2項又は前条第2項の罪を犯し、よって第108条又は第109条第1項に規定する物に延焼させたときは、3月以上10年以下の拘禁刑に処する。
> 2項　前条第2項の罪を犯し、よって同条第1項に規定する物に延焼させたときは、3年以下の拘禁刑に処する。

　本罪は、109条2項・110条2項の放火罪を犯し、よって所定の客体へ延焼させた場合についての規定であり、109条2項・110条2項の結果的加重犯である。したがって、延焼した客体についての故意がないことが当然の前提となる。

　以下の図は、本罪の条文構造のまとめである。矢印の出発点が基本犯、矢印の到着点が延焼した客体である。条文と見比べつつ、本罪の構造を押さえておこう。

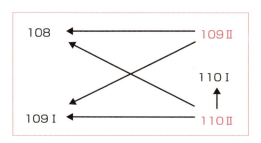

6 失火罪 B

> 116条
> 1項　失火により、第108条に規定する物又は他人の所有に係る第109条に規定する物を焼損した者は、50万円以下の罰金に処する。
> 2項　失火により、第109条に規定する物であって自己の所有に係るもの又は第110条に規定する物を焼損し、よって公共の危険を生じさせた者も、前項と同様とする。

「失火により」とは、過失により出火させることをいう。

108条物件・109条1項物件を焼損した場合は抽象的危険犯であるが（1項）、109条2項物件・110条物件を焼損した場合は具体的危険犯である（2項）。

109条2項や110条において公共の危険の認識を必要と解したのと同様に、本条2項の場合には、公共の危険を発生させたことについての過失が必要であると解するのが妥当であろう。

7 業務上失火罪・重失火罪 B

> 117条の2　第116条［失火罪］又は前条第1項［激発物破裂罪］の行為が業務上必要な注意を怠ったことによるとき、又は重大な過失によるときは、3年以下の拘禁刑又は150万円以下の罰金に処する。

本罪は、失火罪の加重類型である。

「業務」とは、職務として火気の安全に配慮すべき社会生活上の地位をいう（最決昭和60・10・21百選I 60）。

「重大な過失」とは、注意義務の違反の程度が著しいことをいう。

8 その他の放火・失火の罪 C

以上に加えて、刑法は放火・失火の罪として、消火妨害罪（114条）・激発物破裂罪・過失激発物破裂罪（117条1項2項）・ガス等漏出罪・同致死傷罪（118条1項2項）を規定しているが、試験との関係では重要でない。

3. 往来を妨害する罪

　往来を妨害する罪は、公衆の交通の安全を保護法益とする犯罪であり、公共危険罪の1つである。
　試験との関係での重要性はそれほど高くないが、基礎的なところは押さえておくとよい。

1　往来妨害罪　

> 124条
> 1項　陸路、水路又は橋を損壊し、又は閉塞して往来の妨害を生じさせた者は、2年以下の拘禁刑又は20万円以下の罰金に処する。

ア　客体

　本罪の客体は、「陸路、水路又は橋」である。
　「陸路」とは道路のことであり、「水路」とは船舶やいかだなどの航行の用に供される河川・運河・河口などのことである。
　「橋」には陸橋や桟橋が含まれるが、鉄道専用の橋は往来危険罪（125条）の客体であり、本罪の「橋」には含まれない。
　いずれも、公衆の往来の用に供せられていることを要する（大判昭和11・11・6新聞4072-17）。

イ　行為

　本罪の行為は、「損壊」または「閉塞」である。
　「損壊」は、器物損壊罪とは異なり、物理的損壊に限定される（通説）。したがって、たとえば道路に汚物をまき、心理的に通行不可能にする行為はこれにあたらない。
　「閉塞」とは、障害物により道路等をふさぐことをいう。

ウ　結果

本罪が既遂となるには、「往来の妨害を生じさせた」ことが必要である。

「往来の妨害を生じさせた」とは、損壊・閉塞により、人や車両等の通行を不可能または困難ならしめる状態をつくり出すことをいう。

ただし、そうした状態をつくり出せば「往来の妨害を生じさせた」にあたるのであるから、現実に特定の人が往来を妨害された事実は必要でない。すなわち、本罪は具体的危険犯である。

エ　未遂

本罪の未遂は罰する（128 条）。

2　往来妨害致死傷罪　B

> 124 条
> 2 項　前項の罪［往来妨害罪］を犯し、よって人を死傷させた者は、傷害の罪と比較して、重い刑により処断する。

本罪は、往来妨害罪（124 条 1 項）の結果的加重犯である。

本罪は往来妨害罪が既遂に達していることを前提とするから、損壊・閉塞行為自体によって致死傷の結果を生じさせた場合は含まないとするのが通説である。この通説からは、たとえば、橋の爆破行為自体によって通行人を死亡させてしまった場合には、本罪ではなく往来妨害罪と過失致死罪の観念的競合となる。

本罪の法定刑は、致傷の場合は 15 年以下の懲役または 50 万円以下の罰金、致死の場合は 3 年以上 20 年以下の懲役である（計算方法については ➡ 34 ページ上の**イ**を参照）。

3　往来危険罪　B

> 125 条
> 1 項　鉄道若しくはその標識を損壊し、又はその他の方法により、汽車又は電車の往来の危険を生じさせた者は、2 年以上の有期拘禁刑に処する。
> 2 項　灯台若しくは浮標を損壊し、又はその他の方法により、艦船の往来の危険を生じさせた者も、前項と同様とする。

ア　意義

本罪は、汽車・電車（1項）および艦船（2項）が重要な交通手段であることにかんがみ、それらの往来の危険を生じさせる行為を往来妨害罪よりも加重して処罰するものである。

イ　行為

本罪の行為は、①鉄道・標識の損壊等と、②灯台・浮標の損壊等である。

（ア）鉄道・標識の損壊等

「鉄道」とは、汽車・電車の運行に直接必要な一切の施設をいう。よって、線路だけでなく、枕木やトンネルなどもこれに含まれる。

「標識」とは、汽車・電車の運行に必要な信号機その他の標示物をいう。

「損壊」とは、物理的損壊のことである。

「その他の方法」とは、汽車・電車の往来の危険を生じさせる一切の行為をいう。たとえば、軌道上に障害物を置く行為（大判大正9・2・2刑録26-17）や、無人電車を暴走させる行為（最大判昭和30・6・22刑集9-8-1189）などがこれにあたる。

（イ）灯台・浮標の損壊等

「灯台」とは、艦船の航行に必要な灯火による陸上の標識をいう。

「浮標」とは、艦船の航行上の安全を示す水上の標示物、すなわちブイのことである。

「損壊」とは、物理的損壊のことである。

「その他の方法」とは、艦船の往来の危険を生じさせる一切の行為をいう。たとえば、灯台の灯を消す行為や、偽りの浮標を設ける行為がこれにあたる。

ウ　結果

本罪が既遂となるには、「往来の危険を生じさせた」ことが必要である。

「往来の危険を生じさせた」とは、脱線・転覆・衝突もしくは転覆・沈没などの災害に遭遇するおそれのある状態を生じさせることをいう。

ただし、災害が現実に発生し、汽車・電車・艦船の往来が現実に妨害された事実は必要でない。すなわち、本罪は具体的危険犯である。

3. 往来を妨害する罪　　241

エ　未遂

本罪の未遂は罰する（128条）。

4　汽車転覆等罪　

> 126条
> 1項　現に人がいる汽車又は電車を転覆させ、又は破壊した者は、無期又は3年以上の拘禁刑に処する。
> 2項　現に人がいる艦船を転覆させ、沈没させ、又は破壊した者も、前項と同様とする。

ア　客体

本罪の客体は、現に人がいる汽車・電車・艦船である。

「現に人がいる」とは、犯人以外の人が現在することをいう。

イ　行為

本罪の行為は、①汽車・電車の転覆・破壊（1項）、②艦船の転覆・沈没・破壊（2項）である。

（ア）汽車・電車の転覆・破壊

「転覆」とは、汽車・電車の転倒、横転、転落をいう。単なる脱線はこれに含まれない（通説）。

「破壊」とは、汽車・電車の実質を害して、その交通機関としての全部または一部を失わせる程度の損壊をいう（最判昭和46・4・22刑集25-3-530）。したがって、たとえば交通機関としての機能と関係のない電車のガラス窓を破壊した場合は、これにあたらない。その場合には、本罪ではなく器物損壊罪に該当することになる。

（イ）艦船の転覆・沈没・破壊

「転覆」とは、艦船を横転させることをいう。

「沈没」とは、船体を浸水させることをいう。座礁はこれに含まれない。

「破壊」とは、艦船の実質を害して、その航行機関としての機能の全部または一部を失わせる程度の損壊をいう。

ウ　抽象的危険犯

以上の行為があれば、本罪は既遂となる。すなわち、本罪は抽象的危険犯である。

エ　未遂

本罪の未遂は罰する（128条）。

5　汽車転覆等致死罪

> 126条
> 3項　前2項の罪［汽車転覆等罪］を犯し、よって人を死亡させた者は、死刑又は無期拘禁刑に処する。

本罪は、汽車転覆等罪（126条1項2項）の結果的加重犯である。
加重結果は致死に限定され、致傷を含まない。

ア　死亡の原因

本罪は、汽車転覆等罪が未遂の場合には成立せず、汽車等の転覆・沈没・破壊の結果として人が死亡した場合にのみ成立する（通説）。

したがって、転覆・破壊などの行為自体から人の死亡が生じた場合には、本罪は成立しないと解されている。

イ　内部にいた人以外の人の死亡

本罪のいう「人」の中に、転覆された汽車等の内部にいた人が含まれるのは当然である。では、駅のホームにいた人や、沿線の住民などのように、汽車等の内部にいた人以外の人も含まれるのであろうか。

学説上は否定説も有力であるが、転覆等により汽車等の内部にいた人以外の人を死亡させることも十分に予想される以上、含まれると解するのが妥当であろう。判例も、肯定説に立っている（最大判昭和30・6・22刑集9−8−1189）。

> **Q** 本罪の「人」に、汽車等の内部にいた人以外の人が含まれるか　B
> **A説** 肯定説（判例・有力説）
> 理由：汽車の転覆等により沿線の住民等を死亡させる場合も十分予想される。

B説 否定説

理由：基本犯である汽車転覆等罪は、交通機関の利用者・乗員に対する危険の発生を
要件とするものである。

ウ　殺人罪との関係

　殺意をもって汽車等を転覆させ、よって死亡させた場合には、本罪と殺人罪
との関係が問題となるが、本罪の法定刑が殺人罪の法定刑よりも重いことか
ら、本罪一罪の成立を認める見解が有力である。

　ただし、この見解からも、殺人が未遂にとどまった場合には、本罪の未遂を
罰する規定がないことから、汽車等転覆罪と殺人未遂罪との観念的競合を認め
ることになる。

6　往来危険による汽車転覆等罪　　B⁻

> 127条　第125条の罪［往来危険罪］を犯し、よって汽車若しくは電車を転覆させ、
> 若しくは破壊し、又は艦船を転覆させ、沈没させ、若しくは破壊した者も、前条の例
> による。

ア　意義

　本罪は、往来危険罪（125条）の結果的加重犯である。

　すなわち、鉄道・標識の損壊等により、往来の危険を生じさせた（➡240ペ
ージウ）だけでなく、さらに現実に汽車等の転覆等を生じさせた場合に本罪が
成立する。

イ　無人の汽車等を転覆させた場合

　本罪の客体である「汽車」等に、人が現在していたことを要するかについて
は争いがある。

　この点、本罪は「前（126）条の例による」とされているところ、126条の客
体には現在性が要求されていることを理由として、本罪の客体にも現在性を要
求する見解もあるが、判例は現在性を不要としている（最大判昭和30・6・22刑
集9−8−1189）。

　127条の法文上、現在性は特に要求されていない。このことからすれば、判

244　2編1章　公共の平穏および安全に対する罪

例が妥当であろう。

🔍 現在性の要否　B

A説 必要説

理由：本罪は126条の例によるとされているところ、126条の客体には現在性が要求されている。

B説 不要説（判例）

理由：法文上特に人の現在性が要件とされていない。

ウ　人を死亡させた場合

　往来危険罪（125条）を犯し、よって**人を死亡させた場合**について、127条を適用し、**126条3項の汽車転覆等致死罪の例による**としてよいかについては争いがある。換言すれば、本罪を定めた127条の「前条の例による」という文言中の「前条」は、126条1項2項の汽車転覆等罪だけを指しているのか、それとも126条3項の汽車転覆等致死罪をも指しているのかについて、争いがあるのである。

　この点、127条が定める加重結果は転覆・沈没・破壊の場合だけであり、人を死亡させた場合を含んでいないことから、人を死亡させた場合には127条は適用されないとする見解がある。この見解は、「前条」という文言は126条1項2項のみを指していると解するわけである。

　しかし、127条は単に「前条の例による」としており、**「前条1項2項の例による」とはしていない**以上、前条3項を除外しない趣旨であると解される。

　また、基本犯である125条の行為（鉄道・標識や灯台・浮標の損壊等）は、その性質上、汽車等を転覆・沈没・破壊する危険だけでなく、人を死亡させる危険をも有する行為といえる。そうだとすれば、125条の行為の結果、人を死亡させた場合には、126条3項と同じように処罰してよいであろう。

　したがって、人を死亡させた場合についても、127条を適用し、126条3項の汽車転覆等致死罪の例によるとするのが妥当である。判例も、適用を肯定している（最大判昭和30・6・22刑集9-8-1189）。

🔍 往来危険罪を犯し、よって人を死亡させた場合、126条3項の例によることができるか　B

A説 肯定説（判例・通説）

理由：① 127条は「前条第1項第2項の例による」とはしていない。

3. 往来を妨害する罪　245

②125条の行為は、その性質上、汽車・電車等の転覆・破壊ばかりでなく、それによって人の致死の結果をも発生させる危険を含むのであるから、その結果を生じた以上は前条の各項と同じように処断してさしつかえない。

B説 否定説
理由：127条は人を死亡させた場合について規定していない。

7　過失往来危険罪等　C

129条
1項　過失により、汽車、電車若しくは艦船の往来の危険を生じさせ、又は汽車若しくは電車を転覆させ、若しくは破壊し、若しくは艦船を転覆させ、沈没させ、若しくは破壊した者は、30万円以下の罰金に処する。
2項　その業務に従事する者が前項の罪を犯したときは、3年以下の拘禁刑又は50万円以下の罰金に処する。

本条は、過失による往来危険罪、過失による汽車転覆等罪を処罰するものである。
「その業務に従事する者」による場合は刑が加重される（2項）。「その業務に従事する者」とは、直接または間接に汽車・電車・艦船の運行の業務に関与する者をいう（大判昭和2・11・28刑集6-472）。

4. 公共の平穏および安全に対するその他の罪
C

公共の平穏および安全に対する罪として、以上のほか、刑法は出水および水利に関する罪（119条から123条）、あへん煙に関する罪（136条から141条）、飲料水に関する罪（142条から147条）を規定しているが、試験との関係では原則として無視してしまってよい。

246　2編1章　公共の平穏および安全に対する罪

第2章

取引の安全に対する罪

　売買などの経済取引における決済は、通貨や有価証券、支払用カードなどを用いて行われる。また、経済取引の証拠として、文書や印章が重要な役割を果たしている。

　そうした現状にあって、仮に通貨や有価証券、支払用カード、文書、印章の偽造が頻発し、人々がこれらに対する信用を失えば、経済取引は停滞し、経済秩序の混乱を招くことになる。

　また、文書については、経済取引以外でも、身分関係その他の事実を証明する証拠として、重要な役割を果たしている。人々が文書に対する信用を失えば、社会は混乱してしまう。

　そこで、刑法は、通貨や有価証券、支払用カード、文書、印章に対する公共の信用を保護するべく、偽造の罪を規定している。

　偽造の罪のうち、試験との関係で最も重要なのは文書偽造の罪である。そこで、まず文書偽造の罪を検討し、その後に他の偽造の罪を検討していくことにしよう。

1. 文書偽造の罪

1 総説 　A

ア　保護法益

　文書偽造の罪の保護法益は、文書に対する公共の信用である。このことはしっかりと記憶しておこう。

1. 文書偽造の罪　247

イ 偽造と虚偽文書作成

文書偽造の罪を学ぶ際に、最初に押さえるべき最重要ポイントは、①偽造と②虚偽作成の区別である。

以下、それぞれを検討していこう。

（ア）偽造

偽造とは、名義人と作成者の人格の同一性を偽ることをいう（**最判昭和59・2・17**百選Ⅱ94参照）。名義人と作成者がズレている場合を偽造というわけである。

> この意味での「偽造」、すなわち虚偽作成とは区別した意味での「偽造」は、狭義の偽造とよばれています。公文書偽造罪や私文書偽造罪というときの「偽造」は、この狭義の偽造です。
> これに対し、偽造という言葉が、虚偽作成をも含む広い意味で使われることもあります。たとえば、本節のタイトルでもある「文書偽造の罪」というときの「偽造」は、虚偽作成等を含む広義の偽造です。

このように、偽造を名義人と作成者のズレと解する以上、偽造にあたるか否かを判断するためには、①名義人と②作成者を明らかにする必要がある。以下、それぞれの意義を検討していこう。

① 名義人の意義

名義人（作成名義人）とは、当該文書から理解される意思や観念の表示主体をいう。

この定義はしっかりと記憶しておこう。

> 答案では上の定義で書いていきますが、これをもう少しかみ砕いて表現すれば、名義人とは「ある文書を読んだ人が、その文書を作成した人として想定する人」のことです。
> たとえば、皆さんはこのテキストを読んで、「呉明植という奴が書いたテキストだ」と想定しているはずです。よって、このテキストの名義人は呉明植となります。

② 作成者の意義

作成者の意義については、①物理的に文書を作成した者をいうとする行為説と、②文書に意思や観念を表示した者または表示させた者をいうとする意思説とが対立している。

両者の違いは、たとえばある会社の社長秘書が、社長に命じられて社長名義の文書を作成した場合に現れる。

すなわち、①の行為説からは、物理的に文書を作成した社長秘書が当該文書の作成者である。したがって、名義人（社長）と作成者（社長秘書）がズレることになり、社長秘書の行為は偽造にあたることになってしまう（ただし、社長の承諾を理由として違法性が阻却される）。

　これに対し、②の意思説からは、当該文書に意思や観念を表示させた者は社長であることから、作成者は社長自身となる。したがって、名義人と作成者が合致し、社長秘書の行為はそもそも偽造ではないということになる。

　両説いずれの立場からも偽造罪の成立自体は否定されるわけであるが、構成要件レベルで成立を否定する意思説がより妥当であろう。意思説の結論をしっかりと覚えておいてほしい。

🄠 作成者の意義　B

A説　行為説

結論：物理的に文書を作成した者である。
理由：基準として明確である。
批判：企業の役員名義の文書を秘書が代筆する場合、秘書が作成者となり、文書偽造罪が成立しかねない。文書偽造の保護法益は名義人の利益ではないから、名義人の同意によって違法性阻却を認めることはできない。

B説　意思説

結論：当該文書に意思や観念を表示した者または表示させた者である。
理由：A説に対する批判と同じ。

③　内容の真否

　以上のように、偽造にあたるか否かは、名義人と作成者とを明らかにし、両者の同一性の有無により判断していくことになる。

　たとえば、「私は確かに鈴木太郎さんから100万円をお借りしました。山田二郎」と書かれた文書の作成行為について、この文書が実際に山田二郎によって作成されたものであれば偽造ではない。他方、鈴木太郎が無権限で作成したものだった場合は、鈴木太郎のなした行為は偽造にあたる。

　そして、偽造か否かの判断においては、文書の内容の真実性は無関係である。すなわち、文書の内容が虚偽であろうと、真実であろうと、作成者と名義人の人格の同一性が偽られていれば偽造として処断する。日常の語感とは大きく異なるので、注意しておこう。

　たとえば、上の例で、本当に山田二郎が鈴木太郎から100万円借りていたと

1. 文書偽造の罪　　249

しても、山田二郎名義の文書を勝手に鈴木太郎が作成したのであれば、それはやはり偽造にあたるのである。

私は確かに鈴木太郎さんから100万円をお借りしました。

山田　二郎

①山田二郎が作成
　：名義人＝山田二郎、作成者＝山田二郎　⇒　not 偽造
②鈴木太郎が作成
　：名義人＝山田二郎、作成者＝鈴木太郎　⇒　偽造

---

④　偽造の程度

偽造罪にあたるためには、他人名義で作成された文書が一般人からみて真正に作成されたものであると誤信させるに足りる外観を有することが必要である。

（イ）虚偽作成

以上の偽造に対し、虚偽作成とは、文書の作成権限を有する者が内容虚偽の文書を作成することをいう。

たとえば、あるロースクールの学長が、学長名義（自己名義）で「呉明植が本校を卒業したことを証明する」という内容の文書を作成したとする。

この場合、文書の名義人も作成者もともにロースクールの学長であるから、偽造にはあたらない。しかし、内容は虚偽である（呉はそのロースクールを卒業していない）ことから、学長の行為は虚偽作成にあたるのである。

このように、思考の基本的なプロセスとしては、①まず偽造にあたるかをチェックし、②偽造にあたらない場合に初めて虚偽作成にあたるかをチェックするイメージをもっておくとよい（次ページの図を参照）。

（ウ）有形偽造と無形偽造

以上の偽造と虚偽作成について、講学上、前者を有形偽造、後者を無形偽造ということがある。

虚偽作成のことを無形偽造とよぶ点で、初学者が混乱しやすい箇所である

250　2編2章　取引の安全に対する罪

が、これらの用語も基礎知識の1つとして覚えておいてほしい。

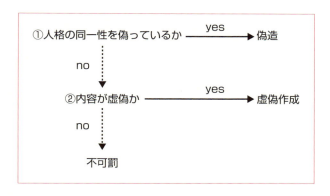

（エ）形式主義と実質主義

ただし、以上の偽造（有形偽造）や虚偽作成（無形偽造）が必ず処罰の対象となるかというと、実はそうではない。それらを処罰の対象とするか否かは、立法政策の問題である。

この点、立法論として、偽造（有形偽造）を処罰の対象とする立場を形式主義といい、虚偽作成（無形偽造）を処罰の対象とする立場を実質主義という。換言すれば、文書の成立の真正を保護する立場を形式主義といい、文書の内容の真正を保護する立場を実質主義というわけである。

日本の刑法は、公文書については、偽造（有形偽造）と虚偽作成（無形偽造）の双方を処罰の対象としている（154条・155条、156条）。すなわち、公文書については形式主義と実質主義を併用しているのである。

これに対し、私文書については、偽造（有形偽造）のみを処罰することを原則とし（159条）、虚偽作成（無形偽造）は例外的に処罰するにとどまる（160条）。すなわち、私文書については形式主義を原則としているのである。

ウ 文書の意義

文書偽造の罪の客体である「文書」とは、文字その他の可視的・可読的符号により、一定期間永続する状態で、ある物体の上に意思または観念を表示したものをいう（大判明治43・9・30刑録16-1572）。

以下、文書といえるための要件を検討していくが、これらのうち論述式試験

1．文書偽造の罪　251

において重要なのは、（**ウ**）名義人の実在の要否と（**オ**）写しの文書性である。

（ア）可視性・可読性

文書といえるためには、意思または観念が可視的・可読的なかたちで固定されていることが必要である。

この点、音声テープ・ビデオテープ・電磁的記録などは、可視性・可読性に欠ける（それらを眺めても、その中に記録された意思や観念を認識することができない）ことから、文書にあたらない。

他方、黒板のチョークによる記載は、可視性・可読性があり、かつ固定されていることから、文書にあたる（最判昭和38・12・24刑集17-12-2485）。

（イ）証拠性

文書といえるためには、そこに表示された意思または観念が、社会生活における重要な事実（たとえば経済取引）についての証拠となるものでなければならない（最決昭和33・9・16刑集12-13-3031）。そもそも文書偽造の罪は、社会生活において文書がもつ証拠としての機能を保護するものだからである（➡247ページ）。

したがって、たとえば経済取引の契約書は文書にあたるが、学術論文や小説などは、社会生活における重要な事実についての証拠とはいえないことから、文書にあたらない。

（ウ）名義人の実在の要否 ➡論証63

文書の要件として、名義人の実在を必要とすべきかについては争いがある。換言すれば、架空人名義の文書が、文書偽造の罪における「文書」といえるかについて争いがあるわけである。

この点、文書偽造の罪の保護法益は文書に対する公共の信用であるところ、架空人名義の文書を偽造した場合であっても、一般人がその架空人の実在を誤信するのであれば、文書に対する公共の信用は害される。

したがって、名義人の実在は不要であり、架空人名義の文書も「文書」に該当すると解するべきであろう。

判例も、公文書・私文書ともに、名義人の実在を不要としている（最判昭和36・3・30刑集15-3-667、最判昭和28・11・13刑集7-11-2096）。

Q 文書といえるためには、名義人が実在することが必要か **B⁺**

A説 必要説（山口など）

理由：作成名義人が実在しない書面は、意思・観念の表示に係る証拠としての意義を
　　　　　有しない。
　　B説 **不要説**（判例）
　　理由：たとえ名義人が実在しなくても、一般人がその架空人の実在を誤信するのであ
　　　　　れば、文書に対する公共の信用は害される。

（エ）名義人の記載

　文書といえるためには、名義人の表示があり、かつ、名義人を特定できることが必要である。名義人の表示や特定がない文書は、信用性が低く刑法的保護に値しないからである。

　したがって、たとえば「X町会議員代表」（Xは町名）という名義で作成された葉書は、名義人を特定できないことから文書にあたらない（大判昭和3・7・14刑集7-490）。

　ただし、名義人の直接的記載は必ずしも必要ではなく、文書の内容・形式・筆跡・付属物から名義人を特定できれば足りる（大判昭和7・5・23刑集11-665参照）。

（オ）写しの文書性　➡論証64、65

　原本が「文書」にあたることについては争いがない。

　これに対し、原本の写し（コピー）が「文書」にあたるかについては、重要な論点となっている。以下、検討していこう。

①　問題の所在

　たとえば、Aが、B所有の司法試験の合格証書の「B」という部分に「A」という紙を貼り付け、写真コピー機で書面Xを作成したとしよう。

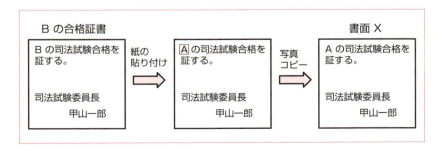

　この場合、Aが書面Xを原本として使用しようと考えていたのであれば、書面Xは当然に文書にあたる。

原本として用いられる書面は、当然に「文書」にあたります。この点、Aにより作成された書面Xは、客観的には写しにすぎません。しかし、その書面を見た人にそれを原本だと誤信させようとして作成したのであれば、Aは、コピー機を利用して原本を偽造したことになります。
　したがって、書面Xは当然に「文書」にあたることになるわけです。

　問題は、書面Xを写しとして使用しようと考えていた場合についてである。

　この場合、Aにより作成された書面Xは、それを見た人に、それを原本の写しだと誤信させるべく作成された書面といえる。すなわち、Aは、原本の写しを偽造したことになる。

　このような場合に、Aにより作成された書面Xは、文書偽造の罪における「文書」といえるのであろうか。これが、写しの文書性とよばれる問題である。

　なお、前ページの図の真ん中の書面（「A」という紙を貼り付けた書面）が、一般人からみて真正に作成されたものであると誤信させるに足りる外観を有する場合には、真ん中の書面の作成行為自体に偽造罪が成立しえます。その場合、真ん中の書面の作成行為は、既に原本の偽造そのものといえるからです。上の例では紙を貼り付けただけですからちょっと厳しいでしょうが、非常に精巧に加工したような事案では、真ん中の書面を作成した時点で偽造罪が成立しうるわけです。
　そして、その後に写真コピー機等により新たに作成された書面が「文書」にあたるのならば、さらにもう1つの偽造罪が成立することになります。
　ここはややこしいところですが重要です。文書偽造罪を最後まで学んだ後に、もう1度復習してみてください。

②　検討

　では、写しは「文書」にあたるのであろうか。

　この点、文書偽造の罪の保護法益である公共の信用は原本にのみ生じるとして、写しは「文書」にあたらないとする見解もある。

　しかし、判例（**最判昭和51・4・30百選Ⅱ88**）は、①写しが原本と同一の意識内容を保有し、②証明文書として原本と同様の社会的機能と信用性を有するものと認められる場合には、写しも「文書」にあたるとしている。この要件はしっかりと記憶しておこう。

　確かに、最も信用性が高い書面は原本です。たとえば、スピード違反で警察官につかまってしまい、「運転免許証を見せろ」といわれた時、免許証のコピーを見せたら、おそらく怒られてしまうでしょう。

254　2編2章　取引の安全に対する罪

しかし、常に原本が要求されるとは限りません。たとえば司法試験の合格者が司法研修所への入所を希望する場合、合格証書の原本を提出する必要はなく、コピーの提出で足りるとされています。この場合には、そのコピーは原本と同様の信用性を有する書面として認められているわけです。

　　このように、たとえ写しであっても、公共の信用が生じる場合があります。そして、そうした場合には、写しも「文書」にあたると考えていくわけです。

🅠 写しは「文書」にあたるか　A

A説（判例）

結論：写しが原本と同一の意識内容を保有し、証明文書として原本と同様の社会的機能と信用性を有するものと認められる場合には、写しも「文書」にあたる。

理由：そのような写しは、そこに複写されている原本がその写しどおりの内容、形状において存在していることにつききわめて強力な証明力をもちうるのであり、それを偽造することは文書に対する公共の信頼を害する。

批判：改ざんした文書が原本である文書の偽造・変造といえる場合や、写真コピーを原本として行使した場合は別として、偽造・変造に至らない文書を利用してその写しを作成した場合に、その写しがいかに精巧にできているからといって、それを原本と解することは類推解釈にあたる。

B説（平野・団藤・西田など多数説）

結論：あたらない。

理由：写しそれ自体を原本として行使することが予定されている場合を除き、写しの作成名義人は写し作成者であり、その記載がないため、写しから作成名義人を認識することはできない。

批判：偽造した原本をそのまま使えば処罰されるが、これをコピーして写しをつくるという簡単な操作によって処罰を免れる結果を招来するのはおかしい。

③　あてはめ

では、いかなる場合に上記判例の要件が満たされるのであろうか。

(a)　手書きによる写し

　手書きによる写しの場合には、写しの作成者の意識が介入・混入するおそれがある。したがって、通常は①の要件を充足しないと判断していく。

(b)　写真コピー

　コピー機などにより機械的に作成された写し（写真コピー）の場合には、写しの作成者の意識が介在する余地がない。したがって、通常は①の要件を充足すると判断してよい。また、同様の理由から、②の要件も充足する場合が多い。

　最判昭和51・4・30百選Ⅱ88も、写真コピーについて、「実生活上原本に代わるべき証明文書として一般に通用し、原本と同程度の社会的機能と信用

1. 文書偽造の罪　255

性を有するものとされている場合が多い」と判示している。

　(c)　ファクシミリ

　問題は、ファクシミリで受信・印字された書面についてである。

　この場合でも、写しの作成者の意識が介在する余地がないことから、通常は①の要件は満たすといえる。

　また、②の要件の充足を肯定した裁判例もある（広島高岡山支判平成 8・5・22 高刑集 49-2-246）。ただし、ファクシミリには、コピー機と比べて印字の鮮明度が低い等の問題があることから、②の要件を充足しない場合も十分にありうる。実際の試験では、個別具体的な事案に即したあてはめが必要であろう。

　　現実の社会において、「写真コピーの提出でよい」とされる場合はきわめて多いのに対し、「ファクシミリで送信してくれればよい」とされる場合は限られています。
　　つまり、ファクシミリにより印字された書面は、今なお「原本と同様の社会的機能と信用性」を認めてもらえていない場合が多いわけです。

　④　写しの名義人・作成者・有印無印

　以上の問題に加えて、実際の答案では、さらに①写しの名義人が誰か、②写しの作成者は誰か、③写しが有印か無印か、という問題をセットで論じることが多い。便宜上、ここで検討しておこう。

　(a)　写しの名義人

　まず、写しの名義人が誰かという問題である。

　判例は、写しが「文書」にあたる以上、すなわち、写しが原本と同一の意識内容を保有し、証明文書として原本と同様の社会的機能と信用性を有する以上、原本の名義人が写しの名義人であると解している（最判昭和 51・4・30 百選Ⅱ 88）。

　「文書」にあたるための要件を満たすということが、そのままこの論点の理由づけになることを、しっかりと覚えておこう。

　(b)　写しの作成者

　次に、写しの作成者についてである。

　コピー機などが用いられて写しが作成された場合に、コピー機などを操作して実際に写しを作成した者が写しの作成者となるのか、それとも原本の名義人が写しの作成者となるのだろうか。

256　2編2章　取引の安全に対する罪

この点については、原本の名義人が写しの作成行為を許容しているか否かで分けて考えていけばよい。

すなわち、①原本の名義人が当該写しの作成行為を許容している場合は、原本の名義人が写しを表示させた者といえることから、原本の名義人が写しの作成者となる（➡248ページ②参照）。

これに対し、②原本の名義人が当該写しの作成行為を許容していない場合は、コピー機などを操作して実際に写しを作成した者が、写しを表示した者として写しの作成者となるわけである。

> 以上の２つの問題について、Ａが写真コピー機で司法試験の合格証書をコピーし、書面Ｘを作成したという前述の事案を使って考えてみましょう。写しである書面Ｘが「文書」にあたるとして、果たしてＡの行為は「偽造」にあたるのでしょうか。
>
> まず、誰が書面Ｘの名義人かというと、書面Ｘが「文書」にあたるのであれば、書面Ｘの名義人は原本の名義人、すなわち司法試験委員長ということになります。これが、(a)の論点の帰結です。
>
> では、書面Ｘの作成者は誰でしょうか。
>
> 司法試験の合格証書の名義人である司法試験委員長は、もちろん書面Ｘのような不正な写しの作成を許容してなどいません。したがって、書面Ｘの作成者は、コピー機を操作して実際に書面Ｘを作成したＡということになります。これが、(b)の論点の帰結です。
>
> そうすると、書面Ｘの名義人は司法試験委員長であるのに対し、作成者はＡですから、名義人と作成者の人格の同一性が偽られているといえ、Ａの行為は「偽造」に該当することになります。
>
> では、事案を少し変えて、司法試験の合格者であり真正の合格証書の所有者であるＢが、司法研修所に提出するために、コピー機で自分の合格証書の写しを作成した場合はどうでしょうか。
>
> このような正当な写しの作成行為については、原本の名義人である司法試験委員長が許容しているはずです。そうすると、司法試験委員長がその正当な写しを表示させた者であるといえることから、司法試験委員長が写しの作成者ということになります。その結果、写しの名義人と作成者が一致することになりますから、Ｂの行為は「偽造」には該当しないということになるわけです。

(c)　有印・無印

さらに、原本が有印（➡次ページ（ア））である場合に、写しも有印か否かが問題となるが、この点についても、写しが「文書」にあたる以上、すなわち、写しが原本と同一の意識内容を保有し、証明文書として原本と同様の社会的機能と信用性を有する以上、有印であると解するのが判例である（**最判昭和51・4・30百選Ⅱ88**）。

この論点においても、やはり「文書」にあたるための要件を満たすということが、そのまま理由づけになるわけである。

①写しが文書にあたるか、②写しの名義人は誰か、③写しの作成者は誰か、④写しが有印か無印か、という論点は、通常ワンセットで論じていきます。芋づる論点として抽出できるようにしておきましょう。

2 公文書偽造等罪 A

ア 有印公文書偽造等罪

155条
1項 行使の目的で、公務所若しくは公務員の印章若しくは署名を使用して公務所若しくは公務員の作成すべき文書若しくは図画を偽造し、又は偽造した公務所若しくは公務員の印章若しくは署名を使用して公務所若しくは公務員の作成すべき文書若しくは図画を偽造した者は、1年以上10年以下の拘禁刑に処する。
2項 公務所又は公務員が押印し又は署名した文書又は図画を変造した者も、前項と同様とする。

（ア）客体

本罪の客体は、有印公文書または有印公図画である。

公文書とは、公務所または公務員が、その名義をもって権限内において所定の形式に従って作成すべき文書をいう（大判明治45・4・15刑録18-464）。

この定義を覚える必要はないが、公務所・公務員が名義人である文書というイメージはしっかりともっておこう。

また、公図画とは、公務所または公務員が、その名義をもって権限内において所定の形式に従って作成すべき図画のことをいい、図画とは、意思・観念が象形的符号により表示されたものをいう。たとえば、地方法務局の土地台帳付属の地図が公図画の例である（最決昭和45・6・30判時596-96）。

文面に私人の名前が書かれていても、その文書が私文書とは限りません。名義人が公務所・公務員であれば、その文書は公文書にあたります。
たとえば、私の運転免許証には「呉明植」という私の名前が書かれていますが、免許証の名義人、すなわち当該文書から理解される意思や観念の表示主体は、私ではありません。名義人は、あくまでも免許証を発行した東京都公安委員会という公務所です。したがって、運転免許証は、私文書ではなく公文書にあたります。
公文書か私文書かについては、試験の現場で混乱してしまう人が意外と多いようです。今のうちからしっかりと理解しておきましょう。

有印とは、公務所・公務員の印章または署名を使用していることをいう。真

正の公務所・公務員の印章または署名を使用する場合（155条1項前段）と、偽造した公務所・公務員の印章または署名を使用する場合（同後段）とがある。

印章・署名の使用は、いずれか一方があれば足りる。また、署名には記名（印刷などによる氏名表記）を含む（大判大正4・10・20新聞1052-27）。そのため、無印とされる場合はきわめて少ない。

（イ）行為

本罪の行為は、有印公文書の偽造（1項）と、有印公文書の変造（2項）である。

偽造とは、名義人と作成者の人格の同一性を偽ることをいう（**最判昭和59・2・17百選Ⅱ94**参照 ➡ 248ページ（ア））。権限なく他人名義の文書を作成する行為といってもよい。

これに対し、変造とは、権限なく既存の真正に成立した文書の非本質的部分に改ざん・変更を加えることをいう。たとえば、旧郵便局が発行した貯金通帳の貯金受入れ年月日を改ざんする行為は、非本質的部分の改ざんにとどまるため、変造にあたる（郵政民営化前の事案・大判昭和11・11・9 新聞4074-15）。

> なお、既存の真正に成立した文書に改ざん・変更を加えた場合でも、その改ざん・変更が文書の本質的部分についてなされたのであれば、既存の文書との同一性を欠く新たな文書を作出したことになります。したがって、その場合には、変造ではなく偽造となります。
> たとえば、真正に成立した運転免許証の写真を他人のものに貼り替え、生年月日を変更する行為は、新たな免許証の作成といえ、変造ではなく偽造にあたります（最決昭和35・1・12刑集14-1-9）。

（ウ）行使の目的

本罪は、行使の目的を要する目的犯である。

本罪の「行使」とは、偽造文書（または変造文書）を真正な文書として使用することをいう。使用とは、文書の内容を他人に認識させ、または認識可能な状態におくことをいう（**最大判昭和44・6・18百選Ⅱ99**）。

これらの定義はしっかりと覚えておこう。

なお、偽造公文書行使等罪（➡ 268ページ**5**）も参照のこと。

（エ）補助的公務員の作成権限

偽造罪や虚偽公文書作成罪との関連で、補助的公務員の作成権限の有無が問題となっている。以下、検討していこう。

① 問題の所在

たとえば、市役所が発行する印鑑証明書の名義人は市長である。

しかし、実際に作成しているのは市長ではない。市長は、たとえば市民課長に権限を与えている。このように、権限を与えられた者を代決者という。

```
市長      …………………名義人
 ↓授権
市民課長   …………………代決者＝作成権限あり
```

そして、代決者である市民課長が市長名義の印鑑証明書を作成した場合、それは偽造にあたらないことになる。なぜなら、作成者とは、文書に意思や観念を表示した者または表示させた者をいうところ、当該印鑑証明書に意思や観念を表示させた者は市長といえるからである。

```
市民課長（代決者）が印鑑証明書を作成

 ・名義人＝市長                    ⎫
 ・作成者＝市民課長に権限あり→市長   ⎬ ⇒not 偽造
                                  ⎭
```

ただし、代決者が、実際に全ての印鑑証明書を作成しているのかというと、そうではない。通常は、そうした代決者のもとに、さらにこれを補助する補助的公務員が存在する。

問題となるのは、そうした補助的公務員の作成権限の有無である。

判例では、以下のような事案が問題となった。

市民課係長であるAは、印鑑証明書の代決者である市民課長を補助し、その発行に携わる補助的公務員であった。Aは、代決者である市民課長の事前の決裁を受けずに、一定の手続に従って印鑑証明書を作成することが許されており、事後的に市民課長の決裁を受けることとされていた。

```
市長      …………………名義人
 ↓授権
市民課長   …………………代決者＝作成権限あり
 ↑補助
市民課係長…………………補助的公務員＝作成権限の有無が問題
```

260　2編2章　取引の安全に対する罪

ところが、Aは、申請書の提出・手数料の納付といった必要な手続を経由せず、かつ、代決者である市民課長の事後決裁もなしに、自分の印鑑等についての印鑑証明書を作成した。なお、そこに記載された印影は真正なものであった。

つまり、印鑑証明書が必要になった市民課係長のAが、手数料の納付を惜しんで、こっそり印鑑証明書を作成してしまったという事案です。

ここで、補助的公務員であるAには作成権限が認められないと解すれば、Aの行為は「偽造」にあたる。名義人が市長であるのに、作成者はAということになるからである。

他方、Aに作成権限があるとすれば、Aの行為は「偽造」にあたらないことになる。この場合には、作成者は市長ということになるからである。そして、文書の内容は真正であることから、「虚偽公文書作成」にもあたらず、結局Aは不可罰となる。

では、Aに作成権限が認められるのであろうか。これが、補助公務員の作成権限とよばれる問題である。

② 検討

この点、作成権限が認められるのは、名義人のほかは代決者だけであり、これを補助する補助的公務員にはおよそ作成権限は認められないとする見解もある。

しかし、補助的公務員にも、①単なる機械的な作成事務や起案をなしうるにとどまり、代決者の事前の決裁を受けない限り公文書を作成することは許されていない者と、②代決者の事前の決裁を受けずに、一定の手続に従って公文書を作成することが許されている者とがいる。

そして、②の補助的公務員については、作成された文書の内容が正確である限り、一定の手続違反があったとしても、偽造罪で処罰する必要はないといえる。そうだとすれば、作成された文書の内容が正確であることを要件として、②の補助的公務員にも作成権限が認められると解するのが妥当であろう。

判例も、「内容の正確性を確保することなど、その者への授権を基礎づける一定の基本的な条件に従う限度において」補助的公務員にも作成権限が認められるとし、Aの作成権限を肯定している（**最判昭和51・5・6百選Ⅱ91**）。

1. 文書偽造の罪　261

上記判例の A は、代決者である市民課長の事前の決裁を受けずに、一定の手続に従って印鑑証明書を作成することが許されていましたから、②の補助的公務員にあたります。
　そして、A は確かに申請書の提出や手数料の納付などといった必要な手続を経ていません。しかし、これらの手続は、内容の正確性とは関係がない手続ですから、A への授権を基礎づける一定の基本的な条件にはあたりません。
　したがって、判例の規範によれば、A に作成権限が認められることになるわけです。

Q 補助的公務員に作成権限が認められるか　B

A 説 旧判例（最判昭和 25・2・28 刑集 4 - 2 -268）

結論：認められない。

B 説 現判例（最判昭和 51・5・6 百選Ⅱ 91）

結論：代決者の事前の決済を受けずに、一定の手続に従って文書を作成することが許されている補助的公務員については、内容の正確性を確保することなど、その者への授権を基礎づける一定の基本的な条件に従う限度において作成権限が認められる。

理由：代決者の事前の決済を受けずに、一定の手続に従って文書を作成することが許されている補助的公務員については、作成された文書の内容が正確である限り、一定の手続違反があったとしても、偽造罪で処罰する必要はない。

批判：刑法が公文書偽造罪（155 条）と虚偽作成（156 条）を区別している以上、文書の内容が正確ならば作成権限があるという解釈は、その建前に反する。

C 説 （西田など）

結論：代決者の事前の決済を受けずに、一定の手続に従って文書を作成することが許されている補助的公務員については、無条件に作成権限が認められる。

理由：B 説への批判と同じ。

イ　無印公文書偽造等罪

---

155 条

3 項　前 2 項に規定するもののほか、公務所若しくは公務員の作成すべき文書若しくは図画を偽造し、又は公務所若しくは公務員が作成した文書若しくは図画を変造した者は、3 年以下の拘禁刑又は 20 万円以下の罰金に処する。

　本罪は、有印公文書以外の公文書の偽造・変造を処罰するものである。

　たとえば、物品税証紙を偽造した場合が本罪にあたる。

3 虚偽公文書作成等罪 **A**

> 156条　公務員が、その職務に関し、行使の目的で、虚偽の文書若しくは図画を作成
> し、又は文書若しくは図画を変造したときは、印章又は署名の有無により区別して、
> 前2条の例による。

ア　意義

公文書は、一般に私文書よりも社会的信用が高い。

そこで、公文書について、偽造（有形偽造）だけでなく、虚偽作成（無形偽造）をも全面的に処罰するべく規定されたのが本罪である。

イ　主体

本罪の主体は、当該公文書の作成権限を有する公務員に限定される（真正身分犯）。

作成権限がない者による場合には、本罪ではなく偽造罪に問擬することになる。すなわち、偽造（有形偽造）と虚偽作成（無形偽造）とは、作成権限の有無で区別される。このことは、しっかりと覚えておこう。

なお、補助的公務員であっても、一定の場合には作成権限が認められることに注意が必要である（➡ 259 ページ（**エ**））。

ウ　行為

本罪の行為は、虚偽の公文書・公図画の作成、または公文書・公図画の変造である。

公文書・公図画の意義は、公文書偽造等罪の箇所を参照してほしい（➡ 258 ページ（**ア**））。

なお、本罪の「変造」とは、真正に成立した公文書に、権限ある公務員が変更を加えて内容虚偽の公文書にすることをいう。

エ　間接正犯

本罪の間接正犯の類型としては、①権限者が権限のない者を利用した場合

1. 文書偽造の罪　263

と、②権限のない者が権限者を利用した場合とに大別することができる。

（ア）権限者が権限のない者を利用した場合

　たとえば、市長から印鑑証明書の作成権限を与えられた市民課長Aが、情を知らない部下B（単なる機械的な作成事務のみを担当しており、作成権限は一切ないものとする）に指示して、内容虚偽の印鑑証明書を作成させた場合である。

```
                        利用
市民課長A（作成権限あり）  ────────▶  部下B（作成権限なし）
```

　この場合、市民課長Aには、当然本罪の間接正犯が成立する。

> なお、部下Bが市民課長Aと共謀していた場合には、65条1項により、部下にも本罪の共犯が成立することになります。

（イ）権限のない者が権限者を利用して内容虚偽の公文書を作成させた場合

➡論証66

　問題は、（ア）とは逆に、権限のない者が権限者を利用して内容虚偽の公文書を作成させた場合である。

　たとえば、私人Xが市民課長Aに虚偽の申立てをして、内容虚偽の印鑑証明書を取得した場合、Xに虚偽公文書作成罪（156条）の間接正犯が成立するのだろうか。

```
                      利用
私人X（作成権限なし）  ────────▶  市民課長A（作成権限あり）
```

　確かに、刑法総論で学んだように、非身分者も身分者を通じて身分犯の法益を侵害することは可能である（➡総論［第4版］237ページ**ウ**）。この点だけから考えれば、私人Xにも本罪の間接正犯が成立することになりそうである。

　しかし、通説は、この場合における本罪の間接正犯の成立を否定する。その理由は、本罪の次に規定された157条の存在にある。

　すなわち、157条は、限定された重要な公文書についての156条の間接正犯を独立に規定し、かつ、156条よりもかなり軽い刑で処罰している。

264　2編2章　取引の安全に対する罪

そして、この 157 条は、157 条に列挙された重要な公文書以外の公文書についての 156 条の間接正犯を処罰しないという趣旨の規定であると解するのが妥当であると、通説は解していくのである。

この論点は短答式・論述式を通じて重要である。しっかりと押さえておこう。

> **Q 作成権限なき者が作成権限ある者を利用した場合、156 条の間接正犯が成立するか** B⁺
>
> **A説** 否定説（通説）
> 結論：成立しない。
> 理由：157 条が一定の公文書について 156 条の間接正犯的遂行態様を独立に、かつ大幅に刑を軽減して処罰している以上、それ以外の公文書について 156 条の間接正犯を認めることは刑の均衡を失し、157 条の存在理由を失わしめる。
>
> **B説** 肯定説
> 結論：156 条の間接正犯の成立を一般的に認められ、157 条に該当するときは法条競合により 157 条の罪だけが成立する。
> 理由：157 条は、156 条の間接正犯形態のうち、日常、頻繁に行われるもので当罰性の軽いものについて定型的に法定刑を軽減したものであり、それ以外の 156 条の間接正犯形態を不可罰とする趣旨ではない。

オ　行使の目的

本罪は、<u>行使の目的</u>を要する目的犯である。

本罪の「行使」とは、虚偽文書を<u>内容の真実な文書として使用</u>することをいい、使用とは、<u>文書の内容を他人に認識させ、または認識可能な状態におく</u>ことをいう（最大判昭和 44・6・18 百選Ⅱ 99）。

> 「行使」という概念は、文書偽造罪においては真正な文書（＝偽造でない文書）として使用することをいうのに対し、虚偽作成罪においては内容の真実な文書（＝虚偽作成でない文書）として使用することをいいます。偽造と虚偽作成との違いを意識して、正確に表現できるようにしましょう。

4　公正証書原本等不実記載等罪　

> 157 条
> 1 項　公務員に対し虚偽の申立てをして、登記簿、戸籍簿その他の権利若しくは義務に関する公正証書の原本に不実の記載をさせ、又は権利若しくは義務に関する公正証

書の原本として用いられる電磁的記録に不実の記録をさせた者は、5 年以下の拘禁刑
又は 50 万円以下の罰金に処する。
2 項　公務員に対し虚偽の申立てをして、免状、鑑札又は旅券に不実の記載をさせた者
は、1 年以下の拘禁刑又は 20 万円以下の罰金に処する。

ア　意義

　本罪を定めた 157 条の意義については争いがあるが、156 条の間接正犯の処
罰を、本条所定の場合に限定する趣旨の規定であると解するのが通説である
（➡ 264 ページ（イ））。

イ　行為

　本罪の行為は、公務員に虚偽の申立てをして、本条所定の公文書に不実の記
載をさせることである。
　たとえば、外国人との偽装の婚姻届を提出し、戸籍簿に婚姻の記載をさせる
場合がその典型である。

ウ　客体

　本罪の客体は、①「権利若しくは義務に関する公正証書の原本」または「権
利若しくは義務に関する公正証書の原本として用いられる電磁的記録」（1 項）
と、②「免状、鑑札又は旅券」（2 項）である。

（ア）公正証書原本等不実記載罪

　以上のうち、①を客体とする場合を、特に公正証書原本等不実記載罪とい
う。
　「権利若しくは義務に関する公正証書の原本」とは、公務員が、その職務上
作成する文書であって、権利義務に関するある事実を証明する効力を有するも
のをいう（最判昭和 36・6・20 刑集 15-6-984）。
　条文で例示されている登記簿や戸籍簿のほか、公証人の作成する公正証書、
土地台帳（最判昭和 36・3・30 刑集 15-3-605）、住民票（最判昭和 36・6・20 刑集
15-6-984）、外国人登録原票（名古屋高判平成 10・12・14 高刑集 51-3-510）など
がこれにあたる。
　「権利若しくは義務に関する公正証書の原本として用いられる電磁的記録」

については、住民基本台帳ファイル、自動車登録ファイル、特許原簿ファイルなどがこれにあたる。

（イ）免状等不実記載罪

②を客体とする場合を、特に免状等不実記載罪という。

「免状」とは、特定の人に対して一定の行為を行う権利を付与する公務所または公務員の作成する証明書をいう（大判明治41・9・24刑録14-797）。運転免許証・医師免許証・狩猟免状などがこれにあたる。

「鑑札」とは、公務所の許可または公務所への登録があったことを証明する証票をいう。犬の鑑札（狂犬病予防法4条）・古物営業の許可証（古物営業法5条2項）などがこれにあたる。

「旅券」とは、旅券法上発給される文書をいう。いわゆるパスポートのことである。

エ　未遂

本罪の未遂は罰する（3項）。

オ　他罪との関係

（ア）公務員と共謀していた場合

私人が、権限ある公務員と共謀のうえ、虚偽の申立てをして、内容虚偽の公文書を作成した場合の処理が問題となる。

判例は、公務員には156条の虚偽公文書作成罪が成立し、私人にも65条1項により虚偽公文書作成罪の共同正犯が成立するとしている（大判明治44・4・27刑録17-687）。

これに対し、申立人には157条の公正証書原本等不実記載罪が成立するにとどまると解する見解も有力である。論述式試験では、いずれの立場に立ってもよいであろう。

（イ）共謀はなかったが、公務員が気付いていた場合

次に問題となるのは、私人が虚偽の申立てをしたところ、権限ある公務員が虚偽の申立てであることを見抜いたにもかかわらず、いわれるままに内容虚偽の公文書を作成した場合の処理である。

まず、当該公務員に156条の虚偽公文書作成罪が成立するかが問題となる

1. 文書偽造の罪　267

が、公務員に実質的審査権限がある場合には虚偽公文書作成罪の成立を認め、形式的審査権限しかない場合には虚偽公文書作成罪の成立を否定する見解が有力である。

> 　たとえば、登記を担当する登記官は、申請書の内容が真正か否かを審査する権限（実質的審査権限）はありません。登記官は、申請書の形式面のチェックをする権限（形式的審査権限）しか認められていないわけです。
> 　それゆえに、登記官は、たとえば申請書に記載された売買の事実がないと判断したとしても、申請書に形式的なミスがない限り、これを受理せざるを得ません。にもかかわらず、156条の罪の成立を認めるわけにはいきません。
> 　それゆえに、形式的審査権限しかない場合には、156条の罪の成立を否定していくわけです。

他方、私人には157条の罪の成立を認める見解が一般的である。

（ウ）詐欺罪の成否

本罪のほか、公正証書等を詐取したとして、別途詐欺罪が成立するかが問題となるが、判例は詐欺罪の成立を否定している（最判昭和27・12・25刑集6-12-1387）。

本罪は、公正証書や免状等の交付を受けることを当然に予定していることから、判例の見解が妥当であろう。

5　偽造公文書行使等罪　A

> 158条
> 1項　第154条から前条までの文書若しくは図画を行使し、又は前条第1項の電磁的記録を公正証書の原本としての用に供した者は、その文書若しくは図画を偽造し、若しくは変造し、虚偽の文書若しくは図画を作成し、又は不実の記載若しくは記録をさせた者と同一の刑に処する。

ア　意義

本罪は、154条から157条までの客体の行使、および157条1項の電磁的記録の供用を罰するものである。

本罪の処罰対象のうち、試験との関係で重要なのは、155条の偽造文書の行使、156条の虚偽文書の行使、および157条1項の電磁的記録の供用である。以下では、これらの文書の行使・供用を念頭に、本罪を検討していこう。

イ　行為

本罪の行為は、行使または供用である。

（ア）意義

「行使」とは、偽造文書を真正な文書として、または虚偽文書を内容真実な文書として、使用することをいう。この定義はしっかりと覚えておこう。

そして、この定義でいう「使用」とは、人に文書の内容を認識させ、または、認識可能な状態におくことをいう（最大判昭和44・6・18百選Ⅱ99）。

「用に供した」とは、権利もしくは義務に関する公正証書の原本として用いられる電磁的記録を、公務所に供えて公証をなしうる状態におくことをいう。

（イ）相手方の不知

行使といえるためには、真正な文書または内容真実な文書として使用しなければならない。

したがって、行使の相手方は、偽造文書・虚偽文書であることを知らない者でなければならない。相手方が情を知らないと思って呈示したが、情を知っていた場合には、本罪は未遂にとどまる。

（ウ）行使の方法

行使の方法は問わない。

たとえば、偽造した免許証を、サラ金における無人貸付機のイメージスキャナを通してディスプレイに表示させて人に認識させる行為も、本罪の「行使」にあたる（大阪地判平成8・7・8百選Ⅱ90参照）。

（エ）認識可能性

行使といえるためには、実際に相手方が認識したことは必ずしも必要ではなく、認識可能な状態におけば足りる。供用についても同様である。

たとえば、偽造文書を郵送した場合には、相手方に到達した時点で本罪は既遂となる（大判大正5・7・14刑録22-1238）。また、虚偽のデータを電子計算機などに入力し、閲覧可能な状態におけば、本罪は既遂となる。

これに対し、偽造した運転免許証を携帯しているだけでは、本罪の「行使」にはあたらず（最大判昭和44・6・18百選Ⅱ99）、本罪は未遂すら成立しない。その段階では、未だ人が認識しうる状態においたとはいえず、その予備にとどまるからである。

1. 文書偽造の罪　269

ウ　未遂

本罪の未遂は罰する（2項）。

エ　罪数

公文書偽造罪・虚偽公文書作成罪と本罪とは牽連犯である。

また、詐欺罪と本罪（行使罪）も牽連犯とするのが判例（最決昭和42・8・28刑集21-7-863）・通説である。この点、後に学ぶ偽造通貨行使等罪の場合との違い（詐欺罪は別罪を構成しない。➡ 283ページ下の(イ)）を意識しておいてほしい。

6　私文書偽造等罪　A

ア　有印私文書偽造等罪

> 159条
> 1項　行使の目的で、他人の印章若しくは署名を使用して権利、義務若しくは事実証明に関する文書若しくは図画を偽造し、又は偽造した他人の印章若しくは署名を使用して権利、義務若しくは事実証明に関する文書若しくは図画を偽造した者は、3月以上5年以下の拘禁刑に処する。
> 2項　他人が押印し又は署名した権利、義務又は事実証明に関する文書又は図画を変造した者も、前項と同様とする。

（ア）客体

本罪の客体は、有印の私文書・私図画のうち、権利・義務に関するもの、および事実証明に関するものに限定されている。

有印とは、他人の印章・署名があることをいう。他人の印章・署名を使用する場合と、偽造した他人の印章・署名を使用する場合とがある。

私文書とは、私人が名義人の文書をいう。私図画とは、私人が名義人の図画をいう。

「権利、義務に関する」とは、私法上または公法上の権利・義務の発生・変更・消滅を目的とする意思表示を内容とすることをいう。たとえば、借用証書がこれにあたる（大判大正11・9・29刑集1-505）。

「事実証明に関する」とは、社会生活に交渉を有する事項を証明することをいう（最決昭和33・9・16刑集12-13-3031）。たとえば、私立大学の入学試験の答案（最決平成6・11・29百選Ⅱ89）、履歴書（最決平成11・12・20刑集53-9-

270　2編2章　取引の安全に対する罪

1495)、郵便局への転居届（大判明治44・10・13刑録17–1713）などがこれにあたる。

> なお、国立大学の入学試験の答案も、その答案の名義人は受験生である以上、やはり私文書にあたります。
> これに対し、大学の卒業証書については、私立大学の場合は私文書、国立大学の場合は公文書となります。

（イ）行為

本罪の行為は、有印私文書・私図画の偽造（1項）と、有印私文書・私図画の変造（2項）である。

その意義は公文書偽造等罪の偽造・変造（⮕ 259 ページ（イ））と同様であるが、本罪の「偽造」にあたるかをめぐっては、いくつかの重要論点がある。

以下、検討していこう。

① 名義人の承諾 ⮕論証 67

（a）問題の所在

たとえば、A が B 名義の私文書を作成したが、名義人である B はそのことを事前に承諾していたとする。

この場合、原則として A の行為は「偽造」にあたらない。なぜなら、作成者とは文書に意思や観念を表示した者または表示させた者をいうところ（意思説⮕ 248 ページ②）、表示させた者は作成を承諾した B であるといえるからである。

> B の事前の承諾に基づき A が B 名義の文書を作成
> 名義人：B
> 作成者：B の承諾あり→B ｝⇒not「偽造」

しかし、名義人の事前の承諾がありさえすれば、常に「偽造」にあたらなくなると解するのは、果たして妥当であろうか。たとえば、いわゆる替え玉受験で、名義人である Y の承諾に基づき X が Y 名義の答案を作成した場合などには、X の行為はやはり「偽造」にあたるというべきなのではないか。

そこで、名義人の承諾がある場合には、常に「偽造」にあたらないのか、それとも「偽造」にあたる場合があるのか、また、あたる場合があるとしてその理由は何かが問題となっている。

1. 文書偽造の罪　271

（b）検討

この点、判例は、文書の性質を理由として、「偽造」にあたる場合があることを認めている。

すなわち、被告人が事前に友人の承諾を得たうえで交通事件原票（いわゆる反則キップ）の供述書欄に友人の名義を記載した事案において、「交通事件原票中の供述書は、その文書の性質上、作成名義人以外の者がこれを作成することは法令上許されないもの」であると述べ、私文書偽造罪の成立を認めたのである（最決昭和56・4・8百選Ⅱ97）。

この判例は、性質上自署性が要求される文書の存在を認め、そうした文書については、名義人の承諾は無効であると判断したものであると解される（下記の図を参照）。答案でも、この立場が書きやすいであろう。

Yの事前の承諾に基づきXがY名義の交通事件原票の供述書を作成

名義人：Y
作成者：文書の性質上承諾無効→X ｝ ⇒「偽造」

なお、性質上自署性を必要とする文書としては、①交通事件原票の供述書欄のほか、②大学の入学試験の答案（東京高判平成5・4・5刑集46-2-35）、③一般旅券発給申請書（東京地判平成10・8・19判時1653-154）などがある。しっかりとイメージをもっておこう。

> なお、①の交通事件原票は公文書だと思ってしまいがちですが、その中の供述書欄はあくまでも私文書です。
> また、③の一般旅券発給申請書も、申請をしているのは私人ですから、私文書にあたります。旅券そのもの（これは公文書です）と混乱しないようにしましょう。

🔴Q 名義人の承諾がある場合に私文書偽造罪が成立するか　A

A説 否定説（曽根など）
理由：名義人の承諾がある以上、作成者についての事実説を採らない限り偽造罪は成立しない。

B説 部分的肯定説
理由：①文書の性質上、自署性を必要とする文書については、承諾は無効である（判例・大谷など）
②違法な目的での承諾は無効である（木村・福田）

② 肩書の冒用　➡論証68

(a) 問題の所在

たとえば、弁護士ではないAが、「弁護士A」という名義で私文書を作成したとする。

このような肩書の冒用の場合、肩書付きの者を名義人と解するか、それとも肩書は無視したうえで名義人と解するかにより、「偽造」にあたるか否かが決せられる。

すなわち、上の私文書の作成者は「A」であるところ、当該私文書の名義人は肩書付きの「弁護士A」であると解すれば、作成者と名義人がズレることから、「偽造」にあたることになる。

これに対し、名義人も「A」であると解すれば、作成者と名義人が合致するため、「偽造」にあたらないことになるのである。

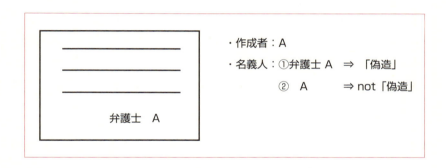

(b) 検討

では、どのようにして名義人を判断するべきであろうか。

この点については、やはり文書の性質から判断するのが妥当であろう。

すなわち、Aの作成した文書が、その性質上弁護士という肩書・資格がなければ作成できない文書であった場合、たとえば弁護士報酬請求書などであった場合には、名義人は肩書付きの「弁護士A」であると解していくことになる。判例も、同様の事案において私文書偽造罪の成立を認めている（**最決平成5・10・5百選Ⅱ95**）。

他方、Aの作成した文書が、その性質上弁護士という肩書・資格がなくとも作成できる文書であった場合、たとえば郵便局への転居届などであった場合に

は、名義人は単なる「A」であると解し、私文書偽造罪の成立を否定していくことになる。

🅠 肩書の冒用の場合に私文書偽造罪が成立するか　B⁺

A説（判例）

結論：文書の性質等の具体的事情に照らし、氏名が同一であっても肩書を付すことによって別な人格を表示することになる場合には、成立する。

理由：そのような場合には、肩書を有する者が名義人となるので、肩書を有しない作成者との間で人格の同一性に齟齬が生じる。

B説

結論：成立しない。

理由：人格の存在の同一性については齟齬は生じておらず、せいぜいその人格の性質について齟齬が生じているにすぎない。人格の性質について齟齬があっても、文書作成主体としての責任の所在は既に明らかであるから、文書に対する公共の信頼は害されない。

③　代理名義の冒用　➡論証69

(a)　問題の所在

たとえば、代理権のないAが、「B代理人A」という名義で契約書を作成したとする。

このような代理名義の冒用の場合、名義人が誰であるかについては、争いがある。

(b)　検討

判例は、代理形式の文書は、それによって表示された意識内容に基づく効果が本人に帰属する形式の文書である以上、本人が名義人であるとしている（最決昭和45・9・4百選Ⅱ93）。

> この判例の考え方を上の例にあてはめると、作成者は「A」、名義人は「B」となり、Aの行為は「偽造」にあたることになります。

しかし、名義人とは当該文書から理解される意思や観念の表示主体をいうところ（➡248ページ①）、代理形式の文書から理解される意思・観念の表示主体はあくまでも代理人である以上、本人を名義人と解する判例の理論にはやや無理がある。

そこで、学説では、②で学んだ肩書の冒用と同様に考える見解が有力となっている。

すなわち、**文書の性質**からみて、**代理人という肩書・資格**が当該文書に対する公共の信用の基礎となっている場合には、それが**名義人の表示の一部**になっていると解していくわけである。

> 上の例にあてはめると、「契約書」という文書の性質からみて、その名義人は単なる「A」ではなく、あくまでも「Bの代理人であるA」であると理解していくことになります。
> その結果、作成者は単なる「A」、名義人は「Bの代理人であるA」となり、両者がズレていることになりますから、Aの行為は「偽造」にあたることになるわけです。

試験ではいずれの立場で書いてもよいが、名義人の定義との整合性や、他の論点との関係からは、肩書の冒用と同様に考える見解がおすすめである。

Q 代理名義の文書の名義人　B⁺

A説（判例）
結論：名義人は本人である。
理由：代理名義の文書は、その効果が代理された本人に帰属する形式のものである。
批判：代理形式の文書から理解される意思・観念の表示主体はあくまで代理人である以上、本人を名義人と解するのは無理がある。

B説（有力説）
結論：文書の性質からみて、代理人という肩書・資格が当該文書に対する公共の信用の基礎となっている場合には、代理資格と代理人の氏名とが一体として名義人となる。
理由：文書の性質上、代理人資格に重要性がある場合には、代理資格と代理人の氏名とが一体となった者（実際には架空人）に公共の信頼が寄せられる。

④　別名の使用

（a）　問題の所在

行為者が**別名（通称名、芸名、ペンネーム）を使用**して文書を作成しても、それが社会一般に通用しており、本人とすぐにわかる場合には、人格の同一性を偽ったとはいえないことから、「偽造」にあたらないのが原則である。

たとえば、ある作家（本名X）が、自らのペンネームであるY名義で文書を作成しても、通常「偽造」にはあたらない。作成者はX、名義人は（Yこと）Xとなり、両者にズレは生じないからである。

しかし、社会一般に通用している別名の使用が、常に「偽造」にあたらないと解するのは、果たして妥当であろうか。「偽造」にあたる場合があるのか、また、あたる場合があるとしてその理由は何かが問題となっている。

1. 文書偽造の罪　275

(b) 検討

判例では、日本国に密入国した後、適法な在留資格を有する別人Bの名義で25年以上も生活していたAが、再入国許可申請書をB名義で作成した事案が問題となった。

確かに、この事案で被告人Aが用いたBという名称は、社会一般に通用しているAの別名であるといえる。このことからすれば、作成者はA、名義人も（Bこと）Aとなり、Aの行為は「偽造」にはあたらないとも思える。

しかし、再入国許可申請書という文書の性質に着目すれば、「適法な在留資格を有する」という書かれざる資格が名義人の表示の一部となっていると解するのが妥当であろう。

そうだとすれば、名義人は「適法な在留資格を有する（Bこと）A」、作成者は「適法な在留資格を有さないA」ということになり、資格の有無の点でズレがあることになる。すなわち、Aの行為は「偽造」にあたることになろう。

判例も、「再入国許可申請書の性質にも照らすと、本件文書に表示されたBの氏名から認識される人格は、適法に本邦に在留することを許されているBであって、密入国をし、なんらの在留資格をも有しない被告人とは別の人格であることが明らかであるから、そこに本件文書の名義人と作成者との人格の同一性に齟齬を生じている」とし、私文書偽造罪の成立を肯定している（**最判昭和59・2・17百選Ⅱ94**、名称は仮名に直した）。

> **Q** 日本国に密入国した後、適法な在留資格を有する別人Bの名義で25年以上も生活していたAが、再入国許可申請書をB名義で作成した場合、私文書偽造罪が成立するか **B⁺**
>
> **A説** 肯定説（判例）
> 理由：再入国許可申請書は文書の性質上、当然に本名を用いて作成することが要求されており、当該文書に表示されたBの氏名から認識される人格は、適法に日本国に在留することを許されているBことAであり、作成者である適法な在留資格を有さないAとの間で人格の同一性に齟齬がある。
>
> **B説** 否定説
> 理由：Bという通称名がAを識別する名前として定着している以上、名義人はBことAであり、作成者Aとの間で人格の同一性に齟齬はない。

（ウ）行使の目的

本罪は、行使の目的を要する目的犯である。

本罪の「行使の目的」とは、偽造文書（または変造文書）を真正な文書として使用する目的をいう。この定義はしっかりと覚えておこう。

そして、この定義における「使用」とは、他人に文書の内容を認識させ、または認識可能な状態におくことをいう（最大判昭和44・6・18百選Ⅱ99）。

なお、偽造公文書行使等罪の行為の箇所（➡ 269ページイ）も参照のこと。

イ　無印私文書偽造罪

> 159条
> 3項　前2項に規定するもののほか、権利、義務又は事実証明に関する文書又は図画を偽造し、又は変造した者は、1年以下の拘禁刑又は10万円以下の罰金に処する。

本罪は、権利・義務または事実証明に関する私文書等のうち、印章・署名のいずれも付されていないものの偽造・変造を処罰するものである。

たとえば、銀行の出金票や、封筒に封入した署名のない文書を偽造した場合などに本罪が成立する。

7　虚偽診断書作成罪

> 160条　医師が公務所に提出すべき診断書、検案書又は死亡証書に虚偽の記載をしたときは、3年以下の拘禁刑又は30万円以下の罰金に処する。

ア　意義

本罪は、私文書の虚偽作成（無形偽造）を例外的に処罰するものである。

本罪が規定されたのは、医師の診断書等が権利・義務の得喪・変更に重大な関係を有することが多いことに基づく。

イ　主体

本罪の主体は、「医師」に限られる（真正身分犯）。

なお、医師が公務員である場合には、本罪ではなく虚偽公文書作成等罪（156条）として処理される。短答式・論述式を通じて、ひっかけ問題に注意しておこう。

ウ　客体

　本罪の客体は、「公務所に提出すべき診断書、検案書又は死亡証書」に限られる。

　特に「公務所に提出すべき」という要件は、短答式試験対策として重要である。

　たとえば、司法修習のために最高裁判所に提出する健康診断書や、国立大学に入学するために提出する健康診断書はこれにあたるが、私企業や私立大学に提出する健康診断書は本罪の客体とはならない。

8　偽造私文書等行使罪　A

> **161条**
> 1項　前2条の文書又は図画を行使した者は、その文書若しくは図画を偽造し、若しくは変造し、又は虚偽の記載をした者と同一の刑に処する。

　本罪は、偽造私文書や虚偽診断書等を行使する行為を罰するものである。

　行使の意義については、偽造公文書行使等罪で述べたとおりである（➡269ページ（ア））。

　私文書偽造等罪と本罪は牽連犯となる。詐欺罪と本罪も牽連犯となる。

　本罪の未遂は罰する（2項）。

9　電磁的記録不正作出罪・同供用罪　B

　本罪は、電磁的記録の証明機能に対する公共の信頼を保護するべく規定されたものである。

　試験との関係での重要性はそれほど高くないため、基礎的な部分を簡単にみておけば足りる。

ア　私電磁的記録不正作出罪

> **161条の2**
> 1項　人の事務処理を誤らせる目的で、その事務処理の用に供する権利、義務又は事実証明に関する電磁的記録を不正に作った者は、5年以下の拘禁刑又は50万円以下の

278　2編2章　取引の安全に対する罪

> 罰金に処する。

（ア）客体

本罪の客体は、人の事務処理の用に供する権利・義務または事実証明に関する電磁的記録である（私電磁的記録）。

権利・義務に関する電磁的記録としては、銀行の預金元帳ファイル、乗車券や馬券の裏の磁気情報部分などがある。

事実証明に関する電磁的記録としては、パソコン通信のホストコンピュータ内の顧客データベースファイルなどがある。

（イ）行為

本罪の行為は、電磁的記録の不正作出である。

不正作出とは、作出権限なく、または、作出権限を濫用して電磁的記録を作成することをいう。

（ウ）目的

本罪は、人の事務を誤らせる目的を要する目的犯である。

「人の事務処理を誤らせる目的」とは、不正に作出された電磁的記録が用いられる結果、事務処理に過誤を生ぜしめる目的をいう。

イ　公電磁的記録不正作出罪

> 161条の2
> 2項　前項の罪が公務所又は公務員により作られるべき電磁的記録に係るときは、10年以下の拘禁刑又は100万円以下の罰金に処する。

本罪は、不正作出された電磁的記録が、公務所または公務員によって作られるべきものである場合（公電磁的記録）について、私電磁的記録の不正作出よりも加重して処罰するものである。

ウ　電磁的記録供用罪

> 161条の2
> 3項　不正に作られた権利、義務又は事実証明に関する電磁的記録を、第1項の目的

1. 文書偽造の罪　279

で、人の事務処理の用に供した者は、その電磁的記録を不正に作った者と同一の刑に処する。

本罪は、不正に作出された電磁的記録を、人の事務処理を誤らせる目的でその事務処理の用に供する行為を罰するものである。

「事務処理の用に供した」（供用）とは、不正に作出された電磁的記録を他人のコンピュータで使用しうる状態においたことをいう。

たとえば、不正に作出された当たり馬券を自動払戻機に差し込もうとした時点で本罪の着手が認められ、差し込んでコンピュータが記録を読み取ることが可能となった時点で本罪は既遂となる。

本罪の未遂は罰する（4項）。

10 詔書偽造等罪 C

154条
1項　行使の目的で、御璽、国璽若しくは御名を使用して詔書その他の文書を偽造し、又は偽造した御璽、国璽若しくは御名を使用して詔書その他の文書を偽造した者は、無期又は3年以上の拘禁刑に処する。
2項　御璽若しくは国璽を押し又は御名を署した詔書その他の文書を変造した者も、前項と同様とする。

本罪は、天皇文書の偽造・変造を特に重く処罰するものであるが、試験で出題される可能性はきわめて低い。

2. 通貨偽造の罪

通貨偽造の罪は、通貨の真正に対する公共の信用を保護法益とする犯罪である。

主として短答式試験用の犯罪であるが、赤色を付した基礎的部分についてはしっかりと記憶しておこう。

280　2編2章　取引の安全に対する罪

1 通貨偽造等罪　B

> 148条
> 1項　行使の目的で、通用する貨幣、紙幣又は銀行券を偽造し、又は変造した者は、無期又は3年以上の拘禁刑に処する。

ア　客体

本罪の客体は、「通用する貨幣、紙幣又は銀行券」である。

「通用する」とは、強制通用力を有することをいう。

貨幣・紙幣と銀行券とは、発行主体により区別される。

すなわち、「貨幣」「紙幣」とは、ともに政府が発行する通貨のことであるのに対し、「銀行券」とは、政府の認許により特定の銀行が発行する貨幣代用証券のことである。

現在のわが国では、貨幣（硬貨）と銀行券のみが通貨となっている。自分の財布の中をみて、発行主体を確認しておこう。

イ　行為

本罪の行為は、偽造または変造である。

本罪における「偽造」とは、権限のない者が通貨に似た外観の物を作成することをいう。その物は、一般人をして真正の通貨と誤認させる程度のものであることを要する（最判昭和25・2・28集刑16-663）。

本罪における「変造」とは、権限のない者が真正な通貨に加工して通貨に似た外観の物を作成することをいう。たとえば、1枚の千円札の表裏をはがし、それぞれを二つ折りにすることで、二つ折りの千円札のような外観の物を2個作成する行為がこれにあたる（最判昭和50・6・13刑集29-6-375）。

ウ　目的

本罪は、行使の目的を要する目的犯である。

本罪における「行使の目的」とは、偽造通貨・変造通貨を真正なものとして流通におく目的をいう。この定義は覚えておこう。

2.通貨偽造の罪　281

したがって、たとえば見せ金に用いる目的や、演劇用の小道具として用いる目的の場合には、いかに精巧な物を作成したとしても本罪は成立しない。

なお、有価証券偽造罪における「行使の目的」は、流通におく目的がなくとも認められる（➡ 287 ページ**ウ**）。この点も対比しておこう。

エ　未遂

本罪の未遂は罰する（151 条）。

2　偽造通貨行使等罪　

> 148 条
> 2 項　偽造又は変造の貨幣、紙幣又は銀行券を行使し、又は行使の目的で人に交付し、若しくは輸入した者も、前項と同様とする。

ア　客体

本罪の客体は、偽造または変造された貨幣、紙幣または銀行券（総称して偽貨という）である。

なお、偽貨は自ら作成したものである必要はなく、また、行使の目的で作成されたものである必要もないことに注意が必要である。たとえば、演劇用の小道具として用いる目的で作成された偽造貨幣も、本罪の客体となる。

イ　行為

本罪の行為は、①行使、②行使の目的での交付、③輸入である。このうち、試験との関係で重要なのは①と②である。

（ア）行使

「行使」とは、偽貨を真正な通貨として流通におくことをいう。この定義は覚えておこう。

たとえば、売買代金債務の弁済に使用する行為が行使の典型である。また、自動販売機に使用する行為も、いずれは流通することになることから行使にあたる（東京高判昭和 53・3・22 東高刑時報 29-3-49）。

他方、いわゆる見せ金として示す行為や演劇用の小道具として使用する行為

などは行使にあたらない。

（イ）交付

「交付」とは、偽貨であることを告げて、または、既に偽貨であることを知っている相手に渡すことをいう。行使との区別は、相手方の偽貨である旨の認識の有無による。

交付は、「行使の目的で」なされることを要する。ここで「行使の目的」とは、他人に行使させる目的のことである。

ウ　未遂

本罪の未遂は罰する（151条）。

エ　罪数・他罪との関係

（ア）他の通貨偽造の罪との関係

通貨を偽造・変造した者が、自らこれを行使・交付した場合には、通貨偽造等罪と本罪が成立し、両者は牽連犯となる。

後述する偽造通貨収得罪（150条）を犯した者が、これを行使・交付した場合にも、やはり本罪と牽連犯となる。

（イ）詐欺罪との関係

たとえば、Aが偽造通貨を行使し、商品を購入したとする。その場合、本罪のほか、商品についての詐欺罪が成立するであろうか。

この点について、後述する収得後知情行使罪（152条）を軽く処罰しようとした法の趣旨を没却しないようにするべく、詐欺罪は本罪に吸収され、別罪を構成しないと解するのが判例（大判明治43・6・30刑録16-1314）・通説である。

偽造公文書行使等罪や偽造私文書行使等罪の場合には別に詐欺罪が成立し、牽連犯となることと、しっかりと対比しておこう（➡270ページ**エ**、278ページ**8**）。

> 　刑法は、偽貨を収得した後にはじめて偽貨であることを知り、それにもかかわらずこれを行使・交付した場合について、特に収得後知情行使罪という構成要件を定め、きわめて軽く処罰しています。これは、収得後知情行使という行為は、類型的に適法行為の期待可能性が低い行為だからです。
> 　そして、収得後知情行使罪の法定刑をきわめて軽くした法の趣旨を没却しないようにするためには、収得後知情行使罪が犯された場合には、同罪と別に詐欺罪は成立しないと解する必要があります。収得後知情行使罪とは別に詐欺罪が成立すると解してしまっては、結局重

2. 通貨偽造の罪　283

い詐欺罪の法定刑で処罰されてしまうことになるからです。

　ところが、同じ行使罪である本罪において別途詐欺罪の成立を肯定するならば、法解釈の統一性から、収得後知情行使罪においても詐欺罪の成立を認めざるを得なくなってしまいます。

　そこで、本罪においても別途詐欺罪は成立しないと解していくわけです。

Q 偽造通貨行使等罪と詐欺罪との関係　**B⁺**

A説（判例・通説）

結論：偽造通貨行使等罪のみ成立し、詐欺罪はこれに吸収される。

理由：収得後知情行使罪の法定刑を軽く規定した法の趣旨。

B説

結論：偽造通貨行使等罪と詐欺罪が成立し、両者は牽連犯となる。

理由：通貨偽造罪は社会的法益に対する罪であり、詐欺罪は個人の財産に対する罪であって、両者は保護法益を異にする。

3　外国通貨偽造罪・偽造外国通貨行使等罪　**C**

149条

1項　行使の目的で、日本国内に流通している外国の貨幣、紙幣又は銀行券を偽造し、又は変造した者は、2年以上の有期拘禁刑に処する。

2項　偽造又は変造の外国の貨幣、紙幣又は銀行券を行使し、又は行使の目的で人に交付し、若しくは輸入した者も、前項と同様とする。

　本罪は、日本国内で流通している外国の通貨等の偽造・変造・行使等を処罰するものであるが、試験対策としては重要でない。

　本罪の未遂は罰する（151条）。

4　偽造通貨等収得罪　**B⁻**

150条　行使の目的で、偽造又は変造の貨幣、紙幣又は銀行券を収得した者は、3年以下の拘禁刑に処する。

　本罪は、偽貨を収得した者を罰するものである。行使の目的で、偽貨であること知りつつ収得する必要がある。

　「収得」とは、偽貨を自己に取得する一切の行為をいう。

　本罪の未遂は罰する（151条）。

5　収得後知情行使等罪　B

> 152条　貨幣、紙幣又は銀行券を収得した後に、それが偽造又は変造のものであることを知って、これを行使し、又は行使の目的で人に交付した者は、その額面価格の3倍以下の罰金又は科料に処する。ただし、2,000円以下にすることはできない。

　本罪は、偽貨を収得した後にはじめてそれが偽貨であることを知り、それにもかかわらず、これを行使・交付した場合に適用される犯罪である。

　本罪の特徴は、その法定刑がきわめて軽いことである。これは、本罪の行為は類型的に期待可能性が低いからである。

　したがって、本罪が成立する場合には、詐欺罪の成立は排除される（通説）。

6　通貨偽造等準備罪　B

> 153条　貨幣、紙幣又は銀行券の偽造又は変造の用に供する目的で、器械又は原料を準備した者は、3月以上5年以下の拘禁刑に処する。

ア　行為

　本罪は、通貨偽造・変造罪の予備罪であるが、予備行為のうち、器械または原料を準備する行為のみを処罰する点に特徴がある。短答式試験対策としてしっかり記憶しておこう。

　たとえば、印刷機や複写機といった器械を準備する行為、用紙やインクといった原料を準備する行為は本罪にあたる。それらを購入するための資金を調達する行為も本罪にあたる。

　これに対し、技術者を手配する行為は、器械または原料の準備ではないことから、本罪にあたらない。

イ　目的

　本罪は、「貨幣、紙幣又は銀行券の偽造又は変造の用に供する目的」を要する目的犯である。

　ただし、自らの偽造・変造の用に供する目的（自己予備目的）であると、他人

2.通貨偽造の罪　285

の偽造・変造の用に供する目的（他人予備目的）であるとを問わない。

3. 有価証券偽造の罪

有価証券偽造の罪は、有価証券の真正に対する公共の信用を保護法益とする犯罪である。

通貨偽造の罪と同じく、主として短答式試験用の犯罪であるが、赤色を付した箇所については押さえておくと安心である。

1 有価証券偽造等罪・有価証券虚偽記入罪 B

162条
1項　行使の目的で、公債証書、官庁の証券、会社の株券その他の有価証券を偽造し、又は変造した者は、3月以上10年以下の拘禁刑に処する。
2項　行使の目的で、有価証券に虚偽の記入をした者も、前項と同様とする。

ア 客体

本罪の客体は「有価証券」である。

商法上、有価証券とは、財産権を表章した証券であって、権利の移転・行使のいずれにおいても証券の占有を必要とするものと定義される。しかし、本罪における「有価証券」はこれよりも広く解されている。

すなわち、本罪における「有価証券」とは、財産権を表章した証券であって、権利の行使または移転にその証券の占有を必要とするものをいう（大判明治42・3・16刑録15-261、最判昭和34・12・4刑集13-12-3127）。

したがって、商法上の有価証券である手形・小切手・貨物引換証はもとより、乗車券（最判昭和25・9・5刑集4-9-1620）、定期券（最判昭和32・7・25刑集11-7-2037）、宝くじ（最決昭和33・1・16刑集12-1-25）、競馬の馬券（東京高判昭和34・11・28高刑集12-10-974）、商品券、タクシーチケットなども「有価証券」

286　2編2章　取引の安全に対する罪

にあたる。

　他方、預金通帳や貯金通帳、無記名定期預金証書は、財産権を表章した証券ではないことから、「有価証券」にあたらない（大判昭和 6・3・11 刑集 10-75、最決昭和 31・12・27 刑集 10-12-1798）。これらは、文書偽造の罪の客体となる。

> 「表章」というのは、権利が紙にしみこんでいるというイメージです。たとえば、手形という証券は、金銭債権という権利がその紙にしみこみ、一体化しています。だからこそ、その権利を行使したり移転（譲渡）したりするためには、証券の占有が必要なわけです。
> これに対し、たとえば預金通帳は、その中に預金債権（消費寄託契約上の返還債権）がしみこみ一体化しているわけではありません。あくまでも、預金債権が存在していることを証明する証拠にすぎないわけです。
> 詳しくは有価証券法で学びますが、大雑把なイメージくらいはもっておきましょう。

　なお、クレジットカードやプリペイドカードは、次に学ぶ支払用カード電磁的記録に関する罪の客体であり、「有価証券」にはあたらない。

イ　行為

　本罪の行為は、偽造または変造（1項）、および虚偽記入（2項）である。

　「偽造」とは、作成権限のない者が、他人名義または虚無人名義の有価証券を作成することをいう。一般人をして真正の有価証券であると誤信させるに足る外観を備えることが必要である。

　「変造」とは、権限のない者が、真正に成立した有価証券に改ざんを加えることをいう。たとえば、小切手の金額を改ざんする行為がこれにあたる（最判昭和 36・9・26 刑集 15-8-1525）。

　「虚偽の記入」の意義については争いがあるが、判例によれば、有価証券に真実に反する記載をする一切の行為をいう。ただし、裏書・引受け・保証などの付随的証券行為に関する虚偽記入に限定され、振出しなどの基本的証券行為に関する虚偽記入は「虚偽の記入」ではなく「偽造」にあたるとされている（大判大正 12・12・10 刑集 2-942、最決昭和 32・1・17 刑集 11-1-23）。

ウ　目的

　本罪は、行使の目的を要する目的犯である。

　本罪における「行使の目的」とは、偽造等の有価証券を真正な（1項）、または内容真実の（2項）有価証券として使用する目的をいう。

3. 有価証券偽造の罪　　287

なお、通貨偽造の罪とは異なり、流通におく目的は必要でなく（大判明治44・3・31刑録17-482）、たとえば見せ手形として使用する目的も「行使の目的」にあたる。そのような場合にも、有価証券に対する公共の信用を害する危険があるからである。

2 偽造有価証券行使等罪　B

> 163条
> 1項　偽造若しくは変造の有価証券又は虚偽の記入がある有価証券を行使し、又は行使の目的で人に交付し、若しくは輸入した者は、3月以上10年以下の拘禁刑に処する。

ア　客体

本罪の客体は、偽造・変造または虚偽記入された有価証券である。

なお、有価証券を自ら作成したことは必要でなく、また、行使の目的で作成されたものである必要もない。

イ　行為

本罪の行為は、行使または交付である。

（ア）行使

「行使」とは、偽造等の有価証券を、真正な（162条1項の場合）、または、内容真実の（162条2項の場合）有価証券として使用することをいう。

流通におくことは必要でなく、たとえば見せ手形として相手方に呈示する行為も「行使」にあたる。そうした行為にも、有価証券に対する公共の信用を害する危険があるからである。

（イ）交付

「交付」とは、偽造等の有価証券であることを告げて、または、既に偽造等の有価証券であることを知っている相手に渡すことをいう。行使との区別は、偽造等の有価証券であることについての相手方の認識の有無による。

交付は、「行使の目的」でなされることを要する。ここで「行使の目的」とは、他人に行使させる目的のことである。

ウ　未遂

本罪の未遂は罰する（2項）。

エ　罪数・他罪との関係

有価証券を偽造・変造・虚偽記入した者が、自らこれを行使・交付した場合には、有価証券偽造等罪または有価証券虚偽記入罪と本罪とが成立し、両者は牽連犯となる。

また、偽造された有価証券等の行使が詐欺の手段となっている場合には、本罪と詐欺罪は牽連犯となる（大判明治43・11・15刑録16-1941、大判大正3・10・19刑録20-1871）。このことは覚えておこう。

4. 支払用カード電磁的記録に関する罪

支払用カード電磁的記録に関する罪は、クレジットカードなどの支払用カードを用いて行う支払システムに対する公共の信用を保護法益とする犯罪である。

試験で頻出とはいえないが、基礎的な部分は押さえておくと安心である。

1　支払用カード電磁的記録不正作出等罪　B

163条の2は、1項において不正作出罪、2項において供用罪、3項において譲り渡し・貸し渡し・輸入罪を、それぞれ定めている。

以下、個別に概観していこう。

ア　支払用カード電磁的記録等不正作出罪

163条の2
1項　人の財産上の事務処理を誤らせる目的で、その事務処理の用に供する電磁的記録であって、クレジットカードその他の代金又は料金の支払用のカードを構成するもの

> を不正に作った者は、10 年以下の拘禁刑又は 100 万円以下の罰金に処する。預貯金
> の引出用のカードを構成する電磁的記録を不正に作った者も、同様とする。

（ア）客体

　本罪の客体は、支払用カードを構成する電磁的記録（前段）、および、預貯金
引出用のカードを構成する電磁的記録（後段）である。

①　支払用カードを構成する電磁的記録

　支払用カードを構成する電磁的記録とは、支払システムにおける事務処理に
用いるための情報が、所定のカードに電磁的方式で記録されているものをいう。

　たとえば、クレジットカードやデビットカード、プリペイドカードなどの構成
要素となっている電磁的記録がこれにあたる。

　また、テレホンカードの電磁的記録も、これにあたると解してよいであろう。

②　預貯金引出用のカードを構成する電磁的記録

　預貯金引出用のカードを構成する電磁的記録とは、銀行や郵便局等の金融機
関が発行するキャッシュカードを構成する電磁的記録のことである。

（イ）行為

　本罪の行為は、電磁的記録の不正作出である。

　不正作出とは、権限なく、または権限を濫用して、支払用カード（または預貯
金引出用のカード）の電磁的記録を作出することをいう。

　不正作出の客体は電磁的記録であるから、カード自体が正規のカードとして
の外観を備えている必要はない。

（ウ）目的

　本罪は、「人の財産上の事務処理を誤らせる目的」を要する目的犯である。

（エ）未遂

　本罪の未遂は罰する（163 条の 5 ）。

イ　不正電磁的記録カード供用罪

> 163 条の 2
> 2 項　不正に作られた前項の電磁的記録を、同項の目的で、人の財産上の事務処理の用
> 　に供した者も、同項と同様とする。

本罪の客体は、不正作出された電磁的記録である。

本罪の行為は、人の財産上の事務処理を誤らせる目的での供用である。たとえば、ATM 機にカードを挿入し、カードと一体となっている電磁的記録を読み取らせる行為がこれにあたる。

本罪の未遂は罰する（163 条の 5 ）。

ウ　不正電磁的記録カード譲り渡し・貸し渡し・輸入罪

> 163 条の 2
> 3 項　不正に作られた第 1 項の電磁的記録をその構成部分とするカードを、同項の目的で、譲り渡し、貸し渡し、又は輸入した者も、同項と同様とする。

本罪の客体は、不正作出された電磁的記録を構成部分とする支払用カード（または預貯金引出用のカード）である。

本罪の行為は、人の財産上の事務処理を誤らせる目的での譲り渡し・貸し渡し・輸入である。

譲り渡しとはカードの処分権限を相手方に移転することをいい、貸し渡しとはカードの使用のみを許可する行為をいう。輸入とは国外からわが国に不正作出のカードを搬入する行為をいう。

本罪の未遂は罰する（163 条の 5 ）。

2　不正電磁的記録カード所持罪　B⁻

> 163 条の 3　前条第 1 項の目的で、同条第 3 項のカードを所持した者は、5 年以下の拘禁刑又は 50 万円以下の罰金に処する。

本罪は、人の財産上の事務処理を誤らせる目的で、不正作出された電磁的記録を構成部分とする支払用カード（または預貯金引出用のカード）を所持する行為を処罰するものである。

3　支払用カード電磁的記録不正作出準備罪　

> 163条の4
> 1項　第163条の2第1項の犯罪行為の用に供する目的で、同項の電磁的記録の情報を取得した者は、3年以下の拘禁刑又は50万円以下の罰金に処する。情を知って、その情報を提供した者も、同様とする。
> 2項　不正に取得された第163条の2第1項の電磁的記録の情報を、前項の目的で保管した者も、同項と同様とする。
> 3項　第1項の目的で、器械又は原料を準備した者も、同項と同様とする。

本罪の客体は、「電磁的記録の情報」である。

本罪の行為は、所定の目的のもと、情報の取得（1項前段）・提供（1項後段）、保管（2項）、および器械または原料の準備（3項）をすることである。このうち、3項の「準備」は器械または原料の準備に限定されている点に注意しておこう。

1項に定められた情報の取得・提供については、未遂犯処罰規定がある（163条の5）。

5. 印章偽造の罪　

刑法は、印章偽造の罪として、御璽偽造・不正使用等罪（164条）、公印偽造・不正使用罪（165条）、公記号偽造・不正使用罪（166条）、私印偽造・不正使用罪（167条）、およびこれらの未遂罪（168条）を定めているが、試験での重要性は低い。余裕があるときに条文を1度読む程度で足りる。

6. 不正指令電磁的記録に関する罪 B⁻

　不正指令電磁的記録に関する罪の保護法益は、電子計算機（コンピュータ）のプログラムに対する社会一般の信頼である。

　具体的には、不正指令電磁的記録作成・提供罪（168条の2第1項）、同供用・供用未遂罪（168条の2第2項、3項）、同取得罪・保管罪（168条の3）がある。余裕があるときに条文を一読しておこう。

第3章 風俗に対する罪

　風俗に対する罪の中で重要なのは死体遺棄等罪である。それ以外の罪は、試験との関係での重要性は低い。

1. わいせつおよび重婚の罪

　わいせつおよび重婚の罪は、健全な性的風俗・性道徳・性秩序を保護法益とする犯罪である（最大判昭和32・3・13百選Ⅰ47）。

1　公然わいせつ罪　

> 174条　公然とわいせつな行為をした者は、6月以下の拘禁刑若しくは30万円以下の罰金又は拘留若しくは科料に処する。

　公然とわいせつな行為をすると、本罪が成立する。
　「公然と」とは、わいせつ行為を不特定または多数人が認識できる状態をいう（最決昭和32・5・22刑集11-5-1526）。
　「わいせつ」とは、判例によれば、いたずらに性欲を興奮または刺激せしめ、かつ普通人の正常な性的羞恥心を害し、善良な性的道義観念に反するものをいう（最判昭和26・5・10刑集5-6-1026）。

2　わいせつ物頒布等罪　**B**

> 175条
> 1項　わいせつな文書、図画、電磁的記録に係る記録媒体その他の物を頒布し、又は公然と陳列した者は、2年以下の拘禁刑若しくは250万円以下の罰金若しくは科料に処し、又は拘禁刑及び罰金を併科する。電気通信の送信によりわいせつな電磁的記録その他の記録を頒布した者も、同様とする。
> 2項　有償で頒布する目的で、前項の物を所持し、又は同項の電磁的記録を保管した者も、同項と同様とする。

ア　客体

本罪の客体は、わいせつな文書、図画（とが）、電磁的記録に係る記録媒体、その他の物（1項前段）、および電磁的記録その他の記録（1項後段）である。

映画フィルムやビデオテープ、わいせつな画像のデータを記憶させたコンピュータのハードディスクなどは、平成23年改正前は「図画」に該当すると解されていたが（最決平成13・7・16刑集55−5−317参照）、現行法では「電磁的記録に係る記録媒体」に該当することとなろう。

イ　行為

本罪の行為は、頒布・公然陳列（1項）、および有償の頒布目的の所持・保管（2項）である。

（ア）頒布

1項前段の頒布とは、不特定または多数の者に有償または無償で交付することをいう。

この頒布といえるためには、相手方に現実に交付されたことを要する（最判昭和34・3・5刑集13−3−275）。

1項後段の頒布とは、不特定または多数の者の記録媒体上に電磁的記録その他の記録を存在するに至らしめることをいう。

Aが、不特定の顧客に海外のサーバからわいせつなデータをダウンロードさせる行為は、Aによる1項後段の「頒布」にあたる。また、この場合のAは、国内犯である（最決平成26・11・25百選Ⅱ101）。

1. わいせつおよび重婚の罪　295

なお、頒布を受けた者に本罪の共犯が成立するかが問題となっているが、原則として共犯は成立しないとするのが通説である（➡総論［第4版］186ページ **3**）。

（イ）公然陳列

公然陳列とは、不特定または多数人が視聴できるような状態にすることをいう。

わいせつ性を認識するために観覧者の能動的な行為を要する場合でも、それが比較的に容易な行為であれば、公然陳列にあたる。

判例も、パソコンネットのホストコンピュータのハードディスクにわいせつな画像データを記憶・蔵置させ、不特定多数の会員によるダウンロードが可能な状態においた被告人の行為について、公然陳列にあたるとしている（最決平成13・7・16刑集55−5−317）。

（ウ）有償で頒布する目的の所持・保管

有償で頒布する目的の所持・保管とは、有償の頒布目的でわいせつ物等を自己の支配下におくことをいう。有償頒布罪（➡前ページ（ア））の予備を処罰する趣旨である。

無償で頒布する目的の所持・保管は、処罰対象ではないことに注意しよう。

> ちなみに、公然わいせつ罪（174条）と本罪（175条）との法定刑を比べると、本罪の方が重いことに気づくと思います。
> これは、「物」や「記録」を客体とする本罪は、わいせつな状態が固定され、または繰り返される犯罪だからです。

ウ　罪数

以上の本罪の行為は、いずれも反復・継続が想定される行為である。

したがって、本罪の行為が複数回行われても、原則として包括一罪となる（最決昭和39・4・30集刑151−133、最決昭和40・12・23集刑157−495）。

3　その他の罪 C

以上のほかにも、刑法は淫行勧誘罪（182条）・重婚罪（184条）を規定しているが、試験対策上は重要でない。

2. 賭博および富くじの罪

　賭博および富くじの罪は、勤労の美風を保護法益とする犯罪である（最大判昭和25・11・22刑集4-11-2380）。

　試験との関係では、時間があるときにざっと読む程度で足りる。

1　単純賭博罪　B

> 185条　賭博をした者は、50万円以下の罰金又は科料に処する。ただし、一時の娯楽に供する物を賭けたにとどまるときは、この限りでない。

　賭博をした場合には、原則として本罪が成立する（本文）。

　「賭博」とは、偶然の勝敗により財物や財産上の利益の得喪を争う行為をいう。

　ただし、「一時の娯楽に供する物を賭けたにとどまるとき」には、可罰的違法性に欠けることから本罪は成立しない（ただし書）。飲食物やタバコを賭ける場合などがその典型である。

2　常習賭博罪　B

> 186条
> 1項　常習として賭博をした者は、3年以下の拘禁刑に処する。

　本罪は、行為者に常習性という身分がある場合の加重類型である（不真正身分犯）。

　非常習者との共犯関係については、総論［第4版］264ページ**1・2**を参照してほしい。

2. 賭博および富くじの罪　297

3　賭博場開張・博徒結合罪　B

> 186条
> 2項　賭博場を開張し、又は博徒を結合して利益を図った者は、3月以上5年以下の拘禁刑に処する。

　本罪の行為は、賭博場を開張すること、または博徒を結合して利益を図ることである。
　「賭博場を開張」するとは、自ら主催者となって賭博をさせる場所を与えることをいう。
　「博徒」とは、常習的・職業的な賭博行為者をいう。「結合して利益を図」るとは、博徒との間に親分・子分的な関係を形成し、これらの者に一定の区域内（縄張り）において賭博を行う便宜を提供しつつ、その対価を得ようとする行為をいう。

4　富くじ罪　C

> 187条
> 1項　富くじを発売した者は、2年以下の拘禁刑又は150万円以下の罰金に処する。
> 2項　富くじ発売の取次ぎをした者は、1年以下の拘禁刑又は100万円以下の罰金に処する。
> 3項　前2項に規定するもののほか、富くじを授受した者は、20万円以下の罰金又は科料に処する。

　本罪は、富くじの発売（1項）・発売の取次ぎ（2項）・授受（3項）を処罰するものである。
　「富くじ」とは、あらかじめ番号札を発売して金銭その他の財物を集め、その後抽選その他の偶然的方法によって、購買者の間に不平等な利益の分配をすることをいう。宝くじがその典型である。

3. 礼拝所および墳墓に関する罪

1　死体損壊等罪　

> 190条　死体、遺骨、遺髪又は棺に納めてある物を損壊し、遺棄し、又は領得した者は、3年以下の拘禁刑に処する。

ア　保護法益

本罪の保護法益は、他の礼拝所および墳墓に関する罪と同様に、**国民の宗教的感情**である。この保護法益は論述式試験で必須となるので、しっかりと覚えておこう。

イ　客体・行為

本罪の客体は、死体・遺骨・遺髪または棺に納めてある物である。

本罪の行為は、損壊・遺棄・領得であるが、このうち、試験において特に重要なのが**遺棄**である。

本罪の「遺棄」とは、風俗上の埋葬と認められない方法で死体を放棄することをいう。**作為のほか不作為も含む**が（大判大正6・11・24刑録23-1302）、不作為による場合は、当然、作為義務（埋葬義務）がある者による場合に限る（➡総論［第4版］34ページ **4**）。

> 　殺人犯であるAが、死体をそのまま殺害現場に残して逃げたとします。この場合のAは、不作為による遺棄を行ったわけですが、通常、単なる殺人犯には作為義務（埋葬義務）は認められません。したがって、Aの不作為は、通常は本罪の「遺棄」にあたらないことになります。
> 　他方、Aが被害者の死体を殺害現場から山の中へ運び、そこに放棄した場合、それは作為による遺棄ですから、当然に本罪の「遺棄」にあたります。

ウ　他罪との関係

殺人罪・傷害致死罪の犯人が本罪をも犯した場合、**殺人罪・傷害致死罪と本**

3. 礼拝所および墳墓に関する罪　299

罪とは併合罪となる（大判昭和 8・7・8 刑集 12-1195）。論述式試験用にしっかり
と記憶しておこう。

2　その他の罪　C

　刑法は、死体損壊等罪のほかにも、礼拝所および墳墓に関する罪として、礼
拝所不敬罪（188 条 1 項）、説教等妨害罪（188 条 2 項）、墳墓発掘罪（189 条）、墳
墓発掘死体損壊等罪（191 条）、変死者密葬罪（192 条）を定めているが、これら
の犯罪は、試験との関係では重要でない。

第 **3** 編

国家的法益に
対する罪

最後に、国家的法益に対する罪を学んでいく。
社会的法益に対する罪と同様に、初学者にとっ
ては手が回りにくい箇所であるが、短答式・論述
式を通じて、重要な犯罪が点在している。メリハ
リを意識してしっかりと押さえておこう。

第 1 章

国家の存立に対する罪

1. 内乱に関する罪

内乱に関する罪は、国家の存立を保護法益とする犯罪である。

もしその法益が現実に侵害された場合、それは革命の成功を意味し、内乱をなした者を罰することはできなくなる。すなわち、内乱に関する罪は、本来的に危険犯である。

1 内乱罪

> 77 条
> 1 項 国の統治機構を破壊し、又はその領土において国権を排除して権力を行使し、その他憲法の定める統治の基本秩序を壊乱することを目的として暴動をした者は、内乱の罪とし、次の区別に従って処断する。
> 　1 号 首謀者は、死刑又は無期拘禁刑に処する。
> 　2 号 謀議に参与し、又は群衆を指揮した者は無期又は 3 年以上の拘禁刑に処し、その他諸般の職務に従事した者は 1 年以上 10 年以下の拘禁刑に処する。
> 　3 号 付和随行し、その他単に暴動に参加した者は、3 年以下の拘禁刑に処する。

ア 行為

本罪の行為は、暴動である。

「暴動」とは、多数人による集団的暴行・脅迫のことをいう。その程度は、一地方の平穏を害する程度であることを要する（通説）。

本罪の手段としての暴行は、騒乱罪と同じく最広義の暴行である。対物暴行

であれ、本罪の保護法益である国家の存立を害するおそれが認められるからである。

また、本罪の手段としての脅迫も広義の脅迫であり、加害の対象を問わない。

イ 目的

本罪は、「憲法の定める統治の基本秩序を壊乱する」という目的を要する目的犯である。

ウ 未遂

首謀者（1項1号）、および謀議に参与しまたは群衆を指揮した者（同項2号）については、本罪の未遂を罰する。

付和随行者（1項3号）については、未遂は不可罰である（2項）。

エ 罪数・他罪との関係

暴動の内容として行われた殺人や放火等は別罪を構成せず、本罪に吸収される（大判昭和10・10・24刑集14-1267）。

> 内乱罪と騒乱罪の違いがどこにあるのかという質問を受けることがありますが、内乱罪は革命を処罰するものであるのに対し、騒乱罪は単なる暴動を処罰するものであるとイメージしておくとよいでしょう。

2 内乱予備・陰謀罪

> 78条　内乱の予備又は陰謀をした者は、1年以上10年以下の拘禁刑に処する。

「内乱の予備」とは、内乱罪を実行する目的で、その準備をすることをいう。

「内乱の……陰謀」とは、2人以上の者が内乱罪の実行を計画し合意することをいう。

なお、本罪を犯した者が暴動に至る前に自首したときは、刑が必要的に免除される（80条）。

3 内乱幇助罪　C

> 79条　兵器、資金若しくは食糧を供給し、又はその他の行為により、前2条の罪を幇助した者は、7年以下の拘禁刑に処する。

　本罪は、上で学んだ内乱罪や内乱予備・陰謀罪の幇助を、独立の犯罪類型として処罰するものである。

　なお、本罪を犯した者が暴動に至る前に自首したときは、刑が必要的に免除される（80条）。

2. 外患に関する罪　C

　外患に関する罪も、内乱に関する罪と同様に、国家の存立を保護法益とする犯罪である。

　内乱に関する罪は、国内的な革命を処罰する犯罪であり、いわば内部からわが国の存立を脅かす場合の規定である。これに対し、外患に関する罪は、日本国に対して外部からの武力を行使させたり、外部からの武力の行使があった場合にこれに加担するなどにより、外部からわが国の存立を脅かす場合の規定である。

　刑法は、外患に関する罪として、外患誘致罪（81条）、外患援助罪（82条）、それらの未遂罪（87条）および予備・陰謀罪（88条）を定めている。

　ただし、これらは試験との関係では重要でない。余裕があるときに条文を一読しておく程度で十分である。個別的な解説は省略する。

2. 外患に関する罪　305

第 2 章

国交に関する罪 C

　刑法は、国交に関する罪として、外国国章損壊罪（92条）、私戦予備・陰謀罪（93条）、中立命令違反罪（94条）を定めている。これらの罪の保護法益については争いがあるが、外国の法益を保護法益と解するのが多数説である。

　国交に関する罪は、試験との関係での重要性は低い。余裕があるときに条文を一読しておく程度で十分である。本書での解説は省略する。

第3章 国家の作用に関する罪

1. 公務の執行を妨害する罪

　刑法は、公務の執行を妨害する罪として、公務執行妨害罪（95条1項）、職務強要罪・辞職強要罪（95条2項）、封印等破棄罪（96条）、強制執行妨害罪（96条の3）、競売等妨害罪（96条の6第1項）、談合罪（96条の6第2項）等を定めている。

　これらのうち、公務執行妨害罪は、短答式・論述式を通じてきわめて重要な犯罪である。手を抜かずにしっかりと押さえておいてほしい。

　他の犯罪については、主として短答式試験対策用である。余裕があるときにざっと目をとおす程度で足りる。

1　公務執行妨害罪

> 95条
> 1項　公務員が職務を執行するに当たり、これに対して暴行又は脅迫を加えた者は、3年以下の拘禁刑又は50万円以下の罰金に処する。

ア　保護法益

　本罪の保護法益は、公務員による**公務の円滑な執行**である。公務とは、**国または地方公共団体の事務**のことである。

　本罪は、公務員の身体の安全や自由そのものを保護法益としているわけではない点に注意しておこう。

イ　行為

本罪の行為は、「公務員が職務を執行するに当たり、これに対して暴行又は脅迫を加え」ることである。

以下、各要素を検討していこう。

（ア）公務員

公務員とは、「国又は地方公共団体の職員その他法令により公務に従事する議員、委員その他の職員」をいう（7条1項）。つまり、法令により公務に従事する職員のことである。

いわゆるみなし公務員も、刑法上の公務員に含まれる。みなし公務員の例としては、準起訴手続における指定弁護士（刑事訴訟法268条3項）、日本銀行の役職員（日本銀行法30条）などがある。

（イ）暴行

本罪における「暴行」とは、公務員に向けられた不法な有形力の行使をいう（最判昭和37・1・23刑集16−1−11・広義の暴行）。

すなわち、暴行罪における暴行（➡9ページイ）とは異なり、本罪の「暴行」は公務員の身体に向けられていることは必ずしも要しない。公務員に向けられてさえいれば、保護法益である公務の円滑な執行が害されうるからである。

こうした観点から「暴行」にあたるとされた例としては、公務員が押収してトラックに積み込んだタバコを路上に投げ捨てた行為（最判昭和26・3・20刑集5−5−794）、公務員が差し押さえた密造酒入りのびんを破砕した行為（最判昭和33・10・14刑集12−14−3264）、執行官による強制執行の際に、その補助者に対して暴行を加えた行為（最判昭和41・3・24百選Ⅱ115）などがある。

> 判例は、有形力行使が公務員の職務執行を妨害するに足るものであれば、本罪の暴行、すなわち「公務員に向けられた不法な有形力の行使」にあたるとしているようです。
> しかし、学説では、有形力行使が、少なくとも公務員の面前で行われたことを要するとする見解が有力です。本罪は単なる「結果としての公務の妨害」を処罰するものではありませんから、筋としては学説の方が妥当だと思います。

（ウ）脅迫

本罪における「脅迫」は、脅迫罪における脅迫よりも広く、およそ人を畏怖させるに足る害悪の告知をいう（広義の脅迫➡45ページのコラム）。

（エ）「職務を執行するに当たり」

本罪は、公務員ではなく公務を保護法益とする犯罪である。このことから、本罪が成立するには、暴行・脅迫が公務員に対して加えられただけでは足りず、「職務を執行するに当たり」という要件の充足が必要とされている。

この要件に関しては、「職務の適法性」がもっとも重要な論点となっているが、この論点は項を改めて検討することにし、ここではまず、他の問題を検討することにしよう。

① 職務の範囲

前述したとおり、本罪における「職務」の範囲については争いがあるが（➡88ページ**ウ**）、判例は、「ひろく公務員が取り扱う各種各様の事務のすべてが含まれる」と解している（最判昭和53・6・29刑集32-4-816）。

およそ公務は、公共の福祉に奉仕するものとして厚い保護に値することから、判例の見解が妥当であろう。

> この判例の立場を前提とすれば、強制力を行使する権力的公務以外の公務は、本罪と業務妨害罪の両方で保護されることになります（➡85ページ**イ**参照）。

② 執行の範囲

職務を執行するに「当たり」とは、職務執行中にという意味よりは広く、職務を執行する際にという意味であると解されている。

ただし、公務員の勤務時間中であれば全て職務を執行するに「当たり」といえるわけではない。

判例によれば、「具体的・個別的に特定された職務の執行を開始してからこれを終了するまでの時間的範囲」、および「まさに当該職務の執行と時間的に接着しこれと切り離し得ない一体的関係にあるとみることができる範囲内の職務行為」に限って、公務執行妨害罪による保護の対象となるのである（最判昭和45・12・22刑集24-13-1812）。

> この判例のポイントは2つあります。
> 1つめは、「職務」を抽象的・包括的に捉えるのではなく、具体的・個別的に捉えるべきとしている点です。
> 2つめは、その具体的・個別的職務が ing の状態であることが絶対に必要というわけではないけれども、その具体的・個別的職務と一体的関係にある範囲内にある行為が行われてい

1. 公務の執行を妨害する罪　309

なければならないとしている点です。
　この判例の規範を覚えておく必要まではありませんが、大体のイメージくらいはもっておきましょう。

　そして、同判例は、旧国鉄の駅助役が会議室での職員の点呼を終え、数十メートル離れた助役室で事務引継ぎをするべく会議室を退出しようとしたところで暴行を受けた事案について、公務執行妨害罪の成立を否定した。

　ただし、この事案は非常に微妙な事案です。
　まず、最高裁は点呼と事務引継ぎとを一連の職務（1個の具体的・個別的職務）ではないとしたのですが、これらを一連の職務とみる余地は十分にあります。実は最高裁も、一連の行為ではないとした原審の判断を「首肯し得ないものではない」というにとどまっており、あまりはっきりとした物言いはしていません。
　また、仮に別々の職務であるとしても、点呼の終了直後だったことに着目すれば、点呼の場所である会議室から退出しようとした行為は、点呼という特定の職務行為と「一体的関係にある範囲内」の行為であると評価する余地があります。この点については、最高裁は何ら言及していません。
　さらに、それを否定したとしても、会議室を退出して事務引継ぎを行うべく助役室へ向かう行為は、会議室と助役室が数十メートルしか離れていなかったことに着目すれば、事務引継ぎという特定の職務行為と「一体的関係にある範囲内」の行為であると評価する余地もあります。この点についても、最高裁は何ら言及していません。
　このように考えれば、職務の執行に「当たり」とすることも十分に可能な事案だったのではないかと思います。

　これに対し、その後の判例では、①旧国鉄の運転士が乗務の交替の後、駅助役のところへ終業点呼を受けるために赴く際に暴行を受けた事案（最決昭和54・1・10刑集33−1−1）や、②県議会委員長が、委員会の休憩を宣言して退出しようとした際に暴行を受けた事案（**最決平成元・3・10百選Ⅱ114**）において、公務執行妨害罪の成立を肯定している。

ウ　職務の適法性　➡論証70

（ア）適法性の要否

　本罪の保護の対象となっている「職務」は、適法な職務に限定されるのか、それとも違法な職務をも含むのかについては、きわめて重要な論点となっている。

　この点について、確かに本罪を定めた95条1項は、「職務」の適法性を明文では要求していない。

しかし、**違法な職務**についてまで刑法によって**保護する必要性はない**と解し、**職務の適法性が書かれざる構成要件要素**であると解する見解が判例（大判大正7・5・14刑録24-605）・通説となっている。この点はしっかりと覚えておこう。

この判例・通説からは、適法ではない職務を執行している公務員に対して暴行・脅迫を加えたとしても、本罪の構成要件に該当しないことになる。

🔴 職務の適法性の要否　**B⁺**

A説 **不要説**
理由：①条文上要求されていない。
　　　②いやしくも公務として成立している以上、公務執行妨害罪の成立を認めて公務として保護する必要がある。

B説 **必要説（判例・通説）**
理由：違法な職務を刑法によって保護する必要性はない。

（イ）適法性の要件

職務の適法性が認められるためには、①職務の執行が当該公務員の**抽象的職務権限**に属していること、②当該公務員が当該職務を行う**具体的職務権限**を有すること、③当該職務の執行が公務としての有効要件である**法律上の手続・方式の重要部分を履践**していること、の3つが必要と解されている（判例・通説）。

【職務の適法性の要件】
①職務の執行が当該公務員の抽象的職務権限に属している
②当該公務員が当該職務を行う具体的職務権限を有する
③当該職務の執行が公務としての有効要件である法律上の手続・方式の重要部分を履践している

以下、警察官の行為を例として、それぞれの要件の意味を確認していこう。

①　抽象的職務権限に属していること

たとえば、警察官は、入場料金の支払示談あっせんを行う権限を一切有していない。

したがって、**警察官による入場料金の支払示談あっせん行為**は、抽象的職務権限を欠く行為であり、適法な職務にあたらない（大判大正4・10・6刑録21-1441）。

1. 公務の執行を妨害する罪　　311

② 具体的職務権限を有していること

たとえば、警察官は、被疑者を現行犯逮捕する抽象的職務権限を有しているが（刑事訴訟法 213 条）、被疑者を現行犯逮捕する具体的職務権限が発生するのは、あくまでも刑事訴訟法 212 条の具体的要件を満たした場合に限られる。

したがって、警察官が、刑事訴訟法 212 条の具体的要件を満たしていないにもかかわらず被疑者を現行犯逮捕する行為は、具体的職務権限を欠く行為であり、適法な職務にあたらない（大阪地判昭和 31・11・8 判時 93-25）。

③ 法律上の手続・方式の重要部分を履践していること

たとえば、警察官は、被疑者を令状に基づき逮捕する権限を有している（刑事訴訟法 199 条）。

したがって、警察官が実際に令状を得て被疑者を逮捕した場合、その行為は抽象的職務権限に属し、警察官は具体的職務権限も有している。

しかし、被疑者を令状に基づき逮捕するためには、警察官は被疑者に令状を呈示するという手続を履践しなければならない（刑事訴訟法 201 条 1 項）。

したがって、警察官が、令状を呈示せずに被疑者を逮捕する行為は、やはり適法な職務にあたらない（大阪高判昭和 32・7・22 高刑集 10 - 6 -521）。

被疑事実の要旨を告げずに緊急逮捕する行為（刑事訴訟法 210 条 1 項参照）も同様である（東京高判昭和 34・4・30 高刑集 12 - 5 -486）。

（ウ）適法性の判断基準 ➡論証 71

では、以上の適法性要件について、①誰が、②どの時点に立って判断するのが妥当なのであろうか。

① 判断の主体

まず、誰が判断するのかについては、当該公務員が判断するとする主観説、一般人が判断するとする折衷説、裁判所が判断するとする客観説（通説）が対立している。

公務員や一般人が判断すると解しては、全ての職務が適法となりかねない。裁判所が客観的に判断するとする客観説が妥当であろう。

Q 職務の適法性を誰が判断するのか A

A説 主観説

結論：当該職務を執行した公務員が判断する。

批判：①全ての職務が適法となりかねない。

312　3編3章　国家の作用に関する罪

②公務員の主観的判断に従うことを国民に要求することになり妥当でない。

B説 折衷説

結論：一般人が判断する。

批判：①全ての職務が適法となりかねない。

②何をもって一般人とするかが明らかでなく、基準としての明確性を欠く。

C説 客観説（通説）

結論：裁判所が客観的に判断する。

理由：A説、B説に対する批判と同じ。

② 判断時点

以上のように、裁判所が客観的に判断するという客観説に立ったとしても、さらに、裁判所がどの時点に立って判断するべきかをめぐって、裁判時を基準とする純客観説と、行為時を基準とする行為時基準説とが対立している。

たとえば、警察官であるAが、Bを窃盗を理由とした逮捕状により逮捕しようとしたところ、BがAに対して暴行を加えたとする。ところが、後の裁判で、Bが窃盗について無実だったことが判明したとしよう。

この場合、裁判時に立って事後的にAの逮捕行為の適法性を判断すれば、Aの逮捕行為は誤認逮捕である以上、違法となる。したがって、Bの暴行は違法な職務に対する暴行となり、本罪を構成しないことになる。

これに対し、行為の時点に立って適法性を判断すれば、Aの行為は適法となり、Bの行為は本罪の構成要件に該当することになるのである。

この点、職務執行時に適法であれば、職務は十分の要保護性をもつというべきであるから、行為時基準説が妥当であろう。

Q 職務の適法性をいつの時点に立って判断するのか　**A**

A説 純客観説

結論：裁判時を基準とする。

批判：適法な逮捕要件を備えていても、裁判時に無実であると判明すれば、逮捕行為は違法となり公務執行妨害罪は成立しないことになってしまう。

B説 行為時基準説（団藤・平野・大谷など）

結論：行為時を基準とする。

理由：職務執行時に適法であれば、十分の要保護性をもつ。

（エ）適法性の錯誤 →論証 72、73

① 問題の所在

たとえば、警察官Aが、令状に基づき適法にBを逮捕しようとしたところ、

1. 公務の執行を妨害する罪　**313**

BがAに対して暴行・脅迫を加えたとする。ただ、Bは、Aの逮捕を違法な逮捕であると誤信していたとする。この場合、Bに本罪の故意が認められるのであろうか。

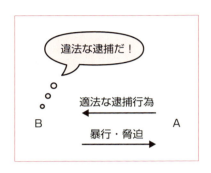

　このように、職務の執行が客観的には適法であったにもかかわらず、これを違法であると誤信して暴行・脅迫を加えた場合、その処理が問題となってくる。これが、適法性の錯誤とよばれる問題である。
② 検討
　この点、適法性の錯誤を法律の錯誤（➡総論［第4版］146ページ❷）と解し、原則として故意の阻却は認められないとする見解がある（法律の錯誤説）。
　しかし、職務の適法性を客観的構成要件要素と解する以上、その認識がなければ事実の錯誤として構成要件的故意が阻却されると解するのが妥当であろう（事実の錯誤説）。
　ただし、職務の適法性は、いわゆる規範的構成要件要素である。
　そして、故意の本質は規範に直面し反対動機の形成が可能であったにもかかわらずあえて行為に及んだことに対する強い道義的非難にあるところ、規範的構成要件要素については、素人的認識さえあれば反対動機の形成が可能であったといえる。
　したがって、職務の適法性についての素人的認識があれば、構成要件的故意が認められるというべきであろう。
　上の例でいえば、Bが、Bを名宛人とした逮捕状が発せられており、これにより警察官であるAがBを逮捕しようとしている事実を認識してさえいれば、Bには素人的認識があるといえ、故意が認められる。

他方、そうした認識すらない場合には、構成要件的故意が阻却されることになろう。

　本文の見解とは別に、二分説という見解も有力です。
　二分説は、適法性の錯誤を、①適法性を基礎づける事実の錯誤と、②評価（解釈）の錯誤とに区別します。そして、①の場合には事実の錯誤として故意が阻却されますが、②の場合には法律の錯誤として原則として故意は阻却されないと考えていきます。
　たとえば、Ａによる逮捕状の呈示をＢが認識していなかった場合には、①適法性を基礎づける事実の錯誤として故意が阻却されます。他方、呈示されたという事実は認識していたのだけれども、自分勝手な刑事訴訟法の解釈に基づいて、その呈示が適法な呈示ではないと誤信していた場合には、②評価の錯誤にすぎず、違法性の意識の可能性がある限り故意が阻却されないことになるわけです。
　これは、誤想防衛のところで学んだ考え方と同じ考え方です。たとえば、急迫不正の侵害に関する錯誤について、私たちは、①急迫不正の侵害を基礎づける事実の誤認識の場合には事実の錯誤として故意を阻却するけれども、②急迫不正の侵害という要件についての解釈の誤りにすぎない場合には、単なる法律の錯誤にすぎないと考えていきました（→総論［第４版］151ページのコラム）。二分説は、適法性の錯誤をこれとパラレルに考えていくわけです。
　答案への書きやすさの点では本文の見解が一番なのですが、刑法総論で学んだこととの整合性をより意識したいのであれば、この二分説がおすすめです。簡単に書くときは本文の見解、しっかりと書くときは二分説というふうに使い分けるといいでしょう。

Ｑ 適法性の錯誤の処理　Ａ

Ａ説 **法律の錯誤説**（藤木）

結論：法律の錯誤であり、原則として故意を阻却しない。

理由：軽率な誤信から公務の執行を保護する必要がある。

批判：適法性を構成要件要素と解する以上、適法性に関する錯誤を全て法律の錯誤と解することは妥当ではない。

Ｂ説 **事実の錯誤説**（前田など）

結論：事実の錯誤として故意を阻却する。

理由：適法性は構成要件要素である。

Ｃ説 **二分説**（山口・西田など）

結論：適法性を基礎づける事実と適法性の評価を区別し、前者の誤認は事実の錯誤であるから故意が阻却される。後者の誤認は法律の錯誤にとどまる。

理由：職務行為の適法性は構成要件要素であるが、そのことは必ずしも適法性の錯誤が常に事実の錯誤であることを基礎づけるものではない。構成要件要素に関わる錯誤であっても、特に規範的概念については、その評価面においてのみ誤信が生じることがあり、この場合は法律の錯誤と解すべきである。

エ　抽象的危険犯

本罪が成立するには、職務の執行にあたり、公務員に対し、公務員による職

1. 公務の執行を妨害する罪　315

務の執行を妨害するに足りる程度の暴行・脅迫を加えればよく、実際に公務の執行が妨害されたことは必要でない。また、妨害される具体的危険も要件とされていない。

すなわち、本罪は抽象的危険犯である。

オ　罪数・他罪との関係

本罪の手段たる暴行・脅迫は、別罪を構成せず本罪に吸収される。

傷害罪・恐喝罪・強盗罪・殺人罪等が成立する場合には、本罪と観念的競合になる。

2　職務強要罪・辞職強要罪　

> 95条
> 2項　公務員に、ある処分をさせ、若しくはさせないため、又はその職を辞させるために、暴行又は脅迫を加えた者も、前項と同様とする。

本罪は、公務員の職務行為の自由を保護することにより、公務の公正かつ円滑な執行を保護することを目的とする犯罪である。

本罪が成立するには、一定の目的のもと、暴行・脅迫を加えれば足り、公務員がある処分をしたことは要しない。すなわち、本罪は抽象的危険犯である。

本罪の暴行・脅迫の意義は、公務執行妨害罪の暴行・脅迫と同様である。

本罪は、「処分をさせ、若しくはさせないため」、または「その職を辞させるため」という目的を要する目的犯である。「処分」とは、広く公務員の職務上なしうる行為をいう（大判明治43・1・31刑録16-88）。

暴行罪・脅迫罪は本罪に吸収される。強要罪も本罪に吸収される。

3　封印等破棄罪　

> 96条　公務員が施した封印若しくは差押えの表示を損壊し、又はその他の方法によりその封印若しくは差押えの表示に係る命令若しくは処分を無効にした者は、3年以下の拘禁刑若しくは250万円以下の罰金に処し、又はこれを併科する。

316　3編3章　国家の作用に関する罪

ア　保護法益

本罪は、封印もしくは差押えの表示によって実現される強制執行の適正かつ円滑な実施を保護法益とする犯罪である。

イ　客体

本罪の客体は、公務員が施した封印もしくは差押えの表示に係る命令もしくは処分の効力である。

「封印」とは、主として動産につき、その開披・使用・その他現状の変更を禁止する処分として、権限ある公務員により、その外部に施された封緘等の物的設備をいう。たとえば、強制執行において執行官がなすもの（民事執行法123条3項など）や、国税徴収官がなすもの（国税徴収法60条1項）などがその典型である。

「差押え」とは、公務員が、その職務上保全すべき物を自己の占有に移す強制処分をいう（大判大正11・5・6刑集1−261）。

差押えの「表示」とは、貼り札、立て札などのように、差押えによって公務員の取得した占有を明白にするために施された表示であって、封印以外のものをいう。たとえば、執行官保管の公示書がその典型である。

「命令」とは、裁判所による命令をいう。たとえば、執行裁判所による執行官保管の保全処分命令（民事執行法55条1項）がその典型である。

「処分」とは、執行官その他の公務員による差押えの処分などをいう。

ウ　表示の適法性・有効性

本罪も公務執行妨害罪の一種であることから、本罪の客体である封印・差押えの表示は適法・有効であることを要すると解されている。

なお、本罪が成立するには、そうした適法・有効な封印・差押えの表示が、行為の時点で存在することは必要でない。

エ　行為

本罪の行為は、損壊その他の方法により、封印・差押えの表示に係る命令または処分を無効にすることである。

「無効に」するとは、差押え等の実質的効果を滅失し、または減殺すること

1. 公務の執行を妨害する罪　317

をいう。

表示を物理的に損壊する行為のほか、差押物件自体を搬出・売却する行為（大判昭和12・5・28刑集16-811）、執行官の占有に移り立入禁止の表示札があるにもかかわらず土地内に入って耕作する行為（大判昭和7・2・18刑集11-42）、仮処分により執行官の占有に移った家屋に入居する行為（最決昭和42・12・19刑集21-10-1407）などもこれにあたる。

4　談合罪　

> 96条の6
> 2項　公正な価格を害し又は不正な利益を得る目的で、談合した者も、前項と同様〔3年以下の拘禁刑若しくは250万円以下の罰金又はこれを併科〕とする。

ア　保護法益

本罪の保護法益は、国または国に準ずる団体が実施する競売・入札の公正である（最決昭和39・10・13刑集18-8-507参照）。

イ　行為

本罪の行為は談合である。

「談合」とは、国または地方公共団体の行う競売または競争入札において、本条項所定の目的で、競売または入札参加者が通謀して、ある特定の者に落札させるため、他の者は一定の価格以下または以上に入札する旨の協定をいう（最決昭和28・12・10刑集7-12-2418）。

ウ　目的

本罪は、「公正な価格を害し又は不正な利益を得る目的」を必要とする目的犯である。

「公正な価格」の意義については争いがあるが、公正な自由競争によって形成されたであろう落札価格をいうとするのが判例（最決昭和28・12・10刑集7-12-2418）・通説である。

Q 公正な価格の意義　B⁻

A説 競争価格説（判例）

結論：当該入札において、公正な自由競争によって形成されたであろう落札価格をいう。

B説 適正利潤価格説（有力説）

結論：当該入札において、公正な自由競争により最も有利な条件を有する者が実費に適正な利潤を加算した額で落札すべかりし価格をいう。

公正な価格を「害」するとは、公正な価格を引き下げ、または引き上げることをいう。

「不正な利益」とは、談合によって得られる利益が、社会通念上いわゆる祝儀の程度を超え、不当に高額の場合をいう（最判昭和32・1・22刑集11-1-50）。

エ　危険犯

本罪は危険犯である。

ただし、公正な価格を害する目的の場合には、公正な価格を害する具体的危険の発生を必要とする具体的危険犯であるのに対し、不正の利益を得る目的をもって談合した場合には抽象的危険犯であるとするのが判例である（最判昭和32・1・22刑集11-1-50）。

5　その他の強制執行の妨害に関する罪　B⁻

以上の封印等破棄罪や談合罪のほか、強制執行の妨害に関する罪として、強制執行妨害目的財産損壊等罪（96条の2）、強制執行行為妨害等罪（96条の3）、強制執行関係売却妨害罪（96条の4）、加重封印等破棄等罪（96条の5）、公契約関係競売等妨害罪（96条の6第1項）が定められている。

これらの罪については、余裕があるときに条文を一読しておけば足りる。

1. 公務の執行を妨害する罪　319

2. 逃走の罪

1 総論 B⁺

ア 保護法益

逃走の罪は、国家の拘禁作用を保護法益とする犯罪類型である。

イ 主体・客体

逃走の罪の主体（逃走罪、加重逃走罪）ないし客体（被拘禁者奪取罪、逃走援助罪、看守者等による逃走援助罪）は、およそ「法令により拘禁された者」である。

したがって、たとえば①確定判決によって刑事施設に拘禁されている者（受刑者）や②勾留状の執行により身体を拘束された被疑者・被告人はもとより、③逮捕された被疑者、④少年院に収容されている者、⑤勾引状により勾引された証人なども、すべて逃走の罪の主体ないし客体にあたる。

2 単純逃走罪 B⁺

> 97条　法令により拘禁された者が逃走したときは、3年以下の拘禁刑に処する。

ア 行為

本罪の行為は、逃走である。

刑事施設内の居室から脱出したものの、なお刑事施設内にいる場合は、本罪の未遂にとどまる（広島高判昭和25・10・27高刑判特14-128）。

イ 未遂

本罪の未遂は罰する（102条）。

3　加重逃走罪　B+

> 98条　前条に規定する者［法令により拘禁された者］が拘禁場若しくは拘束のための器具を損壊し、暴行若しくは脅迫をし、又は2人以上通謀して、逃走したときは、3月以上5年以下の拘禁刑に処する。

ア　行為

本罪の行為は、①拘禁場または拘束のための器具の損壊、②暴行・脅迫、③2人以上の通謀のいずれかを手段として、逃走することである。すなわち、本罪は単純逃走罪の加重類型にあたる。

「拘禁場」とは、刑事施設の居房その他拘禁の用に供される施設をいい、「拘束のための器具」とは、手錠・捕縄などのことをいう。「損壊」とは物理的損壊をいう。

「暴行」・「脅迫」は、看守者またはその協力者に対するものに限られる。したがって、たとえば身体を拘束されている者同士で殴り合っても、本罪の「暴行」にはあたらない。

「通謀」とは、逃走することやその時期・方法などについて、意思連絡することをいう。多数人が同時に逃走することにより、逃走の成功の可能性が高まることに、加重処罰の根拠があると解されている。

イ　未遂

本罪の未遂は罰する（102条）。

本罪の実行の着手時期は、損壊を手段とする場合については損壊を開始した時（最判昭和54・12・25刑集33-7-1105）、暴行・脅迫を手段とする場合については暴行・脅迫を開始した時（東京高判昭和54・4・24刑集33-7-1116）である。

問題は、通謀を手段とする場合の実行の着手時期であるが、上記アで述べたその加重処罰の根拠からいって、2人以上の者が現実に逃走に着手することが必要であると解されている（佐賀地判昭和35・6・27下刑集2-5=6-938）。

したがって、たとえば2人の受刑者が通謀だけした場合は、本罪は未遂すら成立しない。通謀後1人だけが逃走した場合も同様である（ただし、後者の場合

2. 逃走の罪　321

は、逃走した者には単純逃走罪が、通謀者には逃走援助罪（➡下記 **5**）が、それぞれ成立する可能性はある）。

4 被拘禁者奪取罪 B

> 99条　法令により拘禁された者を奪取した者は、3月以上5年以下の拘禁刑に処する。

ア 行為

本罪の行為は、法令により拘禁された者の奪取である。

「奪取」とは、法令により拘禁された者を自己または第三者の実力支配下に移すことをいう。したがって、法令により拘禁された者を、自己または第三者の実力支配下には移さず、単に解放するだけの場合は、本罪ではなく逃走援助罪（➡下記 **5**）ないし看守者等による逃走援助罪（➡下記 **6**）に問擬される（通説）。

イ 未遂

本罪の未遂は罰する（102条）。

5 逃走援助罪 B

> 100条
> 1項　法令により拘禁された者を逃走させる目的で、器具を提供し、その他逃走を容易にすべき行為をした者は、3年以下の拘禁刑に処する。
> 2項　前項の目的で、暴行又は脅迫をした者は、3月以上5年以下の拘禁刑に処する。

ア 行為

本罪の行為は、法令により拘禁された者を逃走させる目的で、①逃走を容易にする行為をすること、または、②暴行・脅迫をすることである。

条文上明らかなとおり、これらの逃走援助行為が完了すれば、本罪は既遂となる。看守者等による逃走援助罪（➡下記 **6**）とは異なり、法令により拘禁された者が実際に逃走したか否かは問わないわけである。

322　3編3章　国家の作用に関する罪

したがって、本罪は、単純逃走罪や加重逃走罪の教唆犯・幇助犯なのではなく、逃走援助行為を独立に処罰するもの（独立犯罪類型）である。

> なお、既に逃走が完了している者は、「法令により拘禁された者」にあたらず、本罪の客体にあたりません。したがって、既に逃走を完了している者を匿うなどにより援助する行為は、本罪ではなく犯人蔵匿・隠避罪（103条）に問擬していくことになります。

イ 未遂

本罪の未遂は罰する（102条）。

ただし、看守者等による逃走援助罪（➡下記 **6**）とは異なり、本罪は、逃走を容易にする行為や暴行・脅迫の終了によって直ちに既遂となるため、本罪の未遂が成立する余地はほとんどない。

6 看守者等による逃走援助罪 **B**

> 101条 法令により拘禁された者を看守し又は護送する者がその拘禁された者を逃走させたときは、1年以上10年以下の拘禁刑に処する。

ア 主体

本罪の主体は、看守者および護送者に限られる。

イ 行為

本罪の行為は、法令により拘禁された者を逃走させることである。

法令により拘禁されたものを解放する行為のような作為だけでなく、法令により拘禁された者が逃走しようとしている事実を認識しながらこれを放置する不作為も、本罪の行為にあたる。

ウ 真正身分犯

本罪が既遂となるためには、「逃走させた」こと、すなわち法令により拘禁された者が実際に逃走したことが必要である。この点で、逃走の援助行為があれば直ちに既遂となる逃走援助罪（➡上記 **5**）とは根本的に異なる。

2. 逃走の罪　323

したがって、本罪は、逃走援助罪の不真正身分犯（加重類型）ではなく、**真正身分犯**である。

エ 未遂
本罪の未遂は罰する（102条）。

3. 犯人蔵匿および証拠隠滅の罪

犯人蔵匿および証拠隠滅の罪は、**国の刑事司法作用**を保護法益とする犯罪である。

短答式試験用と思われがちであるが、特に犯人蔵匿の罪については、実は論述式試験においても重要度が高い。しっかりと押さえておこう。

1 犯人蔵匿等罪

> 103条　罰金以上の刑に当たる罪を犯した者又は拘禁中に逃走した者を蔵匿し、又は隠避させた者は、3年以下の拘禁刑又は30万円以下の罰金に処する。

ア 客体
本罪の客体は、「罰金以上の刑に当たる罪を犯した者又は拘禁中に逃走した者」である。

（ア）「罰金以上の刑に当たる罪を犯した者」　➡論証74
「罰金以上の刑に当たる罪」とは、法定刑に罰金以上の刑が含まれている罪をいう。刑法典上の犯罪は全てこれにあたる。

「**罪を犯した者**」の意義については争いがあり、学説上は、**真犯人**と解する見解が有力である。この見解からは、無実の者を蔵匿・隠避する行為は、本罪に該当しないことになる。

しかし、犯罪の嫌疑によって捜査の対象となっている者を蔵匿・隠避すれ

ば、たとえその者が無実の者であったとしても、やはり本罪の保護法益である国の刑事司法作用は害される。そうだとすれば、「罪を犯した者」とは、真犯人のほか、犯罪の嫌疑によって捜査の対象となっている者をも含むと解するのが妥当であろう。

判例も、「犯罪の嫌疑によって捜査中の者をも含むと解釈しなくては、立法の目的を達し得ない」としている（**最判昭和 24・8・9 百選Ⅱ 117**）。

❓「罪を犯した者」の意義　B⁺

A説
結論：真犯人をいう。
理由：①「罪を犯した者」という文理に合致する。
　　　②真犯人でない者を匿う行為は期待可能性が低い。
批判：①被疑者・被告人を本罪の対象から除外すれば、その立法趣旨は大きく損なわれる。
　　　②真犯人でないと確信すれば、本罪の故意は常に阻却されざるを得ない。

B説（**判例**）
結論：真犯人のほか、犯罪の嫌疑者として捜査の対象となっている者をも含む。
理由：無実の者であっても、犯罪の嫌疑によって捜査の対象となっている者を蔵匿・隠秘すれば、本罪の保護法益である国の刑事司法作用を害する。

C説
結論：真犯人以外では、客観的に犯罪の嫌疑が濃厚である者に限られる。
理由：明らかに真犯人でない者を含めるのは、刑事司法作用を過度に保護するきらいがあり、そのような者を除外する必要がある。
批判：基準が不明確である。

（イ）拘禁中に逃走した者

「拘禁中に逃走した者」とは、法令により拘禁されている間に逃走した者をいう。

イ　行為

本罪の行為は、蔵匿し、または隠避させることである。以下の定義は覚えておこう。

「蔵匿」とは、場所を提供して匿うことをいう。

「隠避」させるとは、蔵匿以外の方法により、官憲による発見・身体の拘束を免れさせる一切の行為をいう（大判昭和 5・9・18 刑集 9 − 668）。たとえば、逃

3.犯人蔵匿および証拠隠滅の罪　325

走先を明示した逃亡の勧告や、逃亡資金の供与などがこれにあたる。

また、犯人が逮捕・勾留されている場合に、これを解放させるべく**身代わり犯人が自首**する行為も、「隠避」にあたるとするのが判例である（**最決平成元・5・1 百選Ⅱ 122**）。

ウ　故意

本罪は故意犯である。

したがって、本罪が成立するためには、①客体が罰金以上の刑にあたる罪を犯した者または拘禁中に逃走した者であること、および、②その者を蔵匿・隠避させることについての故意が、行為者に必要である。

「罰金以上の刑に当たる罪」の故意について、正確に罰金以上の刑にあたる罪であることの認識を必要とすると解する見解もあるが、判例は、罪名の認識、あるいは漠然と重大犯罪を犯した者という認識で足りると解しているようである（**最決昭和 29・9・30 刑集 8 − 9 −1575**）。

> **Q** 「罰金以上の刑に当たる罪」の故意はいかなる場合に認められるか　**B**
>
> **A説**
> 結論：正確に罰金以上の刑にあたる罪であることの認識が必要である。
> 批判：その認識は素人判断を超えるものである。
> **B説**（判例）
> 結論：罪名あるいは漠然と重大犯罪を犯した者という認識で足りる。
> 理由：A説への批判と同じ。

また、「罪を犯した者」の意義につき、犯罪の嫌疑によって捜査の対象となっている者をも含むと解する以上、**無実であると確信して蔵匿・隠避した場合**であっても、犯罪の嫌疑によって捜査の対象となっていることを認識しているかぎり、本罪の構成要件的故意は認められることになる。

エ　犯人自身による教唆　➡論証 75

条文上、犯人自身は本罪の主体から除外されている。したがって、**自己蔵匿行為・自己隠避行為は不可罰**である。これは、**期待可能性の欠如**を理由とする。

では、教唆犯の場合はどうか。すなわち、犯人が第三者に自己を蔵匿・隠避するよう教唆した場合、犯人に本罪の教唆犯が成立するのであろうか。

326　3編3章　国家の作用に関する罪

```
            蔵匿・隠避を教唆
犯人  ─────────────────→  第三者
```

この点について、判例は、そうした教唆行為は「防禦権の濫用」にあたるとして、教唆犯の成立を肯定している（大判昭和8・10・18刑集12-1820、最決昭和35・7・18刑集14-9-1189など）。

学説でも、他人を巻き込む点で、もはや定型的に期待可能性がないとはいえないと解し、教唆犯の成立を肯定する見解が有力である。

答案上では、自己蔵匿行為・自己隠避行為が不可罰である理由の理解がアピールしやすい点で、学説の理由づけがおすすめである。

Q 自己蔵匿行為・自己隠避行為は、期待可能性に欠けるため不可罰であるが、犯人が第三者に自らの蔵匿・隠避を教唆した場合、犯人に本罪の教唆犯が成立するか **B⁺**

A説 肯定説

理由：①防禦権の濫用にあたる（判例）。
　　　②他人を巻き込む点で、もはや定型的に期待可能性がないとはいえない（団藤・大塚仁など）。

批判：他人を巻き込む点に教唆犯の処罰根拠を認める考え方は、共犯の処罰根拠を他人を罪責に陥れたことに求める責任共犯論の考え方に他ならない。

B説 否定説

理由：犯人には正犯としてすら期待可能性がない以上、それより軽い犯罪形式である共犯の場合にはなおさら期待可能性がないというべきである（西田など）。

2 証拠隠滅等罪 **B⁺**

104条　他人の刑事事件に関する証拠を隠滅し、偽造し、若しくは変造し、又は偽造若しくは変造の証拠を使用した者は、3年以下の拘禁刑又は30万円以下の罰金に処する。

ア 客体

本罪の客体は、「他人の刑事事件」の証拠に限られる。この要件は覚えてお

3.犯人蔵匿および証拠隠滅の罪　327

こう。

したがって、自己の刑事事件の証拠を隠滅等しても、本罪は成立しない。これは、期待可能性の欠如を考慮したものである。

この要件との関係で、自己と共犯者に共通の証拠を隠滅等した場合に本罪が成立するかについて争いがあるが、もっぱら共犯者の利益のために隠滅等をした場合であれば、期待可能性に欠けるとはいえないことから、本罪が成立すると解する見解が多数説である。

Q 自己と共犯者に共通の証拠を隠滅等した場合に、本罪が成立するか　B

A説 肯定説
結論：成立する。
批判：共通の証拠は自己の証拠でもある。

B説 否定説
結論：成立しない。
批判：もっぱら共犯者の利益のために行為した場合にも本罪の成立を否定する理由が明らかでない。

C説 限定的肯定説（多数説）
結論：もっぱら共犯者の利益のために行為した場合には成立する。
理由：「他人の」という限定を課した理由は期待可能性の欠如にあるところ、もっぱら共犯者の利益のための証拠の隠滅等については期待可能性に欠けるとはいえない。

また、刑事事件以外、すなわち民事事件や行政事件の証拠を隠滅等しても、本罪は成立しない。

イ　行為

本罪の行為は、①証拠の隠滅、②証拠の偽造・変造、および③偽造・変造された証拠の使用である。①や②だけをイメージしてしまいがちであるが、③も本罪の行為であることに注意しておこう。

参考人の虚偽供述が「偽造」にあたるかが問題となるが、虚偽供述は偽証罪（169条）に限って処罰するのが刑法典の建前である以上、原則として「偽造」にあたらないと解するべきである。

ただし、例外的に「偽造」にあたる場合もありうる。判例も、第三者の覚せい剤所持という架空の事実に関する令状請求のための証拠を作り出す意図で、

328　3編3章　国家の作用に関する罪

捜査官と相談しながら虚偽の供述内容を創作・具体化させ、それを供述調書の形式にする行為は、刑法104条の証拠偽造罪にあたるとしている（**最決平成28・3・31百選Ⅱ119**）。

> **Q 参考人の虚偽供述が「偽造」にあたるか　B**
>
> **A説**（通説）
> 結論：原則としてあたらない。
> 理由：①虚偽供述は偽証罪に限って処罰するのが刑法典の建前である。
> 　　　②本罪にいう証拠は物理的な存在である証拠方法（物証・人証）に限られ、証拠方法から認識された無形の証拠資料は含まない（最決昭和28・10・19刑集7-10-1945）。
>
> **B説**
> 結論：文書化された場合はあたる。
> 理由：虚偽供述が文書化された場合、それはまさに物理的証拠となったものであり、証拠としての価値もあるから、その作成を証拠偽造として捉えることは十分可能である。

ウ　共犯関係

（ア）犯人が第三者に教唆した場合

本罪も、犯人蔵匿等罪と同様に、犯人自身はその主体から除外されている。

では、犯人が第三者に教唆した場合、犯人に本罪の教唆犯が成立するであろうか。

この点についても、犯人蔵匿等罪を教唆した場合と同様に、**他人を巻き込む**点で、もはや定型的に**期待可能性がないとはいえない**と解し、教唆犯の成立を肯定する見解が通説である。

判例も、教唆犯の成立を肯定している（大判明治45・1・15刑録18-1、最決昭和40・9・16刑集19-6-679）。

3. 犯人蔵匿および証拠隠滅の罪　329

Q 犯人が第三者に証拠隠滅等を教唆した場合、本罪の教唆犯が成立するか　**B⁺**

A説 肯定説（判例・通説）
理由：①防御の範囲の逸脱にあたる。
　　　②他人を巻き込む点で、もはや定型的に期待可能性がないとはいえない。
B説 否定説（西田・山口など）
理由：犯人には正犯としてすら期待可能性がない以上、それより軽い犯罪形式である
　　　共犯の場合にはなおさら期待可能性がないというべきである。

（イ）第三者が犯人を教唆

では、逆に、第三者が犯人を教唆し、証拠隠滅等をさせた場合はどうか。

```
                証拠隠滅などを教唆
   第三者   ─────────────────▶   犯人
```

この場合、犯人は構成要件に該当しない。

そして、共犯の処罰根拠について、正犯の実行行為を通じて間接的に法益侵害・危険を惹起させたことに求める混合惹起説（➡総論［第4版］189ページ（ウ））からは、正犯者が構成要件にすら該当しない以上、教唆をした第三者に教唆犯は成立しないことになろう。

3　親族による犯罪の特例　**B**

> 105条　前2条の罪［犯人蔵匿等罪・証拠隠滅等罪］については、犯人又は逃走した者の親族がこれらの者の利益のために犯したときは、その刑を免除することができる。

ア　意義

犯人等の親族が、親族間の情愛ゆえに犯人隠避等罪・証拠隠滅等罪を犯してしまうのも、ある程度は理解できる行為である。

そこで、本条は、犯人等の親族が、親族間の情愛ゆえに犯人隠避等罪・証拠隠滅等罪を犯した場合について、期待可能性が低いことを考慮して、刑の任意的免除を定めている。

> 本条の趣旨は、期待可能性が「低い」点にあります。
> つまり、期待可能性が「ない」とまではいえないから犯罪は成立するけれども、「低い」とはいえることから、場合によっては免除をしよう、という趣旨なわけです。
> たまに期待可能性が「ない」と書いてある答案をみますが、期待可能性がないならば免除ではなく犯罪が不成立となります。正確な表現を心がけましょう。

イ　共犯関係

本条に関連して、以下の4つの場合の処理が問題となる。検討していこう。

（ア）親族が第三者を教唆した場合　➡論証76

まず、親族が第三者に犯人蔵匿等を教唆した場合の処理である。

この場合、第三者には犯人蔵匿罪等が成立し、かつ、第三者である以上、本条の適用はない。

問題は、親族に成立する犯人蔵匿罪等の教唆犯について、本条の適用が認められるか否かであるが、他人を巻き込む点で、もはや定型的に期待可能性が低いとはいえないと解し、本条の適用を否定する見解が有力である。

（イ）第三者が親族を教唆した場合　➡論証77

では、逆に、第三者が親族に犯人蔵匿等を教唆した場合はどうか。

この場合、親族には犯人蔵匿罪等が成立し、かつ、本条の適用を受ける。

また、第三者には犯人蔵匿罪等の教唆犯が成立するが、問題は、第三者に本条を準用することができるか否かである。

そもそも、本条の趣旨は、親族間の情愛ゆえに期待可能性が低い点、すなわ

ち責任の減少が認められる点にある。そして、刑法総論で学んだように、責任は行為者に対する非難可能性である以上、共犯者間でも個別的に考えるべき問題であった（制限従属性説 ➡総論［第4版］195ページイ参照）。

したがって、第三者に本条は準用されないと解するのが妥当であろう。

（ウ）犯人が親族を教唆した場合 ➡論証78

次に、犯人が親族に犯人蔵匿等を教唆した場合の処理はどうか。

この場合、親族には犯人蔵匿罪等が成立し、かつ、本条の適用を受ける。

では、犯人についてはどうか。

まず、犯人に犯人蔵匿罪等の教唆犯が成立するかが問題となるが、親族に犯罪が成立する以上、それを教唆する行為は定型的に期待可能性がないとはいえないことから、成立は肯定してよいであろう。

> ここでは「期待可能性が『低い』とはいえない」と書くのは不正確です。ここで問題となっているのは、105条の準用の可否ではなく、犯人蔵匿等の正犯者ではあり得ない犯人に教唆犯が成立するかという点だからです。

ただし、成立を肯定したうえで、正犯者である親族には刑の免除の可能性がある以上、共犯者たる犯人についても本条の準用を認めるのが妥当であろう。

> つまり、（イ）の第三者が親族を教唆した場合には第三者への本条の準用を否定するのに対し、（ウ）の犯人が親族を教唆した場合には犯人への本条の準用を肯定するわけです。
> この点、いずれの場合であっても、正犯者である親族には刑の免除の可能性がある以上、準用の肯否について結論が異なるのは矛盾なのではないかとの質問を受けることがあります。
> しかし、前者の場合、教唆犯は全くの他人であり、この者には期待可能性の減少が認められないのに対し、後者の場合には、教唆犯である犯人と正犯との間に親族関係がある以上、犯人には期待可能性の減少が認められるといえます。そうである以上、準用の肯否について結論が異なっても矛盾とはいえないと思います。

（エ）親族が犯人を教唆した場合

最後に、親族が犯人に対し犯人蔵匿等を教唆した場合の処理についてであ

る。

　この場合、正犯者である犯人には証拠隠滅罪等の構成要件がなく、犯罪は成立しない。

　そして、混合惹起説ないし共犯従属性説（➡総論［第4版］189ページ（**ウ**）、194ページ（**イ**））からは、親族にも教唆犯は成立しないことになる。

4　証人等威迫罪　B

> 105条の2　自己若しくは他人の刑事事件の捜査若しくは審判に必要な知識を有すると認められる者又はその親族に対し、当該事件に関して、正当な理由がないのに面会を強請し、又は強談威迫の行為をした者は、2年以下の拘禁刑又は30万円以下の罰金に処する。

　本罪は、第一次的には刑事司法作用を、副次的には証人その他の者の安全および私生活の平穏を保護法益とする犯罪である。

　「刑事事件」には、被告事件・被疑事件だけでなく、将来被疑事件となりうるものが含まれる（東京高判昭和35・11・29高刑集13－9－639）。

　「捜査若しくは審判に必要な知識を有すると認められる者」とは、刑事事件の被害者・証人・参考人などのことである。

　「面会を強請し」とは、面会を強要することをいう。

　「強談」とは、言語によって強いて自己の要求に応じるよう迫ることをいう。

　「威迫」とは、言語・動作によって気勢を示し、不安・困惑の念を生じさせることをいう。直接相手と相対することは必ずしも要せず、文書を送付する行為もこれにあたる（最決平成19・11・13刑集61－8－743）。

　脅迫罪・強要罪と本罪とは観念的競合となる。

3. 犯人蔵匿および証拠隠滅の罪

4. 偽証の罪

　偽証の罪は、国の審判作用の適正を保護法益とする犯罪である。刑事事件の審判に限定されない点に注意が必要である。
　偽証の罪は主として短答式試験で聞かれるにとどまるが、偽証罪における「虚偽」の意義は論述式試験でも重要である。しっかりと押さえておこう。

1 偽証罪　B+

> 169条　法律により宣誓した証人が虚偽の陳述をしたときは、3月以上10年以下の拘禁刑に処する。

ア　主体

　本罪の主体は、「法律により宣誓した証人」に限られる。宣誓をしていない者が偽証をしても、本罪は成立しない。すなわち、本罪は真正身分犯である。
　また、事件の当事者は証人適格を有しないため、本罪の主体にはならない。

イ　行為

　本罪の行為は、虚偽の陳述である。
　なお、本罪の保護法益はおよそ国家の審判作用であるので、刑事事件での陳述に限定されず、民事事件・行政事件においても本罪は成立しうる。刑事司法作用を保護法益とする証拠隠滅等罪と混同しないように注意しておこう。

（ア）虚偽の意義　➡論証79

　本罪における最も重要な論点が、「虚偽」の意義である。
　「虚偽」の意義をめぐっては、①自らの記憶に反することと解する主観説と、②客観的真実に反していることと解する客観説とが対立している。
　では、どちらの見解が妥当であろうか。
　そもそも、証人の役割は、自己の体験した事実をそのまま正確に語ることにある。そうであるにもかかわらず、証人が自らの記憶に反する陳述をすれば、

本罪の保護法益である国の審判作用の適正を害する。

そうだとすれば、「虚偽」を自己の記憶に反することと解する主観説が妥当であろう。判例も主観説の立場に立っている（大判大正3・4・29百選Ⅱ120）。

主観説は、証人は自分で余計な判断はせず、単に記憶を正確に語ってくれるだけでよい、証人の記憶が客観的真実に合致するか否かはプロである裁判官が判断すればよい、それが適正な役割分担であり適正な審判作用なのだ、と考える見解です。

そして、それゆえに、証人が勝手に記憶に反する内容を真実と思って陳述した場合には、たとえその陳述内容が客観的真実に合致していたとしても、なお適正な審判作用を害する行為といえ、「虚偽」の陳述に該当する、と考えていくわけです。

ちょっと権威主義的な感じもしますが、考え方は理解しておきましょう。

❓「虚偽」の意義　B⁺

A説 主観説（判例）

結論：自らの記憶に反することをいう。

理由：証人の役割は、自己の体験した事実をそのまま正確に語ることにあるにもかかわらず、その記憶に反する陳述をすれば、国の審判作用の適性を害する。

B説 客観説

結論：客観的真実に反していることをいう。

理由：客観的真実に合致する陳述には公正な審判作用を害する危険は存在しない。

批判：証人が自己の記憶に反する事実を真実と信じて陳述したが、客観的には虚偽であったときは、それが真実でない場合にも常に不可罰とせざるを得ない。

（イ）あてはめ

主観説からのあてはめは容易である。

すなわち、記憶に反する陳述は、客観的真実であるか否かを問わず、本罪の構成要件に該当することになる。

他方、記憶に合致する陳述は、たとえそれが客観的真実に反していても構成要件に該当しないことになる。

【主観説】

	記憶に合致	記憶に反する
客観的真実に合致	客観的Tbに該当せず	Tbに該当
客観的真実に反する		

以上に対し、客観説からのあてはめには、やや注意が必要である。

まず、客観的真実に合致する陳述は、客観的構成要件に該当しない。

他方、客観的真実に反する陳述は、全て客観的構成要件に該当することになる。ただし、それを真実だと思っていた場合には、構成要件的故意が阻却される。

このように、客観的真実に反する陳述をなしても、常に構成要件に該当するわけではない。短答式試験でひっかからないように、注意しておこう。

【客観説】

	記憶に合致	記憶に反する
客観的真実に合致	客観的 Tb に該当せず	
客観的真実に反する	客観的 Tb に該当 ただし、客観的真実と思っていたら故意阻却	

ウ 共犯関係

本罪においても、被告人が自己の刑事事件について他人に偽証を教唆した場合の処理が問題となるが、成立を肯定するのが判例（大判昭和 11・11・21 刑集 15-1501、最決昭和 28・10・19 刑集 7-10-1945）・通説である。

そもそも、被告人が本罪の主体から除外されているのは、期待可能性の欠如にあるが、他人を教唆した場合には、他人を巻き込む点で、もはや定型的に期待可能性がないとはいえない。教唆犯の成立を肯定する判例・通説が妥当であろう。

2 自白による刑の減免 B

> 170条　前条の罪［偽証罪］を犯した者が、その証言をした事件について、その裁判が確定する前又は懲戒処分が行われる前に自白したときは、その刑を減軽し、又は免除することができる。

本条は、偽証に基づく誤った裁判や懲戒処分を防止するために設けられた政策的規定である。

正犯者のほか、教唆犯にも適用されうる（大判昭和 5・2・4 刑集 9-32）。

3 虚偽鑑定等罪　C

> 171条　法律により宣誓した鑑定人、通訳人又は翻訳人が虚偽の鑑定、通訳又は翻訳をしたときは、前2条の例による。

本罪の主体は、鑑定人・通訳人・翻訳人に限定される（身分犯）。
本罪は、試験での重要性は低い。

5. 虚偽告訴等罪

> 172条　人に刑事又は懲戒の処分を受けさせる目的で、虚偽の告訴、告発その他の申告をした者は、3月以上10年以下の拘禁刑に処する。

1 保護法益　B

本罪の保護法益については争いがあるが、第一次的には刑事司法作用・懲戒作用を、副次的には個人の私生活の平穏を保護法益としていると解するのが通説である。

2 行為　B

本罪の行為は、虚偽の告訴・告発・その他の申告である。

ア　虚偽の意義

本罪における「虚偽」とは、偽証罪とは異なり、客観的真実に反することをいうとするのが判例（最決昭和33・7・31刑集12-12-2805）・通説である。

偽証罪とは異なり、客観的真実に合致していれば、本罪の保護法益である刑事司法作用・懲戒作用や個人の私生活の平穏は害されないからである。結論はしっかりと覚えておこう。

5. 虚偽告訴等罪　337

イ　告訴・告発・その他の申告

　「告訴」「告発」とは、犯罪の被害者その他の者が犯罪事実を申告し、犯人の処罰を求める意思表示である（刑事訴訟法230条以下、同法239条以下）。

　「その他の申告」とは、刑事処分を求める請求や懲戒処分を求める申立ての他、刑事処分や懲戒処分に結びつきうる事実の申告をいう。

ウ　同意申告の可罰性

　ある者の同意を得たうえで、その者に対する虚偽申告（同意申告）をなした場合の可罰性が問題となっているが、本罪の第一次的な保護法益である刑事司法作用・懲戒作用を害する行為である以上、可罰性は肯定すべきであろう。

　判例も可罰性を肯定している（大判大正元・12・20刑録18-1566）。

3　目的　**B**

　本罪は、「人に刑事又は懲戒の処分を受けさせる目的」を要する目的犯である。

　ただし、その目的は未必的なものでよい（大判大正6・2・8刑録23-41、通説）。

4　自白による刑の減免　**B**

　本罪を犯した者が、その申告をした事件について、その裁判が確定する前または懲戒処分が行われる前に自白したときは、刑が任意的に減軽または免除される（173条）。

　これは、誤った刑事事件や懲戒処分を防止するために設けられた政策的規定である。

6. 職権濫用の罪

　公務員による職権濫用の罪は、①公務執行の適正とこれに対する国民の信頼、および②被害者となる国民の自由や権利の両者を保護法益とする犯罪であ

る。

　試験との関係での重要性はあまり高くないが、条文くらいは1度目をとおしておくとよいだろう。

　以下、基礎的な部分に限定して概説していこう。

1　公務員職権濫用罪　

> 193条　公務員がその職権を濫用して、人に義務のないことを行わせ、又は権利の行使を妨害したときは、2年以下の拘禁刑又は禁錮に処する。

ア　主体
本罪は、公務員を主体とする真正身分犯である。

イ　行為
本罪の行為は、職権の濫用である。

(ア) 職権の意義
「職権」とは、当該公務員の有する一般的職務権限をいう。

　ただし、明文の根拠規定は必ずしも必要ではなく、法制度を総合的・実質的に観察して権限が認められればよい（最決昭和57・1・28刑集36-1-1）。

　また、法律上の強制力を伴うものであることも必ずしも必要ではなく、国民に対し事実上服従ないし忍受を求めうる権限であれば、本罪の「職権」に含まれる（最決平成元・3・14百選Ⅱ111参照）。

(イ) 濫用の意義
「濫用」とは、公務員が、その一般的職務権限に属する事項につき、職権の行使に仮託して実質的・具体的に違法・不当な行為をすることをいう（前掲最決昭和57・1・28刑集36-1-1）。

　たとえば、簡易裁判所の裁判官が、自己の担当する窃盗被告事件の被告人の女性と私的な交際をする意図で、夜間、「被害弁償のことで話したい」といって喫茶店に呼び出す行為がその例である（最決昭和60・7・16刑集39-5-245）。

6. 職権濫用の罪　339

ウ　結果

本罪は、「人に義務のないことを行わせ、又は権利の行使を妨害した」ことを要する結果犯である。

なお、未遂犯処罰規定は存在しない。

2　特別公務員職権濫用罪

> 194条　裁判、検察若しくは警察の職務を行う者又はこれらの職務を補助する者がその職権を濫用して、人を逮捕し、又は監禁したときは、6月以上10年以下の拘禁刑に処する。

本罪は、特定の公務員による逮捕・監禁罪の加重類型である。すなわち、本罪は不真正身分犯である。

「裁判、検察若しくは警察の職務を行う者」とは、裁判官、検察官、司法警察職員をいう。

「これらの職務を補助する者」とは、裁判所書記官、廷吏、検察事務官、司法巡査など、その職務上補助者の地位にある者をいう。事実上の補助者はこれに含まれない（最決平成6・3・29刑集48-3-1参照）。

行為は逮捕・監禁である。その意義は、逮捕罪・監禁罪のそれ（→41ページ ア）と同様である。

3　特別公務員暴行陵虐罪

> 195条
> 1項　裁判、検察若しくは警察の職務を行う者又はこれらの職務を補助する者が、その職務を行うに当たり、被告人、被疑者その他の者に対して暴行又は陵辱若しくは加虐の行為をしたときは、7年以下の拘禁刑に処する。
> 2項　法令により拘禁された者を看守し又は護送する者がその拘禁された者に対して暴行又は陵辱若しくは加虐の行為をしたときも、前項と同様とする。

本罪は、特別公務員職権濫用罪（194条）の主体と、看守者等による逃走援助罪（101条）の主体による、暴行・陵辱・加虐を処罰するものである。暴行による場合は不真正身分犯、陵辱・加虐による場合は真正身分犯である。

客体には、被告人・被疑者のほか、「その他の者」として、証人や参考人な

どが含まれる。

「暴行」とは、暴行罪における暴行と同義であり、人の身体に対する違法な有形力の行使をいう。

「陵辱若しくは加虐の行為」とは、暴行以外の方法で精神上または肉体上の苦痛を与える一切の虐待行為をいう。たとえば、わいせつな行為をする、侮辱的言動を弄する、食事をさせない、用便に行かせない、などの行為がこれにあたる。

不同意わいせつ罪・不同意性交等罪と本罪とは、観念的競合となる。

4 特別公務員職権濫用等致死傷罪

> 196条 前2条の罪を犯し、よって人を死傷させた者は、傷害の罪と比較して、重い刑により処断する。

本罪は、特別公務員職権濫用罪（194条）および特別公務員暴行陵虐罪（195条）の結果的加重犯である。

「傷害の罪と比較して、重い刑により処断する」ことから、特別公務員職権濫用致傷罪は6月以上15年以下の拘禁刑、特別公務員職権濫用致死罪は3年以上20年以下の拘禁刑、特別公務員暴行陵虐致傷罪は1月以上15年以下の拘禁刑、特別公務員職権濫用致死罪は3年以上20年以下の拘禁刑となる（計算方法は➡34ページ上の**イ**を参照）。

7. 賄賂の罪

賄賂の罪は、短答式・論述式を通じてきわめて重要な犯罪である。
気を抜かずに、しっかりと押さえておこう。

1　総説 Ａ

ア　保護法益

賄賂の罪の保護法益については争いがある。

論述式試験では自説の結論だけを書くのが通常であり、論証を展開することはあまりないが、賄賂の罪の理解に直接影響する重要な論点であるので、他説を含めて検討しておこう。

（ア）不可買収性説

第1の見解は、**公務の不可買収性**、すなわち公務が賄賂によって左右されないことが保護法益であるとする。

しかし、賄賂の罪の基本形態である**単純収賄罪**（197条1項前段）は、職務に関し賄賂を収受・要求・約束さえすれば成立するとされており、公務が賄賂によって**左右されたことを要件としていない**。このことから、この見解は妥当とはいえないであろう。

（イ）純粋性説

第2の見解は、**職務の公正**が保護法益であるとする。

しかし、**単純収賄罪**（197条1項前段）は**正当な職務**に関して賄賂を収受・要求・約束した場合にも成立するとされており、職務の公正からはこのことを説明できない。

（ウ）信頼保護説

そこで、第3の見解は、**職務の公正とこれに対する社会一般の信頼**が保護法益であるとする。

つまり、正当な職務に関して賄賂を収受・要求・約束した場合には、職務の公正自体は害されないが、職務の公正に対する社会一般の信頼は害される。そこに、単純収賄罪（197条1項前段）の処罰根拠があると解していくのである。

この見解が判例（**最大判平成7・2・22百選Ⅱ107**）・通説である。理解したうえで、しっかりと結論を覚えておこう。

> **Q 賄賂の罪の保護法益** Ａ
>
> **A説** 不可買収性説
> 結論：公務が賄賂によって左右されないことが保護法益である。
> 批判：現行刑法は、職務に関し賄賂を収受するという単純収賄罪を基本としており、

342　3編3章　国家の作用に関する罪

公務が賄賂によって左右されたことまでを要求していない。
- **B説** 純粋性説
結論：職務の構成が保護法益である。
批判：正当な職務に関する賄賂の収受等に単純収賄罪が成立することの説明ができない。
- **C説** 信頼保護説（判例・通説）
結論：職務の公正とこれに対する社会一般の信頼が保護法益である。
理由：A説、B説に対する批判。

イ　賄賂の罪の類型

賄賂の罪の規定のされ方は複雑であるが、単純収賄罪（197条1項前段）を基本形態とし、その加重類型・変形類型があわせて規定されていると理解すればよい。

以下、概説しておこう。

まず、単純収賄罪は、公務員がその職務に関し賄賂を収受・要求・約束さえすれば成立する。

そして、これに請託を受けた（受託）という事実が加わった場合には、加重類型である受託収賄罪が成立する（197条1項後段）。

また、単純収賄罪の事実に、実際に不正な行為をし、またはなすべき相当の行為をしなかったという事実が加わった場合には、加重類型である加重収賄罪が成立する（197条の3第1項・第2項）。

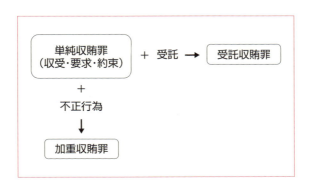

次に、単純収賄罪の要件を変形・修正するものとしては、公務員になろうとする者に関する事前収賄罪（197条2項）、かつて公務員であった者に関する事

後収賄罪（197条の3第3項）、あっせん・仲介行為に関するあっせん収賄罪（197条の4）、賄賂を自己以外の第三者に供与させた場合についての第三者供賄罪（197条の2）が、それぞれ規定されている。

　そして、修正に伴って、全ての構成要件につき受託が、また、事後収賄罪・あっせん収賄罪については職務行為の不正性が、それぞれ成立要件として加重されている。

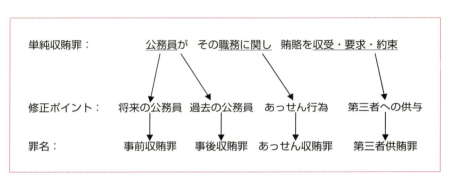

　最後に、賄賂を贈った者に関する贈賄罪（198条）、賄賂の必要的没収・追徴（197条の5）が規定されている。

ウ　賄賂

（ア）賄賂の意義

　賄賂とは、公務員の職務に対する対価としての不正な報酬をいう。

　金銭や物品、不動産などがその典型であるが、それ以外にも、人の需要・欲望を満たす利益であれば、全て賄賂にあたりうる。

　判例上賄賂とされたものとしては、債務の肩代わり（大判大正14・4・9 刑集4-219）、饗応接待（大判明治43・12・19 刑録16-2239）、値上がり確実な未公開株式を公開価格で取得できる利益（最決昭和63・7・18 刑集42-6-861）、異性間の情交（最判昭和36・1・13 刑集15-1-113）、思うように売却できないでいた土地を時価で売却し換金する利益（最決平成24・10・15百選Ⅱ103）などがある。

　賄賂にあたるためには、職務に対する対価であることが必要であるが、一定の職務に対する対価であれば足り、個別的な職務行為との間の対価関係は必要でない（最決昭和33・9・30 刑集12-13-3180）。

（イ）社交儀礼と賄賂

　公務員に対し、中元や歳暮、お祝い、手土産などといった社交儀礼としての贈与がなされた場合、それが賄賂にあたるかを判断する基準については争いがある。

　この点について、判例は、職務との対価関係の有無を基準とし、それが認められる限り、その金額の多少を問わず賄賂にあたるとする（大判昭和4・12・4刑集8-609）。

　これに対し、学説では、贈与の程度が慣習上社交儀礼として是認される範囲内であるか否かを基準とし、その範囲内であれば賄賂にあたらないとする見解が有力である。

　思うに、たとえ職務行為との対価関係が認められる場合であっても、それが慣習上社交儀礼として是認される範囲内のものであれば、賄賂の罪の保護法益である職務の公正とそれに対する社会一般の信頼が害されることはない。筋としては、学説が妥当であろう。

　そして、社交儀礼として是認される範囲内のものといえるか否かは、公務員と贈与者の人的関係、公務員や贈与者の社会的地位、贈与の金額、贈与の時期や態様などを考慮して判断していくことになる。

　実は、判例も実質的には学説とほとんど変わりません。
　たとえば、新規担任となった公立中学校の教師に対し、生徒の父母が5000円の贈答用小切手を送った事案について、最高裁は「職務行為そのものに関する対価的給付であると断ずるには、……なお合理的な疑が存する」として、賄賂罪の成立を否定しています（**最判昭和50・4・24 百選Ⅱ 104**）。
　このように、最高裁は、形式的には対価関係の有無という従来の判例の基準を維持しながらも、あてはめレベルで工夫することによって、結局は学説と同じ結論を導いているといえるのではないかと思います。

🔍 社交儀礼と賄賂の区別　B

A説 判例
結論：職務との対価関係の有無により判断する。

B説 通説
結論：慣習上社交儀礼として是認される範囲内か否かを基準とする。その範囲内か否かは、公務員と贈与者の人的関係、公務員や贈与者の社会的地位、贈与の金額、贈与の時期や態様などを考慮して判断する。

7. 賄賂の罪　345

（ウ）政治献金と賄賂

政治献金については、その趣旨により賄賂にあたるか否かが異なる。

すなわち、献金者の利益にかなう政治活動を一般的に期待して行われるだけならば賄賂性が否定される。

他方、政治家の職務権限の行使に関して具体的な利益を期待する趣旨ならば、賄賂にあたることになる（最決昭和63・4・11刑集42-4-419）。

エ　職務関連性　➡論証80

刑法は、収賄罪の成立要件として、原則として「その職務に関し」賄賂が収受・要求・約束されたこと（職務関連性）を要求している。

問題は、いかなる職務が「その職務」といえるのかであるが、判例はこの点についてゆるやかに解し、①具体的職務権限に属する行為はもとより、②一般的職務権限に属する行為や、③職務に密接に関連する行為についても、全て「その職務」にあたると解している。

②や③の行為に関して賄賂の収受等があった場合にも、公務員の職務の公正に対する社会一般の信頼が害されうる以上、これらの行為も「その職務」にあたるとする判例の上記解釈は妥当であろう。

以下、それぞれを検討していこう。

```
                    ┌ ①具体的職務権限に属する行為
「その職務」 ┤ ②一般的職務権限に属する行為
                    └ ③職務に密接に関連する行為
```

（ア）具体的職務権限に属する行為

まず、当該公務員が具体的職務権限に基づき現に担当している職務が「その職務」といえるのは当然である。

たとえば、税務署職員のＡが、自己の担当区域内の者であるＢから所得税の調査について手心を加えるよう依頼され、金銭を収受した場合には、Ａは「その職務」に関し賄賂を収受したといえる。

また、憲法で学ぶように、内閣総理大臣は、その首長たる地位に基づき、内

346　3編3章　国家の作用に関する罪

閣の明示の意思に反しない限り行政各部に対して指導・助言等の指示を与える権限を有する（**最大判平成 7・2・22 百選 II 107**）。したがって、たとえば、内閣総理大臣 X が国土交通大臣に対してはたらきかけるよう Y に依頼され、Y から金銭等を収受した場合には、X は「その職務」に関し賄賂を収受したことになる。

（イ）一般的職務権限に属する行為

また、当該公務員に具体的職務権限がない場合でも、その公務員の一般的職務権限に属する職務については、なお「その職務」にあたるとするのが判例である。

この立場からは、たとえば、税務署職員の A が、自己の担当区域外の者である C から所得税の調査について手心を加えるよう依頼され、金銭を収受した場合にも、所得税の調査が A の一般的職務権限に属する行為である以上、A は「その職務」に関し賄賂を収受したといえることになる（**最判昭和 27・4・17 刑集 6-4-665**）。

思うに、たとえ当該公務員に具体的職務権限がない場合でも、一般的職務権限に属する職務に関し賄賂を収受等した場合には、職務の公正に対する社会一般の信頼は害される。判例の立場は妥当であろう。

（ウ）職務密接関連行為

以上に加え、判例はさらに「その職務」の範囲を広げる。

すなわち、一般的職務権限に属する行為ですらないものであっても、当該公務員の職務と密接な関連を有する行為については、なお「その職務」にあたると解していくのである。

この立場からは、たとえば、国会議員が他の議員を勧誘して議案に賛成させる行為（**大判大正 2・12・9 刑録 19-1393**）や、国立芸術大学の教授が学生に特定のバイオリンの購入を勧告・あっせんする行為（**東京地判昭和 60・4・8 判タ 589-46**）、北海道開発庁長官が下部組織である北海道開発局の港湾部長に対し競争入札が予定される港湾工事の受注に関し特定業者の便宜を図るようにはたらきかける行為（**最決平成 22・9・7 刑集 64-6-865**）なども、「その職務」にあたることになる。

①職務と密接な関連を有する行為に関して賄賂を収受等した場合にも、やはり職務の公正に対する社会一般の信頼は害されること、②条文の文言上も「職

務を執行するに当たり」（95条1項参照）とはせず、「職務に関し」としているにとどまること（197条1項、2項、197条の2）に照らせば、判例の立場は妥当であろう。

オ　転職前の職務 ➡論証81

（ア）問題の所在

公務員が、一般的職務権限を異にする地位に転職した後、前職に関して賄賂を収受・要求・約束したとする。たとえば、税務署長のAが国立大学の教授に転職した後、税務署長時代の職務に関する賄賂を収受した場合がその典型である。

このような場合について、「その職務」に関する収賄を罰する通常の収賄罪（単純収賄罪・受託収賄罪）に問擬すべきか、それとも、以前公務員であったときの職務に関する収賄を罰する事後収賄罪に問擬するべきかが、重要な論点となっている。

ここでの問題のポイントは、通常の収賄罪の成立要件である「その職務」という文言を、現在の職務という意味に解するか、それとも過去・現在を通じた自己の職務という意味に解するかである。

すなわち、「その職務」を自己の職務と解すれば、Aには通常の収賄罪が成立することになる。

他方、「その職務」を現在の職務と解すれば、Aに通常の収賄罪が成立する余地はなく、事後収賄罪が成立しうるにとどまることになるのである。

> この論点は、①一般的職務権限を異にする地位に転職したけれども、②今なお公務員ではある者が、③転職後に前職に関して賄賂を収受等した場合に問題となります。
> これとは異なり、①'一般的職務権限を同じくする他の公務に転職した場合には、特に問題なく「その職務に関し」賄賂を収受したことになります。
> また、②'たとえば民間企業に転職した後に、前職について賄賂を収受した場合は、もはや公務員ではありませんから、事後収賄罪に問擬できるにとどまることに争いはありません。
> さらに、③'転職前に賄賂の収受等が行われた場合には、当然通常の収賄罪が成立します。
> この論点が問題となる場面を、しっかりとイメージしておきましょう。

（イ）検討

第1の見解は、「その職務」とは現在の職務という意味であると解し、Aに

348　3編3章　国家の作用に関する罪

は事後収賄罪が成立しうるにとどまるとする。

しかし、事後収賄罪の主体は「公務員であった者」であるところ、現在でも公務員である者を「公務員であった者」というのは無理がある。

では、いかに考えるべきか。

そもそも、賄賂の罪の保護法益は、職務の公正とそれに対する社会一般の信頼にある。

そして、過去の職務に関する場合であっても、公務員が賄賂を収受すれば、そうした保護法益は害される。

そうだとすれば、「その職務」とは自己の職務という意味であるにとどまり、現在のみならず過去の職務をも含むと解するのが妥当であろう。判例も、「その職務」にあたることを肯定している（最決昭和28・4・25刑集7-4-881、**最決昭和58・3・25百選Ⅱ109**）。

この見解からは、Aには通常の収賄罪（単純収賄罪・受託収賄罪）が成立することになる。

> **Q** 公務員が、一般的職務権限を異にする地位に転職した後、前職に関して賄賂を収受・要求・約束した場合、「その職務」に関して賄賂を収受・要求・約束したといえるか　**A**

A説 収賄罪説（判例）
　結論：「その職務」とは自己の職務という意味であり、一般的職務権限を異にする前職も「その職務」にあたる。したがって、この場合にも通常の収賄罪が成立する。
　理由：過去の職務に関する場合であっても、公務員が賄賂を収受すれば、職務の公正に対する社会一般の信頼は害される。

B説 事後収賄罪説（団藤・大塚仁など有力説）
　結論：「その職務」とは現在の職務という意味であり、一般的職務権限を異にする前職は「その職務」にあたらない。この場合には事後収賄罪が成立しうるにとどまる。
　理由：収賄罪説は、賄賂が職務に関するものでなければならないという刑法の趣旨をゆがめ、収賄罪の成立を不当に拡張する嫌いがある。
　批判：現在でも公務員である者を「公務員であった者」というのは無理がある。

カ　将来の職務

以上とは逆に、現在公務員である者が、将来担当するかもしれない職務に関して賄賂を収受・要求・約束した場合はどうであろうか。

7. 賄賂の罪　349

この点については、その将来の職務が、当該公務員の一般的職務権限に属する事項である限り、「その職務」にあたると解してよいであろう。

判例も、①県の土木事業の契約締結権限を有する公務員が、土木業者から将来の発注につき便宜を図ってもらいたいとの請託を受けて金銭を受領した事案（大判昭和11・2・21刑集15-136）や、②改選を控えた現職の市長が、再選後の職務について請託を受け賄賂を収受した事案（最決昭和61・6・27百選Ⅱ108）において、「その職務」に関する賄賂の収受にあたるとしている。

2 単純収賄罪

> 197条
> 1項前段　公務員が、その職務に関し、賄賂を収受し、又はその要求若しくは約束をしたときは、5年以下の拘禁刑に処する。

ア 主体

本罪の主体は公務員に限定される（真正身分犯）。したがって、公務員以外の者が賄賂を収受等しても、本罪は成立しない。

イ 行為

本罪の行為は、公務員が、その職務に関し、賄賂を収受・要求・約束することである。これが賄賂の罪の基本であるから、覚えておくと学習上有利であろう。

収受・要求・約束につき、そのうちのいずれか1つがなされれば本罪は成立する。

ただし、そのうちの2つ以上がなされた場合、たとえば、順に要求→約束→収受が行われた場合には、本罪が複数成立するわけではなく、本罪の包括一罪となる（大判昭和10・10・23刑集14-1052）。害される法益は1つだけだからである。

ウ 故意

本罪は故意犯である。したがって、収受・要求・約束された金品などが公務

員の職務に対する対価であること（賄賂性）の認識・認容が必要である。

エ　他罪との関係　➡論証 82

公務員が、恐喝的手段を用いて賄賂を要求し、相手方に賄賂を交付させた場合、①当該公務員に本罪が成立するか、②成立するとして恐喝罪との関係はどうなるかについて争いがある。

まず、①についてであるが、公務員に最初から職務執行の意思がない場合には、要求・収受した金品が職務に対する報酬すなわち対価であるとは認めがたい。そこで、そうした場合には本罪は成立しないと解するのが妥当である。

他方、公務員に職務執行の意思がある場合には、対価といえるから、本罪が成立すると解してよいであろう。

次に、②の恐喝罪と本罪との関係については、両者の保護法益が異なることから両者はともに成立し、観念的競合となると解するのが妥当であろう。判例も同様の結論を採っている（最判昭和 25・4・6 刑集 4−4−481、最決昭和 39・12・8 刑集 18−10−952）。

なお、同様の事案で③相手方の贈賄罪の成否も問題となるが、それは贈賄罪の箇所で述べる（➡ 356 ページ **9**）。

> ### 🔍 公務員が恐喝的手段を用いて賄賂を要求・収受した場合の処理　**B⁺**
>
> **A 説**
> 結論：恐喝罪のみが成立する。
> 理由：贈賄者には意思決定の自由が残されているとはいえ、喝取されること＝贈賄を禁止することは不合理であるから、贈賄罪の成立は否定すべきである。そして、これとの対応上収賄罪の成立も否定すべきである。
>
> **B 説**
> 結論：恐喝罪と収賄罪が成立し、両者は観念的競合となる。
> 理由：①公務員側に収賄罪が成立するためには、賄賂が公務員に全く任意になされた交付である必要はない。
> 　　　②恐喝罪と収賄罪は保護法益が異なることから、観念的競合となる。
> 批判：公務員に最初から賄賂と対価関係に立つ職務執行の意思がなければ、職務に対する報酬としての賄賂の授受という関係を認めがたい。
>
> **C 説**（判例、井田など）
> 結論：職務執行の意思がある場合には恐喝罪に加えて収賄罪が成立し、両者は観念的競合となる。
> 理由：①公務員に最初から賄賂と対価関係に立つ職務執行の意思がなければ、職務に

7. 賄賂の罪　351

対する報酬としての賄賂の授受という関係を認めがたいので、収賄罪の成立は否定すべきである。これに対し、もし行為者にその職務行為を行う意思があれば、収賄罪の成立も認められてよい。
②恐喝罪と収賄罪は保護法益が異なることから、観念的競合となる。

3　受託収賄罪　

> 197条
> 1項後段　この［公務員が、その職務に関し、賄賂を収受し、又はその要求若しくは約束をした］場合において、請託を受けたときは、7年以下の拘禁刑に処する。

　本罪は、公務員が請託を受けた場合について、単純収賄罪よりも重く処罰するものである。
　「請託」とは、公務員に対して一定の職務行為を行うことを依頼することをいう（最判昭和27・7・22刑集6-7-927）。職務行為は正当なものでも不正なものでもよい。
　本罪が成立するには、公務員が請託を「受けた」ことを要するから、公務員の承諾が必要である。ただし、承諾は明示のものだけでなく、黙示のものでもよい（最判昭和29・8・20刑集8-8-1256参照）。

> 「請託を受けた」という文言からは、相手方が積極的、公務員が受動的というイメージをもってしまいがちですが、公務員が積極的にはたらきかけた場合でも、もちろん「請託を受けた」にあたりえます。
> たとえば、公務員が「こういう取扱いをしてやるから見返りをよこせ」ともちかけ、相手方が「わかりました、よろしくお願いします」と応じたところ、これに対し公務員が「うん」といった場合（またはうなずいた場合）には、「請託を受けた」にあたります。

　本罪を加重処罰するのは、請託を受けることによって賄賂と職務行為との対価関係が明白となり、それゆえ、職務の公正に対する社会一般の信頼がより強く侵害されることになるからであると解されている。この趣旨は時折答案に書くので、できれば覚えておこう。

4　事前収賄罪　

> 197条
> 2項　公務員になろうとする者が、その担当すべき職務に関し、請託を受けて、賄賂を

> 収受し、又はその要求若しくは約束をしたときは、公務員となった場合において、5年以下の拘禁刑に処する。

　本罪は、「公務員になろうとする者」が、公務員になった場合の職務に関し、請託を受けて、賄賂を収受・要求・約束する行為について、その後に公務員となったことを要件として処罰するものである。
　たとえば、地方公共団体の長や議員の候補者が、当選する前に、あらかじめ当選後の職務に関し請託を受けて賄賂を収受し、その後に当選した場合が本罪の典型である。
　「公務員となった場合」という要件は、処罰条件と解されている（通説）。

5　第三者供賄罪　

> 197条の2　公務員が、その職務に関し、請託を受けて、第三者に賄賂を供与させ、又はその供与の要求若しくは約束をしたときは、5年以下の拘禁刑に処する。

　本罪は、公務員が賄賂を自己以外の第三者に供与させる場合を処罰するものである。請託を受けることが要件となっている点に注意しておこう。

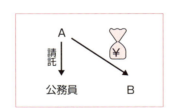

　なお、形式的には第三者へ供与された場合であっても、その第三者がたとえば公務員の配偶者であった場合など、実質的には公務員自身が収受したといえる場合がある。その場合には、本罪ではなく単純収賄罪や受託収賄罪に問擬していくことになる。

6 加重収賄罪

> 197条の3
> 1項　公務員が前2条の罪［単純収賄罪・受託収賄罪・事前収賄罪・第三者収賄罪］を犯し、よって不正な行為をし、又は相当の行為をしなかったときは、1年以上の有期拘禁刑に処する。
> 2項　公務員が、その職務上不正な行為をしたこと又は相当の行為をしなかったことに関し、賄賂を収受し、若しくはその要求若しくは約束をし、又は第三者にこれを供与させ、若しくはその供与の要求若しくは約束をしたときも、前項と同様とする。

　本罪は、賄賂の対価として**不正な職務行為が行われた場合**を加重して処罰するものである。

　197条の3第1項と第2項は、ともに加重収賄罪を規定しているが、それぞれ不正な職務行為がなされる時期が異なる。

　すなわち、1項では、単純収賄罪・受託収賄罪・事前収賄罪・第三者収賄罪**が成立した後に不正な職務行為**が行われた場合を規定している。これに対し、2項では、**先に不正な職務行為**を行い、その後に賄賂の収受・要求・約束等をした場合を規定している。

　なお、3項は加重収賄罪ではなく、事後収賄罪の規定である。現場で混乱しないように、条文をしっかりと確認しておこう。

```
197条の3第1項 ： 後から不正  ┐
        2項 ： 先に不正    ├ 加重収賄罪
        3項 ： 事後収賄罪  ┘
```

7 事後収賄罪

> 197条の3
> 3項　公務員であった者が、その在職中に請託を受けて職務上不正な行為をしたこと又は相当の行為をしなかったことに関し、賄賂を収受し、又はその要求若しくは約束をしたときは、5年以下の拘禁刑に処する。

本罪は、公務員が、その在職中に請託を受けて不正な職務行為をしたことに関し、退職して公務員でなくなった後に賄賂を収受・要求・約束する行為を処罰するものである。

　請託を受けること、および不正な職務行為を行ったことが要件とされており、本罪の成立範囲は狭い。

8　あっせん収賄罪　

> 197条の4　公務員が請託を受け、他の公務員に職務上不正な行為をさせるように、又は相当の行為をさせないようにあっせんをすること又はしたことの報酬として、賄賂を収受し、又はその要求若しくは約束をしたときは、5年以下の拘禁刑に処する。

　本罪は、あっせんという、職務行為以外の行為に関する賄賂の収受・要求・約束を処罰するものであり、賄賂の罪のなかでも特殊な構成要件である。

　「あっせん」とは、他の公務員の紹介、仲介、はたらきかけ、依頼などのことである。たとえば、支持者から交通違反のもみ消しを依頼された国会議員が、警察署長に対してもみ消しをはたらきかける行為がその典型である。

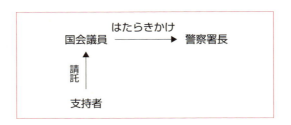

> 　国会議員は、交通違反をもみ消すよう警察署長に依頼する職務権限などもっていませんし、それが国会議員の職務に密接に関連する行為であるともいえません。したがって、「その職務に関し」といえないことから、今まで学んできた賄賂の罪が成立する余地がありません。
> 　しかし、こうしたあっせん行為に関する金品の収受等を放置するわけにはいかないことから、本罪が規定されたわけです。

　あっせんは、公務員としての立場でなされることを要する（最決昭和43・10・15刑集22-10-901）。したがって、公務員が、他の公務員と親族関係や大学の先輩・後輩の関係にあることを利用してあっせんする場合には本罪は成立しない。

あっせんの内容は、他の公務員に**不正な行為をさせること**、または**相当な行為をさせない**ことである。ただし、他の公務員が実際に不正な行為をしたこと、または実際に相当な行為をしなかったことは、本罪の成立要件ではない。

他の公務員の裁量判断に不当な影響を及ぼし、その権限の行使をゆがめようとはたらきかける行為は、本罪の「あっせん」にあたる（**最決平成15・1・14百選Ⅱ110**）。

なお、本罪が成立するには、**請託を受けた**ことも必要である。

9 贈賄罪 ➡論証83

> 198条 第197条から第197条の4までに規定する賄賂を供与し、又はその申込み若しくは約束をした者は、3年以下の拘禁刑又は250万円以下の罰金に処する。

本罪は、収賄罪の収受・要求・約束に対応して、賄賂の**供与・申込み・約束**を処罰するものである。

供与・申込み・約束のいずれか1つでも本罪が成立する。したがって、たとえば公務員に賄賂の供与を申し込んだところ、**公務員がその申込みを拒否したとしても**、本罪が成立する（大判昭和3・10・29刑集7-709）。

贈賄が**公務員の恐喝**によりなされたものである場合に本罪が成立するかについては争いがある。

この点、確かに瑕疵はあるものの、結局贈賄者は**自己の意思により贈賄**したといえることから、贈賄罪の成立を肯定するのが妥当であろう。判例も、贈賄罪の成立を肯定している（最決昭和39・12・8刑集18-10-952）。

なお、公務員に収賄罪が成立するか、成立するとして恐喝罪との関係はどうなるかについては、351ページ**エ**を参照してほしい。

Q 贈賄が公務員の恐喝によりなされた場合に贈賄罪が成立するか B⁺
A説 肯定説（判例・通説）
理由：利益の交付について任意性が認められる以上、贈賄罪の成立を否定する根拠はない。
B説 否定説
理由：贈賄罪の成立の肯定は、喝取されることの禁止を意味し、不合理である。

10 没収・追徴 A

> 197条の5 犯人又は情を知った第三者が収受した賄賂は、没収する。その全部又は一部を没収することができないときは、その価額を追徴する。

本条は、賄賂についての**必要的没収・追徴**を定めている。

これは、任意的没収・追徴を定めた19条・19条の2の特則であり、収賄者に不正な利益を保持させないことを目的とするものである。

賄賂は没収が原則であるが（前段）、没収することができないときはその価額を追徴する（後段）。

「没収することができないとき」とは、①没収が不能になった場合だけでなく、②賄賂の性質上原始的に没収不能の場合をも含む。たとえば、金銭を費消した場合や物品を譲渡した場合などが①に、饗応接待や債務免除を受けた場合などが②にあたる。

7. 賄賂の罪　357

論証カード

論証 1　傷害罪の故意　　➡ 13 ページイ

Ａが暴行の故意でＢに暴行を加えたところ、その暴行によりＢに傷害結果が生じた事案　　**A**

　Ａは、暴行によりＢの生理的機能を害しており、Ｂを「傷害」（204 条）したといえる。

　もっとも、Ａは傷害の故意を有していない。そこで、かかる場合にも傷害罪が成立するかが問題となる。

　この点について、208 条の反対解釈により、暴行を加えた者が人を傷害するに至ったときには、たとえ傷害の故意を有しなくとも傷害罪が成立すると解する。

　したがって、Ａには傷害罪が成立する。

備考：暴行によらない無形的方法により傷害を発生させた場合は、傷害の故意を要する。

論証 2　同時傷害特例①　傷害致死罪の場合　　➡ 17 ページオ

意思の連絡のないＡ・Ｂが同時期にＸに暴行を加えたところ、Ｘが傷害を負い死亡したが、傷害および死亡の原因となった暴行がＡ・Ｂのいずれによるものかが不明な事案　　**B⁺**

（少なくとも傷害罪との関係で 207 条が適用されることを論じたうえで）

　では、傷害致死罪（205 条）まで成立するか。

　立証の困難の回避という 207 条の趣旨は、傷害致死罪の場合にもあてはまる。

　したがって、傷害致死罪の場合にも、207 条は適用されると解する。

　よって、Ａ・Ｂが、自己の関与した暴行が死因となった傷害を生じさせていないことを立証しない限り、207 条により傷害致死罪が成立する。

論証カード 1・2　361

論証 3　同時傷害特例②　途中で共謀が成立した場合　➡ 18 ページカ

Xに対するAの暴行に途中からBが加わり、Xに傷害を負わせた。
しかし、Xの傷害結果がBの加担前のAの暴行によるものか、
それともBの加担後のA・Bの暴行によるものかが
不明だった事案　　　　　　　　　　　　　　　　　　　　　　**A**

- -

Aには、傷害罪（204条）が成立する。

では、Bにも傷害罪が成立するか。まず、承継的共同正犯の成否が問題となる。

〔総論・論証43　承継的共同正犯①〕入る

本件では、Bには承継的共同正犯は成立しない。

もっとも、207条の適用により、Bにも傷害罪が成立しないか。

仮に、本件のように途中で行為者間に共謀が成立していた場合には同条を適用しないと解すれば、共謀が一切認められないときとの均衡を失する。

よって、207条の適用により、原則としてBにも傷害罪が成立する。

論証 4　遺棄罪の法的性質──準抽象的危険犯説　➡ 27 ページ（イ）

母親Aが乳児Bを道に捨てたものの木の陰に隠れてこれを見守り、
第三者に救助されたのを見届けてから立ち去った事案　　　　**B**

- -

本件では、Bの生命・身体に対する危険は生じていない。かかる場合にも、Aに保護責任者遺棄罪（218条）が成立するか。

そもそも、同罪は法益侵害を必要としない危険犯である。

そして、文言上具体的危険の発生は要求されていない以上、同罪を具体的危険犯と解するのは妥当でない。

もっとも、生命・身体に対する危険が一切発生しなかった場合にまで、同罪の成立を肯定するのは妥当でない。

そこで、同罪は、ある程度の危険の発生を必要とする特殊な抽象的危険犯であると解するのが妥当である。

本件では、Bの生命・身体について、ある程度の危険すら発生していない。

よって、同罪は成立しない。

備考：Aの行為は作為である点に注意。

論証 5　ひき逃げと保護責任者遺棄罪　　➡ 32 ページ（ウ）

**Ａが不注意によりＢを車でひいてしまい、Ｂに重傷を負わせたが、
事態の発覚をおそれたＡはＢを保護することなく
そのまま逃走した事案**　　**B⁺**

　Ａには過失運転致傷罪が成立する（自動車運転処罰法５条）。

　これに加えて、「保護することなくそのまま逃走」した行為につき、保護責任者遺棄致傷罪
（219条・218条前段）が成立しないか。いわゆるひき逃げ犯の保護責任の有無が問題となる。

　この点、過失行為という先行行為に基づき保護責任が発生するとする見解や、道路交通法上の
救護義務に基づき保護責任が発生するとする見解がある。

　しかし、かく解すると、単純なひき逃げ行為について、常に保護責任者遺棄罪・同致死傷罪が
成立することになり、妥当でない。

　そこで、たとえばひき逃げ犯が被害者をいったん車に乗せた場合のように、排他的支配を獲得
した場合にのみ、事務管理に基づき保護責任が発生すると解するべきである。

　本件では、Ａは排他的支配を獲得していないことから、保護責任は発生していない。

　よって、保護責任者遺棄致傷罪は成立しない。

備考：Ａの逃走によりＡとＢには場所的離隔が生じたことから、Ａの行為は不保護ではなく広義の遺棄
　　　にあたる。

　　　そして、Ａの行為は不作為であるから、Ａに保護責任があれば保護責任者遺棄罪が成立する一方、
　　　保護責任がないのであれば、保護責任者遺棄罪はもとより、単純遺棄罪も成立しないことになる。

論証カード５　363

論証6　被害者の認識の要否　　→40ページウ

ＡがＢを自動車内で不同意性交等をする計画のもと、Ｂを「家まで送っていく」と欺いて車に乗せ、車を発進させた事案　　**B⁺**

　Ａが車を発進させた時点で、Ｂに対する監禁罪（220条）が成立するか。同罪の成立に、被害者の監禁された旨の認識を要するかが問題となる。

　この点、同罪の保護法益を身体活動の現実的自由と解し、被害者の認識が必要であるとする見解がある。

　しかし、身体活動の可能性を有していること自体に意義がある以上、同罪の保護法益は可能的自由と解するべきである。

　したがって、身体活動の可能性が侵害された場合には、被害者の認識がなくとも監禁罪が成立すると解する。

　本件でも、Ａが車を発進させた時点で監禁罪が成立する。

　備考：わいせつ目的誘拐罪(225条)も成立しうる点に注意。

論証7　適法行為の告知と脅迫の成否　　→44ページ②

Ａが、万引き犯の女性に対し、性交に応じなければ告訴するといって脅した事案　　**B⁺**

　Ａに脅迫罪（222条1項）が成立するか。「告訴」という適法行為の告知が「脅迫」にあたるかが問題となる。

　そもそも「脅迫」とは、一般人を畏怖させることができる程度の害悪の告知をいう。

　そして、適法行為の告知によっても人を畏怖させることは可能である以上、「脅迫」にあたると解する。

　よって、脅迫罪が成立する。

　備考：この論点は恐喝罪で問題となることが多い。

論証 8　一般に立入りが許容されている場所への立入り

➡ 65 ページ（イ）

Aが万引き目的でデパートに立ち入った事案　　**B**+

Aに建造物侵入罪（130 条前段）が成立するか。

そもそも、「侵入」とは、管理権者の意思に反する立入りをいう。

そして、本件のごとき違法な目的をもって立ち入る行為は、まさに管理権者の意思に反する立入りといえる。

したがって、Aの行為は「侵入」といえると解する。

よって、建造物侵入罪が成立する。

論証カード8　365

論証 9　真実性の錯誤①──230条の2の法的性格　　➡ 76ページウ

Aが、真実と思って報道をしたところ、真実性の証明に失敗した事案　　A

　Aの行為は、名誉毀損罪（230条）の構成要件に該当する。
　また、真実性の証明がない以上、230条の2が適用されることはない。
　もっとも、Aは、自らのなした報道内容を真実と思っていた。そこで、名誉毀損罪の成立が否定されるのではないか。いわゆる真実性の錯誤の処理が問題となる。
　この点、230条の2を処罰阻却事由と解したうえで、確実な資料・根拠に基づく言論は35条の正当行為として違法性が阻却されるとする見解がある。
　しかし、表現の自由と名誉の保護との調和の見地から、230条の2は違法性阻却事由であると解し、真実性の錯誤の問題は、違法性阻却事由の錯誤の問題として処理するべきである。

論証 10　真実性の錯誤②──違法性阻却事由の錯誤の処理　　A

➡ 78ページ（ア）

　では、違法性阻却事由の錯誤をいかに処理するべきか。
　思うに、故意の本質は規範に直面し反対動機の形成が可能であったにもかかわらず、あえて行為に及んだことに対する強い道義的非難にある。
　ところが、違法性を否定する事実を誤認識していた場合には、規範に直面していたとはいえないことから、責任故意が阻却されると解する。
　これを230条の2についてみるに、「真実であることの証明」という訴訟法的表現を実体法的表現に引き直して、「証明可能な程度に真実であること」を誤認識していた場合には、責任故意が阻却されうると解する。
　もっとも、行為者がこれを軽信していた場合にまで責任故意の阻却を認めては、名誉権の保護が図れず、妥当でない。
　そこで、確実な資料根拠に基づいて証明可能な程度に真実であると誤信した場合にのみ、責任故意が阻却されると解する。

　備考：この立場からは、「確実な資料・根拠に基づく」との誤信は名誉毀損罪の成否に影響を与えないことになる。

論証 11　信用毀損罪における「信用」の意義　➡ 83 ページ **2**

Ａが、コンビニエンスストアで買ったオレンジジュースに異物が混入していたという虚偽の風説を流布させた事案　**B**

　Ａに信用毀損罪（233 条前段）が成立するか。オレンジジュースという商品に対する信用が、同罪にいう「信用」にあたるかが問題となる。

　この点、「信用」を人の支払能力や支払意思に対する社会的な信頼に限定する見解がある。

　しかし、現代における広告・宣伝の社会経済的重要性にかんがみれば、「信用」には、販売する商品の品質に対する社会的な信頼も含まれると解するべきである。

　よって、Ａは虚偽の風説を流布し、「信用」を毀損したといえ、信用毀損罪が成立する。

論証 12　公務と業務妨害罪の「業務」の関係　➡ 85 ページイ

警察官 Ｘ による捜索を、Ａ が威力により妨害した事案　**B⁺**

　Ａに威力業務妨害罪（234 条）が成立するか。威力業務妨害罪や偽計業務妨害罪（233 条後段）における「業務」に公務が含まれるかが問題となる。

　思うに、強制力を行使する権力的公務は、通常それにふさわしい打たれ強さを備えている。とすれば、そうした公務を、威力や偽計からあえて業務妨害罪によって保護するまでもない。

　他方、それ以外の公務は、そうした打たれ強さを備えておらず、威力や偽計から業務妨害罪によって保護する必要がある。

　したがって、①強制力を行使する権力的公務は「業務」に含まれないが、②それ以外の公務は「業務」に含まれると解する。

　本件での Ｘ の公務は、①強制力を行使する権力的公務にあたる。

　よって、Ａに威力業務妨害罪は成立しない。

備考：偽計業務妨害罪では、全ての公務が「業務」に含まれるとする見解も有力である。

　　　また、Ａの行為が暴行・脅迫にあたる場合には、公務執行妨害罪における「職務」の範囲も問題となる（➡ 88 ページ **ウ**）。

論証カード 11・12　367

論証 13　法禁物の財物性　　　　　➡ 95 ページア（イ）

Ａが、Ｂの占有する覚醒剤を窃取した事案　　　　　B⁺

　Ａに窃盗罪（235 条）が成立するか。「覚醒剤」という法禁物が、同条にいう「物」（財物）にあたるかが問題となる。

　思うに、法禁物であっても、その没収には一定の手続が必要とされている。かかる没収制度の存在は、法禁物も財物にあたることを前提としているといえる。

　したがって、法禁物も財物にあたると解する。

　よって、Ａは他人の「物」を窃取したといえ、窃盗罪が成立する。

論証 14　法禁物の返還請求権と財産上の利益　　　　　➡ 96 ページ（ウ）

Ａが、Ｂから騙し取った覚醒剤の返還を免れるために
Ｂに暴行を加えた事案　　　　　B

〔論証 13〕→覚醒剤の騙取について 1 項詐欺罪の成立を肯定

　さらに、ＡがＢに暴行を加えた行為につき、2 項強盗罪が成立しないか。覚醒剤という法禁物の返還請求権を免れることが、同罪における財産上の利益にあたるかが問題となる。

　この点、法禁物が財物にあたると解される以上、法禁物の返還請求権を免れることも、財産上の利益にあたると解する。

備考：上の設例では、さらに 2 項強盗罪における処分行為の要否（➡ 124 ページ①）や、利益移転の具体
　　　性・確実性（➡ 125 ページ②）も問題となる。
　　　また、1 項詐欺罪と 2 項強盗罪の関係としては、重い 2 項強盗罪の混合包括一罪となる（➡ 126
　　　ページ ウ）。

論証 15　奪取罪の保護法益　　　　➡ 98 ページア

Ａが、窃盗犯人から自己物を取り戻した事案　　　　**A**

Ａの行為は、窃盗罪（235 条）の構成要件に該当するか。窃盗罪の保護法益をいかに解するかと関連して問題となる。

この点、所有権その他の本権が保護法益であるとする見解がある。この見解からは、所有者たるＡの行為は窃盗罪の構成要件に該当しないこととなろう。

しかし、自力救済禁止の原則（民法 202 条 2 項参照）に照らせば、窃盗罪の保護法益は占有それ自体と解するべきである。

よって、Ａの行為は窃盗罪の構成要件に該当する。

備考：この論点の後に、自救行為(➡総論［第 4 版］129 ページ 4.)も問題となりうる。

論証カード 15　369

論証 16　上下・主従関係がある場合の占有の帰属　➡ 104 ページ(b)

製薬会社の商品開発部長の A が、ライバル会社に売却する目的で、
自己が管理するロッカー内から新薬に関する機密情報が記載された
自社の書面 1 枚を社外へ持ち出した事案　**B⁺**

───────────────────────────────

　本件書面を社外へ持ち出した A の行為は、窃盗罪（235 条）と業務上横領罪（253 条）のいずれに問擬すべきか。本件書面の占有が、雇い主たる製薬会社に属するか、従業員たる A に属するかが問題となる。

　思うに、複数の保管者の間に上下・主従関係がある場合には、原則として占有は上位者に属し、下位者は占有補助者にすぎないと解する。

　もっとも、上位者との間に高度の信頼関係があり、財物についてある程度の処分権が委ねられている下位者については、例外的に単独の占有が認められると解する。

　本件でこれをみるに、A は「商品開発部長」であること、および本件書面は A が管理するロッカー内にあることから、上記例外要件を満たすものと思われる。

　したがって、A の単独の占有が認められることから、A の行為は業務上横領罪に問擬するべきである。

備考：①『窃盗罪が成立するか→窃取の定義→他人が占有しているといえるか』というフレームや、②『業務上横領罪が成立するか→「自己が占有」といえるか』というフレームで書いてもよい。

論証 17　死者の占有　　　　　　➡ 106 ページ③

**A が単純な憎悪から B を殺害したところ、殺害後に、
B が高級な腕時計をはめていたことにはじめて気付き、
これを領得する意思を生じて領得した事案**　　　　　　　　　**A**

A には殺人罪（199 条）が成立する。

では、さらに、B の死体から腕時計を領得した行為につき窃盗罪（235 条）が成立するか。占有侵害が認められるかが問題となる。

確かに、死者には財物に対する事実上の支配もその意思も認められない以上、死者の占有自体は否定するべきである。

しかし、被害者が生前に有した占有は、①被害者を死亡させた犯人との関係では、②被害者の死亡と時間的・場所的に近接した範囲内にある限り、なお刑法的保護に値するというべきである。

そこで、上記要件を満たす場合には、犯人による一連の行為を全体的に観察して、被害者が生前有していた占有を侵害したと解し、窃盗罪が成立すると解する。

本件では上記要件が満たされていることから、A に窃盗罪が成立する。

備考：①②の要件を満たさない場合には、占有離脱物横領罪(254 条)が成立しうるにとどまる。

　　　なお、殺害の時点では財物を領得する意思がなかった以上、A に強盗殺人罪(240 条後段)が成立する余地はない点に注意。

論証 18　不法領得の意思——要否・内容　A⁺　➡ 111 ページカ

　窃盗罪が成立するには、構成要件的故意のほか、いかなる主観的構成要件要素が必要か。いわゆる不法領得の意思の要否ないし内容が問題となる。

　まず、通常の窃盗を不可罰的な使用窃盗と区別するために、①権利者を排除して、他人の物を自己の所有物として振る舞う意思が必要と解する。

　また、毀棄・隠匿罪よりも窃盗罪の方が重く処罰されるのは、窃盗罪が利欲犯的性格を有するからである。そこで、②財物の経済的用法に従い利用・処分する意思も必要と解する。

あてはめ方
　①振る舞う意思：社会通念上、使用貸借または賃貸借によらなければ使用できないような形態において財物を利用する意思の有無により判断
　　　　　　　　eg.　自転車の一時使用×、自動車の一時使用○
　②利用・処分意思：もっぱら毀棄・隠匿目的の場合以外は肯定
　　　　　　　　eg.　下着泥棒○、コピー目的での書面の持ち出し○

備考：振る舞う意思のあてはめに際しては、「一般に権利者が許容しないであろう程度・態様の利用をする意思の有無」という基準を採用してもよい。

論証 19　親族相盗例①　適用要件　　　➡ 116 ページ（イ）

**Ａが父親Ｂの占有している時計をＢの所有物と誤信して盗んだが、
その時計が実はＢの友人Ｃの所有物だった事案**　　**B⁺**

　Ａには窃盗罪（235 条）が成立する。

　もっとも、244 条 1 項により、刑が免除されないか。同条が適用されるための要件をいかに解するべきかが問題となる。

　そもそも、244 条 1 項は「法は家庭に入らず」という法政策に基づく一身的処罰阻却事由であると解される。

　そして、かかる趣旨が妥当するためには、所有者を含めた全ての関与者が家庭内にあることが必要である。

　したがって、窃盗犯人と占有者および所有者との間に親族関係が必要と解する。

　本件では、Ａと所有者Ｃとの間には親族関係がない。

　よって、244 条 1 項は適用されない。

備考：親族相盗例は、詐欺罪・恐喝罪・横領罪・背任罪にも準用される点に注意(251 条、255 条)。

論証 20　親族相盗例②　錯誤の処理　　**B**　➡ 117 ページ（ウ）

　もっとも、Ａは、父親Ｂが所有者であると誤信している。そこで、かかる錯誤をいかに処理すべきかが問題となる。

　この点、前述のように、244 条 1 項は「法は家庭に入らず」という法政策に基づく一身的処罰阻却事由であると解されるところ、処罰阻却事由は故意の対象ではない。

　したがって、親族関係の錯誤があったとしても、犯罪の成否には影響しないと解する。

論証カード 19・20　373

論証 21　強盗罪における反抗抑圧の要否　　➡ 120 ページ②

Ａが、Ｂに対し客観的には反抗抑圧程度の暴行・脅迫を加えたが、
実際にはＢの反抗が抑圧されるには至らなかった。
しかし、Ｂを畏怖させることには成功し、
Ｂが恐怖心から財物をＡに交付した事案　　　　　　　　　　　　**B**

　Ａの暴行は、強盗罪の「暴行」（236 条 1 項）にあたる。また、Ａは財物を取得している。

　もっとも、被害者であるＢは反抗を抑圧されていない。そこで、かかる場合にもＡに強盗罪が成立するか。被害者の反抗抑圧の要否が問題となる。

　この点、判例は、被害者の反抗抑圧を不要とする。

　しかし、強盗罪においては、暴行・脅迫→被害者の反抗抑圧→財物の奪取という因果経過が予定されている以上、既遂となるには被害者の反抗が抑圧されたことが必要であると解する。

　したがって、Ａには強盗未遂罪（243 条・236 条 1 項）が成立するにとどまる。

論証 22　事後的奪取意思　　　　　➡ 121 ページ③

Ａがもっぱら性交をする意思でＢに対し暴行を加え反抗を抑圧し、
Ｂに対して性交をした後、Ｂが高価な腕時計をしているのにはじめて
気付き、Ｂの腕をつかみ、時計を奪った事案　　　　　　　**A**⁺

　Ａには不同意性交等罪（177 条）が成立する。

　では、その後に奪取意思を生じ、Ｂから時計を奪った行為について、強盗罪（236 条 1 項）が成立するか。

　そもそも、強盗罪は暴行・脅迫を手段として財物を奪取する犯罪類型である。したがって、強盗罪における暴行・脅迫は、財物奪取に向けられたものでなければならない。

　ところが、Ａのなした当初の暴行は、財物奪取に向けられたものではない。

　したがって、当初の暴行を捉えて、強盗罪の成立を肯定することはできない。

　もっとも、財物奪取の意思を生じた後に、財物奪取に向けられた新たな暴行・脅迫があれば、当然強盗罪が成立する。

　そして、その新たな暴行・脅迫は、反抗抑圧状態を継続させるに足りるものであればよいと解する。

　これを本件でみるに、不同意性交等罪の犯人であるＡが「Ｂの腕をつか」んだ行為は、時計という財物奪取に向けられた、被害者Ｂの反抗抑圧状態を継続させるに足りる暴行といえる。

　よって、Ａには強盗罪が成立し、さらにこれを基礎とする強盗・不同意性交等罪（241 条 1 項）が成立する。

備考：被害者が気絶していた場合や死亡していた場合には、財物奪取に向けられた新たな暴行・脅迫は認定できず、窃盗罪を検討していくことになる。その際、被害者が死亡していた場合には死者の占有（➡論証 17）も論じていくことになる。

論証カード22　375

論証 23　2項強盗罪と処分行為の要否①──簡略化したフレーム

➡ 124 ページ（イ）

債務者 A が、債務を免れようとして債権者 B を暴行により殺害した事案

B⁻

　A の行為につき、強盗利得罪（236 条 2 項）を基礎とした強盗殺人罪（240 条後段）が成立するか。

　まず、A の暴行は、被害者 B の反抗を抑圧するに足りる程度のものであったと思われる。

　もっとも、本件では B による処分行為がなされていない。そこで、強盗利得罪において、被害者による処分行為が必要かが問題となる。

　そもそも、強盗利得罪は被害者の反抗を抑圧して財産上の利益を取得する犯罪である。とすれば、被害者による任意の処分行為は予定されていないというべきである。

　したがって、処分行為は不要と解する。

　ただし、処罰範囲を限定するべく、強盗利得罪が成立するためには、財産的利益の移転の具体性・確実性が必要であると解する。

　本件でも、B に相続人がいない場合や、相続人がいても債権に関する物的証拠がない場合には、A は債務を事実上免れたといえ、利益の移転の具体性・確実性が認められる。

　したがって、かかる場合には、強盗利得罪が成立する。

〔論証 28　殺人・傷害の故意ある場合の 240 条の罪の成否〕入る

備考：利益の移転の具体性・確実性が否定された場合には、そもそも強盗罪の暴行・脅迫がないことになる（➡論証 24）。したがって、2 項強盗罪は未遂すら成立しない（240 条の「強盗」にもあたらない）点に注意。

論証 24　2項強盗罪と処分行為の要否②──厳密なフレーム　**A**

➡ 124 ページ（イ）

　Ａの行為につき、強盗利得罪（236 条 2 項）を基礎とした強盗殺人罪（240 条後段）が成立するか。

　まず、Ａの暴行は、被害者Ｂの反抗を抑圧するに足りる程度のものであったと思われる。

　もっとも、Ａの暴行は、被害者Ｂによる処分行為に向けられたものではない。かかる場合にも、強盗利得罪の「暴行」があったといえるか。強盗利得罪において、被害者による処分行為が必要かが問題となる。

　そもそも、強盗利得罪は、被害者の反抗を抑圧して財産上の利益を取得する犯罪である。とすれば、被害者による任意の処分行為は予定されていないというべきである。

　したがって、処分行為は不要と解する。

　ただし、処罰範囲を限定するべく、強盗利得罪が成立するためには、財産的利益の移転の具体性・確実性が必要であると解する。

　したがって、強盗利得罪の「暴行」は、具体的かつ確実な利益移転に向けられたものであることを要すると解する。

　本件でも、Ｂに相続人がいない場合や、相続人がいても債権に関する物的証拠がない場合には、Ｂの死亡によりＡは債務を事実上免れるといえ、利益の移転の具体性・確実性が認められる。

　したがって、かかる場合には、Ａの暴行は具体的かつ確実な利益移転に向けられたものといえ、「暴行」にあたる。

　そして、その結果Ａは債務を事実上免れたといえるので、Ａに強盗利得罪が成立する。

〔論証 28　殺人・傷害の故意ある場合の 240 条の罪の成否〕入る

　よって、Ａに強盗殺人罪が成立する。

論証 25　事後強盗罪の窃盗の機会　　→ 128 ページ（ウ）

被害者や警察官から追いかけられ、走って逃げていた窃盗犯人 A が、窃盗の現場から 3 キロメートル離れた場所で、走って逃げることをあきらめ、被害者や警察官を殴った事案　　A

A に事後強盗罪（238 条）が成立するか。

まず、「窃盗」たる A がなした暴行は、反抗抑圧程度の暴行であったと思われる。また、A には「逮捕を免れ」る目的も認められる。

もっとも、A の暴行は、窃盗の現場から 3 キロメートル離れた場所で行われている。そこで、かかる場合にも事後強盗罪が成立するかが問題となる。

そもそも、同罪は財産犯である以上、同罪の暴行・脅迫は、窃盗の機会の継続中に行われたことを要すると解する。

そして、窃盗の機会といえるか否かは、①窃盗行為と暴行・脅迫との間の時間的・場所的接着性や、②被害者側による追跡の有無などにより判断していくべきである。

本件の A による暴行は、確かに窃取の現場から 3 キロメートル離れた場所でなされており、①場所的接着性は認めがたい。

しかし、②被害者や警察官による追跡が継続していた以上、A の暴行はなお窃盗の機会になされた暴行といえると考える。

よって、A には事後強盗罪が成立する。

論証 26　事後強盗罪の暴行・脅迫にのみ関与した者の罪責

➡ 130 ページエ

X から財物を窃取して逃走中の A が、偶然にも出会った友人 B に事情を話し、追跡してきた X に対して B と共同して暴行を加えた事案　**A**

A には事後強盗罪（238 条）が成立する。

では、B にも事後強盗罪の共同正犯（60 条）が成立するか。暴行・脅迫にのみ関与した者の処理が問題となる。

この点、事後強盗罪を窃盗罪と暴行罪・脅迫罪との結合犯と捉え、承継的共同正犯の問題として処理すべきとする見解がある。

しかし、事後強盗罪を結合犯と解してしまうと、事後強盗の目的をもって窃盗に着手した時点で事後強盗罪の未遂犯が成立することになりかねず、妥当でない。

そこで、事後強盗罪は、窃盗犯人であることを身分とする身分犯であると解し、65 条により処理するのが妥当である。

そして、65 条の文言から、同条 1 項は真正身分犯に、同条 2 項は不真正身分犯に、それぞれ適用されると解する。

では、事後強盗罪は、真正身分犯か、不真正身分犯か。

この点、不真正身分犯と解する見解もあるが、非財産犯である暴行罪・脅迫罪と財産犯である事後強盗罪の間に加重類型という性質を見出すことは困難である。

そこで、事後強盗罪は真正身分犯であると解する。

そして、非身分者も身分者を通じて身分犯の法益を侵害することが可能であるから、65 条 1 項の「共犯」には共同正犯も含まれると解する。

したがって、65 条 1 項により、B にも事後強盗罪の共同正犯が成立する。

備考：事案により窃盗の機会（➡論証 25）も問題となりうる。

論証カード 26　379

論証 27　事後強盗罪と予備　　　　➡ 134 ページ（イ）

窃盗を決意した A が、もし誰かに発見されたときには 脅して逃げるつもりでナイフを購入した事案　　　　**B**

　A は、事後強盗罪（238 条）を犯す目的でナイフを購入している。そこで、強盗予備罪（237 条）が成立しないか。

　この点、刑法典上、強盗予備が事後強盗罪よりも前の位置に定められていることを理由として、237 条の「強盗の罪を犯す目的」は事後強盗の目的を含まないとする見解がある。

　しかし、事後強盗罪についても「強盗として論ずる」（238 条）とされている以上、237 条の「強盗の罪を犯す目的」は事後強盗の目的も含むと解するのが素直である。

　よって、A には強盗予備罪が成立する。

論証 28　殺人・傷害の故意ある場合の 240 条の罪の成否

➡ 136 ページイ

A が、被害者を殺害して（または傷害して）財物を奪おうと考え、 実行した事案　　　　**A⁺**

　A に 240 条の罪が成立するか。240 条が殺人（傷害）の故意ある場合を含むかが問題となる。

　そもそも、240 条は、犯罪学的にみて強盗の機会に犯人が死傷の結果を生じさせる場合が多いことに着目して規定された犯罪類型である。

　そして、犯人が殺人（傷害）の故意を有するという事態は、犯罪学的にみてきわめて多い事態であるといえる。

　そこで、240 条は、殺人（傷害）の故意がある場合をも含む規定であると解する。240 条が「よって」という文言を用いていないのも、かかる趣旨と解する。

　したがって、A には強盗殺人罪（強盗傷人罪）が成立する。

備考：殺害した後に奪う計画だった場合、そもそも A の行為が財物奪取（占有侵害）に向けられた暴行といえるかという点で、死者の占有（➡論証 17）が前提問題となりうる。余裕があれば軽く論じるとよい。

　　　なお、殺害した後に財物奪取意思を生じた場合には、本罪ではなく殺人罪と窃盗罪の併合罪となる点にも注意。

論証 29　240 条の死傷の原因　　　➡ 137 ページウ

Ａが、Ｂ宅内で金品奪取の目的でＢに暴行を加え、Ｂ宅内を物色していたところ、金品を奪う前に、助けを求めてＢ宅から逃げ出したＢが自動車にひかれて死亡した事案　　**A**⁺

　Ａに強盗致死罪（240 条後段）が成立するか。

　まず、Ａが金品奪取の目的でＢに対して加えた暴行は、Ｂの反抗を抑圧するに足りる暴行であったと思われる。よって、かかる暴行は 236 条 1 項の「暴行」といえ、Ａは「強盗」（240 条）にあたる。

　もっとも、Ｂの死亡結果は、かかる暴行を直接の原因とするものではない。かかる場合にも、強盗致死罪が成立しうるか。

　そもそも、240 条の罪は、犯罪学的にみて強盗の機会に犯人が死傷結果を生じさせる場合が多いことに着目して規定された犯罪類型である。

　とすれば、死傷の結果は、強盗の機会に行われた行為によって生じたものであれば足りると解する。

　ただし、強盗の機会の死傷の結果といえるためには、それが強盗行為と密接な関連性を有する行為により生じたことが必要と解する。

　これを本件でみるに、被害者が強盗の現場から逃げ出すという行為は、強盗行為と密接な関連性を有する行為といえる。したがって、Ｂの死亡結果は、強盗の機会における死亡結果であるといえる。

　よって、Ａには強盗致死罪が成立しうる。

備考：設例では、さらに 240 条の罪の既遂時期(論証 30)が問題となる。

論証カード 29　381

論証 30　240 条の罪の既遂時期　　⇒ 140 ページエ

A が、B 宅内で金品奪取の目的で B に暴行を加え、
B 宅内を物色していたところ、金品を奪う前に、助けを求めて
B 宅から逃げ出した B が自動車にひかれて死亡した事案　　**A⁺**

〔論証 29　240 条の死傷の原因〕入る

　　もっとも、A は金品の奪取に至っていない。にもかかわらず、強盗致死罪は既遂となるか。強盗致死傷罪の既遂時期が問題となる。

　　思うに、強盗致死傷罪の刑がきわめて重いのは、生命・身体を第一次的な保護法益としているからであると解される。

　　とすれば、強盗致死傷罪は、死傷の結果が生じた時点で既遂になると解する。

　　本件では B が死亡している以上、A には強盗致死罪が成立する。

論証 31　被欺罔者の認識の要否①　1 項詐欺の場合　　⇒ 149 ページ①

A が B の本に 1 万円札がはさまっていることに気づきながら、
それを認識していない B から、その本を 100 円で買い受けた事案　　**A**

　　A に詐欺罪（246 条 1 項）が成立するか。

　　本件では、B は「1 万円札」の移転について認識していない。そこで、かかる場合でも B の行為が処分行為といえるかが問題となる。

　　確かに、詐欺罪は、被欺罔者の意思に基づく占有移転という構造を有している。したがって、被欺罔者が何らかの財物の占有移転を認識していることは必要と解する。

　　しかし、移転する客体を被欺罔者に認識させないという、詐欺における最も典型的な類型を詐欺罪から除外するのは妥当でない。

　　そこで、被欺罔者が、個々の財物の移転についてまで認識している必要はないと解する。

　　本件でも、B は「本」の移転については認識していた以上、B の行為は処分行為にあたる。

　　よって、A には詐欺罪が成立する。

備考：上記の見解からも、終局的な占有の移転といえない場合には処分行為性が否定されることに注意
　　　（⇒ 149 ページ（イ））。

論証 32　被欺罔者の認識の要否②　2項詐欺の場合　　➡ 151 ページ②

旅館に宿泊した A が、翌朝になって急に
宿泊代金を支払うのが惜しくなり、旅館主である B に
「ちょっと映画を見てくる。宿泊代金はその後に払う」
といって外出を許可され、そのまま逃走した事案　　　　　**A**

　A に 2 項詐欺罪（246 条 2 項）が成立するか。

　本件では、被欺罔者である B は、A の債務を免除することになるという認識を有していなかったと思われる。そこで、かかる場合でも、B による外出の許可が処分行為といえるかが問題となる。

　この点、判例は、被欺罔者に債務免除の認識が必要であるとしている。

　しかし、被欺罔者に、移転する客体を認識させないという最も典型的な類型を詐欺罪から除外するのは妥当でない。

　そこで、代金債権等の準占有が終局的に移転することの認識が被欺罔者にあれば、なお処分行為といえると解する。

　本件では、B は A が外出することは認識していた以上、代金債権の準占有が A に終局的に移転することの認識はあったといえる。したがって、B の行為は処分行為といえる。

　よって、A には 2 項詐欺罪が成立する。

備考：終局的な移転を認識していない場合には処分行為性が否定されることに注意(➡ 149 ページ(イ))。

論証カード 32　383

論証 33　詐欺罪と財産的損害　　➡ 157 ページ（イ）

**Ａが、市価１万円の電気アンマ器を、
中風や小児麻痺に効果がある高価な特殊治療器であると偽り、
その旨誤信したＢをして１万円で購入させた事案**　　　**Ａ**

　Ａの行為につき、詐欺罪（246条1項）が成立するか。

　本件では、Ａの欺罔的な行為によって、Ｂは錯誤に陥り、１万円をＡに交付している。

　もっとも、本件アンマ器の市価は１万円である。そこで、Ａの欺罔的な行為は、Ｂの財産的損害の発生に向けられた行為とはいえず、「欺」く行為にあたらないのではないか。

　詐欺罪も財産犯である以上、その成立のためには、実質的な財産的損害の発生が必要と解される。

　そして、その有無は、①被欺罔者が獲得しようとしたものと、②欺罔者が給付したものとの間に、経済的に重要な齟齬があるか否かで判断するべきである。

　本件でみるに、確かに、Ｂは１万円相当のアンマ器の給付を受けている。

　しかし、①Ｂが獲得しようとしたのは「購入価格以上の価値を有する物」であるところ、②Ａが給付したのは「購入価格相当の物」にすぎない。よって、経済的に重要な齟齬があるといえ、実質的な財産的損害の発生が認められる。

　したがって、Ａの行為は「欺」く行為といえ、詐欺罪が成立する。

備考：①この財産的損害の要否の論点は、欺罔行為（「欺」く行為）にあたるか否かの中で論じる必要がある。その点をより明示する書き方については、論証 24 を参照してほしい。

　　　②公的証明書の詐取の事案では、「保険金などを給付する現実的な危険性」を負担するか否かにより、財産的損害の有無を判断する。

　　　③預金通帳の詐取の事案では、「預金の預け入れ、払戻しなどの給付をしなければならなくなる現実的な危険性」または「振り込め詐欺等の被害者から不法行為に基づく損害賠償請求等を受ける可能性」が認められることから、財産的損害を肯定する。

論証 34　1 項詐欺罪と 2 項詐欺罪　　➡ 162 ページ（ア）

**A が B を欺いて商品を詐取した後、新たな欺罔行為により
その商品についての代金債務も免れた事案　　B⁺**

───────────────────────────────

（商品についての 1 項詐欺、代金債務を免れた点についての 2 項詐欺を認定）
　この場合、1 項詐欺罪と 2 項詐欺罪とは、併合罪（45 条前段）となるとも思える。
　しかし、両罪の保護法益は実質的には同一であり、また、両行為は時間的・場所的に接着していることから、包括して 1 個の詐欺罪が成立すると解するべきである。

論証 35　不法原因給付と詐欺①　1 項詐欺の場合　　➡ 163 ページ（ア）

**A が B に「麻薬を売ってやる」と偽り、
B から代金を騙し取った事案　　A⁺**

───────────────────────────────

　A に詐欺罪（246 条 1 項）が成立するか。
　確かに、詐欺罪が成立するためには、財産的損害の発生が必要である。
　そして、B による代金の交付が不法原因給付（民法 708 条本文）にあたることからすれば、財産的損害の発生が否定されるとも思える。
　しかし、B は欺かれなければ財物を交付しなかったはずである以上、なお財産的損害を肯定できると解する。
　よって、A には詐欺罪が成立する。

備考：民法 708 条ただし書を適用して財産的損害を肯定する見解でもよい。

論証 36　不法原因給付と詐欺②　2項詐欺の場合　➡ 164ページ（イ）

ＡがＢに「代金を支払う」と偽り、犯罪行為を行わせた後、Ｂを欺いて対価の支払を免れた事案　A⁺

　ＡがＢを欺いて対価の支払を免れた行為につき、2項詐欺罪（246条2項）が成立するか。
　そもそも、2項詐欺罪が成立するためには、財産上の損害の発生が必要である。
　ところが、Ｂによる犯罪行為は公序良俗に違反する行為であることから、民法上、Ｂには対価請求権が認められない（民法90条）。
　したがって、Ａがこれを詐欺的行為により免れたとしても、Ｂに財産的損害があったとはいえないと解される。
　よって、2項詐欺罪は成立しない。

備考：前提として、犯罪行為という役務を詐取した点についての2項詐欺罪の成否（➡164ページａ）に軽く触れてもよい（成立は否定）。

論証 37　クレジットカード詐欺　➡ 170ページ（イ）

Ａが、Ｂから窃取したＢ名義のクレジットカードを使用し、同カードの加盟店である個人商人のＣから商品を購入した事案　A

　Ａの行為につき、Ｃに対する詐欺罪（246条）が成立するか。
　まず、加盟店であるＣは、Ａがカードの名義人たるＢではないことを知っていれば、契約上取引を拒否したはずである。よって、Ｃの錯誤が認められる。
　また、Ｃはかかる錯誤により、Ａに商品を交付するという処分行為を行ったといえる。
　さらに、詐欺罪は財産犯である以上、その成立には財産的損害の発生が必要と解されるところ、本件ではＣに対してクレジットカード会社からの立替払いが行われない可能性がある以上、Ｃに財産的損害が認められると解される。
　よって、Ａの行為は、加盟店であるＣの錯誤ないし財物の処分行為に向けられた、Ｃの財産的損害を発生させる行為といえ、1項詐欺罪の欺罔行為にあたる。
　したがって、1項詐欺罪（246条1項）が成立する。

備考：①Ｂ名義のクレジットカードを、Ｂの承諾のもとＡが利用した場合も、同様に考えてよい。
　　　②カードを使用する際にサインをした場合は、私文書偽造罪や同行使罪が成立する。

論証 38　権利行使と恐喝　　　➡ 175 ページ **5**

消費貸借の貸主 A が、暴行・脅迫を用いて借主 B から
貸金を取り立てた事案　　　　　　　　　　　　　　　**B⁺**

　A に恐喝罪（249 条 1 項）が成立するか。

　まず、A は債権者であることから、構成要件該当性が否定されるのではないか。恐喝罪の保護法益をいかに解するかが問題となる。

　思うに、自力救済が禁じられている現代社会（民法 202 条 2 項参照）にあっては、恐喝罪の保護法益は、本権ではなく占有そのものであると解するのが妥当である。

　したがって、A の取立て行為が B の金銭への占有を侵害するものである以上、恐喝罪の構成要件該当性は認められる。

　次に、違法性が阻却されるのではないかが問題となる。

　思うに、刑法は法益保護機能のみならず社会倫理秩序維持機能をも有することから、違法性の実質は、社会的相当性を逸脱した法益侵害・危険性の惹起にあると解される。

　そこで、①権利の行使という正当な目的があり、②権利の範囲内であって、③その手段が社会的相当性の範囲内にあると認められるときは、正当行為（刑法 35 条）として違法性が阻却されると解する。

備考：債権者が欺罔行為を用いて債務者から弁済を受けた場合にも、同様の問題が生じる。

論証カード 38　　387

論証 39　横領罪の占有の意義　　　➡ 178 ページ①

X 所有の不動産の登記名義のみを有する A が、それを奇貨として B に当該不動産を売却し、登記を移した事案　　　**A**

　A に横領罪（252 条 1 項）が成立するか。A が本件不動産を「占有」していたといえるかが問題となる。

　思うに、同罪における「占有」とは、行為者に他人の物の処分可能性があるという意味である。

　そして、かかる処分可能性は、他人の物を事実的に支配している者のみならず、法律的に支配している場合にも認められる。

　したがって、同罪における「占有」とは、事実的支配のみならず法律的支配をも含むと解する。

　本件でこれをみるに、A には「登記」を通じた法律的支配が認められる。よって、A は X 所有の本件不動産を「占有」していたといえる。

　そして、A は本件不動産を B に売却し、登記を移した行為は、不法領得意思の実現行為といえ、「横領」にあたる。

　よって、A には横領罪が成立する。

論証 40　使途を定めて占有を委託された金銭と横領　➡ 180 ページ(c)

Ａが、委託された買物用の代金としてＢから預かっていた金銭を、ほしいままに費消した事案　B⁺

　Ａに横領罪（252 条 1 項）が成立するか。Ａが占有する本件金銭が「他人の物」といえるかが問題となる。

　確かに、民法上、金銭は所有と占有が一致すると解されている。このことからすれば、本件金銭は「他人の物」とはいえないとも思える。

　しかし、民法上、金銭の所有と占有が一致すると解されているのは、金銭の流通に関する動的安全を保護するためである。ところが、横領罪は、逆に所有者の内部的な所有権保護を目的としている。

　とすれば、金銭についての民法上の解釈は、横領罪の規定の解釈には妥当しないというべきである。

　したがって、本件金銭も、なお「他人の物」といえると解する。

　そして、Ａがこれをほしいままに費消した行為は、原則として不法領得意思の実現行為といえ、「横領」にあたる。

　よって、原則としてＡには横領罪が成立する。

備考：費消の時点において、てん補の意思と能力があれば、「横領」にあたらない（➡ 188 ページ(ウ)）。

論証カード 40　389

論証 41　不法原因給付と横領①──否定説　　➡ 182 ページ（ii）

①AがBにCの殺害を依頼し、その報酬の前払金として100万円を交付したところ、交付を受けたBが、Cの殺害に着手せずに100万円を費消した事案
②XがYにZへの贈賄を依頼し、賄賂用の金銭としてYに100万円を預けたところ、YがこのY100万円を費消した事案　　**A**

　BやYに横領罪（252条1項）が成立するか。各100万円が「他人の物」といえるかが問題となる。

　そもそも、AやXが100万円を交付したのは、殺害や贈賄のためであるから、不法原因給付（民法708条本文）にあたる。よって、民法上、AやXには返還請求権が認められず、また、その反射的作用として、当該給付物の所有権は給付を受けた者に移ると解される。

　そして、法秩序の統一の見地から、かかる解釈は刑法上も妥当するというべきである。

　したがって、本件100万円はBやYの所有物となり、「他人の物」にはあたらない。

　よって、BやYに横領罪は成立しない。

備考：前提として、使途を定めて占有を委託された金銭と横領（➡論証40）も問題となりうる。

論証 42　不法原因給付と横領②──折衷説　　A　➡ 183ページ（iii）

　　BやYに横領罪（252条1項）が成立するか。各100万円が「他人の物」といえるかが問題となる。

　　この点、AやXがなした給付は不法原因給付（民法708条本文）にあたり、返還請求権が否定されることの反射的作用として、所有権がBやYに移り、「他人の物」といえなくなるとする見解がある。

　　確かに、法秩序の統一の見地から、不法原因給付にあたる場合には、「他人の物」にはあたらないと解するべきである。

　　しかし、民法708条本文の「給付」とは、終局的な利益の移転をいうと解される。

　　よって、物が寄託されたにすぎない場合は「給付」にあたらず、なお「他人の物」といえると解する。

　　これを本件①でみるに、Aの交付は終局的な利益の移転といえ、「給付」にあたる。したがって、100万円は「他人の物」とはいえず、Bに横領罪は成立しない。

　　他方、本件②では、100万円はYに寄託されたにすぎず、終局的な利益の移転があったとはいえない。したがって、「給付」にあたらず、100万円はなお「他人」たるXの物といえる。

　　そして、Yがこれを費消した行為は、費消の時点でYにてん補の意思と能力があった場合は格別、原則として不法領得意思の実現行為といえ、「横領」にあたる。

　　よって、本件②ではYに横領罪が成立する。

論証 43　盗品等の横領①──不法原因給付との関係　　➡ 184 ページ③

窃盗犯人である X から盗品の保管を依頼された A が、預かった盗品を勝手に売却した事案　　A

　A に横領罪（252 条 1 項）が成立するか。

　まず、X のなした給付が不法原因給付（民法 708 条本文）にあたることから、横領罪の成立が否定されるのではないかが問題となる。

　確かに、不法原因給付にあたる場合には、民法上所有権が移ると解されている。そして、法秩序の統一の見地から、かかる解釈は横領罪においても妥当するというべきである。

　しかし、民法 708 条本文の「給付」とは、終局的な利益の移転をいうと解される。

　したがって、物が寄託されたにすぎない場合は「給付」にあたらないと解する。

　本件でこれをみるに、本件盗品は A に寄託されたにすぎない。

　よって、「給付」にあたらない。

論証 44　盗品等の横領②──窃盗犯人との委託信任関係　A

➡ 184 ページ③

　もっとも、占有離脱物横領罪（254 条）との区別のために、横領罪の「占有」は委託信任関係に基づくものでなければならないと解される。

　ところが、本件の委託信任関係は、窃盗犯人たる X との間のものである。

　そこで、かかる場合にも横領罪が成立するかが問題となる。

　この点、窃盗犯人の占有も保護されると解される以上、窃盗犯人との委託信任関係も保護に値するとして、横領罪の成立を認める見解がある。

　しかし、横領罪の保護法益は、委託信任関係ではなく所有権である以上、所有者ではない窃盗犯人との間の委託信任関係は保護に値しないというべきである。

　したがって、かかる場合には横領罪は成立しないと解する。

　本件でも、横領罪は成立しない。

備考：成立を肯定する見解でもよい。

論証 45　二重譲渡①──Ａの横領罪の成否　　　➡ 185 ページ(a)

Ａが、自らが所有するＸ土地をＢに売却した後、
移転登記が備わらないうちに、Ｃにも売却し、
Ｃが移転登記を備えた事案　　　　　　　　　　　　　　**B⁺**

　Ａが Ｃに土地を売却した行為につき、Ｂを被害者とする横領罪（252 条 1 項）が成立するか。本件Ｘ土地が「他人の物」にあたるかが問題となる。
　思うに、土地の所有権は、売買契約の時点で移転すると解するのが民法 176 条から素直である。
　したがって、ＡがＢに売却した時点で、Ｘ土地はＢの所有地となったと解する。
　よって、「他人の物」にあたる。
　ただし、横領の目的物が登記を対抗要件とするものである場合には、登記の完了をもって既遂になると解する。かかる時点になって、はじめて所有権を失わせる危険性が具体化したといえるからである。
　本件ではＣが登記を備えているので、Ａに横領罪が成立する。

論証 46　二重譲渡②──Ａの詐欺罪の成否　**B⁺**　➡ 186 ページ(b)

　次に、Ｃが善意である場合、ＡにＣを被害者とする詐欺罪（246 条 1 項）が成立するか。
　思うに、詐欺罪の成立には財産的損害の発生が必要であるところ、移転登記を備えればＣは所有権を取得できるのであるから、Ｃには何らの財産的損害も発生しない。
　そこで、詐欺罪の成立は否定されると解する。

備考：Ｂへ売却済みであることを知っていればＣが買わなかったであろうといえる特段の事情がある場合
　　　には、Ａに詐欺罪を成立させてもよい。

論証 47　二重譲渡③──Ｃの横領罪の成否　**B⁺**　➡ 186 ページ(c)

　さらに、Ｃが悪意である場合、Ｃに横領罪の共同正犯（60 条・252 条 1 項）が成立するか。
　この点、民法 177 条の「第三者」には、自由競争の範囲を逸脱する背信的悪意者は含まれないが、単純悪意者は含まれると解される。
　そこで、Ｃが背信的悪意者である場合には、横領罪の共同正犯が成立するが、Ｃが単純悪意者である場合には、Ｃに横領罪の共同正犯は成立しないと解する。

論証 48　横領罪における不法領得の意思　　➡ 187 ページ（イ）

Ａが、Ｂから預かっていた物を毀棄・隠匿した事案　　**B⁺**

　Ａに横領罪が成立するか。

　まず、本件の物は、「自己の占有する他人の物」にあたる。

　では、Ａの毀棄・隠匿行為は「横領」にあたるか。「横領」とは、不法領得の意思を実現する一切の行為のことをいうと解されるところ、横領罪における不法領得の意思の意義をいかに解するべきかが問題となる。

　思うに、もっぱら毀棄・隠匿目的で領得したケースでも、それはなお委託信任関係を破壊する行為といえる。

　そこで、横領罪における不法領得の意思とは、他人の物の占有者が委託の任務に背いて、その物につき権限がないのに所有者でなければできないような処分をする意思をいい、いわゆる利用・処分意思は不要と解する。

　本件でＡがなした行為は、かかる不法領得の意思を実現する行為といえる。

　よって、Ａには横領罪が成立する。

備考：その後、Ｂからの返還請求を詐欺的手段により免れた場合には、横領罪と詐欺罪との関係（➡論証50)が問題となる。

論証 49　横領後の横領　　　　　➡ 189 ページ（ア）

X 所有の不動産の登記名義人である A が、その地位を利用して、
A の債権者である B のために当該不動産を目的とする抵当権を
設定し、登記を了した後に、A が当該不動産を C に売却し、
登記を了した事案　　　　　　　　　　　　　　　　　　　　　　　　　B⁺

【A による抵当権の設定・同登記につき横領罪の成立を肯定】

では、A がその後本件不動産を C に売却した行為についても、さらに横領罪（252 条 1 項）が成立するか。

この点、不動産の売却行為は、抵当権の設定行為により成立した横領罪の不可罰的事後行為であると解する見解がある。

しかし、抵当権の設定と売却とでは、横領罪の保護法益である所有権に対する侵害の程度が異なる。

とすれば、抵当権の設定行為により所有権侵害が全て評価しつくされていると解することはできない。

よって、不動産の売却行為についても、新たに所有権を侵害するものとして、横領罪が成立すると解する。

論証 50　横領後の詐欺　　　　　➡ 190 ページ（イ）

A が、B から預かった物を売却して横領した後、
事情を知らない B から物の返還請求を受けた際、
泥棒に盗まれたと欺いて B の請求を免れた事案　　　　　　　　　　　B⁺

A が B から預かった物を売却した行為について、横領罪（252 条 1 項）が成立する。

では、その後、B を欺いて横領した物の返還を免れた行為について、別途詐欺罪（246 条 2 項）が成立するか。

そもそも刑法は、自己の占有する他人の物の横領という行為のもつ誘惑的要素に基づく責任（非難可能性）の減少にかんがみ、横領罪の法定刑を軽くしているものと解される。

にもかかわらず、別途重い詐欺罪の成立を肯定してしまっては、かかる法の趣旨を没却する。

そこで、横領罪と同一の被害者に対し横領物を確保するために行われた欺罔行為は、横領罪の不可罰的事後行為と解するべきである。

よって、A に詐欺罪は成立しない。

論証カード 49・50　　395

論証 51　他人の登記等に協力する義務と背任罪　　➡ 195 ページイ

A が債権者 X のために自己所有の甲土地に抵当権を設定する契約を締結した後、X の抵当権設定登記がなされる前に、A が他の債権者 Y のためにも甲土地に抵当権を設定する契約を締結し、しかも X の抵当権設定登記に先立って Y の抵当権設定登記がなされた事案　**B⁺**

　　A は、X の抵当権設定登記に協力する義務があったにもかかわらず、その義務を懈怠している。
　　そこで、A に背任罪（247 条）が成立しないか。A の義務が他人のための事務にあたるかが問題となる。
　　確かに、A の義務は、抵当権設定契約上の自己の義務という側面は否めない。
　　しかし、A の義務は、主として X の財産権保全のための事務であるといえる。
　　したがって、なお「他人のため」の事務にあたると解する。
　　そして、A は「自己の……利益を図」る目的で、Y との契約締結ないし抵当権設定登記という、X との関係での「任務」に背く行為を行い、その結果、1 番抵当権を取得できなくなったという「財産上の損害」を X に加えたといえる。
　　よって、背任罪が成立する。

論証 52　背任罪と横領罪との区別　　➡ 197 ページウ

銀行の支店長である A が、明らかに回収不能であることがわかっていながら、担保もとらずに銀行名義で B に 100 万円を貸し付けた事案 **A**

　　A は、銀行という他人のためにその事務を処理する者であるから、背任罪（247 条）の主体たりえる。しかし、同時に A は、銀行の金銭を業務上占有する者でもあるから、業務上横領罪（253 条）の主体にもあたる。
　　そこで、A を背任罪と業務上横領罪のいずれに問擬すべきか。背任罪と横領罪の区別の基準をいかに解するべきかが問題となる。
　　思うに、横領罪は財物についての背信的領得罪である。
　　そこで、財物についての領得行為は横領罪に、それ以外の背信行為は背任罪に、それぞれ問擬すべきと解する。
　　本件の A は、金銭を領得していないことから、背任罪に問擬するべきである。

〔論証 53　背任罪の財産上の損害の判断基準〕へ続く

備考：権限の逸脱が横領、権限の濫用が背任とする見解でもよい。

論証 53　背任罪の財産上の損害の判断基準　A　➡ 200 ページイ

〔論証 52　背任罪と横領罪との区別〕入る

　そして、AはBという「第三者」の利益を図る目的のもと、明らかに回収不能な貸付を無担保で行うという「任務に背く行為」をなしている。

　では、本人たる銀行に「財産上の損害」を加えたといえるか。その判断基準が問題となる。

　まず、背任罪は全体財産に対する罪である。

　したがって、単に個別財産の減少があっただけでは足りず、全体財産の減少があってはじめて「財産上の損害」の発生が認められる。

　そして、かかる全体財産の減少の有無は、法的見地からではなく、経済的見地から判断するのが妥当と解する。

　本件でこれをみるに、確かに100万円の貸付により銀行は100万円の債権を取得しているものの、その債権には回収の見込みや担保がない以上、経済的見地からは、貸付の時点で財産上の損害が発生したといえる。

　よって、Aには貸付の時点で背任罪が成立する。

論証 54　被害者のもとへの運搬と盗品等罪　➡ 206 ページイ

盗品の返還を条件に被害者から金員を得る目的のもと、
Bが盗んだ盗品を、Aが被害者宅へ運搬し、金員を得た事案　B+

　Aが盗品を被害者宅へ運搬した行為につき、盗品等運搬罪（256条2項）が成立するか。

　この点、同罪の保護法益が被害者の追求権であるところ、被害者のもとへの運搬は被害者の追求権の侵害という要素に欠けることから、運搬罪は成立しないとする見解がある。

　しかし、盗品の返還を条件に被害者から金員を得る目的がある場合には、盗品等の正常な回復を困難にしたといえる。

　したがって、かかる目的がある場合には、同罪が成立すると解する。

　本件でも、Aは被害者から金員を得る目的を有していることから、同罪が成立する。

備考：成立を否定する見解でもよい。

論証 55　保管と途中知情　　　　➡ 207 ページイ

**Ａは、委託を受けて盗品の保管を開始した時点では
盗品であることを知らなかったが、途中から盗品であることを知った。
にもかかわらず、盗品の保管を継続した事案**　　　**B⁺**

　　Ａが、盗品であることを知ったにもかかわらず、その保管を継続した行為につき、盗品等保管罪（256 条 2 項）が成立するか。盗品等である旨の故意（38 条 1 項）につき、占有移転の時点から存することが必要かが問題となる。

　　そもそも、同罪の保護法益は被害者の追求権である。

　　そして、盗品等の移転後の保管行為も、盗品等の発覚を防止し、また本犯者による処分を容易にする行為といえ、追求権を侵害する行為であるといえる。

　　そこで、占有移転の時点での故意は必ずしも必要でなく、事情を知った以後は同罪が成立すると解する。

　　したがって、Ａには同罪が成立する。

論証 56　盗品等罪の親族間の特例の適用範囲　　　➡ 210 ページイ

**Ａが、Ａの子である窃盗犯人のＢから、親族でないＣを
被害者とする盗品の保管を依頼され、これを保管した事案**　　　**B⁺**

　　Ａには盗品等保管罪（256 条 2 項）が成立する。

　　では、257 条 1 項が適用され、刑が免除されるか。257 条 1 項を適用するための要件が問題となる。

　　そもそも、同条項は、盗品等に関する罪の事後従犯的性格（犯人庇護的性格）ゆえの期待可能性の減少を根拠とする一身的処罰阻却事由である。

　　そして、本犯者と、盗品等に関する罪を犯した者との間に親族関係があれば、かかる期待可能性の減少が認められる。

　　そこで、本条項が適用されるためには、本犯者と盗品等に関する罪の犯人との間に親族関係があることが必要であり、かつそれで足りると解する。

　　本件では、ＢとＡは親族関係にある。よって、Ａに同条項が適用され、刑が免除される。

論証 57　現住性・現在性の判断（客体の一個性）①──ロング・バージョン

➡ 224 ページ③

- Ａが、現住部分と非現住非現在部分とが渡り廊下で結ばれた建物の非現住非現在部分に放火した事案
- Ｂが、難燃性建造物であるマンションの無人の空き部屋に放火した事案
- Ｃが、マンション内の無人のエレベーターに放火した事案　　Ａ

　Ａ・Ｂ・Ｃは、それぞれ現住建造物の非現住・非現在部分に放火している。
　かかる行為について、現住建造物放火罪（108 条）と非現住・非現在建造物放火罪（109 条 1 項）とのいずれに問擬すべきか。現住性の有無の判断基準が問題となる。
　思うに、現住建造物放火罪が特に重く処罰される趣旨は、同罪が、公共の危険とともに、放火の客体となった建造物内の人に対する危険をもあわせもつ点にある。
　とすれば、現住性の有無は、物理的一体性からみて現住部分への類型的な延焼可能性があるか否かで判断するべきである。
　また、物理的一体性が欠ける場合であっても、機能的一体性が認められる場合には、なお現住建造物であると解するべきである。なぜなら、この場合にも建造物内の人に対する危険が認められるからである。

備考：あてはめ方については、それぞれ 224 ページ③を参照。

論証 58　現住性・現在性の判断（客体の一個性）②──ショート・バージョン　Ａ

➡ 224 ページ③

　ＡやＢは、現住建造物の非現住・非現在部分に放火している。
　かかる行為について、現住建造物放火罪（108 条）と非現住・非現在建造物放火罪（109 条 1 項）のいずれに問擬すべきか。現住性の有無の判断基準が問題となる。
　思うに、現住性は構成要件要素である。
　そこで、物理的接続性・機能的一体性・延焼可能性等の諸事情を総合して、社会通念上一個の建造物と認められるか否かで判断するべきである。

論証 59　放火罪における焼損の意義①──独立燃焼説　　➡ 228 ページ①

ＡがＢの住居に放火したが、畳が燃えただけで鎮火した事案　　**A**

　Ｂの住居を放火したＡの行為は、現住建造物放火罪（108 条）の実行の着手（43 条本文）にあたる。

　では、同罪は既遂となるか。同罪の既遂時期を決する「焼損」の意義が問題となる。

　そもそも、放火罪は不特定または多数人の生命・身体・財産を保護法益とする公共危険罪であるところ、火が媒介物を離れて目的物に移り、目的物が独立に燃焼を継続する状態に達すれば、その時点で、少なくとも抽象的には公共の危険が発生したといえる。

　そこで、「焼損」とは、かかる状態をいうものと解する。

　本件では、Ｂの住居の従物たる「畳」が独立に燃焼しただけであり、Ｂの住居自体は独立に燃焼していない。

　よって、「焼損」とはいえず、現住建造物放火罪の未遂罪（112 条・108 条）が成立するにとどまる。

論証 60　放火罪における焼損の意義②──難燃性建造物の場合

➡ 230 ページ（イ）

Ａが、難燃性の現住建造物に放火したところ、畳や家具が燃え、その火力によって建材やコンクリート壁が剥落し、有毒ガスが発生したものの、建造物自体は独立燃焼に至らなかった事案　　**B⁺**

〔論証 59　放火罪における焼損の意義①〕入る

　本件でこれをみるに、建造物自体は独立燃焼に至らなかったのであるから、現住建造物放火罪の未遂罪（112 条・108 条）が成立するにとどまる。

　以上に対し、難燃建造物については、媒介物の火力によって建造物が効用を失うに至った場合には「焼損」にあたるとする見解がある。

　しかし、かかる解釈は、「焼損」という文理上の制約を無視する解釈であり、賛成できない。

論証61　公共の危険の認識の要否①──109条2項・110条2項の場合

➡ 233ページウ

Aが、「一般人がみたら『他の家に延焼する』と思うだろうが、
今日の天気や風向きだと、他の家への延焼は絶対にあり得ない」
と考えつつ、住宅街にある自己所有の空き家に放火し、
焼損した事案　　　　　　　　　　　　　　　　　　　　　　　　　**A**

（109条2項の罪の客観面を認定）

　しかし、Aは他の家への延焼は絶対にあり得ないと考えていた。そこで、「公共の危険」の認識に欠け、同罪は成立しないのではないか。「公共の危険」の認識の要否ないしその内容が問題となる。

　この点、「罰しない」という文言から、公共の危険を処罰条件であると解し、その認識は不要とする見解がある。

　しかし、そもそも2項が規定する行為自体は、本来違法行為ではない。にもかかわらずそれが犯罪となるのは、公共の危険を発生させたからである。

　とすれば、公共の危険の認識は必要と解するべきである。

　もっとも、一般人の印象からみて、不特定または多数人の生命・身体・財産に対する危険を感じさせる状態が生じることの認識があれば、延焼可能性の認識がなくても、公共の危険の認識はあると解する。

　本件でこれをみるに、Aはかかる認識は有していた。

　よって、公共の危険の認識が認められ、Aには109条2項の罪が成立する。

論証 62　公共の危険の認識の要否②──110 条 1 項の場合

➡ 235 ページウ

Ａが、「一般人がみたら『周囲の家に延焼する』と思うだろうが、
今日の天気や風向きだと延焼は絶対にあり得ない」と考えつつ、
住宅街のＢの家屋の前に置いてあったＢ所有のオートバイに放火し、
焼損した事案　　　　　　　　　　　　　　　　　　　　　　　　**A**

【110 条 1 項の客観面を認定】

　しかし、Ａは周囲の家への延焼は絶対にあり得ないと考えていた。そこで、「公共の危険」の認識に欠け、同罪は成立しないのではないか。「公共の危険」の認識の要否ないしその内容が問題となる。

　この点、「よって」という文言ゆえに本罪を器物損壊罪の結果的加重犯であると解し、公共の危険の認識は不要とする見解がある。判例も、認識を不要としている。

　しかし、個人的法益に対する罪である器物損壊罪と、公共危険罪である本罪との間に、加重類型という関係を見出すのは無理がある。

　思うに、他人の所有物の焼損が器物損壊よりも重い公共危険罪を構成するのは、公共の危険を発生させたからである。

　とすれば、公共の危険の認識が必要と解するべきである。

　もっとも、一般人の印象からみて、不特定または多数人の生命・身体・財産に対する危険を感じさせる状態が生じることの認識があれば、延焼可能性の認識がなくても、公共の危険の認識はあると解する。

　本件でこれをみるに、Ａはかかる認識は有していた。

　よって、公共の危険の認識が認められ、Ａには 110 条 1 項の罪が成立する。

備考：110 条 2 項(建造物以外・自己所有)については、論証 61 と同じ筋で論じていく。

論証 63　名義人の実在の要否　　➡ 252 ページ（ウ）

Ａが、架空人であるＢ名義で私文書を偽造した事案　　B

　Ａに有印私文書偽造罪（159 条 1 項）が成立するか。架空人であるＢ名義の本件文書が、私文書偽造罪における「文書」にあたるかが問題となる。

　そもそも、私文書偽造罪の保護法益は、文書に対する公共の信用である。

　そして、架空人名義の文書を偽造した場合であっても、一般人がその架空人の実在を誤信するのであれば、文書に対する公共の信用は害される。

　したがって、名義人の実在は不要であり、架空人名義の文書も「文書」に該当すると解する。

　よって、Ａには私文書偽造罪が成立する。

論証 64　写しの作成と文書偽造①──写しの文書性　→ 253 ページ（オ）

原本の写しの提出が必要な場合に、Aが、他人の司法試験合格証書の氏名欄に「A」という紙を貼り付け写真コピー機にかけ、写しを作成した事案　　　A

　Aの行為につき、有印公文書偽造罪（155条1項）が成立するか。まず、本件写しが「文書」といえるかが問題となる。
　思うに、公文書偽造罪の保護法益は文書に対する公共の信用であるところ、かかる信用は、原則として原本についてのみ生じうる。したがって、原本の写しは「文書」にあたらないのが原則と解する。
　しかし、写しが、①原本と同一の意識内容を保有し、②証明文書として原本と同様の社会的機能と信用性を有する場合には、原本の写しも「文書」にあたると解する。
　本件では写真コピー機でコピーをしていることから、①を満たす。また、原本の写しの提出で足りるとされていることから、②も満たす。
　よって、本件写しは「文書」といえる。

論証 65　写しの作成と文書偽造②──その他の要件　A

→ 253 ページ（オ）

　では、Aは「偽造」したといえるか。「偽造」とは、文書の名義人と作成者との人格の同一性を偽ることをいうと解されるところ、本件文書の名義人は誰かが問題となる。
　そもそも名義人とは、当該文書から理解される意思や観念の表示主体をいう。
　そして、写しが前述の要件を満たしている以上、当該写しから理解される意思や観念の表示主体は原本の作成者である。
　したがって、原本の作成者が名義人であり、本件では司法試験委員長が名義人といえる。
　ところが、本件写しの作成者はAである。
　よって、「偽造」したといえる。
　さらに、前述の要件を満たしている以上、本件写しは有印であると解する。
　また、Aは本件写しを真正な文書として使用する意思を有しており、「行使の目的」がある。
　よって、Aの行為には、有印公文書偽造罪が成立する。

備考：ファクシミリで受信・印字された書面については、文書性の要件①は満たすものの、要件②は否定される場合もありうる点に注意（→ 256 ページ（c））。

論証 66　156 条の間接正犯の成否　　➡ 264 ページ（イ）

**私人である A が、印鑑証明書の作成権限を有する
市民課長 B に虚偽の申立てをして B を欺罔し、
内容虚偽の印鑑証明書を取得した事案**　　**B⁺**

　A の行為につき、虚偽公文書作成罪（156 条）が成立するか。

　まず、いわゆる間接正犯も正犯たりうるかが問題となるが、①特定の犯罪を自己の犯罪として積極的に利用する意思のもと、②他人を道具として一方的に支配・利用していた場合には、正犯たりうると解する。

　本件で、A はかかる要件を満たす。

　そして、A は同罪の身分を有しないものの、非身分者も身分者を通じて身分犯の法益を侵害することは可能であることからすれば、本罪の間接正犯が成立するとも思える。

　しかし、刑法は、157 条で、限定された重要な公文書についての 156 条の間接正犯を独立に規定し、かつ、156 条よりもかなり軽い刑で処罰している。

　とすれば、157 条は、157 条に列挙された重要な公文書以外の公文書についての 156 条の間接正犯は不処罰とする趣旨の規定であると解するのが妥当である。

　よって、A の行為につき、156 条の間接正犯は成立しない。

論証 67　名義人の承諾と私文書偽造　　➡ 271 ページ①

無免許運転中に交通違反で捕まった A が、友人 B の名義で
反則キップの供述書欄に署名した。ただし、A は、
事前に B の名義を使用する承諾を B から得ていた事案　　**A**

　A の行為につき、有印私文書偽造罪（159 条 1 項）が成立するか。A の行為が「偽造」といえるかが問題となる。

　「偽造」とは、文書の名義人と作成者との人格の同一性を偽ることをいうと解されるところ、本件文書の名義人は B である。

　では、本件文書の作成者は誰か。

　思うに、作成者とは、文書に意思や観念を表示した者、または表示させた者をいう。

　とすれば、名義人の承諾がある場合には、その名義人が作成者となるのが原則である。

　ただし、性質上、自署性が要求される文書については、名義人の承諾は無効であり、物理的に文書を作成した者が作成者となると解する。

　本件の「反則キップ」は、性質上、自署性が要求される文書といえる。したがって、B の承諾は無効であり、作成者は A である。よって、A の行為は「偽造」といえる。

　そして、A には「行使の目的」も認められる。

　よって、有印私文書偽造罪が成立する。

論証 68　肩書の冒用と私文書偽造　　➡ 273 ページ②

弁護士ではない A が、「弁護士 A」という名義で
私文書を作成した事案　　**B⁺**

　A の行為につき、有印私文書偽造罪（159 条 1 項）が成立するか。A の行為が「偽造」といえるかが問題となる。

　「偽造」とは、文書の名義人と作成者との人格の同一性を偽ることをいうと解される。

　そして、本件のごとき肩書の冒用の場合、性質上、肩書・資格がなければ作成できない文書であった場合には、肩書付きの者が名義人と解するべきである。

　他方、性質上、肩書・資格がなくとも作成できる文書であった場合には、肩書のない者が名義人と解するべきである。

　本件でも、A の作成した文書が弁護士報酬請求書などであった場合には、名義人は肩書付きの「弁護士 A」である。にもかかわらず作成者は単なる「A」であることから、「偽造」にあたり、有印私文書偽造罪が成立する。

　他方、A の作成した文書が郵便局への転居届などであった場合には、名義人は単なる「A」であるから、「偽造」にあたらず、有印私文書偽造罪は成立しない。

論証 69　代理名義の冒用と私文書偽造　➡ 274 ページ③

代理権のないＡが、「Ｂ代理人Ａ」という名義で契約書を作成した事案　　B+

　Ａの行為につき、有印私文書偽造罪（159 条 1 項）が成立するか。

　そもそも「偽造」とは、文書の名義人と作成者との人格の同一性を偽ることをいうと解される。そして、本件文書の作成者はＡである。

　では、名義人は誰か。代理名義が冒用された場合の名義人をいかに解するべきかが問題となる。

　この点、判例は、本人が名義人であるとしている。

　しかし、名義人とは当該文書から理解される意思や観念の表示主体をいうところ、代理形式の文書から理解される意思・観念の表示主体は代理人である以上、判例には賛成できない。

　そもそも、私文書偽造罪の保護法益は、文書に対する公共の信用である。

　そこで、文書の性質からみて、代理人という肩書・資格が当該文書に対する公共の信用の基礎となっている場合には、それが名義人の表示の一部になっていると解するべきである。

　これを本件でみるに、「契約書」という文書の性質から、その名義人は単なるＡではなく、Ｂの代理人であるＡである。

　よって、Ａの行為は「偽造」にあたる。

　備考：簡単に書くときは、判例の立場でもよい。

論証 70　職務の適法性①──適法性の要否・要件　　➡ 310 ページウ

何ら犯罪行為を行っていないものの被疑者とされていた A が、
逮捕状に基づき A を逮捕しようとした警察官 B に対し
暴行を加えた事案　　　　　　　　　　　　　　　　　　**A**

　A の行為につき、公務執行妨害罪（95 条 1 項）が成立するか。まず、同罪における公務員の「職務」が適法であることを要するかが問題となる。

　思うに、同罪の保護法益は公務員の職務の円滑な執行であるところ、違法な職務を刑法で保護する必要はない。

　よって、職務の適法性は、書かれざる構成要件要素であると解する。

　そして、職務が適法といえるためには、当該職務行為が、①当該公務員の抽象的職務権限に属すること、②当該公務員が当該職務を行う具体的職務権限を有すること、③当該職務の執行が公務としての有効要件である法律上の手続・方式の重要部分を履践していること、が必要であると解する。

論証 71　職務の適法性②──判断基準　　**A**　➡ 312 ページ（ウ）

　しかし、A は無実の者である。にもかかわらず、B の逮捕行為は適法といえるか。職務の適法性の判断基準が問題となる。

　この点、当該公務員を基準とする見解や、一般人を基準とする見解があるが、それでは常に適法となりかねず、妥当でない。

　そこで、裁判所が客観的に判断すべきと解する。

　ただし、職務執行時に適法であれば、十分の要保護性をもつというべきであるから、裁判時ではなく行為時を基準として判断するべきと解する。

　本件では、逮捕状が発せられていた以上、逮捕行為の時点では、裁判所の客観的な見地からしても B の行為は適法であったといえる。

　よって、本件は公務執行妨害罪の客観的構成要件を満たす。

論証 72　職務の適法性③——適法性に関する錯誤の処理（事実の錯誤説）　A

➡ 313 ページ（エ）

　もっとも、A は B の行為は違法な逮捕行為であると思っていたものと考えられる。

　そこで、A に同罪の故意（38 条 1 項）が認められるか。職務の適法性に関する錯誤の処理が問題となる。

　思うに、職務の適法性を客観的構成要件要素であると解する以上、その認識がなければ事実の錯誤として構成要件的故意が阻却されると解するべきである。

　ただし、職務の適法性は、いわゆる規範的構成要件要素である。

　そして、故意の本質は規範に直面し反対動機の形成が可能であったにもかかわらずあえて行為に及んだことに対する強い道義的非難であるところ、規範的構成要件については、素人的認識さえあれば反対動機の形成が可能であったというべきである。

　したがって、素人的認識があれば、構成要件的故意が認められると解する。

　本件では、A は、A を名宛人とした逮捕状が発せられており、これにより警察官である B が A を逮捕しようとしていることは認識している。

　したがって、素人的認識に欠けることはなく、構成要件的故意が認められる。

　よって、公務執行妨害罪が成立する。

論証 73　職務の適法性④——適法性に関する錯誤の処理（二分説）　A

➡ 313 ページ（エ）

　もっとも、A は B の行為は違法な逮捕行為であると思っていたものと考えられる。

　そこで、A に同罪の故意（38 条 1 項）が認められるか。職務の適法性に関する錯誤の処理が問題となる。

　この点、かかる錯誤を法律の錯誤と解し、原則として故意の阻却を認めないとする見解がある。

　しかし、職務の適法性を客観的構成要件要素であると解する以上、適法性の錯誤を全て法律の錯誤と解するのは妥当でない。

　思うに、適法性も、①適法性を基礎づける事実と、②評価とに区別しうる。

　そこで、①適法性を基礎づける事実を誤認している場合には、事実の錯誤として故意が阻却され、②単に評価を誤っている場合については、法律の錯誤として処理するのが妥当である。

　本件では、A は、A を名宛人とした逮捕状が発せられており、これにより警察官である B が A を逮捕しようとしていることは認識している。

　よって、①適法性を基礎づける事実についての誤認はなく、構成要件的故意が認められる。

　また、違法性阻却事由も存せず、さらに、違法性の意識の可能性が認められることから、責任故意も認められる。

　よって、公務執行妨害罪が成立する。

論証カード 72・73　409

論証 74　「罰金以上の刑に当たる罪を犯した者」の意義

➡ 324 ページ（ア）

Ａが、捜査機関から殺人の嫌疑を受けて逃走中のＢを
自宅にかくまったが、Ｂが無実の者だった事案　　　　Ｂ⁺

　　ＡがＢを自宅にかくまった行為につき、犯人蔵匿罪（103条）が成立するか。無実のＢが「罪を犯した者」にあたるかが問題となる。

　　思うに、犯罪の嫌疑によって捜査の対象となっている者を蔵匿・隠避すれば、たとえその者が無実の者であったとしても、同罪の保護法益である国の刑事司法作用は害される。

　　そこで、「罪を犯した者」とは、犯罪の嫌疑によって捜査の対象となっている者をいうと解する。

　　本件で、Ｂは殺人の嫌疑を受けている以上、「罪を犯した者」にあたる。

　　よって、これを自宅にかくまったＡの行為につき、犯人蔵匿罪が成立する。

備考：Ａが、Ｂが無実であると確信していた場合には、Ａの故意の有無が問題となるが、犯罪の嫌疑によって捜査の対象となっていることを認識している限り故意が認められる（➡ 326ページ**ウ**）。

論証 75　犯人による隠避・蔵匿の教唆　➡ 326 ページエ

殺人犯人であるＡが、第三者Ｂに自己をＢ宅にかくまうよう
教唆し、ＢがＡをかくまった事案　　　　　　　　　Ｂ⁺

　　ＢはＡをかくまっていることから、犯人蔵匿罪（103条）が成立する。

　　では、Ａに同罪の教唆犯（61条1項）が成立するか。

　　確かに、犯人自身は同罪の主体から除外されている。したがって、犯人は同罪の正犯たり得ない。

　　しかし、それは期待可能性の欠如ゆえであるところ、他人を教唆する場合には、他人を巻き込む点で、もはや定型的に期待可能性がないとはいえない。

　　したがって、犯人にも教唆犯は成立すると解する。

　　本件でも、同罪の教唆犯が成立する。

備考：犯人による証拠隠滅等の教唆も、同様に論じればよい。

論証 76　犯人の親族による蔵匿等の教唆　➡ 331 ページ（ア）

窃盗犯人 X の親族である A が、第三者 B に X を B 宅にかくまうよう教唆し、B が X をかくまった事案　B⁺

　　B が X をかくまった行為につき、犯人蔵匿罪（103 条）が成立する。そして、B は「親族」（105 条）ではないから、刑が任意的に免除されることはない。

　　次に、A が B を教唆した行為につき、犯人蔵匿罪の教唆犯（61 条 1 項）が成立する。

　　もっとも、A は X の「親族」である。そこで、105 条により刑が任意的に免除されるか。親族が他人を教唆した場合の同条の適否が問題となる。

　　そもそも 105 条は、親族間の情愛ゆえに犯人蔵匿罪等を犯した場合について、期待可能性が低いことを考慮した規定である。

　　ところが、他人を教唆する行為は、他人を巻き込む点で、もはや定型的に期待可能性が低いとはいえない。

　　したがって、同条は適用されないと解する。

　　よって、A の罪につき、刑が任意的に免除されることはない。

論証 77　第三者が親族を教唆した場合　➡ 331 ページ（イ）

第三者である A が、窃盗犯人 X の親族である B に X を B 宅にかくまうよう教唆し、B が X をかくまった事案　B⁺

　　B が X をかくまった行為につき、犯人蔵匿罪（103 条）が成立するが、B は X の「親族」（105 条）であることから、105 条により刑が免除されうる。

　　また、A には犯人蔵匿罪の教唆犯（61 条 1 項）が成立する。

　　では、第三者たる A に、105 条を準用することができるか。

　　そもそも、同条の根拠は、親族間の情愛ゆえに期待可能性が低い点、すなわち責任の減少が認められる点にある。

　　そして、責任は行為者に対する非難可能性である以上、共犯者間でも個別的に考えるべきである。

　　したがって、第三者に同条は準用されないと解する。

　　よって、A の刑が任意的に免除されることはない。

論証カード 76・77　411

論証 78　犯人が親族を教唆した場合　　➡ 332 ページ（ウ）

殺人犯人である A が、親族である B に自己を B 宅にかくまうよう 教唆し、B が A をかくまった事案　　　　　　　　　　　　　B⁺

　B が A をかくまった行為につき、犯人蔵匿罪（103 条）が成立するが、B は A の「親族」（105 条）であることから、105 条により刑が免除されうる。

　では、犯人たる A に、犯人蔵匿罪の教唆犯（61 条 1 項）が成立するか。

　確かに、犯人自身は同罪の主体から除外されている。したがって、犯人は同罪の正犯たり得ない。

　しかし、それは期待可能性の欠如ゆえであるところ、親族を教唆すれば親族に犯罪が成立する以上、教唆する行為は定型的に期待可能性がないとまではいえない。

　よって、教唆犯は成立すると解する。

　ただし、105 条により親族には刑の免除の可能性がある以上、犯人についても同条の準用を認めるのが妥当である。

　本件でも、A に犯人蔵匿罪の教唆犯が成立し、105 条により刑が免除されうる。

論証 79　偽証罪における虚偽の意義　　➡ 334 ページ（ア）

法廷で宣誓をした証人 A が、記憶に反する供述をしたところ、 その供述内容が客観的真実に合致していた事案　　　　　　　B⁺

　A に偽証罪（169 条）が成立するか。「虚偽」の意義が問題となる。

　そもそも、証人の役割は、自己の体験した事実をそのまま正確に語ることにある。にもかかわらず、証人が自らの記憶に反する陳述をすれば、本罪の保護法益である国の審判作用の適正を害する。

　したがって、「虚偽」とは、客観的真実に反することではなく、自己の記憶に反することをいうと解するのが妥当である。

　本件でも、A は記憶に反する供述をしており、「虚偽」の陳述をしたといえる。

　よって、偽証罪が成立する。

備考：虚偽告訴等罪(172 条)における「虚偽」は、客観的真実に反するという意味なので注意(➡ 337 ページ ア)。

論証 80　収賄罪の職務関連性──「その職務に関し」の意義

➡ 346 ページエ

・税務署職員の A が、自己の担当区域外で店舗を営んでいる者から所得税の調査について手心を加えるよう依頼され、金銭を受領した事案
・国立芸大の教授 B が、バイオリン業者から依頼され、学生にその業者からのバイオリンの購入を勧告・あっせんし、金銭を受領した事案　**A**

A・B に、受託収賄罪（197 条 1 項後段）が成立するか。A・B が「その職務」に関し賄賂を収受したといえるかが問題となる。

そもそも、賄賂罪の保護法益は、職務の公正とそれに対する社会一般の信頼であると解される。

そして、①具体的職務権限に属する職務はもとより、②一般的職務権限に属する職務や、③職務に密接に関連する行為についても、それに関して賄賂を収受すれば、かかる信頼は害される。

したがって、それらについても、「その職務」にあたると解する。

本件では、税務調査は A の一般的職務権限に属する職務である。また、バイオリンの購入の勧告・あっせんは B の職務に密接に関連する行為といえる。

よって、A・B は「その職務」に関し賄賂を収受したといえる。

そして、A・B は請託を受けていることから、受託収賄罪が成立する。

備考：答案では、適宜贈賄罪の認定も忘れずに。

論証カード 80　413

論証 81　転職前の職務に関する賄賂罪　　➡ 348 ページオ

税務署長である A が国立大学の教授に転職した後、
前職に関して賄賂を収受した事案　　　　　　　　　　A

　A の行為について、収賄罪（197 条 1 項）が成立するか。公務員が、現在の職務とは一般的職務権限を異にする過去の職務に関する賄賂を収受した場合、その賄賂が「その職務」に関するものといえるかが問題となる。

　この点、「その職務」とは現在の職務をいうと解し、本件のごとき場合には事後収賄罪（197 条の 3 第 3 項）が成立しうるにとどまるとする見解がある。

　しかし、現在でも公務員である者を「公務員であった者」というのは無理がある。

　思うに、賄賂罪の保護法益は、職務の公正とそれに対する社会一般の信頼にある。

　そして、過去の職務に関する場合であっても、公務員が賄賂を収受すれば、職務の公正とそれに対する社会の信頼は害される。

　したがって、「その職務」とは自己の職務という意味であり、現在のみならず過去の職務をも含むと解する。

　本件でも、A は「その職務」に関し賄賂を収受したといえ、収賄罪が成立する。

備考：設例と異なり、公務員でなくなった後に賄賂が収受された場合は、事後収賄罪に問擬できるだけで
　　　あることに注意。

論証 82　賄賂罪と恐喝罪との関係①　公務員の罪責　　➡ 351 ページエ

**公務員である A が、その職務に関し、恐喝的手段を用いて
B に賄賂を要求し、金銭を交付させた事案**　　**B⁺**

　A に収賄罪（197 条 1 項前段）が成立するか。

　思うに、公務員に最初から職務執行の意思がない場合には、要求・収受した金品が職務に対する報酬すなわち対価であるとはいえない。そこで、かかる場合には本罪は成立しないと解する。

　他方、公務員に職務執行の意思がある場合には、対価といえることから、本罪が成立すると解する。

　本件でも、A にかかる意思がある場合には、収賄罪が成立する。

　では、別途恐喝罪（249 条 1 項）が成立するか。

　思うに、収賄罪と恐喝罪は保護法益を異にすることから、別途恐喝罪も成立し、両者は観念的競合（54 条 1 項前段）となると解する。

論証 83　賄賂罪と恐喝罪との関係②　贈賄者の罪責　**B⁺**

➡ 356 ページ **9**

　次に、賄賂を交付した B に贈賄罪（198 条）が成立するか。

　確かに、かかる交付は A の恐喝によるものである。

　しかし、瑕疵はあるものの、贈賄者は自己の意思により贈賄したといえる以上、贈賄罪の成立を肯定するのが妥当である。

　よって、B に贈賄罪が成立する。

論証カード 82・83　415

事項索引

あ

あっせん·····································355
あっせん収賄罪·····························355

い

遺棄····································27, 299
　——と不保護の区別·····················29
遺棄致死傷罪······························33
意識的処分行為説·························150
委託信任関係·····························179
一時流用·································188
一部露出説·································3
一身的処罰阻却事由·······················116
居直り強盗·································130
威力·····································89
隠避·····································325

う

写し·····································253

え

営利目的等略取・誘拐罪·····················49
延焼罪····································237

お

往来危険罪·································240
往来危険による汽車転覆等罪···············244
往来妨害罪·································239
往来妨害致死傷罪···························240
横領·····································187
　横領後の——·····························189
　不法原因給付と——·······················181
横領罪····································97
　背任罪と——の区別·······················197

か

外患に関する罪·····························305
外国通貨偽造罪・偽造外国通貨行使等罪······284
外部的名誉·································71
過失運転致死傷罪···························23
過失往来危険罪·····························246
過失傷害罪·································20

過失致死罪·································20
加重収賄罪·································354
加重逃走罪·································321
肩書の冒用·································273
可能的自由説·······························40
監禁·····································41
監禁罪····································41
監護者わいせつ罪・監護者性交等罪···········59
看守者等による逃走援助罪···················323

き

機会説····································138
毀棄·····································211
毀棄・隠匿罪·······························97
毀棄説····································229
偽計·····································89
危険運転致死傷罪···························23
汽車転覆等罪·······························242
汽車転覆等致死罪···························243
偽証罪····································334
キセル乗車·································153
偽造·································248, 287
偽造公文書行使等罪·························268
偽造私文書等行使罪·························278
偽造通貨行使等罪···························282
偽造通貨等収得罪···························284
偽造有価証券行使等罪·······················288
器物損壊罪·································213
欺罔行為··································145
　挙動による——·····························147
境界損壊罪·································214
恐喝·····································174
　権利行使と——·····························175
恐喝罪····································173
狭義の暴行·································11
脅迫·································43, 56, 119
脅迫罪····································43
業務·································21, 85
　——と公務·······························85
業務上横領罪·······························191
業務上過失致死傷罪·························21
業務上失火罪・重失火罪·····················238
業務上堕胎罪・同致死傷罪···················38

業務妨害罪	85
供用	269
強要罪	46
虚偽	334, 337
虚偽鑑定等罪	337
虚偽公文書作成等罪	263
虚偽告訴等罪	337
虚偽作成	250
虚偽診断書作成罪	277
挙動による欺罔行為	147

く

具体的危険犯説	27
クレジットカード詐欺	167

け

形式主義	251
継続犯	42
結合犯説	131
権限濫用説	196
現実的自由説	40
現住建造物等放火罪	222
建造物	222
建造物等以外放火罪	235
建造物等損壊罪・同致死傷罪	212
権利行使と恐喝	175

こ

広義の暴行	10
公共の危険	233
公共の利害に関する事実	74
行使	282, 288
強取	120
公正証書原本等不実記載等罪	265
公然	72, 294
公然陳列	296
公然わいせつ罪	294
公的証明書の詐取	158
強盗罪	118
強盗致死傷罪	135
強盗の機会	138
強盗・不同意性交等罪および同致死罪	142
強盗利得罪	123
交付	283, 288
交付罪	97
公文書	258
公文書偽造等罪	258

公務	307
公務員	308
公務員職権濫用罪	339
公務執行妨害罪	307
効用喪失説	229
公用文書等毀棄罪	210
国交に関する罪	306
個別財産	97
昏酔強盗罪	135

さ

最狭義の暴行	11
最広義の暴行	10
財産上の利益	95
財物	93
詐欺罪	144
作成者	248
殺人罪	3
三角詐欺	166
三徴候説	4

し

事後強盗罪	127
事後従犯的性格	203
事後収賄罪	354
自己堕胎罪	37
事後的奪取意思	121
自殺違法説	6
自殺関与罪	4
自殺適法説	6
自殺の違法性	4
死者の占有	106
事前収賄罪	352
死体損壊等罪	299
失火罪	238
実質主義	251
自動車運転過失致死傷罪→過失運転致死傷罪	
自動車の運転により人を死傷させる罪	23
自白	336, 338
支払用カード電磁的記録等不正作出罪	289
支払用カード電磁的記録不正作出準備罪	292
私文書	270
事務	194
写真コピー	255
重過失致死傷罪	22
住居	64
住居権説	63

事項索引 **417**

住居侵入等罪	63	窃盗の機会	128
収得後知情行使等罪	285	全体財産	97, 194
受託収賄罪	352	占有	102, 178
手段説	138	占有説	99
準詐欺罪	172	占有離脱物横領罪	192

そ

純粋性説	342	総合判定説	4
準抽象的危険犯説	27	蔵匿	325
準備	285	騒乱罪	219
傷害	12	贈賄罪	356
傷害罪	11		

た

傷害致死罪	15	第三者供賄罪	353
証拠隠滅等罪	327	胎児性傷害	35
常習賭博罪	297	逮捕	41
焼損	228	逮捕・監禁致死傷罪	42
証人等威迫罪	333	逮捕罪	41
私用文書等毀棄罪	211	代理名義の冒用	274
証明書の詐取 → 公的証明書の詐取		多衆不解散罪	220
職務	88	堕胎	35
——の適法性	310	奪取罪	97
職務関連性	346	他人の物	179
職務強要罪・辞職強要罪	316	談合	318
職務密接関連行為	347	談合罪	318
所持	296	単純遺棄罪	30
職権	339	単純横領罪	177
処分行為	124, 148	単純収賄罪	350
親告罪	20, 54, 70, 73, 82, 214, 215	単純逃走罪	320
真実性の錯誤	77	単純賭博罪	297

つ

真実の証明による不処罰	73	追求権	203
信書隠匿罪	214	通貨偽造等罪	281
信書開封罪	69	通貨偽造等準備罪	285
真正不作為犯	31, 67	罪を犯した者	324
真正身分犯	194		

て

親族	116	適法行為の告知	44
——相盗例	115	電子計算機使用詐欺罪	171
——による犯罪の特例	330	電子計算機損壊等業務妨害罪	90
身体完全性侵害説	12	電磁的記録不正作出罪・同供用罪	278
侵入	65		

と

信用	83	同意殺人罪	7
信用毀損罪	83	同意堕胎罪・同致死傷罪	38
信頼保護説	342	同時傷害の特例	15

せ

性交等	59
性的意図	57, 59
生理的機能障害説	12
窃取	102
窃盗罪	98

盗取罪	97
搭乗券の詐取	160
逃走援助罪	322
盗品等に関する罪	203
特別公務員職権濫用罪	340
特別公務員職権濫用等致死傷罪	341
特別公務員暴行陵虐罪	340
独立燃焼説	228
賭博場開張・博徒結合罪	298
富くじ罪	298
図利・加害目的	201

な

内部的名誉	71
内乱罪	303
内乱幇助罪	305
内乱予備・陰謀罪	304
難燃性建造物	226

に

二重譲渡	185
二重抵当	198
230条の2の法的性格	76

は

背信説	196
背信的権限濫用説	196
背任罪	194
──と横領罪の区別	197
犯人蔵匿等罪	324
頒布	295, 296

ひ

ひき逃げ事案	32
非現住・非現在建造物等放火罪	232
被拘禁者奪取罪	322
ひったくり	120
必要的没収・追徴	357
秘密漏示罪	70
被略取者引渡し等罪	51

ふ

封印	317
封印等破棄罪	316
封緘物	105
不可買収性説	342
侮辱罪	81

不真正身分犯	21, 38
不正電磁的記録カード供用罪	290
不正電磁的記録カード所持罪	291
不正電磁的記録カード譲り渡し・貸し渡し・	
輸入罪	291
不退去罪	67
不同意性交等罪	57
不同意堕胎罪・同致死傷罪	38
不同意わいせつ罪	54
不同意わいせつ等致死傷罪	60
不動産侵奪罪	114
不法原因給付と横領	181
不法原因給付と詐欺	163
不法領得の意思	111
不保護	28
不良貸付	197
振る舞う意思	111
文書	251

へ

平穏説	63
平穏占有説	100
変造	287

ほ

暴行	9, 56, 119, 174
狭義の──	11
広義の──	10
最狭義の──	11
最広義の──	10
暴行罪	9
保管	296
保護責任者	31
保護責任者遺棄罪	31
保護責任の発生原因	32
補助の公務員	259
本権説	99

み

未成年者略取・誘拐罪	48
身の代金目的略取等罪	50
身分犯説	131

む

無意識的処分行為説	150
無印公文書偽造等罪	262
無印私文書偽造罪	277

事項索引　419

無形偽造·······························250

め

名義人·······························248
　——の承諾·······················271
名誉感情······························71
名誉毀損罪·····························71
面会要求等罪··························62

も

専ら公益を図る目的 ····················75

ゆ

有印公文書偽造等罪·····················258
有印私文書偽造等罪·····················270
誘拐································49
有価証券·····························286
有価証券偽造等罪·······················286
有価証券虚偽記入罪·····················286
有形偽造·····························250
有形力の行使···························9

有償の処分のあっせん ···················206
憂慮する者···························50

よ

用に供した···························269
預金された金銭·························178
預金通帳の詐取·························159

り

略取································49
利用・処分意思·························112
領得罪·······························96

わ

わいせつ··························56, 294
　——な行為························56
　——の心情······················57, 59
わいせつ物頒布等罪·····················295
賄賂·······························344
　——の罪·························341

420　事項索引

判例索引

明治

大判明37・12・8刑録10-2381	69
大判明41・9・24刑録14-797	267
大判明42・1・22刑録15-27	162
大判明42・3・16刑録15-261	286
大判明42・4・16刑録15-452	213
大判明43・1・31刑録16-88	316
大判明43・4・19刑録16-657	220
大判明43・5・23刑録16-906	164
大判明43・6・30刑録16-1314	163, 283
大判明43・9・30刑録16-1572	251
大判明43・10・27刑録16-1764	136
大判明43・11・15刑録16-1937	43
大判明43・11・15刑録16-1941	289
大判明43・12・19刑録16-2239	344
大判明44・2・27刑録17-197	213
大判明44・3・31刑録17-482	288
大判明44・4・27刑録17-687	267
大判明44・7・28刑録17-1477	52
大判明44・10・13刑録17-1698	197
大判明44・10・13刑録17-1713	271
大判明44・11・27刑録17-2041	167
大判明44・12・4刑録17-2095	174
大判明44・12・8刑録17-2182	35
大判明44・12・15刑録17-2190	105
大判明44・12・18刑録17-2208	204
大判明45・1・15刑録18-1	329
大判明45・4・15刑録18-464	258
大判明45・6・20刑録18-896	12
大判明45・7・16刑録18-1087	173

大正

大判大元・10・8刑録18-1231	178
大判大元・12・20刑録18-1566	338
大判大2・8・19刑録19-817	104
大判大2・10・3刑録19-910	220
大判大2・12・9刑録19-1393	347
大判大2・12・24刑録19-1517	64, 223, 225
大判大3・4・29〔百選Ⅱ120事件〕	335
大判大3・6・20刑録20-1313	197
大判大3・9・22刑録20-1620	194
大判大3・10・16刑録20-1867	201
大判大3・10・19刑録20-1871	289

大判大 3 ・12・ 1 刑録20-2303	44
大判大 3 ・12・ 3 刑録20-2322	89
大判大 4 ・ 4 ・ 9 刑録21-457	178
大判大 4 ・ 5 ・21刑録21-663	26, 27, 112
大判大 4 ・10・ 6 刑録21-1441	311
大判大 4 ・10・20新聞1052-27	259
大判大 5 ・ 7 ・14刑録22-1238	269
大判大 5 ・12・13刑録22-1822	73
大判大 6 ・ 2 ・ 8 刑録23-41	338
大判大 6 ・ 4 ・13刑録23-312	223
大判大 6 ・11・24刑録23-1302	299
大判大 7 ・ 2 ・ 6 刑録24-32	104
大判大 7 ・ 3 ・15刑録24-219	228
大判大 7 ・ 5 ・14刑録24-605	311
大判大 8 ・ 4 ・ 4 刑録25-382	103, 193
大判大 8 ・ 4 ・ 5 刑録25-489	104
大判大 8 ・ 6 ・30刑録25-820	47
大判大 8 ・ 7 ・31刑録25-899	12
大判大 8 ・11・19刑録25-1133	208
大判大 9 ・ 2 ・ 2 刑録26-17	241
大判大10・10・24刑録27-643	85
大判大11・ 5 ・ 6 刑集 1 -261	317
大判大11・ 7 ・12刑集 1 -393	203
大判大11・ 9 ・27刑集 1 -483	200
大判大11・ 9 ・29刑集 1 -505	270
大判大11・11・22刑集 1 -681	174
大連判大11・12・22刑集 1 -815	136, 140, 141
大判大12・ 4 ・ 9 刑集 2 -330	110
大判大12・ 7 ・ 3 刑集 2 -624	110
大判大12・ 7 ・14刑集 2 -650	158
大判大12・11・12刑集 2 -784	145
大判大12・12・10刑集 2 -942	287
大判大13・ 5 ・31刑集 3 -459	222
大決大13・12・12刑集 3 -871	50
大判大14・ 4 ・ 9 刑集 4 -219	344
大判大15・ 3 ・24刑集 5 -123	47
大判大15・ 7 ・ 5 刑集 5 -303	72
大判大15・10・ 8 刑集 5 -440	103
大判大15・11・ 2 刑集 5 -491	104

昭和元〜9年

大判昭 2 ・11・28刑集 6 -472	246
大判昭 3 ・ 7 ・14刑集 7 -490	253
大判昭 3 ・10・29刑集 7 -709	356
大判昭 3 ・12・13刑集 7 -766	72
大決昭 3 ・12・21刑集 7 -772	156, 158
大判昭 4 ・ 6 ・13刑集 8 -338	223

大判昭4・12・4刑集8-609	345
大判昭5・2・4刑集9-32	336
大判昭5・9・18刑集9-668	325
大判昭6・3・11刑集10-75	287
大判昭6・3・18刑集10-109	209
大判昭6・7・2刑集10-303	236
大判昭7・2・18刑集11-42	318
大判昭7・5・23刑集11-665	253
大判昭7・6・29刑集11-974	202
大判昭7・7・20刑集11-1104	47
大判昭8・4・25刑集12-482	231
大判昭8・6・26刑集12-963	161
大判昭8・7・8刑集12-1195	300
大判昭8・10・2刑集12-1721	162
大判昭8・10・18刑集12-1820	327
大判昭9・7・19〔百選Ⅱ68事件〕	199
大判昭9・8・27刑集13-1086	8
大判昭9・12・22刑集13-1789	213

昭和10～19年

大判昭10・7・3刑集14-745	199
大判昭10・10・23刑集14-1052	350
大判昭10・10・24刑集14-1267	304
大判昭11・2・21刑集15-136	350
大判昭11・5・7刑集15-573	90
大判昭11・11・6新聞4072-17	239
大判昭11・11・9新聞4074-15	259
大判昭11・11・21刑集15-1501	336
大判昭12・3・17刑集16-365	84
大判昭12・5・28刑集16-811	318
大判昭13・2・28刑集17-141	73

昭和20～29年

最判昭23・3・9刑集2-3-140	139
最判昭23・3・16〔百選Ⅰ41事件〕	207
最判昭23・4・17刑集2-4-399	109
最判昭23・5・20刑集2-5-489	66
最判昭23・6・5〔百選Ⅱ63事件〕	182
最判昭23・6・12刑集2-7-676	135, 140
最判昭23・7・29刑集2-9-1062	176
最判昭24・2・8刑集3-2-75	121
最判昭24・2・15刑集3-2-175	95
最判昭24・3・8〔百選Ⅱ66事件〕	187
最判昭24・5・28刑集3-6-873	138, 139
最判昭24・6・14刑集3-7-1066	123
最判昭24・7・9刑集3-8-1188	134
最判昭24・7・30刑集3-8-1418	209

判例索引　423

最判昭24・8・9〔百選Ⅱ117事件〕 ································· 325
最判昭25・2・24刑集4-2-255 ··································· 162
最判昭25・2・28刑集4-2-268 ··································· 262
最判昭25・2・28集刑16-663 ····································· 281
最判昭25・3・23刑集4-3-382 ··································· 144
最判昭25・4・6刑集4-4-481 ···································· 351
最判昭25・6・6刑集4-6-928 ···································· 104
最判昭25・7・4〔百選Ⅱ46事件〕 ································· 164
最判昭25・9・5刑集4-9-1620 ··································· 286
広島高判昭25・10・27高刑判特14-128 ··························· 320
最判昭25・11・10集刑35-461 ···································· 209
名古屋高判昭25・11・14高刑集3-4-748 ························· 109
最大判昭25・11・22刑集4-11-2380 ······························ 297
最判昭25・12・5刑集4-12-2475 ································· 164
最判昭25・12・12刑集4-12-2543 ································ 116
最判昭25・12・14刑集4-12-2548 ··························· 139, 229
最判昭26・1・30刑集5-1-117 ··································· 207
最判昭26・3・20刑集5-5-794 ··································· 308
最判昭26・5・10刑集5-6-1026 ·································· 294
最判昭26・5・25〔百選Ⅱ64事件〕 ································ 180
最判昭26・6・7刑集5-7-1236 ··································· 21
最判昭26・8・9集刑51-363 ····································· 95
最判昭26・9・20刑集5-10-1937 ································· 17
最決昭27・2・21刑集6-2-275 ··································· 8
最判昭27・4・17刑集6-4-665 ··································· 347
最判昭27・6・6刑集6-6-795 ···································· 12
最決昭27・7・10刑集6-7-876 ··································· 206
最判昭27・7・22刑集6-7-927 ··································· 352
最判昭27・10・17集刑68-361 ···································· 188
最判昭27・12・25刑集6-12-1387 ···························· 158, 268
最判昭28・1・30刑集7-1-128 ··································· 89
最決昭28・4・25刑集7-4-881 ··································· 349
最判昭28・5・8刑集7-5-965 ···································· 202
最大判昭28・6・17刑集7-6-1289 ································ 42
高松高判昭28・7・27高刑集6-11-1442 ·························· 130
最決昭28・10・19刑集7-10-1945 ··························· 329, 336
最判昭28・11・13刑集7-11-2096 ································ 252
最決昭28・12・10刑集7-12-2418 ································ 318
最判昭29・4・6刑集8-4-407 ···································· 174
大阪高判昭29・5・4高刑集7-4-591 ····························· 111
最決昭29・5・6刑集8-5-634 ···································· 109
最判昭29・8・20刑集8-8-1256 ·································· 352
最判昭29・8・20刑集8-8-1277 ·································· 9
最決昭29・9・30刑集8-9-1575 ·································· 326
最判昭29・10・12刑集8-10-1591 ································ 148

424　判例索引

昭和30 〜 39年

最判昭30・4・8〔百選Ⅱ57事件〕……………………………………… 157
福岡高判昭30・4・25高刑集8-3-418…………………………………… 103
最大判昭30・6・22刑集9-8-1189 ………………………… 241, 243, 244, 245
最決昭30・7・7〔百選Ⅱ53事件〕……………………………………… 147, 152
広島高判昭30・9・6高刑集8-8-1021 …………………………………… 149
最決昭30・9・29刑集9-10-2098 …………………………………………… 41
最判昭30・10・14〔百選Ⅱ61事件〕…………………………………… 176
最判昭30・12・26刑集9-14-3053 ……………………………………… 186
最判昭31・10・25刑集10-10-1455 ……………………………………… 60
大阪地判昭31・11・8判時93-25………………………………………… 312
最判昭31・12・7〔百選Ⅱ70事件〕…………………………………… 194, 195
最決昭31・12・27刑集10-12-1798 …………………………………… 287
最決昭32・1・17刑集11-1-23 ………………………………………… 287
最判昭32・1・22刑集11-1-50 ………………………………………… 319
東京高判昭32・1・22高刑集10-1-10 ………………………………… 57
最大判昭32・3・13〔百選Ⅰ47事件〕…………………………………… 294
最決昭32・4・25刑集11-4-1427 ……………………………………… 105
最決昭32・5・22刑集11-5-1526 ……………………………………… 294
大阪高判昭32・7・22高刑集10-6-521………………………………… 312
最判昭32・7・25刑集11-7-2037 ……………………………………… 286
最判昭32・9・13〔百選Ⅱ39事件〕…………………………………… 124
広島高判昭32・9・25高刑集10-9-701………………………………… 130
最決昭33・1・16刑集12-1-25 ………………………………………… 286
最決昭33・3・19刑集12-4-636 ………………………………………… 39
最判昭33・4・18刑集12-6-1090 ……………………………………… 21
最決昭33・7・31刑集12-12-2805 ……………………………………… 337
最決昭33・9・1刑集12-13-2833 ……………………………………… 164
最決昭33・9・16刑集12-13-3031 ………………………………… 252, 270
最決昭33・9・30刑集12-13-3180 ……………………………………… 344
最判昭33・10・14刑集12-14-3264 …………………………………… 308
最判昭33・11・21〔百選Ⅱ1事件〕…………………………………… 8
最決昭34・2・9刑集13-1-76 ………………………………………… 203
最決昭34・3・5刑集13-3-275 ………………………………………… 295
東京高判昭34・4・30高刑集12-5-486 ……………………………… 312
最判昭34・5・7〔百選Ⅱ19事件〕…………………………………… 72
最判昭34・5・22刑集13-5-801 ………………………………………… 139
最判昭34・7・24刑集13-8-1163 ……………………………………… 29, 33
最決昭34・9・28〔百選Ⅱ48事件〕…………………………………… 158
福岡地小倉支判昭34・10・29下刑集1-10-2295 …………………… 152
東京高判昭34・11・28高刑集12-10-974 …………………………… 286
最判昭34・12・4刑集13-12-3127 …………………………………… 286
最判昭35・1・12刑集14-1-9 ………………………………………… 259
最判昭35・3・18〔百選Ⅱ11事件〕…………………………………… 44
最決昭35・4・26刑集14-6-748 ……………………………………… 100
佐賀地判昭35・6・27下刑集2-5=6-938 …………………………… 321
最決昭35・7・18刑集14-9-1189 ……………………………………… 327

判例索引　425

最判昭35・8・30刑集14-10-1418 ……………………………………………… 123, 165

東京高判昭35・11・29高刑集13-9-639…………………………………………… 333

最判昭35・12・8刑集14-13-1818 ………………………………………………… 219, 220

最判昭36・1・13刑集15-1-113………………………………………………… 344

最判昭36・3・30刑集15-3-605 …………………………………………………… 266

最判昭36・3・30刑集15-3-667 …………………………………………………… 252

最判昭36・6・20刑集15-6-984 …………………………………………………… 266

最判昭36・9・26刑集15-8-1525 ………………………………………………… 287

最判昭37・1・23刑集16-1-11 ………………………………………………… 308

最決昭37・6・26集刑143-201 …………………………………………………… 114

福岡高宮崎支判昭38・3・29判タ145-199 ……………………………………… 22

最決昭38・4・18刑集17-3-248 ………………………………………………… 42

最決昭38・11・8刑集17-11-2357 ……………………………………………… 210

最判昭38・12・24刑集17-12-2485 ……………………………………………… 252

新潟地相川支判昭39・1・10下刑集6-1=2-25 ……………………………… 114

最決昭39・1・28〔百選Ⅱ3事件〕……………………………………………… 9

最決昭39・4・30集刑151-133 …………………………………………………… 296

大阪高判昭39・10・5下刑集6-9=10-988 ………………………………… 89

最決昭39・10・13刑集18-8-507 ………………………………………………… 318

最決昭39・12・8刑集18-10-952 ……………………………………………… 351, 356

昭和40～49年

最決昭40・3・9〔百選Ⅰ61事件〕……………………………………………… 109

東京高判昭40・6・25高刑集18-3-238 ……………………………………… 42

最決昭40・9・16刑集19-6-679 ………………………………………………… 329

最決昭40・12・23集刑157-495 ………………………………………………… 296

最判昭41・3・24〔百選Ⅱ115事件〕…………………………………………… 308

最判昭41・4・8〔百選Ⅱ29事件〕……………………………………………… 107

最決昭41・6・10刑集20-5-374 ………………………………………………… 212

大阪地判昭42・5・13下刑集9-5-681………………………………………… 9

最決昭42・8・28刑集21-7-863 ………………………………………………… 270

最決昭42・12・19刑集21-10-1407 ……………………………………………… 318

最決昭42・12・21刑集21-10-1453 ……………………………………………… 167

岡山地判昭43・4・30下刑集10-4-416………………………………………… 47

最決昭43・10・15刑集22-10-901 ……………………………………………… 355

最決昭43・11・7判時541-83 …………………………………………………… 30

最大判昭44・6・18〔百選Ⅱ99事件〕……………………… 259, 265, 269, 277

最大判昭44・6・25〔百選Ⅱ21事件〕…………………………………… 76, 79

大阪高判昭44・8・7〔百選Ⅱ54事件〕……………………………… 153, 154

広島高判昭45・5・28判タ255-275………………………………………… 110

最決昭45・6・30判時596-96 …………………………………………………… 258

最決昭45・9・4〔百選Ⅱ93事件〕……………………………………………… 274

最大判昭45・10・21民集24-11-1560 …………………………………………… 181

最判昭45・12・22刑集24-13-1812 ……………………………………………… 309

最決昭45・12・22刑集24-13-1882 ……………………………………………… 120

東京高判昭46・2・2高刑集24-1-75 ………………………………………… 12

最判昭46・4・22刑集25-3-530 ………………………………………………… 242

福岡高判昭47・11・22〔百選Ⅱ65事件〕	186
大阪高判昭49・2・14判時752-111	89
広島地判昭49・4・3判タ316-289	231

昭和50～59年

最判昭50・4・24〔百選Ⅱ104事件〕	345
最決昭50・6・12〔百選Ⅱ76事件〕	208
最判昭50・6・13刑集29-6-375	281
東京地判昭50・12・26判タ333-357	89
最決昭51・4・1〔百選Ⅱ47事件〕	144
最判昭51・4・30〔百選Ⅱ88事件〕	254, 255, 256, 257
最判昭51・5・6〔百選Ⅱ91事件〕	261, 262
東京高判昭53・3・22東高刑時報29-3-49	282
最判昭53・6・29刑集32-4-816	88, 309
最判昭53・7・28〔百選Ⅰ42事件〕	142
最決昭54・1・10刑集33-1-1	310
東京高判昭54・4・24刑集33-7-1116	321
最決昭54・6・26刑集33-4-364	53
最決昭54・11・19刑集33-7-710	134
最判昭54・12・25刑集33-7-1105	321
東京高判昭55・3・3判時975-132	148
長崎地佐世保支判昭55・5・30判時999-131	89
最決昭55・10・30〔百選Ⅱ32事件〕	113
最決昭56・4・8〔百選Ⅱ97事件〕	272
最決昭56・4・16〔百選Ⅱ20事件〕	74
福岡高判昭56・9・21判タ464-178	169
最決昭57・1・28刑集36-1-1	339
最決昭58・3・25〔百選Ⅱ109事件〕	349
最決昭58・4・8〔百選Ⅱ16事件〕	63
最決昭58・5・24〔百選Ⅱ72事件〕	200, 201
東京地判昭58・6・10判時1084-37	75
東京高判昭58・6・20東高刑時報34-4≠6-30	226
最決昭58・9・27刑集37-7-1078	54
最決昭58・11・1〔百選Ⅱ22事件〕	81
最判昭59・2・17〔百選Ⅱ94事件〕	248, 259, 276
東京地判昭59・6・15判時1126-3	114
東京高判昭59・11・19判タ544-251	169

昭和60～63年

大阪高判昭60・2・6判時1149-165	141
東京地判昭60・4・8判タ589-46	347
最決昭60・7・16刑集39-5-245	339
最決昭60・10・21〔百選Ⅰ60事件〕	22, 238
東京高判昭60・12・10判時1201-148	27
最決昭61・6・27〔百選Ⅱ108事件〕	350
最決昭61・11・18〔百選Ⅱ40事件〕	96, 123, 127, 165
最決昭62・3・12刑集41-2-140	86, 87

最決昭62・3・24〔百選Ⅱ13事件〕……………………………………………… 50
最決昭62・4・10刑集41-3-221 ……………………………………………… 103
最決昭63・2・29〔百選Ⅱ2事件〕……………………………………………… 36
最決昭63・4・11刑集42-4-419 ……………………………………………… 346
最決昭63・7・18刑集42-6-861 ……………………………………………… 344
最決昭63・11・21刑集42-9-1251 …………………………………………… 201, 202

平成元〜9年

最決平元・3・10〔百選Ⅱ114事件〕…………………………………………… 310
最決平元・3・14〔百選Ⅱ111事件〕…………………………………………… 339
最決平元・5・1〔百選Ⅱ122事件〕…………………………………………… 326
最決平元・7・7〔百選Ⅱ82事件〕……………………………………………… 227
最決平元・7・14〔百選Ⅱ83事件〕……………………………………………… 225
東京地八王子支判平3・8・28判タ768-249………………………………… 149
最決平4・11・27刑集46-8-623 ……………………………………………… 89
東京高判平5・4・5刑集46-2-35 …………………………………………… 272
最決平5・10・5〔百選Ⅱ95事件〕……………………………………………… 273
名古屋地判平6・1・18判タ858-272………………………………………… 13
最決平6・3・29刑集48-3-1 …………………………………………………… 340
最決平6・7・19刑集48-5-190 ……………………………………………… 116
最決平6・11・29〔百選Ⅱ89事件〕…………………………………………… 270
最大判平7・2・22〔百選Ⅱ107事件〕………………………………… 342, 347
広島高岡山支判平8・5・22高刑集49-2-246……………………………… 256
大阪地判平8・7・8〔百選Ⅱ90事件〕………………………………………… 269

平成10〜19年

東京地判平10・8・19判時1653-154 ……………………………………… 272
最決平10・11・25〔百選Ⅱ73事件〕…………………………………………… 202
名古屋高判平10・12・14高刑集51-3-510…………………………………… 266
最決平11・12・20刑集53-9-1495 …………………………………………… 270
最決平12・3・27刑集54-3-402 ……………………………………………… 158
福岡高判平12・9・21判タ1064-229 ………………………………………… 91
最決平12・12・15〔百選Ⅱ37事件〕…………………………………………… 114
最決平13・7・16刑集55-5-317 ……………………………………… 295, 296
最判平13・7・19〔百選Ⅱ49事件〕…………………………………………… 157
最決平14・2・14刑集56-2-86 ……………………………………………… 128
東京高判平14・2・14東高刑時報53-1 ……………………………………… 54
最決平14・9・30〔百選Ⅱ24事件〕…………………………………………… 87
最決平14・10・21刑集56-8-670 …………………………………………… 159
最決平15・1・14〔百選Ⅱ110事件〕…………………………………………… 356
最判平15・3・11刑集57-3-293 ……………………………………………… 83
最決平15・3・12〔百選Ⅱ52事件〕…………………………………………… 146
最決平15・3・18刑集57-3-356 ……………………………………………… 194
最決平15・4・14〔百選Ⅱ85事件〕…………………………………………… 235
最大判平15・4・23〔百選Ⅱ69事件〕………………………………………… 190
最決平16・1・20〔百選Ⅰ73事件〕…………………………………………… 8
最決平16・2・9〔百選Ⅱ55事件〕……………………………………………… 171

最決平16・8・25〔百選Ⅱ28事件〕・・・ 103
最決平16・11・30〔百選Ⅱ31事件〕・・ 161
最判平16・12・10〔百選Ⅱ43事件〕・・ 128, 129
最決平17・12・6〔百選Ⅱ12事件〕・・ 48
東京高判平17・12・15東高刑時報56-107・・・・・・・・・・・・・・・・・・・・・・・・・・・・・・・・・・・・・・ 109
最決平18・1・17〔百選Ⅱ80事件〕・・ 212
最決平18・8・21判タ1227-184・・・ 158
最決平18・8・30刑集60-6-479・・ 116
最決平19・3・20〔百選Ⅱ79事件〕・・ 212
最判平19・4・13刑集61-3-340・・ 108
最決平19・7・17刑集61-5-521・・ 147, 159
最決平19・11・13刑集61-8-743・・・ 333

平成20～29年

最決平20・1・22〔百選Ⅱ15事件〕・・ 62
最決平20・2・18〔百選Ⅱ35事件〕・・ 118
最判平20・4・11刑集62-5-1217・・ 64, 65
最決平20・10・16刑集62-9-2797・・・ 25
最決平21・3・26刑集63-3-291・・ 189
最決平21・6・29〔百選Ⅱ30事件〕・・ 109
最決平21・7・13刑集63-6-590・・・ 64
東京高判平21・11・16〔百選Ⅱ41事件〕・・・・・・・・・・・・・・・・・・・・・・・・・・・・・・・・・・・・・・・ 126
最決平22・7・29〔百選Ⅱ50事件〕・・ 160
最決平22・9・7刑集64-6-865・・ 347
最決平23・10・31刑集65-7-1138・・ 25
最決平24・7・24刑集66-8-709・・ 12
最決平24・10・15〔百選Ⅱ103事件〕・・ 344
最決平26・11・25〔百選Ⅱ101事件〕・・ 295
最決平28・3・24〔百選Ⅱ6事件〕・・ 16, 17
最決平28・3・31〔百選Ⅱ119事件〕・・・ 329
最大判平29・11・29〔百選Ⅱ14事件〕・・ 57
最判平29・12・11〔百選Ⅰ82事件〕・・ 163

平成30年～

最判平30・3・22〔百選Ⅰ63事件〕・・ 161
最判令元・9・27刑集73-4-47・・・ 161
最決令2・9・30刑集74-6-669・・・ 19
最決令4・2・14刑集76-2-101・・ 109

判例索引 429

呉　明植（ごう　あきお）

　弁護士。伊藤塾首席講師（司法試験科）。慶應義塾大学文学部哲学科卒。2000年の司法試験合格直後から、慶應義塾大学法学部司法研究室および伊藤塾で受験指導を開始。「どんなに高度な理解があったとしても、現場で使えなければ意味がない」をモットーとした徹底的な現場至上主義の講義を行い、司法試験予備試験および本試験において毎年多数の短期合格者を輩出。とりわけ、天王山である論文試験の指導にかけては他の追随を許さない圧倒的人気を博し、伊藤塾の看板講師として活躍を続けている。

　BLOG：「伊藤塾講師　呉の語り得ること。」
　　　　　（http://goakio.blog95.fc2.com/）

刑法各論［第4版］【伊藤塾呉明植基礎本シリーズ2】

2009（平成21）年11月15日　初　版1刷発行
2014（平成26）年10月30日　第2版1刷発行
2017（平成29）年11月30日　第3版1刷発行
2024（令和6）年11月30日　第4版1刷発行

著　者　呉　明植

発行者　鯉渕　友南

発行所　株式会社　弘文堂　　101-0062　東京都千代田区神田駿河台1の7
　　　　　　　　　　　　　　TEL 03（3294）4801　　振替 00120-6-53909
　　　　　　　　　　　　　　https://www.koubundou.co.jp

装　丁　笠井　亞子

印　刷　三美印刷

製　本　井上製本所

© 2024　Akio Go. Printed in Japan

JCOPY　〈（社）出版者著作権管理機構　委託出版物〉
本書の無断複写は著作権法上での例外を除き禁じられています。複写される場合は、そのつど事前に、（社）出版者著作権管理機構（電話 03-5244-5088、FAX 03-5244-5089、e-mail: info@jcopy.or.jp）の許諾を得てください。
また本書を代行業者等の第三者に依頼してスキャンやデジタル化することは、たとえ個人や家庭内の利用であっても一切認められておりません。

ISBN978-4-335-31442-1

伊藤塾呉明植基礎本シリーズ

愛弟子の呉明植が「伊藤真試験対策講座」の姉妹シリーズを刊行した。切れ味鋭い講義と同様に、必要なことに絞った内容で分かりやすい。どんな試験でも通用する盤石な基礎を固めるには最適である。　　　　　　伊藤塾塾長　**伊藤　真**

- ▶どこへいっても通用する盤石な基礎を固める入門書
- ▶必要不可欠かつ必要十分な法的常識が身につく
- ▶各種資格試験対策として必要となる論点をすべて網羅
- ▶一貫して判例・通説の立場で解説
- ▶シンプルでわかりやすい記述
- ▶つまずきやすいポイントをライブ講義感覚でやさしく詳説
- ▶書き下ろし論証パターンを巻末に掲載
- ▶書くためのトレーニングもできる
- ▶論点・項目の重要度がわかるランク付け
- ▶初学者および学習上の壁にぶつかっている中級者に最適

憲法［第2版］	3000円
民法総則［第3版］	3000円
物権法・担保物権法［第2版］	2600円
債権総論	2200円
債権各論	2400円
家族法（親族・相続）	2300円
刑法総論［第4版］	2900円
刑法各論［第4版］	3300円
商法（総則・商行為）**・手形法小切手法**	
会社法	
民事訴訟法	
刑事訴訟法［第3版］	3900円

弘文堂　　　　　　　　　　　　＊価格（税別）は2024年11月現在